高职高专规划教材

# 汽车信贷与保险

主　编　张晓华

副主编　温　欣　王　宇

参　编　孙晓芳　张淑华

机 械 工 业 出 版 社

本书根据高职高专人才培养要求，结合作者多年的教学经验和业内资深人士的从业经验，详尽阐述了汽车信贷模式、汽车信贷操作、汽车信贷风险以及汽车保险的险种、保险费率、保险承保、保险理赔、定损方法、现场查勘技术等实用汽车保险知识，同时结合汽车消费信贷还介绍了目前国内通行的汽车消费信贷保证保险的有关规定。为了便于教学，体现新的教学方法，引导学生积极思考、主动参与，本书在编写过程中采用了案例引导模式，同时还有针对性地在正文中插入案例和资料，每章前有学习目的，章后有丰富的习题和实训项目，以强化学生对知识的理解和把握，增强学生的实际业务能力。

本书可作为高职高专金融与保险类、汽车类、交通运输类专业教材，也可作为汽车经销商、汽车金融公司、保险公司从业人员的培训用书，同时还可以作为广大的汽车消费者和保护及其他对汽车、信贷和保险感兴趣的读者了解汽车信贷与保险知识的参考书。

**图书在版编目（CIP）数据**

汽车信贷与保险/张晓华主编. —北京：机械工业出版社，2016.5（2018.1 重印）

高职高专规划教材

ISBN 978-7-111-53365-8

Ⅰ.①汽… Ⅱ.①张 Ⅲ.①汽车－消费贷款－高等职业教育－教材②汽车保险－高等职业教育－教材 Ⅳ.①F830.571 ②F840.63

中国版本图书馆 CIP 数据核字（2016）第 064619 号

机械工业出版社（北京市百万庄大街 22 号 邮政编码 100037）

策划编辑：孔文梅　　责任编辑：孔文梅 张 翔

责任校对：孙俪萍　　封面设计：鞠 杨

责任印制：李 飞

北京富生印刷厂印刷

2018 年 1 月第 1 版第 2 次印刷

184mm×260mm · 17 印张 · 399 千字

3001－6000 册

标准书号：ISBN 978-7-111-53365-8

定价：39.00 元

凡购本书，如有缺页、倒页、脱页，由本社发行部调换

电话服务　　网络服务

服务咨询热线：010－88379833　　机 工 官 网：www.cmpbook.com

读者购书热线：010－88379649　　机 工 官 博：weibo.com/cmp1952

教育服务网：www.cmpedu.com

封面无防伪标均为盗版　　金 书 网：www.golden－book.com

# 前　　言

进入 21 世纪以后，中国汽车市场进入增长快车道，截至 2015 年底，我国机动车保有量达 2.79 亿辆，其中汽车 1.72 亿辆；机动车驾驶人 3.27 亿人，其中汽车驾驶人超过 2.8 亿人。2015 年新注册登记的汽车达 2385 万辆，保有量净增 1781 万辆，均为历史最高水平。全国已有 40 个城市的汽车保有量超过百万辆。私家车达 1.24 亿辆，全国平均每百户家庭拥有 31 辆私家车，北京、成都、深圳等大城市每百户家庭拥有私家车超过 60 辆。另据 2014 年及 2015 年《中国汽车后市场连锁经营研究报告》显示，2014 年中国汽车后市场规模达 6000 亿元人民币，同比增长 30%，2015 年中国汽车后市场规模约 8000 亿元，行业总体规模持续增长，并显现出持续加速趋势；预计未来后市场年均增速将超过 30%，2018 年后市场规模有望破万亿元。此报告所称汽车后市场即包括汽车保险、汽车信贷在内的一系列汽车服务业。

本书的主要内容就是介绍汽车信贷与汽车保险的相关知识。本书注重实际业务操作，从实用的角度出发，理论联系实际，提高学生的实践技能。

本书主要有以下几方面的特点：

第一，内容新颖，紧贴实际。本书在编写过程中，紧跟汽车信贷与保险实际业务变化，内容新颖，实用性强。当前，在汽车信贷方面以商业银行汽车消费贷款、汽车金融公司、商业银行信用卡中心为主体的汽车消费信贷市场的多元化格局已经形成，因此本书重点介绍最新信贷种类。在汽车保险方面，2012 年 3 月，中国保险监督管理委员会先后发布了《关于加强机动车辆商业保险条款费率管理的通知》和《机动车辆商业保险示范条款》，推动了车辆保险的改革。本书对商业车险和车贷险的变化做出了全面系统的解读。

第二，突出应用性，加强理论联系实际。汽车信贷与保险是一门实操性很强的学科，所以我们在编写过程中，特别聘请了业内专家进行指导，并参与到具体的编写工作中来。我们的写作宗旨就是本书既可以作为学校教材使用，又可以作为业务人员的培训教材。同时也是为了配合培养高素质技能型人才的特点，本书在结构、体例和编写风格上进行了改革，采用了案例教学法，即先引入案例，后补充总结，再扩展与思考，在重点内容与环节上有针对性地插入案例或者资料，便于学生深刻理解和灵活掌握，提高学生学习的自主性和积极性。

第三，以素质能力并重的职业教育思想为指导，以重视提高学生的职业能力素质为主。在每章设定的学习目标中，都分解成了能力目标和知识目标两大类。通过职业分析确定综合能力作为学习的目标，根据一定的能力分析确定能力标准，将能力标准转换为知识内容，每章最后都以结构图的形式总结了知识点，使能力的开发和知识的掌握有机地结合起来。课后附有复习思考题和实训项目，可以强化学生能力水平的培养。

本书由江苏财经职业技术学院张晓华任主编，同时特别聘请了信达财产保险股份有限公司温欣、德融国际融资租赁有限公司王宇任副主编，辽宁交通高等专科学校孙晓芳、张淑华参编。编写分工如下：张晓华编写第一章、第三章、第七章和第十章，温欣编写第九章，王宇编写第二章，孙晓芳编写第五章、第六章，张淑华编写第四章、第八章。

本书配有电子教案，凡使用本书作为教材的教师或学校可向出版社索取，电子邮箱：cmpgaozhi@sina.com，咨询电话：010-88379375。

在编写过程中，我们借鉴了国内外有关的文献资料、论著和教材，引用了相关研究成果，并得到汽车保险和汽车销售业内资深人士的具体指点和帮助，在此表示最诚挚的感谢！同时也感谢机械工业出版社对我们的大力支持和帮助！由于时间及资料所限，加之编者水平有限和工作中可能的疏漏，本书难免存在不足和不当之处，恳请专家、读者批评指正。

编　者

# 目　录

# 第一章　汽车消费信贷概述

## 学习目标

【能力目标】

- 能够阐述汽车消费信贷业务的优点、推广汽车消费信贷业务
- 能够向客户解释汽车消费信贷两种主要模式的区别

【知识目标】

- 了解消费信贷的种类
- 理解汽车消费信贷的含义与特征
- 掌握汽车消费信贷的两种主要模式
- 掌握汽车消费信贷的还款方式

## 引导案例

为什么要贷款买车

当今社会,汽车进入家庭已经是非常普通的事情,但到底是全款买车还是贷款买车呢?下面四个方面例证了贷款买车的好处。

**好处一：先享受资源，抢占先机**

目前在国内大城市已经逐步开始实施汽车限购，2015 年你的爱车所占据的这个位置，2016 年就会有两辆车在跟你抢这个位置。因此提早购车，确实是一笔划算的买卖，而车贷，是让你提前享受道路资源、甚至是车牌资源的最简单办法。同样的道理，即使你已经有能力购买一辆丰田或大众，但当你用贷款去购买奥迪、奔驰、宝马的时候，它带给你生意上的帮助，价值远超你的车贷利息。用贷款来提升自己，这就是车贷的核心价值。

**好处二：通货膨胀让钱贬值，贷款则可以减少这部分损失**

如果当下要买的新车需要 15 万元，其他因素不考虑，按 CPI（消费者物价指数）一年上升 8%计算，两年以后 15 万元就贬值为 12.7 万元。贷款买车的话，这部分损失可以由银行来承担，当然，银行会收取一定的利息，但是可以用资金理财的手段来弥补。如果是免息的车型，则是稳赚，因此贷款买车是很划算的。

**好处三：汽车是折旧的，贷款可以减少因折旧造成的损失。**

新车一年的折旧率大概在 20%。可想而知，如果把 15 万元放到买车上，一年以后其

实只剩下 12 万元（计算公式：15×（1–20%）=12），怎么忍心让自己的血汗钱（3 万元）无形之中就打了水漂？汽车相对于房子来说，不具增值潜能，所以不如先欠着银行的，用这笔资金去赚钱。用银行贷款来抵掉折旧损失是个明智之举。

**好处四：投资收益大于银行利息。**

银行利息计算：例如，贷款买一辆 15 万元的车，首付为 30%（即 4.5 万元），可向银行贷款 10.5 万元，期限 5 年。按照年利率 6.4%计算，采用等额本息还款，每月向银行支付本息 2 049.531 元，5 年累计支付利息 17 971.86 元，年均支付利息 3 594.372 元。

投资收益计算：如果将 10.5 万元投资，每月仅需有 1%的回报率，年收益就在 1.26 万元（计算公式：10.5×1%×12=1.26）。只要年回报率为 10%，5 年就会获得 5.25 万元的收益，这样算来，投资收益远大于利息支出。

所以全款买车不如贷款买车，省下钱来做投资，让你的钱生钱，何乐而不为呢？

在这一章的学习中，我们将从信贷入手，逐步了解消费信贷、汽车消费信贷，并对汽车消费信贷的含义和特征、汽车消费信贷的模式与还款方式等作重点介绍。

# 第一节　信贷与消费信贷

## 一、信贷的含义与特征

### （一）信贷的含义

信贷是一种借贷行为。它是指以偿还本金和支付利息为条件的特殊价值运动。从经济内容看，它是货币持有者把货币借给他人使用，于约定的时间内收回，并收取一定的利息作为借出货币代价的一种债权债务关系。

信贷属于与商品经济紧密相连的经济范畴，它是商品生产和货币流通发展到一定阶段的产物。信贷关系是在商品货币关系基础上产生的，它反映了商品生产者之间的经济关系，它为商品货币经济所共有。

信贷产生的最基本前提条件是私有制条件下社会分工和大量剩余产品的出现。只有社会分工出现，劳动者才占有具有不同使用价值的产品或商品；只有剩余产品和交换行为出现，才会在具有不同使用价值的产品或商品所有者之间出现交换和借贷行为。从历史上看，家庭和私有制的产生创造了“借”与“还”的概念。以货币为媒介的商品流通的发展，使商品的买卖在时间和空间上发生分离。商品的价值通过货币来表现，使价值可以独立于使用价值之外，为信贷交换提供了可能。货币的支付手段的发展，使商品让渡同商品价值的实现在时间上分离。这种分离意味着商品的卖者先让渡商品，然后才得到商品价值的支付，商品的买者只是作为未来货币的代表而赊购商品，形成了卖者作为债权人和买者作为债务人的债权债务关系，这就是信贷的产生。由此可见，信贷产生的基础是商品生产和货币流通，它是商品经济发展的产物。

最初的信贷形式是实物信贷。它是由于商品生产者在生产过程中因生产周期不一致或在交换过程中因需求的不一致而出现的一种简单信贷关系。这种信贷关系是偶然的和短暂的，而且具有预付的性质，常常通过口头承诺的方式达成。随着商品生产和货币流通的进一步发展，货币信贷和信贷制度也逐渐发展和完善起来。借贷的方式也从最初的民间信贷发展为以银行信贷为主，多种信贷方式并存的信贷模式。

### （二）信贷的特征

信贷是一种以还本付息为条件的价值运动的特殊形式，不论其存在的社会形态有何不同，或以何种具体的形式出现，其基本特征都是一样的。

#### 1. 信贷是一种借贷行为

在贷款活动中，至少有两个当事人，即货币的贷出者和借入者，其中货币的贷出者成为债权人，而借入者则成为债务人，从而形成债权债务关系，这种关系就是信贷关系。

#### 2. 信贷具有偿还性

偿还性是指借款人要按约定的借款期限、借款数额偿还贷款。偿还是信贷的内在要求，不要求还款的不能称其为贷款，而是拨款、赠款。信贷的偿还性是信贷的本质特征。贷款发放是暂时转让贷款的使用权，而保留所有权，是两权分离的资金运动，这与非信贷形式的资金运动有着本质的区别。

#### 3. 信贷具有增值性

增值性是指借款人在偿还贷款时要按约定的利率支付利息，连同贷款本金同时归还贷款人。收回贷款本息的数额要高于贷出时贷款的数额，这就是信贷的增值性。

在商品经济条件下，经营信贷业务与从事其他经济活动一样，都是为了获取一定的经济效益。银行在经营信贷业务时，要耗费一定的费用，如果贷款不收取利息，这些费用就得不到补偿，经营活动也就要停止，因此收取利息也就成为贷款活动的内在要求。有些国家的银行贷款不收利息，中国也发放过无息贷款，但这只是一种特例，并不反映信贷的本质特征。

## 二、消费信贷的含义与特征

### （一）消费信贷的含义

消费信贷又称消费贷款，是企业、银行和其他金融机构向消费者个人提供的直接用于生活消费的信用。

我国现阶段的消费信贷主要是指我国商业银行为拉动经济增长，促进企业存量商品销售，配合国家产业调整、产品政策，提高国民素质，改善生活质量，推动社会全面进步而向消费者提供的信贷。我国消费信贷虽然是以消费者偿还本金和付息为条件的借贷行为，但商业银行资金使用权的让渡并不以获取利息差额为唯一目的，它已经成为政府宏观调控经济的手段之一。

### （二）消费信贷的特征

消费信贷和商业银行的其他工商企业贷款比较有如下特点：

1．利率水平高

消费信贷被银行家们视为有利可图的“刚性”利率贷款。就是说，它的定价大大高于它的融资成本。这是因为它的合约利率不像现在的大部分商业贷款一样可以浮动，而是在贷款期间不随着市场条件的变化而变化。这种固定利率锁定了银行的收益。在贷款期间，如果银行筹资成本上升并且超过了银行利息收益，银行该笔消费信贷就暴露在利率风险之下，因此，通常采用较高的利率以补偿消费信贷较高的成本和较高的违约风险。

2．成本费用高

从会计成本角度讲，个人贷款是银行所有贷款中成本最高的贷款。每笔贷款金额小，但其固定成本并不低，如银行固定资产折旧及设施费用、人员工资费用、调查费用等，导致个人贷款单位成本要高于企业贷款。因此个人贷款的发展与开拓是以银行规模效益和提高机构功能为前提的一种业务。

3．违约风险大

消费信贷是商业银行贷款中风险最高的贷款。因为个人和家庭的财务状况可能受疾病、失业、事故或灾害等多方面影响而急剧变化，消费信贷的违约风险通常高出商业贷款几倍。

4．利率敏感性低

也就是借款人缺乏利率弹性。相关调查表明，消费者对利率变化并不敏感。消费者更关注贷款协议中每月付款额多少。利率水平、利率变动通常不是消费者考虑的重要因素，消费者是否借款或者借多少款的决定因素是受教育程度和收入水平，以及对生活质量的追求和贷款所带来的效用。

5．规模变动呈周期性

美国联邦储备银行对消费信贷的研究表明，消费信贷具有较高的经济周期敏感性。在经济扩张时期，消费者对未来的收入预期比较乐观，敢于花钱，个人贷款增长比较快；相反，在经济衰退时期，随着失业率上升，很多人和家庭对未来的收入预期变得比较悲观，消费信贷就会明显减少。消费信贷规模的不稳定性也是商业银行给消费信贷制定高利率的一个重要原因。

## 三、消费信贷的作用

消费贷款的发展对社会经济发展具有积极的作用，主要表现在如下几个方面：

1．消费贷款是调节生产与消费的有力杠杆

消费贷款对生产与消费有促进作用，消费量的扩大也推动了商品销售市场的扩大，引发新的消费需求，导致新产品的诞生，为新产品打开市场开辟道路。还能通过生产消费品的工业生产的发展，推动生产原料、机械等行业的发展。通过消费贷款投向和投量的变化，引导消费，改变消费结构，从而引导生产并改变生产结构。

**2．消费贷款通过购买力的提前实现来平衡和调节消费**

消费贷款将一部分将来才能实现的商品价值提前到当前实现，促进了社会商品资金的转化，加速了社会资金的周转。同时，消费贷款能对个人的消费起平衡调节作用，通过分期分批地付款，可减轻消费者在某一个阶段的压力。

**3．消费贷款能调节社会总供给与总需求的矛盾**

消费贷款是促使社会购买力实现的加速器，促进了社会消费的实现，如果是市场上适用适销、有保值价值、有实际消费价值的消费品，必然受人们欢迎，则意味着市场趋旺，即使人们借钱也会去消费。因此，在客观上起到了调节社会总供给与总需求的矛盾，促进社会经济平衡发展的作用。

**4．抑制“高利贷”的活动范围**

民间消费信贷常与“高利贷”相联系，商业银行开办消费信贷业务，客观上抑制了“高利贷”活动的市场。

**小资料**

**消费信贷在发达国家的发展**

在商品经济比较发达的国家，每年有成千上万的消费者通过消费信贷提高了物质生活水平，增加了享受闲暇的机会，商人也利用消费信贷取得了更多的利润。第二次世界大战后，消费信贷在发达国家得到了极大的发展，目前国外消费信贷在经济生活中占有较大比例，如美国、加拿大的消费信贷占银行贷款的比例分别约为1/5和1/3。德国1/2的家庭有债务，法国1/2的家庭有债务、1/4的家庭靠贷款买房；美国70%、德国60%、日本50%的汽车销售通过贷款完成；美国每年有6 000万户家庭用信用卡消费，累计债务4 000亿美元。消费信贷迅速发展的原因主要有以下几点：

（1）收入水平的大幅度提高　消费信贷的普及和发展有两个前提条件：一是消费者收入远远大于现期支出，且有能力支付贷款；二是消费者预期收入高于现期收入。以上条件至少要满足一个，否则消费信贷难以开展。第二次世界大战后20年是西方国家迅速发展的时期，这段时间为消费信贷的发展创造了有利条件。

（2）消费观念的转变　信贷消费不再被人们看作是无能的表现，已经成为人们日常生活中不可缺少的一部分。通过信贷消费，人们可以提前享受所购买商品带来的好处，使生活提前改善；另一方面，消费信贷也被认为是家庭理财的一种方式，人们通过比较现金购买与信用购买之间的成本和收益，从中选择最适合自己的消费方式。

（3）科技发展对消费信贷的促进作用　科技的发展尤其是计算机技术的应用，使消费发生了划时代的变化。更重要的是，新技术向消费信贷领域延伸，产生了许多消费信贷的新方法、新产品，例如，自动取款机（ATM）、销售点终端机（POS）等的使用，使消费信贷不再受地点限制。

（4）金融机构的参与　尤其是商业银行的参与使消费信贷的资金基础雄厚，并成为消费信贷的主导者。商业银行一方面利用在账户处理上的优势与商家合作，解决了商家在开展信用业务时繁琐的账户处理；另一方面有强大的资金作为后盾，有能力承担消费信贷中的风险。同时，商业银行利用自己的优势，不断推出消费信贷新品种，消费者可以用信用方式支付各种费用，如打官司、看病，甚至可以用消费信贷支付学费和向政府交税。

（5）个人信用制度的建立和法律的完善　第二次世界大战后，美国制定了大量的法律来规范消费信贷，以保障借贷双方的合法权益。1969 年通过的《诚实借贷法》，1971 年通过的《公平信用报告法》等法案，为消费信贷的发展提供了良好的制度保障。

## 四、消费信贷的种类

### （一）按贷款用途分类

#### 1．个人住房贷款

个人住房贷款是指对个人发放的用于购买、建造和修缮自住住房的贷款。对个人发放用于购买自住住房的贷款，应符合以下条件：借款人的住房购买价格基本符合贷款银行或其委托的房地产估价师所评估的价值；借款人购房首期付款不低于所购买的住房价格的规定比例；借款人具有稳定的可以用于按期偿还住房贷款本息的收入。

#### 2．个人汽车贷款

个人汽车贷款是指银行向个人发放的用于购买汽车的贷款。个人汽车贷款所购车辆按用途可以划分为自用车和商用车。自用车是指借款人申请汽车贷款购买的、不以营利为目的的汽车；商用车是指借款人申请汽车贷款购买的、以营利为目的的汽车。个人汽车贷款所购车辆按注册登记情况可以划分为新车和二手车。二手车是指从办理完机动车注册登记手续到规定报废年限一年之前进行所有权变更并依法办理过户手续的汽车。

#### 3．个人教育贷款

个人教育贷款是银行向在读学生或其直系亲属、法定监护人发放的用于满足其就学资金需求的贷款。根据贷款性质的不同将个人教育贷款分为国家助学贷款和商业助学贷款。

#### 4．个人耐用消费品贷款

个人耐用消费品贷款是指银行向个人发放的用于购买大额耐用消费品的人民币担保贷款。所谓耐用消费品通常是指价值较大、使用寿命相对较长的家用商品，包括除汽车、房屋以外的家用电器、计算机、家具、健身器材和乐器等。

#### 5．个人消费额度贷款

个人消费额度贷款是指银行向个人发放的用于消费的、可在一定期限和额度内循环使用的人民币贷款。

#### 6．个人旅游消费贷款

个人旅游消费贷款是指银行向个人发放的用于该个人及其家庭成员（包括借款申请人的配偶、子女及其父母）参加银行认可的各类旅行社（公司）组织的国内、外旅游所需费用的贷款。借款人必须选择银行认可的重信誉、资质等级高的旅游公司，并向银行提供其与旅游公司签订的有关协议。

**7. 个人医疗贷款**

个人医疗贷款是指银行向个人发放的用于解决市民及其配偶或直系亲属伤病就医时资金短缺问题的贷款。

## （二）按贷款方式分类

**1. 赊销**

赊销是指零售商向消费者以延期付款方式销售商品。

**2. 分期付款**

分期付款指消费者在购买商品时，先支付一部分货款，然后按合同分期加息支付其余款项。这种形式多用于购买汽车、高档耐用消费品等，属于长期消费信用。

分期付款在信贷契约中有三个重要内容：①首期支付款；②契约期限；③利息与费用。购买者和贷款者往往都关心首付款的比例，首付款比例高将意味着安全程度高。

分期付款可以是直接贷款，也可以是间接贷款。直接贷款是由银行和资金的最终使用者直接商定的贷款。向银行借款用于购买汽车的个人必须正式提出借款申请，并提供支持性的个人财务资料。信贷员在审查这些资料后，批准借款或拒绝借款申请。间接贷款是银行通过那些零售商向顾客提供融资的贷款。零售商（比如汽车交易商）承办借款申请，与消费者商定借款条件，并将借款协议交给银行。如果贷款获得批准，银行就按照事先商定的条件向零售商购买贷款。现在银行购买贷款的具体形式往往是购买零售商的票据。近年来，间接贷款的方式已占贷款总额的50%以上，我国的分期付款也主要是采取这种形式。

**3. 担保贷款**

担保贷款包括保证贷款、抵押贷款和质押贷款。在消费贷款中通常采用抵押贷款和质押贷款。

（1）抵押贷款　抵押贷款是指按《中华人民共和国担保法》（以下简称《担保法》）规定的抵押方式以借款人或第三人的财产作为抵押物发放的贷款。抵押是由债务人或者第三人提供一定的财产，用来担保合同履行的民事法律行为。《担保法》规定，抵押是指债务人或者第三者不转移对法律规定的可作为抵押物的财产的占有，将该财产作为债权的担保。当债务人不履行债务时，债权人有权按照法律规定以该财产折价或者以拍卖、变卖该财产的价款用于还款。

（2）按揭贷款　按揭是英文“Mortgage”的音译，是抵押贷款的一个分类，它是指借款人在购买耐用消费品时，支付首期规定的价款后，按揭人将所购消费品的产权转让给按揭收益人（通常指提供贷款的银行）作为还款保证，由贷款银行代其垫付其余购货款，在银行贷款垫付期间，该消费品的所有权（权益）作为履行债务担保抵押给贷款银行，在按揭人还清全部贷款本息后，按揭收益人立即将所涉及的消费品的所有权（权益）移归按揭人所有。现在商品房和汽车消费贷款主要采用按揭的方法。

（3）质押贷款　质押贷款是指按《担保法》规定的质押方式以借款人或第三人的动产

或权利作为质押物发放贷款。质押包括动产质押和权利质押。动产质押是指债务人或者第三人将其动产移交债权人占有，将该动产作为债权的担保。债务人不履行债务时，债权人有权依照法律规定以该动产折价或者拍卖、变卖该动产的价款用于还款。

# 第二节　汽车消费信贷

## 一、汽车消费信贷的产生和发展

汽车消费信贷是产生得比较晚的一种消费信贷形式。在美国，1850 年，家庭主妇就能用消费信贷购买缝纫机，后来消费信贷又流行于家具行业。汽车产业的发展催生了汽车消费信贷。1916 年，美国一辆轿车的价格相当于一个普通工薪族半年的收入，当第一批汽车购买者开始出售他们的旧车而购买者需要购买二手车时，汽车信贷就开始产生了。同时，新车的购买者同样需要财务上的支持，所以出现了第三方财务公司。到 1924 年，美国 75%的汽车都是通过分期付款方式购买的。汽车消费信贷于 20 世纪 20 年代被推行后，经历了一个长期的增长过程。纵观国外汽车消费信贷的百年发展历史实践，这项业务基本经历了起步阶段（1908—1929）、低谷阶段（1930—1946）、发展阶段（1947—1989）和成熟阶段（1990 至今），这四个阶段体现了汽车消费信贷的一般发展规律。

### （一）美国汽车消费与汽车业的发展

美国是汽车消费信贷的鼻祖，研究表明，目前在全球范围内流行的汽车消费信贷起源最早可追溯到 1907 年美国兴起的个人购车中的分期付款方式。汽车消费信贷是市场发展的必然产物，它的诞生也为美国汽车工业的发展提供了强劲的动力。美国汽车消费信贷正式获得合法地位是 1916 年美国政府出台《统一小额贷款法》。第一次世界大战后，美国经济遭受重创，为了激活战后萎靡的市场需求，主要汽车制造厂商向经销商和用户提供汽车消费分期付款，成绩斐然。1919 年，美国首家汽车金融服务机构通用汽车票据承兑公司开始向汽车消费者提供金融信贷服务，成为最早创建金融公司的汽车制造商，也是目前全球最大的三家汽车金融服务机构之一。随着汽车信贷市场潜力凸显，不少金融机构也逐步参与其中，汽车零售商将贷款出售给金融公司，使金融公司间接地成为零售分期付款的债权人。

汽车消费信贷的真正繁荣出现在 20 世纪五六十年代。第二次世界大战结束后，美国消费需求急剧膨胀，消费信贷急速发展，消费信用的规模，在 1929 年是 71 亿美元，到 2012 年 1 月已达 2.51 万亿美元，83 年间增长 352 倍。同时，汽车消费信贷业务得到迅猛发展，福特、克莱斯勒等美国汽车巨头纷纷在第二次世界大战后创建自己的信贷公司，此种模式随后在全球范围内被模仿。美国汽车信贷消费经过一百多年的发展，目前贷款购车比例超过 80%，成为消费者最主要的购买方式之一。目前美国汽车消费信贷品种更趋多样化，融资租赁、购车储蓄、汽车消费保险、信用卡、担保、汽车应收账款保理、汽车应收账款证券化等汽车消费过程中的金融服务一应俱全。

### （二）日本汽车消费信贷与其汽车业的发展

日本几大著名的汽车公司如丰田、日产等在20世纪二三十年代才成立。当时，汽车作为高价商品，消费对象主要是少数高收入者和政府部门，到了20世纪50年代后期，汽车的分期付款得到普及。1950年日本仅生产汽车3.2万辆，占世界汽车总产量的0.3%，日本政府借鉴美国的经验，于1955年由通产省公布了发展民用车的计划，提出要为本国公民生产整车质量为400kg，时速100km，乘2～4人，排气量350～500ml，成本在15万日元左右的汽车；1960年汽车产量猛增到76万辆，占世界汽车总产量的4.61%；1961年颁布实施《分期付款贩卖法》，从法律上对公民购车进行金融信贷支持，使汽车消费信贷方式成为日本汽车消费的主要方式，消费者信贷购车渗透率达到60%～70%，成为刺激日本汽车工业快速发展的有力武器。最先开展汽车信贷服务的是民间金融机构，随后日本政府为了规范信贷市场，积极推动银行和其他金融机构介入这一领域，同时各大汽车公司也开始直接向用户提供金融服务。在日本，消费者实现信贷购车的途径主要有三种，一是直接向银行申请贷款支持，二是通过专业的汽车金融公司间接贷款，三是消费者借助第三方机构（如信托公司）向金融机构申请购车贷款。1970年日本汽车产量达到530.4万辆，占世界汽车总产量的18.1%，同期美国所占份额降到28.12%，日本汽车产量超过德国，为世界第二，与此相对应，日本加入发达国家行列，并成为世界第二经济强国，这一成就在很大程度上归功于汽车业的巨大成功；到1980年，日本汽车产量第一次超过了美国，达到1 104.2万辆，占世界份额的28.78%，同期美国仅占21.03%，日本在世界经济中的地位不断增强。纵观日本汽车业发展，不难看出，信贷业对日本汽车业发展的促进作用十分明显。

## 二、汽车消费信贷的作用

开办汽车消费信贷业务是世界各国通行的一种做法。它不仅可以缓解汽车消费者的资金压力，而且为汽车生产企业提供了巨大的资金支持，加快了企业生产资金的流动。目前发达国家汽车消费信贷（分期付款）十分普及，对汽车工业起到了非常重要的作用。汽车工业是高投入高产出的企业，其发展水平是一个国家综合国力的体现，能够带动几十个相关行业的发展。因此，汽车消费信贷的发展对我国的汽车工业乃至国民经济的发展具有深远的意义。其表现有如下几个方面：

**1. 引导社会需求、生产，从而促进工业经济乃至整个国民经济协调、持续、快速发展**

投资、出口、消费是拉动国家经济增长的三大要素。经过前几年经济的持续增长，我国固定资产投资已经达到一个相当的规模，而同时受世界经济危机的影响，中国产品需求下降，外贸出口急剧减少，因此刺激消费，扩大内需，拉动经济增长已经成为大势所趋。从理论上讲，把信贷消费的比重提高10%，就可拉动经济增长4个百分点。根据我国当前的经济和消费结构状况，大力发展汽车消费信贷是支持需求扩张的有效手段。从世界经济发展历史和现状看，几乎每个经济大国都是汽车工业强国，一些发达国家经济腾飞主要得益于汽车工业快速发展。汽车工业有着较强的技术关联和市场需求，是一个连带性极强的产业。汽车消费对推动经济增长的作用相当显著，如美国1913～1923年间汽车消费支出的增长每年可推动经济增长 0.6%，日本 1925～1965 年间，汽车类消费扩大每年就可推动经济增长 0.3%。事实证明，发展汽车消费贷款这一决策，对我国扩大内需、拉动经济，在短短的几年中扭转国内市场有效需求不足的经济状况起到了积极的作用。

**2. 推动汽车消费，盘活汽车行业巨大资产存量和提高资本营运效益**

汽车行业具有较强的资产存量优势，但也会产生资产利用率不高，大量设备闲置，资源浪费。启动汽车消费信贷，将资金贷给消费者，消费者根据自己的偏好和需求来选择质优价廉的产品，而生产企业在商品的价值实现之后，才能取得经济效益。因此，通过消费信贷的力量来促使企业关注市场，提高质量，在竞争实力、技术开发、营销手段上取得实实在在的进步，让国产车缩小与先进国家的差距。在目前国内汽车大量积压、过剩，出口产品外销受阻的情况下，开展汽车消费信贷，必将对汽车产业盘活资产起到积极推动作用，使企业焕发出新的生机活力。

**3. 刺激汽车消费，扩大消费市场规模，促进消费结构升级**

据汽车工业协会统计，我国 2015 年的汽车产量为 2 450.33 万辆，同比增长 3.25%。汽车市场如此庞大的产量也提醒着我们广大消费者，将汽车由少数人买得起的高端消费品变成广大人民群众都能买得起的普通消费品并不是梦想。汽车消费信贷的出现正好可以解决远期购买和近期消费的矛盾，汽车销量的增加也可带动汽车相关服务业的发展，进而扩大汽车消费市场的规模。

**4. 促进金融机构优化贷款存量和增量，提高资金使用效率**

长期以来，国有企业一直是我国商业银行最主要的贷款对象，但受近年来某些国企效益低下及体制上存在的诸多矛盾的影响，一些国企对银行贷款敢借、敢花、敢不还。这在一定程度上，导致商业银行不良贷款居高不下，金融体系承受巨大风险。通过汽车信贷消费可扭转我国融资主体单一问题，提高银行贷款对象素质，扩大资金供给，提高资金使用效率。

## 三、汽车消费信贷现状

当今世界，随着汽车产业日益壮大，汽车信贷发展也十分迅速，有资料显示每年全世界有 13 000 亿美元的汽车交易量，包括新车与旧车，而其中使用现金进行直接交易的仅占总交易量的 30%左右，高达七成的销售额都是通过包括信贷及租赁等的融资渠道进行，而通过信贷的交易量更是租赁的 3 倍有余。令人吃惊的是，这样的数据还在持续上涨。北美的汽车信贷几乎占据全球汽车信贷的一半，西欧占据接近 3 成的份额。

在欧美等汽车消费信贷发达的国家，向汽车消费者提供汽车消费信贷的公司有很多种，如商业银行、专门的信贷公司、汽车消费信贷机构、汽车资本服务公司等，其中主要是汽车消费信贷机构。为了应对日趋激烈的市场竞争，汽车信贷服务开始采用“多元战略”，从起初的仅为汽车的销售提供融资服务，逐步向售后服务发展。目前已基本形成了以售车、保养、维修、转让、租赁为主体，汽车文化、汽车俱乐部、汽车消费品等相关产业链为辅助，以汽车消费理财、汽车信贷资产的证券化、汽车服务产品的金融化为核心的完整金融服务链；“多元战略”还根据不同国家和地区客户的需求提供相应的汽车信贷服务产品，开展汽车信贷产品的个性化设计与开发，客户在汽车消费上的差异化均可获得相应的金融支持。

随着国际上信息技术和网络技术的发展，以及金融业网络化程度的进一步提高，为应对网络经济的出现，满足消费者多样化的个性需求，汽车消费信贷服务开始向“虚拟服务”方向发展，其业务操作和风险评估系统已充分采用现代信息技术，利用国际互联网开展业务，包括网上看车、订购、支付、信息收集与反馈，以及完成一部分售后服务等。目前在美国及欧洲，汽车消费信贷的网络化十分发达，有 30%～50%的业务是在网上完成的，其中仅美国就有三百余家专业化的网络汽车消费信贷经销服务公司。

中国汽车消费信贷市场的起步较晚，较之世界平均水平，发展相对落后。大体可划分为四个阶段。

第一阶段（1995～1997 年）：起始阶段。我国的第一个汽车消费信贷业务保险，是由太平洋保险公司上海分公司在 1995 年为上海汽车集团财务有限责任公司发放的贷款中提供的《分期付款融资购车合同》，在之后的一年中，上海汽车集团财务公司总共销售 1 125 辆车，而发放的贷款数额则是高达 10 亿元有余。经过这次成功的探索，一汽大众、长安汽车和天津汽车等汽车生产厂商都开始同上海汽车一起进行汽车贷款的发放。当时的贷款发放大多数都是汽车公司直接发放，也有一些汽车厂商为了增加汽车的销量而联合一些国有商业银行，尝试给消费者提供汽车消费信贷业务。但是因为汽车消费信贷暴露了很多问题，1996 年 9 月，中国人民银行一度停止了汽车信贷业务。

第二阶段（1998～2003 年）：高速发展阶段。中国人民银行于 1998 年 9 月出台《汽车消费贷款管理办法》，1999 年 4 月出台《关于开展个人消费信贷的指导意见》以后，汽车信贷业务逐步成为国有商业银行改善信贷结构、优化信贷资产质量的重要手段。保险公司为了扩大自己的市场份额，也在这个阶段推出了汽车消费贷款信用保险。银行、保险公司和汽车经销商的合作推动汽车消费信贷在这个阶段得到高速发展。在这一阶段，由于宏观经济持续快速发展、居民收入水平不断提高、城乡居民消费结构升级换代，汽车信贷市场随着汽车市场的发展而得到了蓬勃的发展，2003 年我国汽车消费贷款比例一度高达 16.3%。

第三阶段（2004～2008 年）：萎缩调整阶段。2004 年以后，由于国家实施紧缩的货币政策，加上快速扩大的汽车信贷呆坏账，使大多数商业银行缩小了汽车信贷业务。2004 年，我国汽车消费贷款比例降至 10.7%，2005 年降至历史最低值 3.5%，2006 年和 2007 年又缓慢回升至 3.8%和 7.4%。据相关数据统计，我国汽车消费贷款余额 2003 年为 1 400 亿元至 2008 年底才达到 1 583 亿元，也就是说经过五年多的发展，规模只增加了 183 亿元，而 2003 年全国轿车销量是 140 万辆，2008 年已达到 504.69 万辆，在这五年内汽车销售的总量已经翻了两番还多，如果再考虑通货膨胀等因素，这 5 年来国内的汽车消费信贷市场一直处于严重萎缩之中。

这一时期，由于银行缩小车贷业务，这为汽车金融公司的发展提供了机会。2003 年国家颁布《汽车金融公司管理办法实施细则》后，第一家汽车金融公司上海通用汽车金融公司成立，此后，各类性质的汽车金融公司陆续成立。国家鼓励汽车金融公司开展汽车消费信贷业务，一方面是借鉴国外特别是欧美发达国家的汽车贷款模式；另一方面，理论界普遍认为汽车金融公司做汽车消费信贷更加专业，其对汽车价值评估、市场动态的把握比商业银行更加准确，多数汽车金融公司是汽车生产集团的子公司。

第四阶段（2009 年至今）：稳健增长阶段。部分商业银行以信用卡分期业务为契机，以“零利息、低手续费”，快速审批，交易便捷为宣传亮点，通过与汽车厂商建立“总对总”合作关系，筛选优质经销商，面向优质信用卡客户，开展“纯信用模式”信用卡汽车分期业务，业务量快速增长，市场份额提升较快。目前，商业银行汽车消费贷款、汽车金融公司、商业银行信用卡中心为主体的汽车消费信贷市场的多元化格局已经形成，信用卡汽车分期、汽车金融公司、传统汽车消费贷款各有优劣，在汽车消费信贷市场呈现出三足鼎立局面。

**小资料**

2015 年中国汽车消费信贷调研

随着中国汽车市场的发展，汽车金融服务逐渐成为汽车产业价值链上最具价值、最有活力、最具潜力的一环，其发展对汽车业和汽车消费有着巨大的推动作用。2015 年初，中国汽车技术研究中心（CATARC）通过北京车展和天津车展发放调查问卷，对汽车消费信贷服务的汽车金融产品进行了专项调研。

调研结果显示，在有车贷意向的人群中，“80 后”的比例占据半壁江山，为 52.17%。“80 后”一代视野开放，消费意识超前，随着最后一波“80 后”职场生涯的开始，汽车也渐渐进入到他们的预算之中；“90 后”占比 30.43%，“90 后”一代以学生族居多，只有很小一部分已经走出校园，但即使这样，“90 后”人群占比仍不可小觑，在未来 5～10 年，汽车消费信贷业务必是“90 后”的主场。其中，在各自的人群中，“80 后”中有 66.7%的人认为选择购车时会选择车贷，“90 后”中的比例为 63.6%。

在个人月收入低于 5 000 元的人群中，有 73%认为会选择车贷，而在个人月收入高于 5 000 元的人群中，认为会选择车贷的比例则不到一半，与前者形成鲜明对比。可见，5 000 元的月收入水平无形中成为是否会选择车贷的分水岭，造就了潜在购车者两种截然不同的购车方式。

在有车贷意向的人群中，选择银行车贷的比例最高，为 43.24%，信用卡分期次之，为 35.14%，而汽车金融公司尽管拥有产品种类丰富、门槛低、信贷方式灵活、专业化程度高等诸多优势，其所占比例却仅为 21.62%。可见相对汽车金融公司，受访者更青睐资金更有保障、业务历史也更加悠久的商业银行。

据中国汽车工业协会预期，汽车消费信贷余额将稳步加速增长，最新公布数据显示，至 2020 年中国汽车消费金融的市场容量有可能突破 1 万亿人民币，消费金融的渗透率也将突破 30%，预计届时汽车金融公司将和商业银行平分消费信贷市场，对于汽车金融公司而言，5 000 亿的市场份额必将十分可观。

## 第三节　汽车消费信贷模式

### 一、我国汽车消费信贷的两种主要模式

#### （一）直客模式

“直客模式”是由银行、专业资信调查公司、保险公司、汽车经销商四方组成。银行

直接面对客户，对客户的信贷进行审核、评定合格后，银行与客户签订信贷协议，客户将在银行设立的汽车消费信贷机构中获得一个车贷的额度，使用该车贷额度就可以到汽车市场上选购自己满意的产品。银行的车贷中心还为客户提供相应的售后服务，如汽车维修、汽车救援、维修期间提供代用车及汽车租赁等一系列增值服务。在该模式中，银行是中心，银行指定律师行出具客户的资信报告，银行指定保险公司并要求客户购买其保证保险，银行指定经销商销售车辆，风险由银行和保险公司共同承担。

最早在国内提出“直客模式”的是浦东发展银行南京分行，而建设银行北京分行则是北京第一家推出直客式服务的商业银行。随后，招商银行也推出了自己的直客式信贷服务。之后，各大国有商业银行纷纷下调自己的汽车贷款利率，并推出了汽车贷款消费的直客信贷服务。

虽然各家银行所提供的服务程序不完全一样，但都是采用银行、保险、专业资信调查公司、汽车经销商甚至律师紧密合作的方式。这种模式和传统的以汽车经销商作为信贷中介的间客模式比起来，最主要的优势是为客户节省掉了中间环节，节约了时间和中介费。以首付 20%，贷款五年购买一部帕萨特计算，直客模式能为客户节省一万多元的车款。同时，采用直客模式购车的客户在拿到银行贷款之后便成为一位全款购车者，到经销商处选购车辆时就会有一定的议价权。另外，到银行办理汽车贷款手续时，客户可以从银行的专业机构处得到有关的资料查询服务，比如某款车型目前的报价等，甚至还能让专业人士为自己选择一款最适合自己的车型。

目前开展个人汽车消费信贷服务的银行中，直客模式所占的比重正在不断扩大。因此很多业内人士认为，随着中国汽车信贷市场的成熟，直客模式将成为汽车消费信贷发展的主要趋势，而汽车经销商作为信贷中介的间客模式将日渐萎缩。

**小资料**

**“直客式”的发展历程**

“直客式”就是银行绕过经销商直接与客户打交道。2002 年 4 月，建设银行北京分行在刚成立汽车金融服务中心时，便率先推出“直客式”的信贷模式。在推出“直客式”后，经销商收取的中间费用从贷款额的 4.5%～5%狂降至 0.8%。

这种方式好处非常明显：对客户来说，可以节省不少时间和费用，可以全款购车，提高对经销商的议价权，还可以直接和银行议价。而对银行来说，防范风险和选择客户的主动性增强。所以在建设银行推出“直客式”后不久，招商银行和工商银行等相继仿效。

不过出乎银行预料的是，到 2002 年 5 月，经销商收取的中间费用逐渐回升，最低是 1%，最高已经是 3%。银行方面认为其主要原因是与经销商的利益相抵触，以及汽车销售部门对这一模式的好处宣传力度不够。事实上“直客式”本身也有问题：银行毕竟不是专业卖车的，消费者买车习惯上是去车市，很少会到银行去询问银行的特约经销点，然后再去买车。同时，采用“直客式”贷款模式，银行付出的成本相当大。原由经销商负担的前期投入，这时全部要银行自己去做，一个银行往往有上千个客户，对客户的资信调查工作量很大，其人员、精力、财力负担会很重。还有一些其他琐碎事情，比如银行要划出一块地来摆车，要经销商、律师、保险公司现场办公等等。

## （二）间客模式

“间客模式”是由银行、保险公司与经销商三方联手。该模式的特点是由经销商为购车人办理贷款手续，负责对贷款购车人进行资信调查，以经销商自身资产为客户承担连带责任保证，并代银行收缴贷款本息，而购车人可以享受到经销商提供的一站式服务。在这一模式中，经销商是主体，他与银行和保险公司达成协议，负责与消费信贷一切有关的事务，风险由经销商和保险公司共同负担。

在实际操作中，以经销商为主体的间客模式的汽车消费信贷又有两种不同的模式。

（1）银行不是直接面对消费者，而是把钱贷给其信得过的汽车生产企业或汽车经销商，再由该汽车生产企业或经销商贷给消费者。

（2）银行、保险公司与经销商三方合作，通过经销商作为中介贷款给购车人。

在这一“银行——汽车经销商——个人”的模式中，经销商是主体，他与银行和保险公司达成协议，负责与消费信贷有关的一切事务，客户只需与一家汽车经销商打交道。这时，风险由经销商与保险公司共同承担。该汽车销售企业事实上成了信贷中介，一些本应由银行来做的工作，如甄别消费者的善意恶意、对消费者的信贷作调查等等，都由汽车销售企业完成。这一模式的最大优点就是绕过了“个人信贷制度缺失”这一目前制约中国信贷消费的最难克服的瓶颈。

和“直客模式”对比起来，“间客模式”实际上隐含了比较大的风险。因为经销商毕竟不具备资信调查的专业优势，他们更关心的是如何扩大销售。一些经销商在竞争加剧的情况下还推出了免担保、零利率等非常规手段，缺乏防范风险的意识。而对客户来说，虽然不用考虑为银行提供个人资信证明等手续，但毕竟得多支付一笔不菲的担保费。

“间客模式”的特点是：①由汽车经销商负责为顾客办理贷款手续，代银行收缴车款本息；②以经销商的自身资产向贷款购车人提供连带责任担保；③负责对贷款购车人进行资信调查，帮助购车人向银行申请贷款，而购车者则可享受到经销商提供的一站式服务。在该模式中，汽车经销商事实上成了“信贷中介”，原本由银行承担的对客户资信的调查改由经销商承担，其中经销商承担信贷的风险是不言而喻的。

**小资料**

**“直客式”车贷与“间客式”车贷的区别**

“直客式”车贷与间客式车贷的区别体现在哪？简单来说，“间客式”运行模式就是“先买车，后贷款”。其贷款流程为：选车——准备所需资料——与经销商签订购买合同——银行在经销商或第三方的协助下做资信情况调查——银行审批、放款——客户提车。“直客式”汽车贷款模式实际上是“先贷款，后买车”。其贷款流程为：到银行网点填写个人汽车贷款借款申请书——银行对客户进行资信调查——银行审批贷款——客户与银行签订借款合同——客户到经销商处选定车辆并向银行交纳购车首付——银行代理提车、上户和办理抵押登记手续——银行放款——客户提车。

一般来说，选择“直客式”贷款购车的购车人，不仅可以对银行贷款产品进行货比三家，享受到较为实惠的利率价格，同时也可以名正言顺地和经销商讲价或享受车价优惠，而且个人资料的隐私权还能得到保护，可谓是一举三得。

但如果采用“间客式”模式，购车人免不了要遭遇车行“潜规则”，多掏一笔中间费用，比如，支付经销商代办汽车信贷业务的手续费，或是在经销商的蒙骗下被“贷少还多”等等。

所以，对价格比较敏感的用户，选择“直客式”分期购车会比较适合。当然，如果嫌麻烦，图省力的话，亦可选择“间客式”分期购车，但切记看清合同，及时拿对账单核对。

## 二、我国汽车消费信贷的类型

### （一）银行提供的汽车消费担保贷款

#### 1. 汽车消费担保贷款的概念

汽车消费担保贷款是商业银行与汽车经销商向购买汽车的借款人发放的用于购买汽车的人民币担保贷款。担保贷款的操作过程是：由银行与汽车经销商向购车人一次性支付购车所需的资金，即提供担保贷款，并联合保险、公证机构为购车者提供保险和公证。借款人一旦无法按时偿还借款时，由约定的第三方偿还贷款或用抵押、质押物品的处理收入偿还贷款。

#### 2. 贷款要素

（1）贷款对象　个人汽车贷款的对象应该是具有完全民事行为能力的中华人民共和国公民或符合国家有关规定的境外自然人。借款人申请个人汽车贷款，须具备贷款银行要求的下列条件：

① 中华人民共和国公民，或在中华人民共和国境内连续居住 1 年以上（含 1 年）的港、澳、台居民及外国人；

② 具有有效身份证明、固定和详细住址且具有完全民事行为能力；

③ 具有稳定的合法收入或足够偿还贷款本息的个人合法资产；

④ 个人信用良好；

⑤ 能够支付贷款银行规定的首期付款；

⑥ 贷款银行要求的其他条件。

（2）贷款利率　个人汽车贷款利率按照中国人民银行规定的同期贷款利率规定执行，并允许贷款银行按照中国人民银行利率规定实行上下浮动。

（3）贷款期限　个人汽车贷款的贷款期限（含展期）不得超过 5 年，其中，二手车贷款的贷款期限（含展期）不得超过 3 年。

借款人应按合同约定的计划按时还款，如果确实无法按照计划偿还贷款，可以申请展期。借款人须在贷款全部到期前 30 天提出展期申请。贷款银行须按照审批程序对借款人的申请进行审批。每笔贷款只可以展期一次，展期期限不得超过 1 年，展期之后全部贷款期限不得超过贷款银行规定的最长期限，同时对展期的贷款应重新落实担保。

（4）还款方式　个人汽车贷款的还款方式包括等额本息还款法、等额本金还款法、一次还本付息法、按月还息任意还本法等多种还款方式，具体方式根据各商业银行的规定来执行。

（5）担保方式　申请个人汽车贷款，借款人须提供一定的担保措施，包括质押、以贷款所购车辆作抵押、房地产抵押和第三方保证等，还可采取购买个人汽车贷款履约保证保险的方式。在实际操作中，各商业银行通常会根据具体情况对各种担保方式做出进一步的细化规定。

（6）贷款额度　所购车辆为自用的，贷款额度不得超过所购汽车价格的 80%；所购车辆为商用的，贷款额度不得超过所购汽车价格的 70%；所购车辆为二手车的，贷款额度不得超过借款人所购汽车价格的 50%。汽车价格，对于新车是指汽车实际成交价格与汽车生产商公布价格中的低者；对于二手车是指汽车实际成交价格与贷款银行认可的评估价格中的低者。上述成交价格均不得含有各类附加税费及保费等。

**小资料**

**某银行对个人汽车贷款担保方式的细化规定**

以质押方式申请个人汽车贷款的，质押权利范围包括定期储蓄存单、凭证式国债（电子记账）和记账式国债、个人寿险保险单等，贷款额度最高为质押权利凭证的 90%，贷款期限最长为 5 年，按照相关规定办理手续。以贷款所购车辆作抵押的，借款人须在办理完购车手续后，及时到贷款经办行所在地的车辆管理部门办理车辆抵押登记手续，并将购车发票原件、各种缴费凭证原件、机动车登记证原件、行驶证复印件、保险单等交予贷款银行进行保管。如贷款发放在车辆抵押登记手续办妥之前，需由经销商或中介机构提供阶段性担保。在贷款期限内，借款人须持续按照贷款银行的要求为贷款所购车辆购买指定险种的车辆保险，并在保险单中明确第一受益人为贷款银行。在贷款期间要确保续保的连续性和有效性。

以房地产作抵押的，抵押物必须符合《担保法》及最高人民法院《关于适用〈中华人民共和国担保法〉若干问题的解释》等有关规定，并且产权明晰、价值稳定、变现能力强、易于处置。①借款人以本人或他人拥有完全所有权的房地产作抵押的，在符合有关贷款额度要求的同时，贷款金额与抵押物评估价值的比率须符合以下要求：以商品住房抵押的比率不超过 60%；以写字楼抵押的，比例不超过 50%；以商用房、别墅等抵押的，比率不超过 40%。②以尚未还清贷款银行个人住房贷款、商用房贷款的房地产作抵押的，在符合有关贷款额度要求的同时，贷款金额与抵押物评估价值减去个人住房贷款、商用房贷款金额的比率须符合以下要求：以商品住房作抵押的，比率不超过 60%；以写字楼作抵押的，比率不超过 50%；以商用房、别墅等作抵押的，比率不超过 40%。③不接受尚未还清贷款银行以外的其他金融机构的个人住房贷款、商用房贷款的房地产作抵押。④以其他财产作抵押的，按相应的规定执行。抵押房地产须经贷款银行认可的评估机构评估并办理抵押登记手续，必要时需在贷款期限内，持续为抵押物办理财产保险，在保险合同中明确贷款银行为第一受益人。抵押权设定后，所有能够证明抵押权属的文件原件以及抵押物保险单原件等，均由贷款银行保管。

采取第三方保证方式的，保证方应具备保证资格和贷款银行规定的保证条件。采取购买个人汽车贷款履约保证保险方式的，借款人需购买与贷款银行有相关业务合作的保险公司的履约保证保险产品，并在保险单中明确第一受益人为贷款银行。

### （二）信用卡分期付款购车

信用卡分期购车是银行推出的一种信用卡分期业务，目前国内多家商业银行都开展了这项业务。一般信用卡车贷无利息，但要收取一定比例的手续费。消费者需持指定信用卡到银行合作的经销商处购车，填写申请表时出示身份证明、工作证明或是房产证明，银行受理审批通过后，购车人需要缴纳首付款，通常首付款的比例至少为 20%，审批期限一般为 3～5 个工作日。待信用卡调额完成后，购车人可到经销商处刷卡支付分期金额，之后需在约定期限内按月还款，并一次性支付手续费，部分银行也会按月分摊收取手续费用。购车人可选择半年至 3 年的还款期限，不同期限须缴纳的手续费率不同，各经销商之间也有差异。

信用卡分期付款购车的优点：①低手续费零利率。相比银行贷款购车和汽车金融机构贷款购车，信用卡分期购车是没有利息的，当然所谓的零利率会在手续费上有所支出，不过对于较低的手续费来说，相比其他两种贷款方式还是一个更好的选择。②审批快速。有些银行的信用卡贷款购车最快 40 分钟就可以审批完成，最长也不会超过 3 天。③便宜实惠。信用卡分期贷款购车除了缴纳部分手续费之外，等同于一次性付款购车，所以对一些针对一次性付清车款的优惠，都有权获得。

信用卡分期付款购车的缺点主要表现在：①局限于品牌。每个信用卡分期购车的银行都有相应的合作品牌和可以享受业务的车型，如果你想分期购买其他车型，只能找银行或者汽车金融机构贷款了。②局限于一定额度。同信用卡的使用一样，分期购车业务的信用卡也是有一定额度的，这跟持卡者的工作及经济承受能力有一定关系，因此当所购汽车价格较高，信用卡额度不够的时候，就不能选择信用卡分期贷款。

**案例**

**建设银行龙卡分期购车**

王先生一直期待能将心仪的爱车开回家，无奈积蓄不多，车贷繁琐的手续加各种高额手续费用，让他不得不搁浅了买车一事。不久前，开着新车的同事小林向王先生支招儿：办理建行龙卡信用卡分期购车业务，就可以轻松实现驾驭梦想。刚好王先生自己持有一张龙卡信用卡，便赶紧到建行柜台咨询。据介绍，龙卡信用卡汽车分期付款业务只要持卡人有稳定收入和固定住所，且无不良信用记录就可申请，申请额度不超过车款的七成，最高额度高达 80 万元。申请汽车分期付款提交申请材料后，2～3 个工作日即可审批完毕，审批通过之后 2 个工作日即可刷卡提车。王先生还从建行柜台了解到，建设银行已经与奥迪、大众、现代等市场上广受欢迎的家用汽车厂商合作，不仅手续简便，更有零利息、免担保、超低手续费、最长 36 个月分期还款等优惠。

小资料

主要商业银行开展的信用卡汽车分期业务比较

| 银行 | 产品 | 最低首付 | 手续费率 | 最长期限（期） |
|---|---|---|---|---|
| 建设银行 | 龙卡分期购车业务 | 视车型而定，30%或50% | 6%～13% | 36 |
| 中国银行 | “车贷通”（仅限北京地区）业务 | 车价的30% | 4%～7% | 36 |
| 招商银行 | “车购易”业务 | 车价的30% | 0～11% | 36 |
| 民生银行 | “购车通”业务 | 车价的20% | 0～19.9% | 24 |
| 农业银行 | 金穗贷记卡分期购车业务 | 车价的30% | 0～5.5% | 36 |
| 工商银行 | 牡丹卡分期购车业务 | 车价的30% | 3.91%～11.82% | 36 |
| 宁波银行 | “爱家分期”购车业务 | 车价的30% | 4.39%～11.96% | 36 |

### （三）汽车金融公司贷款

汽车金融公司是指经中国银行业监督管理委员会批准设立的，为中国境内的汽车购买者及消费者提供金融服务的非银行金融机构。伴随消费者收入的提高和鼓励汽车消费的相关政策出台，家用汽车正以超常规的速度进入大众家庭。与之相伴的是，购车贷款产品也不断推陈出新。就汽车贷款情况来看，在银行所提供的消费贷款产品中都可以提供购车贷款的服务，但汽车消费贷款所占据的市场份额始终不高。原因就在于汽车贷款的风险较高，不良贷款的比例远高于房贷业务。同时，汽车贷款相对标的金额低，银行需要投入的贷前、贷后成本却很高，这也使得很多商业银行对此业务不感兴趣，而如通用汽车金融公司贷款这种较为优惠和方便的金融公司的出现，正好满足了市场的需要。一般来说，金融公司贷款形式相对比较灵活，针对性强，金融公司所提供的贷款利率一般视汽车贷款的年限有所不同，还会根据购车人首付比例的情况，对利率进行一定的浮动。

汽车金融公司贷款的优势在于更加专业和人性化。比如通用金融的智慧型贷款和大众金融的弹性贷款，消费者都可以将一部分贷款额（通常不超过25%）作为弹性尾款，在贷款期限的最后一个月一次性支付，而不计算到月付金额，这样就能使购车者的月供明显低于传统信贷的月供。合约到期时，消费者可以有多种选择：一次性结清弹性尾款，获得完全的汽车所有权；或对弹性尾款再申请为期12个月的二次贷款；或在经销商的协助下，以二手车置换新车，将尾款从旧车折价中扣除。总体上说，汽车金融公司所提供的车贷，其优势在于贷款灵活、手续简便。同时，在贷款条件方面，汽车金融公司贷款比较注重购车者的个人信用，学历、收入、工作等都是其参考标准，而不像银行那样需要质押，外地户籍也不会成为获得贷款的障碍。此外，汽车金融公司的贷款放贷速度较快，通常几天内就可以办妥。相对来说，汽车金融公司的放贷条件比银行宽松。如在上汽通用汽车金融公司申请车贷，没有户口限制，也不需要有房产，只需要提供户口簿或有效居住证明，任一近期水、电、煤、电话交费单据、结婚证或离婚证、指定扣款银行的银行卡、借款人本人的驾驶证、借款人（配偶或担保人）的有效身份证件、借款人（配偶或担保人）的有效收入证明即可。汽车金融公司车贷的劣势在于，如果想提前还款，客户通常需要支付提前到期本金的3%作为违约金。如果客户需要变更还款月份，同样需要支付提前还款金额的3%作为违约金，还款计划变更还需要收取100元的费用。一般来说，在汽车金融公司贷款的利率要低于银行，且手续比较简单，放款率高，适合前期资金比较紧张的客户。

**小资料**

**2014年中国十大汽车金融公司排名**

随着中国汽车市场日趋成熟，以汽车金融为代表的汽车服务市场已经成为汽车企业的关注重点。目前，国外汽车企业汽车金融公司的利润收益贡献率平均占到其母公司利润的30%～50%，然而中国的汽车金融公司多数仍处于不盈利的状况。可见，中国汽车金融行业与发达国家有差距，与印度、巴西等发展中国家也有很大的距离，因此中国汽车金融业还有很大的发展空间。但是目前中国汽车金融政策环境并不宽松，相关管理部门对汽车金融业务的发展持审慎态度。为避免金融风险，目前允许汽车金融公司开办的业务比较有限，对汽车金融公司业务的开展也有很多不利限制。

前瞻产业研究院《中国汽车金融行业市场前瞻与投资战略规划分析报告》统计数据显示，2014年中国十大汽车金融公司排行榜如下:

1. 北京现代汽车金融有限公司
2. 梅赛德斯-奔驰汽车金融有限公司
3. 重庆汽车金融有限公司
4. 一汽汽车金融有限公司
5. 广汽汇理汽车金融有限公司
6. 瑞福德汽车金融有限公司
7. 上汽通用汽车金融有限责任公司
8. 大众汽车金融（中国）有限公司
9. 丰田汽车金融（中国）有限公司
10. 东风标致雪铁龙汽车金融有限公司

## 三、汽车消费信贷的还款方式

### （一）等额本息法和等额本金法

等额本息还款法就是借款人每月始终以相等的金额偿还贷款本金和利息，偿还初期利息支出最大，本金还得少，以后随着每月利息支出的逐步减少，归还本金逐步增大。采用等额还贷法每月还款额的计算公式为

$$每月还款额=本金\times万元月均还款额$$

$$万元月均还款额=I(1+I)^m/[(1+I)^m-1]$$

式中，银行月利率为$I$，总期数为$m$（个月）。

这样在等额本息还款法中

$$每月利息=剩余本金\times贷款月利率$$

$$每月本金=每月月供额-每月利息$$

等额本金还款法就是借款人每月以相等的额度偿还贷款本金，利息随本金逐月递减，每月还款额亦逐月递减。等额本金还款方式计算公式为

$$每月还款额=P/m+（P-累计已还本金）\times I$$

式中，$P$ 为贷款本金，$I$ 为月利率，$m$ 为贷款总期数（月）。

这样在等额本金还款法中

$$每月本金=总本金/还款月数$$

$$每月利息=（本金-累计已还本金）\times月利率$$

等额本金还款法即等本还贷法，每月还款额是不固定的，随着未还本金的递减而按月递减。比如以一辆 25 万元的车子为例，采用 8 成商业性贷款，贷款期限为 5 年，如果是“等额本息还款法”即等额还贷法，按目前的利率每月还款额固定约为 3 860 元，如果是等本还贷法，则第一个月的还款额约为 4 338 元，第二个月约为 4 316 元，以后按月逐渐递减。

计算两种还贷方式的利息总额，其实相差很少，但是绝大多数人都选择等额还贷法，主要是因为还贷额固定，计算方便。而采用等本还贷法，借款人初期的还款压力很大，对资金不宽裕的购车者来说，只能选择等额还贷法。但对于资金宽裕者来说，就可以根据需要选择了。

### （二）按月还款和按季还款

这两种还款的方式侧重点在于还款期间隔的长短。按月法是以月为单位分割还款期；按季法则是以每个季度为一个还款期。由还款方式和还款期这两“大件”可分别组合成：按月等额本息、按月等额本金、按季等额本息和按季等额本金共 4 种最基本的还款方式组合。在这 4 种“基本件”中，目前最常用的是“按月等额本息”还款方式，由于这款组合每月还款本息和相等，便于记忆，又有利于统筹安排财务支出，所以是大部分购车借款人的首选。其次就要数“按月等额本金”还款法了，这种组合其本金逐月减少的速度要比前一种快，相对应，初期的还款本息总额也比前一种多，所以适合期初还款能力较强或有提前还款意愿的借款人。

### （三）递增法和递减法

这两种还款方式指向的是每个还款年度的还款趋势。递增法表示在上述 4 种还款方式基础上逐年递增还款，递减法则相反。由此，又可组合出：按月等额本息年度递增法、按月等额本息年度递减法、按月等额本金年度递增法、按月等额本金年度递减法、按季等额本息年度递增法、按季等额本息年度递减法、按季等额本金年度递增法和按季等额本金年度递减法等 8 种还款方式组合。

除了上述 12 种还款方式组合，根据借款人的不同需求，还可作其他组合。比如，针对部分高端借款人的逐期还息按年还本、逐期还息一次还本两种还款方式组合，从本、息还贷非同步着眼，将还息与还本拆成两步走，使借款人平时的还款压力减小，而在年度末分几次或在贷款期末一次清偿贷款本金，以适应年底有稳定红利收入或在贷款期末有大额资金回笼的借款人。另外，还有等本按月计息、本息不同期等还款方式组合，以满足某些借款人的特殊需求。

**案例**

**如何选择还款计划**

**案情**：小王大学毕业已5年，现在某大型合资制药厂任市场营销部门经理助理，月收入为5 500元。最近，他贷款购买一辆POLO车，贷款金额10万元，贷款期限5年。如采用按月等额本息还款方式，月还款额将达到1 913.81元，加上每月差不多1 800元的养车费用，两项合计达3 713.81元，占月收入的67.5%，如果再考虑日常的生活开销和教育投资，以及婚姻筹备费用等，其还款压力相当大。工行汽车信贷客户经理根据小王职业前景良好、预期未来收入将会稳步上升的实际情况，向他推荐了“按月等额本息年度递增”的还款方式组合，即5年还款期限中，每年的月还款金额分别为1 584.08元、1 742.49元、1 916.73元、2 108.41元和2 319.25元，这种逐年递增的还款额，与小王的预计年收入较匹配，其第一年和第二年的还款压力较轻，小王高兴地采纳了。

经营餐饮行业的张先生，月收入1.3万元，同时还与朋友合资开办了一家贸易公司，年收入9.5万元。他欲贷款购买一辆奥迪车，贷款金额40万元，贷款期限3年。如采用按月等额本息还款方式，月还款金额为12 076.56元，与张先生月收入已基本持平，显然将会影响他的日常生活。考虑到张先生每年年底有一笔固定的9.5万元的投资收入，于是客户经理为其设计了“按月还息按年等额还本”的方式，顺利解决了张先生月还款额过高的问题，使他能轻松安排财务支出。

**分析**：汽车消费信贷的还款方式很多，各有利弊，也很复杂，贷款者应根据自身的实际情况合理选择，必要时应该咨询相关理财顾问。

## 本章小结

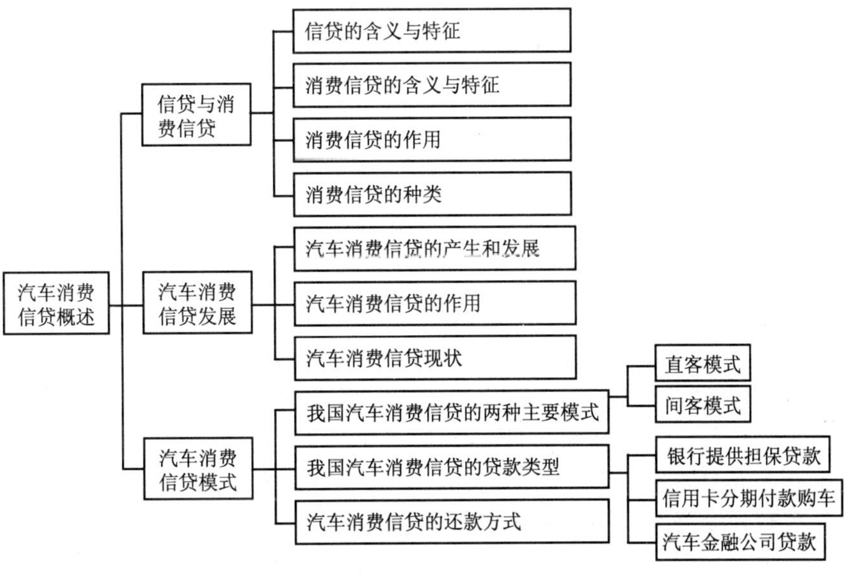

## 复习思考题

### 一、简述题

1. 什么是信贷？信贷有什么特征？
2. 什么是消费信贷？消费信贷有什么作用？
3. 消费信贷有哪些类型？
4. 汽车消费信贷对社会经济有何促进作用？
5. 简述汽车消费信贷的两种模式。
6. 简要介绍我国汽车消费信贷的类型。

### 二、计算题

1. 2014年1月1日甲买了一辆汽车，总价40万元，首期已支付30%，余款向银行按揭贷款，在5年内每年年底分期偿还，利率为年息10%。请按等额本息还款法和等额本金还款法计算每年的还款金额。

2. 两种还款法的每年还款金额是否一样？为什么会不一样？

3. 如果2014年1月1日到2014年12月31日的还款按等本还款法计算，但从2015年1月1日起，银行接中国人民银行通知，还款按等额本息还款法计算，2015年后的每年还款额应该为多少？

### 三、案例分析题

假设为购买某款汽车的贷款金额为10万元，贷款期限为24个月，银行贷款利率为8.61%（基准利率上浮40%），信用卡分期手续费率为10.5%。如果银行贷款的还款方式为等额本息，银行卡分期还款方式为手续费分摊收取。请分析借款人应选择哪种贷款购车方式？

## 实训项目

### 实训目的

- 掌握汽车消费信贷模式与种类，了解各种模式的优缺点。
- 能够进行汽车消费信贷还款额的计算。

### 实训要求

借助互联网工具，同时通过实地走访银行和汽车销售企业，调查了解现行市场可以选择的汽车消费信贷方式，每种方式的业务操作过程，并选择贷款还款方式，完成一笔模拟的汽车消费贷款操作。

### 实训步骤

- 连接互联网，通过搜索工具，查找银行及汽车金融公司提供汽车消费贷款的规定，了解不同信用中介提供车贷的不同之处及其优缺点，并了解其工作流程。
- 实地进入银行、汽车金融公司、4S店调查，了解汽车消费信贷在实际中的操作。
- 模拟指导客户进行汽车贷款的选择，并为客户做出还款方式的推荐意见。
- 认真整理调查资料，整理完成实训报告。

# 第二章　汽车消费信贷操作

## 学习目标

【能力目标】

- 能够理解汽车消费信贷的业务流程，向顾客做出解释和说明
- 能够实际操作汽车消费信贷业务

【知识目标】

- 掌握汽车消费信贷的受理与调查
- 掌握汽车消费信贷的审查与审批
- 理解汽车消费信贷的签约与发放
- 熟悉汽车消费信贷支付管理内容
- 了解汽车消费信贷贷后管理环节

## 引导案例

刘先生，籍贯北京，未婚，27岁，在某事业单位工作，工龄3年，年薪8万元。现准备按揭购买一辆14万元左右的高尔夫汽车，希望3成首付，3年或者5年按揭。通过汽车金融公司办理贷款。要求提供材料：本人户口本、身份证、学历证明、房本复印件及居住证明、收入证明原件。审批时间一般需要7个工作日，所需费用见表2-1。

**表2-1　某汽车金融公司信贷利息及费用详解**

<table>
<tr><td>车 辆 信 息</td><td>车　　型</td><td>高尔夫1.8L手动舒适</td><td>车价/元</td><td colspan="2">139 800</td></tr>
<tr><td rowspan="3">贷款项目</td><td>贷款种类</td><td>标准信贷</td><td>贷款期限/年</td><td>3</td><td>5</td></tr>
<tr><td>首付比例</td><td>30%</td><td>首付金额/元</td><td colspan="2">41 940</td></tr>
<tr><td>净贷款额/元</td><td>97 860</td><td>月付/元</td><td>2 992</td><td>1 912</td></tr>
<tr><td rowspan="3">前期付款金额</td><td>车价首付款/元</td><td>41 940</td><td>保险费（约）/元</td><td colspan="2">5 000</td></tr>
<tr><td>购置税/元</td><td>11 949</td><td>验车费（约）/元</td><td colspan="2">400</td></tr>
<tr><td>合计金额约/元</td><td colspan="4">59 289</td></tr>
<tr><td rowspan="2">年利率及总利息</td><td>3年</td><td>6.336%</td><td>3年总利息/元</td><td colspan="2">9 851</td></tr>
<tr><td>5年</td><td>6.735%</td><td>5年总利息/元</td><td colspan="2">16 848</td></tr>
</table>

这是一个简单的贷款购车的案例，选择的是汽车金融公司的途径。无论是银行提供的汽车消费贷款，还是汽车金融公司向客户提供的汽车消费贷款，其目的都是为了促进汽车的消费，保证贷款的顺利发放、安全收回并获得利润。本章重点介绍汽车消费贷款的操作流程。

# 第一节　汽车消费信贷的中心环节

汽车消费信贷的中心环节，具体包括贷款的受理与调查、贷款的审查与审批、贷款的签约与发放、支付管理以及贷后管理五个环节。如图 2-1 所示。

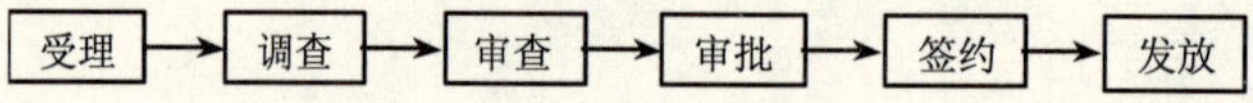


图 2-1　汽车消费信贷银行内部操作流程（不含贷后管理）

## 一、贷款的受理与调查

### （一）贷款的受理

汽车消费信贷的受理是指从客户向银行提交借款申请书、银行受理到上报审核的全过程。

银行可通过现场咨询、窗口咨询、电话银行、网上银行、客户服务中心、业务宣传手册等渠道和方式向拟申请汽车消费信贷的个人提供有关信息咨询服务。汽车消费信贷咨询的主要内容包括：

1）汽车消费信贷品种介绍；

2）申请汽车消费信贷应具备的条件；

3）申请汽车消费信贷需提供的资料；

4）办理汽车消费信贷的程序；

5）汽车消费信贷借款合同中的主要条款，如贷款利率、还款方式及还款额等；

6）与汽车消费信贷有关的保险、抵押登记和公证等事项；

7）获取汽车消费信贷申请书、申请表格及有关信息的渠道；

8）汽车消费信贷经办机构的地址及联系电话；

9）其他相关内容。

贷款受理人应要求借款申请人以书面形式提出汽车消费信贷借款申请，并按银行要求提交能证明其符合贷款条件的相关申请材料。对于有共同申请人的，应同时要求共同申请人提交有关申请材料。申请材料清单如下：

1）合法有效的身份证件，包括居民身份证、户口本或其他有效身份证件，借款人已婚的还需要提供配偶的身份证明材料；

2）贷款银行认可的借款人还款能力证明材料，包括收入证明材料和有关资产证明等；

3）由汽车经销商出具的购车意向证明（如为“直客式”模式办理，则不需要在申请贷款时提供此项）；

4）以所购车辆抵押以外的方式进行抵押或质押担保的，需提供抵押物或质押权利的权属证明文件和有处分权人（包括财产共有人）同意抵（质）押的书面证明（也可由财产共有人在借款合同、抵押合同上直接签字），以及贷款银行认可部门出具的抵押物估价证明；

5）涉及保证担保的，需保证人出具同意提供担保的书面承诺，并提供能证明保证人保证能力的证明材料；

6）购车首付款证明材料；

7）如借款所购车辆为二手车，还需提供购车意向证明、贷款银行认可的评估机构出具的车辆评估报告书、车辆出卖人的车辆产权证明、所交易车辆的《机动车登记证书》和车辆年检证明等；

8）如借款所购车辆为商用车，还需提供所购车辆可合法用于运营的证明，如车辆挂靠运输车队的挂靠协议和租赁协议等；

9）贷款银行要求提供的其他文件、证明和资料。

银行受理人应对借款申请人提交的借款申请书及申请材料进行初审，主要审查借款申请人的主体资格及借款申请人所提交材料的完整性与规范性。经初审符合要求后，经办人应将借款申请书及申请材料交由贷前调查人进行贷前调查。

## （二）贷前调查

贷款人受理借款人贷款申请后，应履行尽职调查职责，主要由贷前调查人审核申请材料是否真实、完整、合法、有效，调查借款申请人的还款能力、还款意愿、购车行为的真实性以及贷款担保等情况，形成贷前调查报告。

### 1. 调查方式

贷前调查应以实地调查为主、间接调查为辅，贷前调查可以采取审查借款申请材料、面谈借款申请人、查询个人信用、实地调查和电话调查及委托第三方调查等多种方式进行。

（1）审查借款申请材料　贷前调查人通过审查借款申请材料了解借款申请人的基本情况、贷款用途和贷款担保情况等。

（2）面谈借款申请人　贷款人应建立并严格执行贷款面谈制度，贷前调查人应通过面谈了解借款申请人的基本情况、贷款用途以及调查人认为应调查的其他内容，尽可能多地了解会对客户还款能力产生影响的信息，对购车人购车行为的合理性做出基本判断，并且核实申请资料中涉及的个人情况与面谈人陈述是否一致。

（3）实地调查　贷前调查人应通过实地调查了解申请人抵押物状况等，对于贷款金额较大或认为有必要对其进行实地调查的借款申请人，贷前调查人应到借款人家中现场核实。

（4）委托第三方调查　贷款人在不损害借款人合法权益和风险可控的前提下，可将贷款调查中的部分特定事项审慎委托第三方代为办理，但必须明确第三方的资质条件。贷款人不得将贷款调查的全部事项委托第三方完成。

此外，可配合电话调查和其他辅助调查方式核实有关申请人身份、收入等其他情况。

**2．调查内容**

贷前调查人在调查申请人基本情况、贷款用途和贷款担保等情况时，应重点调查以下内容：

（1）材料一致性的调查　贷前调查人应认真审核贷款申请材料，以保证借款申请填写内容与相关证明材料一致；相关证明材料副本（复印件）内容与正本一致，并需由贷前调查人验证正本后，在副本（复印件）上盖章签名证实。

（2）借款人身份、资信、经济状况和借款用途的调查　调查借款人资格是否符合贷款银行要求，如贷款银行具备条件，可登录公安部身份认证系统查询借款人身份证明是否真实、有效。贷前调查人登录中国人民银行个人征信系统查询申请人的信用记录是否良好，并打印查询结果；要充分利用银行的共享信息，调查了解借款申请人与银行的历史往来；调查了解借款申请人购车动机是否正常、是否有还款意愿和品行是否端正等。调查借款人职业和收入的稳定程度，通过与借款人的交谈、电话查询、审查借款人提供的收入材料等方式，核实借款人收入情况，判断借款人支出情况，了解借款人正常的月均消费支出，除购车贷款以外的债务支出情况等。贷前调查人应通过借款申请人对所购汽车的了解程度、所购买汽车价格与本地区价格是否差异很大和二手车的交易双方是否有亲属关系等，判断借款申请人购车行为的真实性。

（3）担保情况的调查　采取抵押担保方式的，应调查抵押物的合法性，包括抵押物是否属于《担保法》和《物权法》及其司法解释规定且银行认可、能够办理抵押登记的抵押财产范围。抵押人对抵押物占有的合法性，包括抵押物已设定抵押权属情况，抵押物权属情况是否符合设定抵押的条件，借款申请人提供的抵押物是否为抵押人所拥有，财产共有人是否同意抵押，抵押物所有权是否完整。抵押物价值与存续状况，包括抵押物是否真实存在、存续状态，交易价格是否合理。对抵押物交易价格或评估价格明显高于当地平均市场价格或明显高于当地同类物业价格的，调查人可要求经银行认可的评估机构重新评估。

采取质押担保方式的，应调查质押权利的合法性，包括出质人出具的权利凭证是否在银行有关规定的范围内，是否有伪造、变造迹象。出质人对质押权利占有的合法性，包括调查权利凭证上的所有人与出质人是否为同一人，出质人是否具有处分权利凭证的权利。质押权利条件，包括调查质物的价值、期限等要素是否与贷款金额、期限相匹配，质物共有人是否同意质押。

采取保证担保方式的，应调查保证人是否符合《担保法》及其司法解释规定，具备保证资格；保证人为法人的，要调查保证人是否具备保证人资格，是否具有代偿能力；保证人为自然人的，应要求保证人提交相关材料，查验贷款保证人提供的资信证明材料是否真实有效，包括基本情况、经济收入和财产证明等；保证人与借款人的关系；核实保证人保证责任的落实，查验保证人是否具有保证意愿并确知其保证责任。

**案例**

**层层深入，顺藤摸瓜确认身份**

某周末，借款人王先生与其母亲一同到银行申请汽车消费信贷。该借款人年龄刚满 20 岁，提供的收入证明为 5 000 元/月，借款人所在单位为一家私营化工企业，借款人职位为该公司销售经理，工作年限 2 年。

贷前调查人员拿到资料后，首先打电话去王先生单位进行核实，但由于是周末，借款人单位电话打通了却无人接听。于是贷前调查人员向王先生询问，了解其单位情况，包括单位名称、地址、联系电话、借款人在单位的工作年限和职务等。王先生的回答也基本与收入证明的内容一致，而且比较流利。但由于其职务与年龄不太匹配，贷前调查人员拟对其收入的真实性做进一步核实。因此，又追问借款人公司的一些情况，包括负责哪方面的工作等。王先生回答，他在公司里负责硫酸铜的销售。于是，调查人员找到了突破的契机，再次追问借款人当地硫酸铜的销售价格，此时借款人面露难色，略微迟钝后回答说应该是每吨 4 000 元左右。调查人员立即上网查询当地硫酸铜的价格，发现网上报价为每吨 3 万元左右，与借款人的回答相差甚远。由此，调查人员从这一细节推断借款人提供的收入信息与职业信息可能存在虚假。

**分析**：这是一个调查人员通过细节把握借款人收入真实性和身份真实性的案例。在这一案例中充分体现了调查人员对细节信息的敏感度和“关心细节、善于追问”的贷前调查能力。

3．调查中应注意的问题

1）核实借款人提供的材料是否齐全，原件与复印件是否吻合，身份证件是否由有权部门签发，是否在有效期内，各种材料之间是否保持一致等。

2）核实借款人提供的个人资信及收入状况材料的真实有效性，判断借款人还款资金来源是否稳定，是否能够按时偿还贷款本息。其中提供个人工资性收入证明的，应由申请人所在单位确认收入证明，并加盖公章；提供经营性收入证明的，需提供营业执照、财务报表及纳税证明等；提供租赁收入证明的，需提供租赁合同、租赁物所有权证明文件及租金入账证明等；提供个人金融及非金融资产证明的，需提供相关权利凭证。

3）落实其家庭住址及居住稳定情况，包括房产证明、房屋租赁或买卖合同以及居委会或派出所出具的借款人居住证明等。当居住地址与户口本记录地址一致时，可不要求提供居住证明，但需予以注明。

4）对借款人的申请资料内容齐全性进行检查，检查资料是否存在不应有的空白项，例如表格填写是否完整，申请书是否经申请人签字，收入证明是否填列联系人等。

贷前调查完成后，贷前调查人应对调查结果进行整理、分析，提出是否同意贷款的明确意见及贷款额度、贷款期限、贷款利率、担保方式、还款方式、划款方式等方面的建议，并形成对借款申请人还款能力、还款意愿、担保情况以及其他情况等方面的调查意见，连同申请资料等一并送交贷款审核人进行贷款审核。

## 二、贷款的审查与审批

### （一）贷款审查

贷款审查人负责对借款申请人提交的材料进行合规性审查，对贷前调查人提交的面谈记录等申请材料以及贷前调查内容是否完整等进行审查。贷款审查人认为需要补充材料和完善调查内容的，可要求贷前调查人进一步落实；贷款审查人对贷前调查人提交的材料和调查内容的真实性有疑问的，可以进行重新调查。贷款人应开展风险评价工作，以分析借款人现金收入为基础，采取定性和定量分析方法，全面动态地进行贷款审查和风险评估。贷款人应建立和完善借款人信用记录和评价体系。

贷款审查人审查完毕后，应对贷前调查人提出的调查意见和贷款建议是否合理、合规等提出书面审查意见，连同申请材料、面谈记录等一并送交贷款审批人进行审批。

### （二）贷款审批

#### 1. 审批内容

贷款人应根据审慎性原则，完善授权管理制度，规范审批操作流程，明确贷款审批权限，实行审贷分离和授权审批，确保贷款审批人员按照授权独立审批贷款。

贷款审批人依据银行汽车消费信贷办法及相关规定，结合国家宏观调控政策，从银行利益出发审查每笔汽车消费信贷的合规性、可行性及经济性，根据借款人的还款能力以及抵押担保的充分性与可行性等情况，分析该笔业务预计给银行带来的收益和风险。贷款审批人应对以下内容进行审查：

1）借款申请人是否符合贷款条件，是否有还款能力；

2）贷款用途是否合规；

3）借款人提供材料的完整性、有效性及合法性；

4）申请借款的额度、期限等是否符合有关贷款办法和规定；

5）贷前调查人的调查意见、对借款人资信状况的评价分析以及提出的贷款建议是否准确、合理；

6）对报批贷款的主要风险点及其风险防范措施是否合规有效；

7）其他需要审查的事项。

贷款审批人应根据审查情况签署审批意见：对不同意贷款的，应写明拒批理由；对需补充材料后再审批的，应详细说明需要补充的材料名称与内容；对同意或有条件同意贷款的，如贷款条件与申报审批的贷款方案内容不一致的，应提出明确的调整意见。贷款审批人签署审批意见后，应将审批表连同有关材料退还业务部门。

#### 2. 注意事项

贷款审批中需要注意的事项包括：

1）确保业务办理符合银行政策和制度要求；

2）确保贷款申请资料合规，资料审查流程严密；

3）确保贷款方案合理，对每笔借款申请的风险情况进行综合判断，保证审批质量；

4）确保符合转授权规定，对于单笔贷款超过经办行审批权限的，必须逐笔将贷款申请及经办行审批材料报上级行进行后续审批；

5）严格执行客户经理、业务主管、专职审批人和牵头审批人逐级审批的制度。

## 三、贷款的签约与发放

### （一）贷款的签约

对经审批同意的贷款，应及时通知借款申请人以及其他相关人（包括抵押人和出质人等），确认签约的时间，签署《汽车消费信贷借款合同》和相关担保合同。借款合同应符合法律规定，明确约定各方当事人的诚信承诺和贷款资金的用途、支付对象、支付金额、支付条件、支付方式等。其流程如下：

#### 1. 填写合同

贷款发放人应根据审批意见确定应使用的合同文本并填写合同，在签订有关合同文本前，应履行充分告知义务，告知借款人、保证人等合同签约方关于合同内容、权利义务、还款方式以及还款过程中应当注意的问题等。对采取抵押担保方式的，应要求抵押物共有人当面签署个人汽车借款抵押合同。在填写有关合同文本过程中，应当注意以下问题：

1）合同填写必须做到标准、规范、要素齐全、数字正确、字迹清晰、不错漏、不潦草，禁止涂改。

2）贷款金额、贷款期限、贷款利率、担保方式和还款方式等有关条款要与最终审批意见一致。

#### 2. 审核合同

1）合同填写完毕后，填写人员应及时将有关合同文本移交合同复核人员进行复核。同笔贷款的合同填写人与合同复核人不得为同一人。

2）合同复核人员负责根据审批意见复核合同文本及附件填写的完整性、准确性和合规性，主要包括文本书写是否规范，内容是否与审批意见一致；合同条款填写是否齐全、准确；文字表达是否清晰；主从合同及附件是否齐全等。

3）合同文本复核人员应就复核中发现的问题及时与合同填写人员沟通，并建立复核记录，交由合同填写人员签字确认。

#### 3. 签订合同

合同填写并复核无误后，贷款发放人应负责与借款人（包括共同借款人）、担保人（抵押人、出质人、保证人）签订合同。

### （二）贷款的发放

#### 1. 落实贷款发放条件

贷款发放前，应落实有关贷款发放条件。主要包括以下条件：

1）确保借款人首付款已全额支付或到位；

2）需要办理保险、公证等手续的，有关手续已经办理完毕；

3）对采取抵（质）押或抵押加阶段性保证担保方式的贷款，要落实贷款抵（质）押手续；

4）对自然人作为保证人的，应明确并落实履行保证责任的具体操作程序。担保条件：申请汽车消费信贷，借款人须提供一定的担保措施，包括以贷款所购车辆作抵押、第三方保证、房地产抵押和质押等。

以质押和房产抵押方式办理汽车消费信贷的，分别按照质押贷款业务流程和房产抵押登记流程办理；以贷款所购车辆作抵押的，借款人须在办理完购车手续后，及时到贷款银行所在地的车辆管理部门办理车辆抵押登记手续，并将购车发票原件、各种缴费凭证原件、机动车登记证原件、行驶证复印件、保险单等交予贷款银行进行保管。在贷款期限内，借款人须持续按照贷款银行的要求为贷款所购车辆购买指定险种的车辆保险，并在保险单中明确第一受益人为贷款银行。在担保条件的落实上，不得存在担保空白。

**2．贷款发放**

贷款发放条件落实后，贷款发放人应按照合同约定将贷款发放、划付到约定账户，按照合同要求，借款人需要到场的，应通知借款人持本人身份证件到场协助办理相关手续。贷款发放的具体流程如下：

（1）出账前审核　审核放款通知：业务部门在接到放款通知书后，对其真实性、合法性和完整性进行审核。

（2）开户放款　业务部门在确定有关审核无误后，进行开户放款。

汽车消费信贷的放款包括放款至经销商在贷款银行开立的存款账户和直接转入借款人在贷款银行开立的存款账户两种方式，即通过贷款人受托支付或借款人自主支付的方式发放贷款资金。贷款银行须与借款人以合同或协议的形式对资金的使用与提取等内容作书面约定，保证贷款使用符合合同要求。

在开户放款时应注意，借款人与贷款银行签约时，要明确告知在放款时遇法定利率调整时，应执行具体放款日当日利率。因此，当贷款签约后，遇法定贷款利率调整时，业务部门开户放款时，发现“放款通知”贷款利率与贷款账户执行利率不一致，应通知相关部门按最新利率档次重新修改信贷发放信息，并重新办理开户放款有关手续。

（3）放款通知　当开户放款完成后，银行应将放款通知书、个人贷款信息卡等一并交借款人作回单。对于借款人未到银行直接办理开户放款手续的，会计部门应及时将有关凭证邮寄给借款人或通知借款人来银行取回。贷款发放后，业务部门应依据借款人相关信息建立贷款台账，并随时更新台账数据。

## 四、支付管理

贷款人可以采用受托支付或借款人自主支付的方式对贷款资金的支付进行管理与控制。贷款人受托支付是指贷款人根据借款人的提款申请和支付委托，将贷款资金支付给符合合同约定用途的借款人交易对象。借款人自主支付是指贷款人根据借款人的提款申请将贷款资金直接发放至借款人账户，并由借款人自主支付给符合约定用途的借款人交易对象。

汽车消费信贷可以采取受托支付和借款人自主支付两种方式发放贷款资金。采用贷款人受托支付方式的，银行应明确受托支付的条件，规范受托支付的审核要件，要求借款人在使用贷款时提出支付申请，并授权贷款人按合同约定方式支付贷款资金。

受托支付的操作要点包括：明确借款人应提交的资料要求；明确支付审核要求；完善操作流程；合理确定流动资金贷款的受托支付标准；要合规使用放款专户。贷款银行应在贷款资金发放前审核借款人相关交易资料和凭证是否符合合同约定条件，支付后做好相关细节的认定记录。

从贷款人申请贷款到支付贷款资金的全过程，如图 2-2 所示。

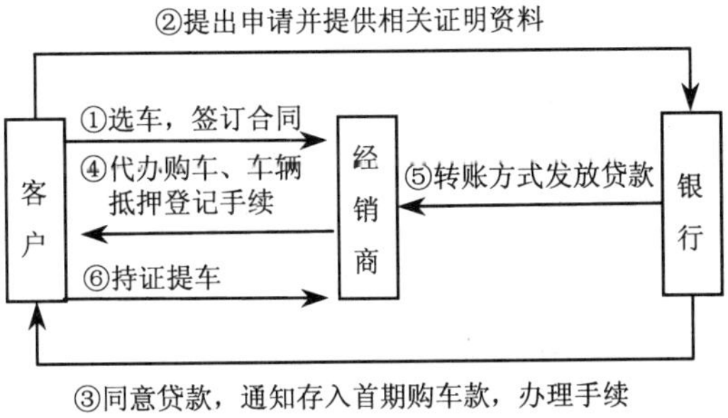


图 2-2 汽车贷款客户办理流程

## 五、贷后管理

汽车消费信贷的贷后与档案管理是指贷款发放后到合同终止前对有关事宜的管理，包括贷后检查、合同变更、贷款的回收、贷款风险分类与不良贷款管理以及贷后档案管理五个部分。

### （一）贷后检查

贷后检查是以借款人、抵（质）押物、保证人等为对象，通过客户提供、访谈、实地检查和行内资源查询等途径获取信息，对影响汽车消费信贷资产质量的因素进行持续跟踪调查、分析，并采取相应补救措施的过程。其目的就是对可能影响贷款质量的有关因素进行监控，及早发现预警信号，从而采取相应的预防或补救措施。贷后检查的主要内容包括借款人情况检查和担保情况检查两个方面。

**1．对借款人进行贷后检查的主要内容**

1）借款人是否按期足额归还贷款；

2）借款人工作单位、收入水平是否发生变化；

3）借款人的住所、联系电话有无变动；

4）有无发生可能影响借款人还款能力或还款意愿的突发事件，如卷入重大经济纠纷、诉讼或仲裁程序，借款人身体状况恶化或突然死亡等；

5）对于经营类车辆应监测其车辆经营收入的实际情况。

**2．对保证人及抵（质）押物进行检查的主要内容**

1）保证人的经营状况和财务状况；

2）抵押物的存续状况、使用状况和价值变化情况等；

3）质押权利凭证的时效性和价值变化情况；

4）经销商及其他担保机构的保证金情况；

5）对以车辆抵押的，对车辆的使用情况及其车辆保险有效性和车辆实际价值进行检查评估；

6）其他可能影响担保有效性的因素。

## （二）合同变更

### 1．提前还款

提前还款是指借款人具有一定偿还能力时，主动向贷款银行提出部分或全部提前偿还贷款的行为。提前还款包括提前部分还本和提前结清两种方式，借款人可以根据实际情况决定采取提前还款的方式。对于提前还款银行一般有以下基本约定：

1）借款人应向银行提交提前还款申请书；

2）借款人的贷款账户未拖欠本息及其他费用；

3）提前还款属于借款人违约，银行将按规定计收违约金；

4）借款人在提前还款前应归还当期的贷款本息。

### 2．期限调整

期限调整是指借款人因某种特殊原因，向贷款银行申请变更贷款还款期限，包括延长期限和缩短期限等。延长期限即展期，银行通常规定每笔贷款只可以展期一次，展期期限不得超过一年，展期之后全部贷款期限不得超过银行规定的最长期限。借款人需要调整借款期限的，应向银行提交期限调整申请书，并必须具备以下条件：①贷款未到期；②无拖欠利息；③无拖欠本金；④本期本金已偿还。

### 3．还款方式变更

汽车消费信贷的还款方式有多种，比较常用的是等额本息还款法、等额本金还款法和到期一次还本付息三种。在贷款期限内，借款人可根据实际情况，提出变更还款方式，但由于各种还款方式需要遵循不同的计息规定，因此，还款方式变更需要根据银行的有关规定执行。借款人变更还款方式，需要满足如下条件：① 应向银行提交还款方式变更申请书；②借款人的贷款账户中没有拖欠本息及其他费用；③借款人在变更还款方式前应归还当期的贷款本息。

### 4．借款合同的变更与解除

1）借款合同依法需要变更或解除的，必须经借贷双方协商同意，协商未达成之前借款合同继续有效；

2）如需办理抵（质）押变更登记的，还应到原抵（质）押登记部门办理变更抵（质）押登记手续及其他相关手续；

3）当发生保证人失去保证能力或保证人破产、分立、合并等情况时，借款人应及时通知贷款银行，并重新提供贷款银行认可的担保；

4）借款人在还款期限内死亡、宣告死亡、宣告失踪或丧失民事行为能力后，如果没有财产继承人和受遗赠人，或者继承人、受遗赠人拒绝履行借款合同的，贷款银行有权提前收回贷款，并依法处分抵押物或质物，用以归还未清偿部分。

## （三）贷款的回收

贷款的回收是指借款人按借款合同约定的还款计划、还款方式，及时、足额地偿还贷款本息。贷款的支付方式有委托扣款和柜台还款两种方式。借款人可在合同中选定一种还款方式，也可根据具体情况在贷款期限内进行变更。贷款回收的原则是先收息、后收本，全部到期、利随本清。

## （四）贷款风险分类与不良贷款管理

商业银行应按照《贷款风险分类指引》，将贷款至少划分为正常、关注、次级、可疑和损失五类，后三类合称为不良贷款。详细内容见《中国银监会关于印发〈贷款风险分类指引〉的通知》。

关于不良汽车消费信贷的管理，银行首先要按照贷款风险五级分类法对不良汽车消费信贷进行认定，认定之后要适时对不良贷款进行分析，建立汽车消费信贷的不良贷款台账，落实不良贷款清收责任人，实时监测不良贷款回收情况。对未按期还款的借款人，应采用电话催收、信函催收、上门催收、律师函和司法催收等方式督促借款人按期偿还贷款本息，以最大限度降低贷款损失，有担保人的要向担保人通知催收。

## （五）贷后档案管理

贷后档案管理是指汽车消费信贷发放后有关贷款资料的收集整理、归档登记、保存、借（查）阅管理、移交及管理、退回和销毁的全过程。它是根据《档案法》及有关制度的规定和要求，对贷款档案进行规范的管理，以保证贷款档案的安全、完整和有效利用。

### 1. 档案的收集整理和归档登记

贷款档案主要包括借款人相关资料和贷后管理相关资料，可以是原件，也可以是具有法律效力的复印件。银行贷款经办人根据汽车消费信贷归档要求，在贷款发放后，收集整理需要归档的资料，并交档案管理人员进行归档登记。

### 2. 档案的借（查）阅管理

汽车消费信贷档案借阅是指对已登记的汽车消费信贷档案资料的查阅、借出和归还等进行管理，并保留全部交易的历史信息，可以实现对借阅已归档资料情况的登记及监控。

### 3. 档案的移交和接管

根据业务发展需要，有关汽车消费信贷档案需要移交给其他档案管理机构或部门时，需要进行档案的移交和接管工作，移交和接管双方应根据有关规定填写移交和接管有关清单，双方签字并进行有关信息的登记工作。

### 4. 档案的退回和销毁

借款人还清贷款本息后，一些档案材料需要退还借款人或销毁。

## 案例

### 关键概念不明引起纠纷

2012年3月，某商业银行与A公司的三名员工分别签订了汽车消费贷款合同，三人贷款共计金额为70余万元人民币。该笔款项全部用于购买汽车，并且根据合同条款，三人所购汽车的产权归员工所服务的A公司所有。A公司将以贷款所购买的汽车作为抵押，并以此办理了抵押登记手续。

与此同时，A公司也同某保险公司签订了保证保险合同。但是，截至2013年12月止，A公司的购车贷款余额约为56万元时，借款人却以各种理由坚持不再还款，保险公司也以各种借口推脱，最终不履行赔付责任。

2014年2月，该商业银行依据借款合同和抵押合同，向法院提起了诉讼，并申请诉讼保全。经过一个多月的时间，三名员工贷款所购的车辆全部被查封。此案于2014年4月初开庭审理，三名借款人即A公司的三名员工均未到庭，A公司委托律师出庭并参加了诉讼。

经过4个多月的审理和各方调解，A公司最终卖出了这三台汽车，银行的贷款本息全部收回。

**原因：银行关键环节把关失误**

本案属于汽车消费贷款纠纷。虽然银行贷款本息最终全部收回，但是从此案中，我们也发现了一些问题，尤其是在开展汽车消费贷款中，银行经营管理者在关键把关环节上，出现了诸多失误与漏洞。

由于汽车消费贷款购得的汽车，其所有权人是借款人，因此，若以该款项所购车辆作为抵押物作为借款的担保，则抵押人应为借款人。

也就是说，当以所购车辆设定抵押时，借款人与抵押人应视为同一人。本案汽车的产权单位是A公司，而不是作为员工的三名借款人，这与汽车消费贷款管理办法的规定不符，因此本案借款合同并不是汽车消费贷款借款合同，而是一般的借款合同。

此外，银行与保险公司签订的履约保证保险合同有明文规定：借款人为汽车消费贷款的最终所有人。即在本案中，拥有该汽车所有权的A公司应该为法定借款人和抵押人，而并非A公司的三名员工。

而本案并非如此，借款合同应归于无效，那么保险标的就不存在了，因此，保险公司也就无须承担履约保证保险责任。

**措施：把握关键概念与关键环节**

在本案中，贷款人（三名员工）与所购车辆的产权人（A公司）之所以发生了分离，原因就在于：银行业务人员对汽车消费贷款合同这一法定概念，缺乏一个整体的正确的认识，从而导致了该名银行业务员对汽车消费贷款借款人的法定范围，产生了理解上的错位与偏差。

所以，银行应该对各个业务部门有针对性地开展一些法律法规、业务流程等方面的详细讲解，以提高业务人员的个人综合素质，降低此类人为因素造成的营运风险与隐患。

另一方面，本案中，法院查封所购汽车这一关键环节，对银行最终收回贷款本息，起了至关重要的作用。因此，对于有较大风险性的贷款，应首先注意请求法院诉讼保全，一定要在一些关键的环节上，做好严格的把关与铺垫。

根据以上归纳总结的原因，银行应当：

1）严格执行贷前审查制度，切实做到不流于形式；

2）加强贷后管理和检查，建立个人消费风险的快速反应和处置机制；

3）规范个人消费贷款后期管理的程序和内容，及时发现、并及时处理；

4）密切关注有关国家汽车贷款方面的相关政策；

5）充分利用各种宣传教育方法，提高银行工作人员的自身修养和法律素养；

6）充分重视、并认真对待具有法律效力的合同；

7）提高汽车贷款的首付比例并且密切监控借款人还款状况；

8）汽车贷款出现问题时，应及时通过法律诉讼程序，保护银行自身利益。

## 第二节　汽车消费信贷各参与单位及操作程序

### 一、参与汽车消费信贷的各有关单位及职责

参与汽车消费信贷的单位有银行、汽车经销商、保险公司、公证部门、公安部门等，他们在汽车消费信贷中各司其职，促进汽车交易，保证贷款的安全。各部门职责范围如下：

（1）经销商的职责　负责组织协调整个汽车消费信贷所关联的各个环节；负责车辆资源的组织、调配、保管和销售；负责对客户贷款购车的前期资格审查和贷款担保；负责汽车消费信贷的宣传，建立咨询网点及组织客源；负责售后跟踪服务，以及对违规客户提出处理。

（2）银行的职责　负责提供汽车消费信贷所需资金；负责贷款购车本息的核算；负责对贷款客户资格终审；负责监督、催促客户按期还款；负责汽车消费信贷的宣传工作。

（3）保险公司的职责　为客户所购车辆办理各类保险；为贷款购车客户按期还款做信用保险或保证保险；及时处理保险责任范围内的各项理赔。

（4）公证部门的职责　对客户提供文件资料的合法性及真伪进行签证；对运作过程中所有新起草的合同协议从法律角度把关认定；对于客户签订的购车合同予以法律公证，并向客户讲明其利害关系。

（5）汽车厂家的职责　不间断地提供汽车分期付款资源支持；给予经销商提供展示车、周转车的支持；给经销其产品的经销商提供广告商务支持；给销售达一定批量的经销商返还利润的支持；负责解决车辆的质量问题及售后维修服务。

（6）公安部门的职责　对有关客户提供有效证明文件；对骗贷事件进行侦破；办理车辆过户的有关手续；做到车辆在车款未付清前不能过户。

## 二、汽车消费信贷各有关单位的操作程序

### 1．汽车消费信贷中经销商的业务流程

汽车消费信贷中经销商的业务流程如图 2-3 所示。

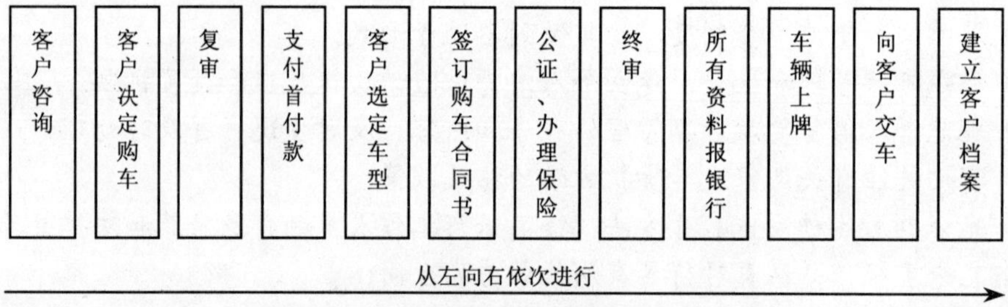


图 2-3　汽车消费信贷中经销商的业务流程

经销商应准备的相关文件资料：

1）汽车消费信贷购车须知；

2）购车常识；

3）汽车消费信贷实际操作问答；

4）消费信贷购车价格明细表；

5）消费信贷购车费用明细表；

6）汽车消费信贷本息计算表；

7）客户须提供个人资料明细表；

8）客户登记表；

9）消费信贷购车初、复审意见表（填写初审意见）；

10）填写消费信贷购车申请表；

11）消费信贷购车资格审核调查；

12）银行汽车消费信贷申请书；

将经过初审的客户文件，提交银行进行鉴定，通知客户交付首期购车款，为客户办银行户头并为其办理银行信用卡。

13）车辆验收交接单（需客户签字、选车和提车用同一单）；

14）购车合同书；

15）办理经济事务公证申请表（用于个人）；

16）公证处接洽笔录；

17）车辆险投保单；

18）机动车辆分期付款售车信用险或保证保险投保单；

19）分期付款售车信用保险或保证保险问讯表；

20）为保险公司准备的客户文件；

客户文件经银行初审确认，主管领导在文件的审批栏目签署意见，包括：消费信贷购车资格审核调查、银行汽车消费信贷申请书、个人消费贷款保证合同。

21）送交银行的终审文件；

22）个人消费贷款保证合同；

23）委托付款授权书；

24）委托收款通知书；

25）个人消费贷款借款合同书；

26）个人消费贷款审批；

27）使用发票须知；

28）出门证；

29）车辆挂牌流程图（正式发票、购车人身份证、车辆合格证、停车泊位证、车辆保险单）；为客户办理完上牌手续后应留下的资料：购车发票、车辆购置费发票、车辆合格证、行驶证复印件；

30）经销商建立客户档案文件。

**2．汽车消费信贷中公证部门办理购车公证程序**

首先，在经销商与客户签订购车合同前，经销商应与公证部门协商并认定统一文本，包括与购车人签订的购车合同、同意书和与担保人签订的担保书。

然后，经销商与客户办理购车合同公证，合同公证时必须在场的人有：公证员、购车人、共同购车人、担保人及销售商代表。

办理公证所需的材料包括：与原件核对过的购车人、共同购车人、担保人三者的户口本复印件、身份证复印件和关系证明。

**3．汽车消费信贷中办理保险及机动车辆保险的程序**

当购车客户经过经销商复审、银行初审，客户交了首付款、选定了车辆，并有车辆交接单、购车合同书，此时保险公司根据经销商提供的客户文件办理保险。

保险公司应准备的文件包括：①机动车辆险投保单（全国统一）；②机动车辆分期付款售车信用保险投保单；③机动车辆消费贷款保证保险投保单。

经销商为保险公司准备的客户文件包括：

1）购车人身份证复印件；

2）购车人户口本复印件；

3）购车人的工资收入证明复印件；

4）经过公证的购车合同书；

5）共同购车人的身份证、户口本复印件；

6）保证人的身份证复印件；

7）购车发票、汽车合格证、车辆购置税完税凭证复印件；

8）首期款缴费复印件；

9）车辆交接单复印件。

根据“机动车辆分期付款售车信用（或消费贷款保证）保险问讯表”进行审查，经确认后方可开出保险单。

**4．汽车消费信贷购车的其他注意事项**

1)汽车保险须在指定的保险公司办理，必保的险种为机动车交通事故责任强制保险(简称“交强险”)；其他主要险种有：车损险、第三者责任险、盗抢险、不计免赔险和分期付款购车信用保险或保证保险。

2）公证费用由购销双方共同承担，各分摊 50%。

3）购车人尚需按贷款年限，一次性交纳担保费。其费率标准以贷款额为基数，一年期为 1%，二年期为 2%，三年期为 3%。

4）实行一条龙服务，但办理车辆入户的一切费用由购车人承担，用户尚需交纳代理服务费。《停车泊位证明》用户自己办理。

## 小资料

### 美国及日本的汽车消费信贷模式

#### 一、美国的汽车消费信贷模式

美国汽车金融机构提供汽车贷款的方式主要有两种：直接贷款，指银行或专业信贷公司直接受理购车人的贷款申请，并对符合资格的借款人直接提供的贷款；间接贷款，指银行或专业信贷公司通过汽车经销商经办购车人的贷款申请。目前美国直接贷款的比重约占整个用户分期付款融资的 42%，间接贷款占 58%，而且统计资料显示，银行所占的比率逐年下降，专业信贷公司的比率逐渐上升，其业务流程如图 2-4 所示。

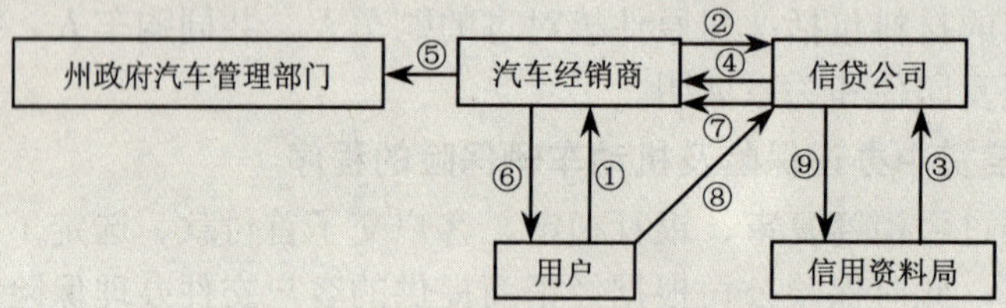


图 2-4　美国汽车信贷业务流程

具体业务流程为：①用户在经销商处选定车型并填写贷款申请书；②经销商将用户资料通过计算机，传送到信贷公司在当地的分公司；③信贷公司通过计算机向信用资料局调取用户的信用资料，进行信用评估；④信贷公司通知经销商贷款的核准情况；⑤经销商与用户签订汽车消费信贷销售合同，经销商向州政府汽车管理部门登记上牌，并登记信贷公司为车辆抵押权人，抵押权人将显示在汽车管理部门出具给用户的车辆所有权证明书上；⑥经销商交车给用户；⑦信贷公司在收到经销商的合同文件后，拨放贷款和佣金；⑧用户按合同规定支付分期款给信贷公司，信贷公司将客户的付款状况信息提供给信用资料局。

#### 二、日本的汽车消费信贷模式

目前，日本约 50%的用户是通过消费信贷方式购车的，而另外 50%以现金或向亲友融通资金购车。

日本汽车用户融资的方式基本可以分为以下三种：

（1）直接融资　通常是用户直接向银行贷款购车，并以购买的汽车作为贷款的抵押物，然后再向银行进行分期付款。

（2）间接融资　这种方式与美国的大体相同。

（3）附保证的代理贷款　附保证的代理贷款是金融机构（通常是保险公司）提供贷

款给用户购车，但是整个贷款的作业从信用核准到贷款后的服务及催收都由信贷公司处理，信贷公司保证在客户不付款时要代替客户向金融机构支付贷款，信贷公司则向提供贷款的金融机构收取一定的报酬。这是日本一种较为有特色的做法，其业务流程如图 2-5 所示。

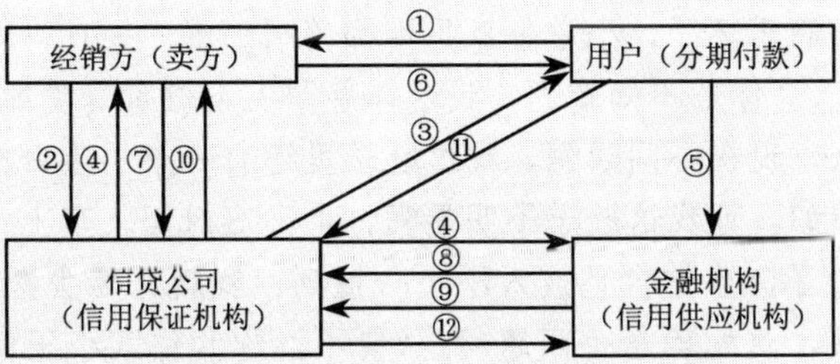


图 2-5　日本附保证的代理贷款业务流程

附保证的代理贷款流程为：①用户向经销商选定车型并填写贷款申请；②与信贷公司有合同关系的经销商将用户的贷款申请送到信贷公司；③信贷公司对用户做信用评估及调查；④信贷公司将核准贷款通知经销商及签有保证合同的金融机构；⑤用户与提供贷款的金融机构签订融资合同；⑥经销商将车辆交付给用户；⑦经销商向信贷公司请求支付贷款；⑧信贷公司向金融机构请求拨发贷款；⑨金融机构拨发贷款给信贷公司；⑩信贷公司将贷款转拨给经销商；⑪用户向信贷公司分期还款；⑫信贷公司向金融公司支付客户到期的分期款并收取应得的收入。

## 本章小结

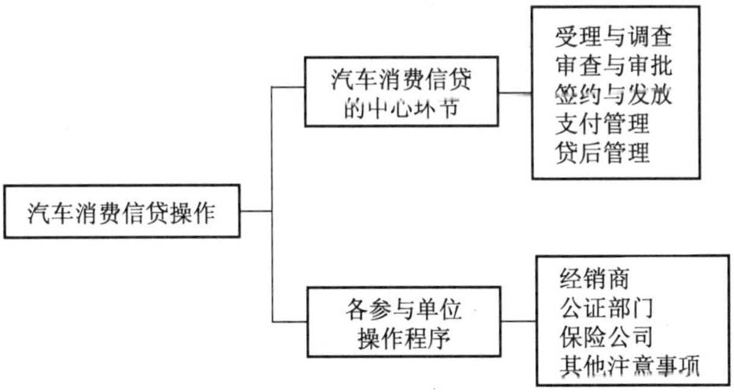


## 复习思考题

### 一、简述题

1. 汽车消费信贷操作的中心环节有哪些？
2. 汽车消费信贷为什么要进行贷前调查和信用分析？
3. 银行对消费信贷的审批通常采用哪两种方法？
4. 消费信贷售车的参与单位有哪些？
5. 银行在汽车消费信贷中的职责是什么？

6. 公证部门在汽车消费信贷中的职责是什么？
7. 汽车经销商在汽车消费信贷中的职责是什么？

## 二、案例分析

同事小言最近喜事不断，先是搬进了新房，接着又有好消息传来，小言已有了两个月的身孕，这可把小言夫妻俩乐坏了，小言每日见谁都笑呵呵的。一日，同事小张在公司与小言闲聊，她竟然接连叹气，“你是不知道啊，我这怀着孕上下班可真受罪，以前没怀孕那会儿，上下班挤公交车没什么，现在不同了啊，我这肚子里还有一个小生命呢，每次坐公交车都提心吊胆的。虽说我是孕妇，可我这肚子不明显啊，上下班时间，车上本来人就挺多，遇到转弯什么的，我就更担心了，生怕自己被人不小心撞到，我就又要去医院检查才放心。”小张听了小言的话，点点头，这的确是个问题啊。“要不，你和你家小王商量商量，买辆车吧，让小王天天接送你上下班，不就好了吗。”小张向小言提议道。

“跟你说实话，我们夫妻俩这不才搬进新家嘛。之前买房、装修就已经花了我们的大部分积蓄了，加上每月还有房贷要还，买车这件事真的是心有余而力不足啊。”小言无奈地说。“你可以去银行了解下汽车贷款啊，现在很多银行都在办理。”小张建议小言去各大银行咨询看看。

请你向小言介绍一下汽车贷款的流程、所需的申报材料和注意事项。

# 实训项目

### 实训目的

- 熟悉汽车消费信贷业务基本流程。

### 实训要求

- 学生以购车准客户（欲申请消费信贷）形式实地考察开展汽车消费信贷业务的企业。具体方式有：阅读企业相关业务介绍、搜集企业陈列的宣传资料和业务单据、与客户经理现场或电话访谈、上网浏览企业网站等。根据实地考察所得到的资料，完成教师设计的调查表。
- 进行外出调查情况交流，教师进行前期情况检查和总结，根据检查情况和教师要求，对不全面、有遗漏的调查，要求学生进一步调查并补充完整。
- 通过至少 3 家以上企业的考察，撰写实践总结报告，总结报告要求包含汽车消费信贷的市场准入制度、业务流程、相关服务收费等内容。

### 实训步骤

- 实地观察。企业展示的车型和相关业务操作流程、特色介绍等。
- 现场交流。与销售业务代表现场接触交流，听取其对该品牌汽车性能和售后服务及其他相关事项的介绍，主动询问全款购车和按揭购车的不同流程，主动询问按揭购车的准入条件、本人应准备的资料、办理时限、贷款比例和利率等相关问题。向其索取名片，将访谈内容详细予以记录。
- 索取相关介绍宣传材料，主要包括：展示车辆的介绍材料、对消费信贷的业务宣传材料、有关业务的单据（例如按揭协议、投保单）等。
- 实例计算相关费用，一般可向销售业务员询问，将结果带回作为调查成果。

# 第三章　汽车消费信贷风险管理

## 学习目标

【能力目标】

- 能够对汽车消费信贷风险进行初级判定
- 能够明确汽车消费信贷风险的防控措施，并能在实践中自觉遵守和熟练运用

【知识目标】

- 理解金融风险及特征
- 掌握汽车消费信贷风险的种类
- 掌握汽车消费信贷风险的管理系统

## 引导案例

**经销商“零首付”卖车 骗贷300多万元**

2014年5月6日，贵阳市云岩公安分局经侦大队通报，一名汽车经销商和云岩区某担保公司的一名业务员勾结，以“一车两贷”的方式间接为客户实现“零首付”的目的，并用伪造的高额假发票和假机动车登记证从银行骗取300多万元贷款。

**1．经销商自己购车也玩“零首付”**

4月22日，贵阳市云岩区某银行东山支行工作人员在日常核查中，发现有4名客户的购车发票和机动车登记证均是伪造的，于是该支行立即要求为这4名客户贷款进行担保的贵阳某担保公司全额结清他们的这4笔车贷款。

该担保公司在获悉此事后，立即责成4笔车贷款的经办人杨某联系在都匀市的汽车经销商欧某。欧某来到贵阳市后，当晚11时，杨某将欧某扭送到黔灵东路派出所并报案，称2013年9月，欧某涉嫌提供假购车发票和假机动车登记证给担保公司，从某银行东山支行骗取129.5万元车贷款。

经黔灵东路派出所民警初步调查，认为此案属于经济案件，遂于当晚将案件移交给云岩公安分局经侦大队进行处理。经过经侦大队调查，欧某在都匀市开了一家公司，他是一名二级汽车经销商，专营代购各品牌的汽车；而云岩区的这家担保公司专为需要办理贷款

购车的客户做贷款担保。多年来，两家公司互有业务往来，当客户在欧某的公司购买汽车需要贷款时，他就会联系担保公司的业务员杨某。

2013 年 9 月，欧某联系杨某，说他购买了一辆宝马 X5，已在贵阳市观山湖区的一家担保公司申请了贷款。欧某希望杨某能够帮他“操作”一下，通过杨某供职的担保公司对该车进行“再次抵押”，骗取银行贷款，承诺事成之后给杨某 1 万元好处费。于是，杨某以担保公司名义向某银行东山支行递交了一张面额为 185 万元的假购车发票和一本假的机动车登记证，顺利帮欧某贷款 129.5 万元，而欧某购车实际总价为 103 万元。也就是说，欧某拿到这笔贷款后，不但全额付清了购车款，还能够用多余的钱为车上税并办理一切手续。实际上，欧某就是用此方式来为客户实现“零首付”购车。

**2. 用虚假资料为客户实现“零首付”**

据经侦大队民警林俊青介绍，客户来欧某的公司购车可通过杨某供职的担保公司作担保，首付三成，向银行贷款七成进行贷款购车。而在关于“零首付”购车操作中，客户将个人资料提供给担保公司，经审核客户资料合格后，担保公司将购车款支付给汽车经销商。手续办理完毕后，汽车经销商将购车发票和机动车登记证提供给担保公司，担保公司将收到的材料递交给银行，银行审核通过后将贷款给担保公司，然后担保公司再向客户收取一定金额的担保费，最后由客户按月向银行归还贷款。但这还不是“零首付”，为了达到客户“零首付”的目的，欧某也想赚取其中的差价，于是他就伪造假发票和假机动车登记证通过担保公司，再次进行贷款。

在审讯中，欧某交代，一名姓王的女士在他的公司“零首付”购买了一辆 30 多万元的汽车，他用真的发票和真的机动车登记证向一家银行为客户进行正常贷款。但为了达到“零首付”的目的，他在网上花 2 000 元购买一张面额为 65 万元的假购车发票和伪造了一本假机动车登记证，通过杨某供职的担保公司向另外一家银行贷款 45.5 万元，并为王女士办理了一张可透支 20 万元的信用卡。而贷款所得的 45.5 万元一次性全额付清了王女士的购车款，剩余的钱则进了欧某的腰包和用于支付担保费用。

“但王女士为此将多支付银行利息 4 万多元。”林俊青说，当询问王女士时，她表示，知道欧某将车进行二次贷款一事，但她的注意力都在那张可透支 20 万元的信用卡上，这意味着她将有 20 万元的流动资金。“可透支 20 万元的信用卡，其实是欧某转移客户注意力的一种方式。”林俊青说，所谓的“零首付”购车，就是利用“一车两贷”的行为，间接实现客户“零首付”购车的目的。在此过程中，欧某得到了大量的现金用于周转。目前，欧某通过担保公司为王女士、罗某、李某及他自己将车进行了二次抵押，全部实现了“零首付”。经查实，欧某以此方式共骗取某银行东山支行 300 多万元贷款。

汽车消费信贷是对汽车销售各环节所提供的金融信贷服务。作为一种有效的融资手段，客户越来越多地选择通过贷款解决购车资金短缺的问题，市场需求大幅提高，个人汽车消费贷款业务也随之进入了快速增长阶段。但是，令人遗憾的是，自 20 世纪 90 年代中后期中国出现个人汽车分期付款业务以来，汽车消费信贷业务的发展过程不尽如人们所想象的那样顺利。汽车信贷消费业务风险较大，因此而产生的欺诈与纠纷也逐渐呈上升趋势。在这一章的学习中，我们将认识汽车消费信贷风险，分析风险的种类与来源，并学习汽车消费信贷的风险管理。

# 第一节 汽车消费信贷风险概述

## 一、汽车消费信贷风险的含义

近年来，国内商业银行纷纷将汽车信贷业务作为个人贷款业务的发展重点，积极面对汽车金融市场领域的新形势，全力打造汽车贷款主导品牌，促进了该项业务的快速发展，汽车信贷逐步成为各商业银行个人贷款业务的支柱产品。但是，随着汽车信贷市场的快速发展，由于法律规定不明确和操作不规范，汽车贷款风险凸显，甚至出现了一些不法分子利用商业银行的风险控制漏洞恶意骗贷的现象，严重影响银行的信贷资金安全。

汽车消费信贷机构的风险延续了金融风险的一般特征，认识汽车消费信贷风险首先要认识金融风险。

### （一）金融风险的性质与特点

金融风险主要分为信用风险、利率风险、外汇风险、国家风险和证券风险等。信用风险是指由于借款人不能偿还其债务而遭受损失的可能性，主要有商业银行因不能及时满足存款客户提存需求，或不能及时偿付，严重时会出现挤兑风潮的银行信用风险；有借款人不能按时归还本息使商业银行遭受损失的贷款信用风险；有银行进行证券等资本市场投资时，由于到期不能还本付息导致的信用风险。利率风险是指由于利率的变化而给金融市场的主体带来利益损失的可能性。外汇风险是指因汇率变动而使持币方遭受损失的危险性，主要有交易风险、换算风险和经济风险三种类型。国家风险是指跨国从事信贷和投资时可能蒙受损失的风险。证券风险是指进行证券投资所面临的风险，主要有财务风险、市场风险、利率风险、管理风险和购买力风险。

金融风险的特点主要有：

#### 1. 复合性

金融风险一方面是金融行为结果偏离期望结果的可能性，是金融结果的不确定性，实质是货币资金发生损益的可能性；另一方面是一种特殊风险，既可能带来风险损失，也可能带来风险收益。

#### 2. 深刻性

金融风险具有突发性强、破坏力度大、涉及面广的特点，一旦发生可能很快波及整个金融行业，甚至产生严重的社会问题。

### （二）汽车消费信贷机构风险管理

汽车消费信贷机构风险属于金融风险的范畴，是金融风险的一种细分化风险，既具有区别金融风险的一般共性，也有自己的个性。汽车消费信贷机构风险主要包括汽车信贷风险、汽车消费信贷机构利率风险、汽车消费信贷机构管理风险、汽车消费信贷机构资金运用风险。

从国内外的实际情况来看，经营汽车消费信贷业务的金融机构主要有两大类别：专业化的汽车消费信贷机构和银行等金融机构。虽然开展这项业务的主体不同，汽车消费信贷机构风险管理和防范的方法措施会有一定的差别，但风险管理的基本原理是相同的，两大汽车消费信贷机构业务运营主体有共同的特点。因此，可以将汽车消费信贷机构业务风险管理共性的东西抽出来进行分析研究。

汽车消费信贷业务是一种比较特殊的信贷业务，同一般信贷业务，如工商信贷有相同的地方，也有相区别的地方，例如汽车消费信贷机构具有平抑经济周期、消费周期，逆经济周期和消费周期而动的特点，这同银行开展的其他信贷业务是正好相反的。在银行的一般信贷风险大、信贷收缩的时候，汽车消费信贷可能要大量发放，至少没有银行其他信贷收缩的比例大。因此，研究汽车消费信贷风险的方法，既要运用一般的信贷风险分析方法，也要着眼于汽车信贷行业的特殊性。

## 二、汽车消费信贷风险的种类

### （一）合作机构风险

#### 1. 汽车经销商的欺诈风险

在“间客式”模式下，一些银行出于市场竞争的需要，放松对借款人的资信审查要求，贷款调查仅限于对汽车经销商推荐的借款人的有关资料进行书面上的形式审查。而汽车经销商一方面由于不具备专业的资信调查能力和相应经验，缺乏基本的风险防范意识，难以对借款人资信状况做出有效评估；另一方面，为了扩大业务规模，获取更多的利润，往往在明知借款人不符合贷款条件的情况下，放松资信要求，将不合格客户推荐给银行，对银行的资金安全造成很大隐患。更有甚者，一些不法经销商为了一己私利，采取收集、伪造借款人身份资料，代借款人签订借款合同，或者与借款人串通假借购车的名义取得汽车信贷，将款项挪作他用、挥霍一空或携款潜逃。此类借款风险较大，因为客户身份不真实，借款合同等法律性文件非借款人签署，无法向借款人追索，而经销商一般也无还款能力，即使银行与保险公司签订了合作协议并由借款人向保险公司投保，保险公司也可能因投保人有欺诈事实而主张拒绝赔付。就算借款人身份真实，在提供的工作、居住情况等虚假的情况下，银行要求其承担还款责任也存在较大的困难。而汽车的流动性较强，即使对所购汽车到交通管理部门进行了抵押登记，由于借款人在申请贷款时提供的就是虚假信息，借款人一旦潜逃，抵押物也就无从查找。

汽车经销商的欺诈行为主要包括：①一车多贷。汽车经销商同购车人相互勾结，以同一套购车资料向多家银行申请贷款，而这一套购车资料是完全真实的。②甲贷乙用。实际用款人取得名义借款人的支持，以名义借款人的身份套取购车贷款。情节较轻的，实际用款人基本能以名义借款人的身份还本付息；情节严重的，名义借款人失踪，实际用款人悬空贷款。③虚报车价。经销商和借款人互相勾结，采取提高车辆合同价格、签订与实际买卖的汽车型号不相同的购车合同等方式虚报车价，并以该价格向银行申请贷款，致使购车人实质上以零首付甚至负首付形式购买汽车。④冒名顶替。盗用普通客户的身份资料购买汽车并申请银行贷款。⑤全部造假。犯罪分子伪造包括身份资料、购车资料、资产证明等一整套资料套取银行贷款。⑥虚假车行。不法分子注册成立经销汽车的空壳公司，在无一辆现货汽车可卖的情况下，以无抵押贷款为诱惑，吸引居民办理汽车信贷，并达到骗贷、骗保的目的。

### 2．合作机构的担保风险

合作机构的担保风险主要是保险公司的履约保证保险以及汽车经销商和专业担保公司的第三方保证担保。

（1）保险公司履约保证保险　银行在与保险公司的合作过程中可能存在下列风险：

1）保险公司依法解除保险合同，贷款银行的债权难以得到保障。《中华人民共和国保险法》（以下简称《保险法》）赋予保险公司解除保险合同的权利，即如果投保人故意或过失不履行如实告知义务，足以影响保险人决定是否同意承保或提高保险费率的，保险人有权解除保险合同；投保人故意不履行如实告知义务的，保险人对于保险合同解除前发生的保险事故，不承担赔偿或者给付保险金的责任。一旦发生如上所述的各种欺诈行为，保险公司往往据此解除保险合同，拒不承担保险责任，从而使贷款银行的债权保障落空。

2）免责条款成为保险公司的“护身符”，贷款银行难以追究保险公司的保险责任。即使保险合同合法订立且未被保险公司依法解除，保险合同中的免责条款也往往使得保险公司能够“金蝉脱壳”。如中国人民保险公司《机动车消费贷款保证保险条款》中约定：消费贷款合同被依法认定无效、投保人未向保险人对机动车辆损失险（第三责任险、盗抢险、自燃险）等险种进行连续投保且被保险人未代投保人投保上述险种等情况的，保险人不承担保险责任。另外，业务实际操作过程中，保险公司往往会要求在银保协议中增加一些额外的免责条款，如约定如果借款人未按期还款而贷款银行没有及时向保险公司报案或没有提供借款人全部、连续的还款记录，贷款银行未按规定对借款人进行资信调查或未按规定程序进行贷款审批的，保险公司免责。上述种种情况，使得保险公司很容易以各种理由拒不承担保险责任，看似“保险”的保证保险实际上并不保险。

3）保证保险的责任限制造成风险缺口。保证保险的责任范围仅限于贷款本金和利息，而并非像保证担保那样包括贷款本金及利息、违约金、损害赔偿金和实现债权的费用等。因此，如果单一地以保证保险作为汽车信贷的风险补偿措施，则难以覆盖全部贷款风险，留下风险缺口。

4）银保合作协议的效力有待确认，银行降低风险的努力难以达到预期效果。针对汽车信贷履约保证保险中的免责条款和其他不利于银行的约定，业务实践中银行通常采取与保险公司签订银保合作协议的方式做出修改或限制，以期加大保险公司的责任，实现风险在银行和保险公司之间的合理分配。由于保证保险是财产保险的一种，银行只是保证保险合同中的被保险人而不是保险合同的一方当事人，其法律关系由《保险法》来调整，即使在保险公司和银行签订合作协议中针对保险合同中的某些条款进行了重新约定，但这种变更不符合《保险法》关于修改保险合同的规定，因此其效力具有很大的不确定性，从而给贷款的安全带来隐患。

（2）第三方保证担保　第三方保证担保主要包括汽车经销商保证担保和专业担保公司保证担保。这一担保方式存在的主要风险在于保证人往往缺乏足够的风险承担能力，在仅提供少量保证金的情况下提供巨额贷款担保，一旦借款人违约，担保公司往往难以承担保证责任，造成风险隐患。

### 3．合作机构风险的防控措施

1）加强贷前调查，切实核查经销商的资信状况。坚持实地调查原则，严格审查经销商的信用水平、领导层的资信及管理水平、自有资金实力、财务状况、履行保证责任的意愿及能力等，对新近进入汽车市场的经销商要慎重考察，不能对只有办公场所而没有车场的经销商办理贷款合作业务。

2）按照银行的相关要求，严格控制合作担保机构的准入，动态监控合作担保机构的经营管理情况、资金实力和担保能力，及时调整其担保额度。

3）由经销商、专业担保机构担保的贷款，应实时监控担保方是否保持足额的保证金。在担保的借款客户出现欠款时，督促担保方及时向客户进行催收，按合同约定从担保方保证金中扣收欠款，并通知担保方补充保证金。

4）与保险公司的履约保证保险合作，应严格按照有关规定拟定合作协议，约定履约保证保险的办理、出险理赔、免责条款等事项，避免事后因合作协议的无效或漏洞无法理赔，造成贷款损失情况的发生。

## （二）操作风险

### 1．操作风险的内容

（1）贷款受理和调查中的风险　汽车信贷受理和调查环节是经办人员与借款人接触的重要环节，对于贷款质量有着至关重要的作用，这一环节的风险点主要在以下几个方面：

第一，借款申请人的主体资格是否符合银行汽车信贷管理办法的相关规定，包括是否具有完全民事行为能力；户籍所在地是否在贷款银行所在地区；是否有稳定、合法的收入来源以及按期偿还本息的能力等。根据规定，对不同的借款人适用不同的贷款条件，对于户籍是否在贷款银行所在地，贷款条件也不尽相同，个人资信状况的不同也会导致贷款条件的千差万别。确定借款人的主体资格在汽车信贷业务的实践中非常重要，但在业务实践中，银行对借款人主体资格的调查往往流于形式，没有严格执行“面谈”制度，往往仅凭汽车经销商的推荐及其对借款人资信情况的调查结果作为放贷依据。在有保险公司提供履约保证保险的情况下，则把保险公司对投保人（借款人）的投保资格调查作为放贷依据，认为既然借款人投保了履约保证保险，贷款的偿还情况就与保险公司切身利益挂钩，保险公司自然会对借款人进行慎重调查。

第二，借款申请人所提交的材料是否真实、合法，包括借款人、保证人、抵押人和出质人的身份证件是否真实、有效；抵（质）押物的权属证明材料是否真实，有无涂改现象；借款人提供的直接划拨账户是否是借款人本人所有的活期储蓄账户等。

第三，借款人的欺诈风险。借款人恶意欺诈、骗贷和贷款后恶意转移资产的逃废债等现象，是汽车信贷操作风险的重要表现形式。借款人一般具有谋取非法所得、带有犯罪性质的动机和行为，如内外勾结、伪造申报材料、虚假陈述等。

第四，借款申请人的担保措施是否足额、有效，包括担保物所有权是否合法、真实、有效；担保物共有人或所有人授权情况是否核实；担保物是否容易变现，同区域同类型担保物价值的市场走势如何；贷款额度是否控制在抵押物价值的规定比率内；抵押物是否由贷款银行认可的评估机构评估；第三方保证人是否具备保证资格和保证能力等。比如，由担保公司提供保证担保，控制风险的关键是担保公司担保余额应控制在其存入银行的担保金数额的一定比例之内，但在业务实践中，有些银行缺少必要的风险意识，在合作汽车信贷业务时，担保公司提供的保证金比例过低，无法有效覆盖担保金额的风险。

（2）贷款审查和审批中的风险 汽车信贷审查和审批环节的主要风险点包括：业务不合规，业务风险与效益不匹配；不按权限审批贷款，使得贷款超授权发放；审批人对应审查的内容审查不严，导致向不具备贷款发放条件的借款人发放贷款，贷款容易发生风险或出现内外勾结骗取银行信贷资金的情况。

（3）贷款签约和发放中的风险 汽车信贷签约和发放的风险主要包括：合同凭证预签无效、合同制作不合格、合同填写不规范、未对合同签署人及签字（签章）进行核实；在发放条件不齐全的情况下发放贷款，如贷款未经审批或是审批手续不全，各级签字（签章）不全；未按规定办妥相关评估、公证等事宜；未按规定的贷款额度和贷款期限、贷款的担保方式、结息方式、计息方式、还款方式、适用利率、利率调整方式和发放方式等发放贷款，导致错误发放贷款和贷款错误核算。

（4）贷款支付管理中的风险 汽车信贷支付管理环节的主要风险点包括：贷款资金发放前，未审核借款人相关交易资料和凭证；直接将贷款资金发放至借款人账户；未接到借款人支付申请和支付委托的情况下，直接将贷款资金支付给汽车经销商；未详细记录资金流向和归集保存相关凭证，造成凭证遗失。

（5）贷后管理中的风险 汽车信贷贷后管理环节的主要风险点包括：

1）对贷款使用情况进行跟踪检查，逾期贷款催收、处置不力，造成贷款损失，比如银行害怕风险暴露，在贷款逾期时，不是及时采取有效措施保全债权，而是想尽办法掩盖真实资产质量情况，怠于行使权利，导致已经出现的风险进一步加大。

2）贷后管理与贷款规模不相匹配，贷后管理力度偏弱，贷前调查材料较为简单，贷后往往只关注借款人按月还款情况；在还款正常的情况下，未对其抵押物的价值和用途等变动状况进行持续跟踪监测。

3）未按规定保管借款合同、担保合同等重要贷款档案资料，造成合同损毁。

4）他项权利证书未按规定进行保管，造成他项权证遗失，他项权利灭失。

**2．操作风险的防控措施**

1）掌握汽车信贷业务的规章制度；

2）规范业务操作；

3）熟悉关于操作风险的管理政策；

4）把握汽车信贷业务流程中的主要操作风险点；

5）对于关键操作，完成后应做好记录备查，尽职免责，提高自我保护能力。

## （三）信用风险

借款人作为第一还款义务人，其资信状况直接影响到汽车贷款的质量。由于我国目前个人征信体系尚不完善，商业银行难以全面、准确地了解借款人的资产负债、社会活动和不良信用记录等情况，仅凭借款申请人提供的身份证件、居住证明、结婚证、个人及其配偶收入证明、谈话记录等资料以及上门调查，很难有效地识别、判断借款申请人的实际还款能力，从而对其资信水平做出有效评估。如果银行出于市场竞争的需要将本应由自己履行的借款人资信审查义务转移给汽车经销商或保险公司，仅凭汽车经销商对借款人的推荐或保险公司对借款人投保资格的审查就做出贷款审批决定，更会导致借款人信用风险的增加，造成市场准入把关不严，埋下风险隐患。汽车信贷信用风险主要表现为借款人还款能力的降低和还款意愿的变化。另外，借款人的信用欺诈和恶意逃债行为也是对贷款资金安全威胁很大的信用风险。

**1．信用风险的内容**

（1）借款人的还款能力风险　借款人的还款能力是个人汽车贷款资金安全的根本保证。借款人能否按时足额偿还贷款本息，根本上要依靠借款人及其家庭的收入来源，或者其他的再融资渠道，这就是所谓的还款能力。除非借款人主观恶意骗贷，影响借款人还款能力的因素主要有：借款人及其家庭成员收入锐减、工作岗位变化、单位经济效益恶化、个人经营失败、借款人及其家庭成员重病死亡或家庭遭遇其他不可预见或不可克服的灾难。目前，我国居民收入中包含着许多非货币化收入和“灰色收入”，并且普遍存在国有企事业单位开出的收入证明偏低、私营企业开出的收入证明偏高的现象，银行无法确切计算和查证借款申请人的实际收入水平。此外，由于没有建立与个人信用制度相配套的个人信用评估、个人资信调查及个人破产制度，银行也就无法调查确定申请人目前是否有负债，过去是否有不良信用记录，个人信用难以准确把握。这种社会化的信用和信用咨询制度的不健全，就要求由银行工作人员来把握借款人的资信状况、贷款文件的真实性、合法性以及完整性，并做出正确评估，但这在客观上存在困难，难以把握信贷的风险程度。因此，银行在个人汽车贷款业务中偏好于职业稳定、预期收入较高、从事行业具有较好发展前景的个人客户，从而降低信用风险。

（2）借款人的还款意愿风险　借款人的还款意愿是信贷资金安全，特别是个人汽车贷款资金安全的重要前提。目前，诚实信用、公平有偿的市场契约原则在人们的思想中还没有根深蒂固，对此也缺乏有效制约机制和惩罚措施。首先，银行在经营个人汽车贷款业务中，很难像公司贷款项目的评估分析那样判断借款人的资信状况、个人的收入水平、资产负债状况、偿还债务能力，一般仅依靠借款人的自我证明。银行为了防范风险，只能在第二还款来源上想办法——即要求借款人提供符合银行要求的担保(如较低的抵押率)。其次，当前个人贷款违约成本很低，既没有高的罚息和违约金，也没有有效的黑名单制裁制度。而在西方发达国家，个人违反诚信恶意逃债带来的后果是不仅在一家银行不能再得到信用，甚至在全国所有的银行都得不到信用，生活上寸步难行。最后，还有很多人对贷款资金的性质缺乏正确的认识，认为银行的钱就是国家的钱，借银行的钱就是借国家的钱，大量不良资产的出现更使得不少借款人有“银行的贷款能不还就不还”的想法。这些都容易导致个人还款意愿的变化。

**2．信用风险的防控措施**

（1）严格审查客户信息资料的真实性　借款人提交申请材料后，应当认真审查申请人的真实身份、家庭状况、居住地址、联系方法等个人信息。对认为有必要的，应当到借款人单位或经营场所，了解其收入水平及个人信誉，正确判断借款人的还款能力。查看借款人的个人信用报告，是否有存量负债会影响其还款能力，是否有逾期欠款记录并了解其欠款原因。

坚持与借款人面谈的原则，不得由经销商包办从借款申请到签订合同的全部手续。认真审查借款人购车行为的真实性，严防经销商伪造合同从而虚构借款人购车事实的行为。

经办机构应指定专人负责个人汽车贷款的贷前调查工作，贷前调查人应对客户信息资料的真实性负责；必须面谈客户了解信息；不得将贷前调查工作全权委托给保险公司和汽车经销商进行。

（2）详细调查客户的还款能力 了解客户是否具有稳定的收入或合法资产来按期还款，如客户还有其他银行负债，应评价其总负债额在家庭总收入中的比例是否合理。

在贷后管理工作中应及时了解客户的经济状况，积极发挥汽车经销商或保险公司在贷后管理方面的作用。贷款应由借款人直接向贷款银行经办机构还款，经办机构要及时进行贷后客户信息的调查了解，掌握借款人收入的变动状况。

（3）科学合理地确定客户还款方式 在受理客户申请时，应根据客户现金流状况和贷款风险管理的需要等因素灵活、合理地与客户协商确定还款方式，以确保客户的还款能力和风险可控性。对于贷款期限在一年以上的，原则上应采取等额本金或等额本息还款方式。对于符合贷款条件的客户，如其资金周转存在一定的周期性，在准确把握其还款能力的基础上，也可选择按月还息，按计划表还本的还款方式，但在此种还款方式下，借款人必须在贷款发放后的第四个月开始偿还首笔贷款本金。

**案例**

**交完首付骗取提车完成过户**

付先生是一位二级网点经销商，他代理了七个自主品牌的二级网点卫星店。9 月份，一位何姓先生来到店内想要贷款购买店内一辆 SUV 车型，随后交了 1 000 元定金。按照正常程序，不久后何先生交付了 79 000 多元的首付款。10 月中旬，付先生告知何先生，贷款已通过厂家的金融机构办下来了，11 月中旬就要开始还车辆月供款。随后，付先生开始帮何先生办理汽车上牌业务。但何先生却要求自己办理，称车行办理慢，他着急提车。

就这样在毫无防备的情况下，付先生准许了何先生自行到车管所办理上牌业务。办完上牌后，何先生将车辆登记证明交给了车行，看似一切正常。

让付先生没想到的是，11 月 13 日是何先生还款的日期，厂家合作的金融机构却迟迟没有收到何先生的还款，而金融公司和车行想要联系何先生催款时，却发现已经联系不上他了。随后付先生还发现何先生所交上来的车辆登记证明是假的，再一查发现车辆早在上牌后的第二天就已经过户了，这才意识到被客户骗贷了。

一般来说，交完首付之后，金融公司审批放款，车行要给客户办理上牌，拿到车辆的登记证明后再去办相关业务，随后再与金融公司办理抵押，最后才能将车交给客户。但由于客户提供的车辆登记证明是假的，付先生现在也办不了抵押，金融公司又要求他必须把放给客户的贷款退回，这样算下来要损失 10 万元。

## 三、汽车消费信贷风险的来源

中国汽车消费信贷风险，无论是采用“间客模式”还是“直客模式”，风险基本上都可以分为直接风险和间接风险。直接风险主要有自身内部的管理所带来的，间接风险则是由于第三方的行为而产生的连带责任。汽车消费信贷风险发生在经销商和消费者身上，但产生于个人因素、政策因素、内部管理因素等各个方面的变化之中。我们从以下几个方面进行分析。

**1．消费者道德风险及收入波动带来的偿债能力风险**

在汽车消费信贷中，消费者不愿履行合约按时还款可分为两种情况：一种情况是道德败坏，其购车动机就是通过车贷向银行套取现金。例如通过利用假身份证明、收入证明，购得车辆后马上将车辆进行转卖或通过其他方式处理套取的现金，同时借款人自己也玩起了失踪，最终达到逃避债务的目的。另外一种情况是由于借款人收入的波动造成自身还款能力的变化。这类消费者并非故意拖欠贷款不还，只是由于外界因素导致收入锐减，而无法支付车贷。我们可以暂且把这种客户称之为“善意欠贷”（有还贷的愿望，但无力偿还）。随着中国经济发展，人们的消费观念逐渐发生改变，尤其在青年人中超前消费是一种必然的选择。而这些青年人往往走上社会工作在3～6年之间，自己没有什么积蓄，主要靠日常的工资收入来支付银行的贷款，随着社会经济情况的变化，以及个人工作、家庭、疾病等意外事件的发生，造成收入锐减或开支暴增，只能选择无限期拖欠贷款的方式。目前各商业银行大多遵循国际惯例，凡拖欠贷款3～6期的将列为重点关注对象，拖欠6期以上即视为不良贷款，拖欠12期以上的一般列为坏账，在会计制度上应予以坏账处理。根据目前各商业银行的不良贷款实际情况分析，其中不足3期的往往是因为借款人外出、遗忘或者划款不及时造成，这种情况一般经过提醒，借款人会及时归还欠款，不构成实际意义的不良贷款，但有部分客户由于收入不稳定或者暂时出现经济困难，连续3期以上不能还款，这种类型虽然在借款人经济情况好转时会尽力归还欠款，但如果经济条件持续恶化，终将由于经济实力不允许而造成不良贷款。持续拖欠达到12期以上，大多数属于恶意骗贷，借款人从办理贷款手续起就蓄意逃避债务。

**2．银行自身管理薄弱致使潜在风险增大**

个人消费信贷业务根据商业银行国际惯例，其贷款管理采用批量管理的方法，原则上不对逐笔业务进行个案的跟踪管理。但是国际银行操作管理是基于完善的社会个人征信体系的基础的。而在我国，尚未建立完善的个人征信体系，贷款人的信用信息资料分散在各个业务部门，而且相当一部分资料尚未实现资源共享。汽车贷款业务的审批，通常仅仅凭购车人身份证明、个人收入证明等比较原始的征询材料进行判断和决策，而这些证明的真实性又无明确的途径进行验证。同时对个人的信用调查基本上依赖于借款人的自报及其就职单位的说明，借款人的资产负债状况、社会活动及表现，有无违法纪录，有无失信情况等也缺乏正常程序和渠道进行了解征询，导致银行和客户之间的信息不对称，在车贷审批中就缺少可信赖的依据。而目前我国商业银行参照了国际商业银行个人消费信贷的审批管理模式，但未能针对国情对审贷条件进行细化，并采取行之有效的风险防范及监管措施，因此造成消费信贷风险增大。

在汽车消费信贷业务受理的整个过程，都存在着由于银行内部管理不完善而造成的风险漏洞。在业务受理阶段，由于汽车消费信贷业务量巨大，各个贷款人的情况千差万别。审贷人员无法做到逐户核查借款人的实际经济能力和担保能力，审批人的意见主要基于经办人提供材料的真实性、完整性。在审批阶段，我国各商业银行对于汽车消费信贷贷款仍采用定性为主、定量为辅的审批方式，并没有建立完善的审批模型，不同审批人员因其主观判别能力及行业经验的不同，可能对同一借款人给予不同的判断。在贷后管理阶段，对贷款人的还款情况疏于监督，各商业银行一般只是对拖款超过 6 期的客户进行电话催收，方式过于单一。而对于已形成的不良贷款也未能及时有效的采取资产保全措施。

中国汽车消费信贷业务的发展过程也正是商业银行对风险的识别和控制过程，通过完善银行内部的管理，来达到控制风险的目的。

**案例**

**巨额汽车消费信贷诈骗案件 暴露银行问题**

**案情：**2014 年 11 月 30 日上午，北京某银行的信贷员沙某和韩某因犯违法发放贷款罪、非国家工作人员受贿罪，被北京市第一中级人民法院终审裁定分别判处有期徒刑 12 年和 8 年。北京市第一中级人民法院经审理查明，沙某和韩某在 2011 年 1 至 6 月间，因为不按规定审查客户汽车贷款材料并进行调查，即向北京福普得汽车有限公司发放贷款，致使该公司以伪造的虚假身份证、收入证明、房产证明、汽车销售发票等从银行骗取汽车消费贷款 29 笔，共计 2 000 余万元，造成 1 600 余万人民币至今未归还。沙某还曾在 2011 年 6 月和 2013 年 5、6 月间，在工作中不按规定对客户车贷材料进行审查，致使车贷诈骗行为得逞，造成银行贷款 230 余万元至今没能归还。另外，沙某和韩某还收受福普得汽车公司给予的款物，其中沙某收受 10 万余元及尼康牌照相机一架，韩某则收受了 7 万元和一架尼康牌照相机。

**分析：**银行对发放车贷本来有严格的制度和操作程序，但执行中却会流于形式。一是银行对车贷发放审核不严，过分信赖汽车销售公司对贷款人资信材料的把关审核和对贷款款项用途的监督，应当由银行人员进行的家访、审核和款项用途监督往往流于形式。二是银行内部对相关人员监督制约不力。从进行家访的外勤人员到最终签字的主管副行长，银行的车贷需经四层审核，但由于单纯追求业绩，加之业务量大，通常只能由外勤人员和车贷中心主任对车贷审核起决定性作用，接下来的两层审核大多时候成了走过场。有决定权的工作人员受业绩考评的利益驱动，往往是轻审核、重放贷。有的甚至一天之内审核报批数十笔车贷，家访等审核程序根本不可能完成，但也获得了批准。另外，借款人与审查人员非同一般的关系，也使应履行的考核形同虚设，由此造成巨大的贷款黑洞。

### 3．保险公司内部管理不善导致高额的车贷险赔付造成的经营风险

在国外，约 70%～80%汽车消费信贷业务都是由汽车金融服务机构对经销商和对个人

提供汽车信贷服务。而在中国，汽车消费信贷的主体却是银行业直接开展业务，为了降低经营风险，将保险公司引入汽车消费信贷风险管理的主体中。而巨大的保险市场空间对于保险公司来讲是一块诱人的蛋糕。"车贷履约保证保险"在一定程度上缓解了银行业的经营风险，也为保险业带来了新的发展机遇。但是我国开办车贷保险时，该险种尚未引入精算机制，保险公司对面临的信用风险，既没有历史数据，又无法准确预测，他们推出该产品的依据只是对未来市场前景的憧憬。在忽视了保险经营基本原则的情况下，仓促设计出来的产品很难保证对风险进行有效的控制。随着保险业务的开展，保险公司面临的风险压力越来越大，所有开办车贷险业务的保险公司，无不在这一业务上陷入亏损的泥潭。造成这一局面的原因主要集中在三个方面。一是诈骗、挪用资金、恶意拖欠及经营不善引发的拖欠贷款，导致保险公司车贷险业务赔付率很高，经营风险很大。一些购车人与销售商串通欺诈保险公司和银行，或未发生实际购车行为，将贷款挪为他用，或私自变更购车档次，以多套取贷款交付购车首期。二是车贷险业务中涉嫌诈骗案件和法律纠纷较多，使保险公司陷入大量的刑事案件和诉讼纠纷中。三是为清理逾期贷款，保险公司投入了大量的人力和物力，为此付出了很高的管理成本，经营压力很大。

高额的车贷险赔付率的产生，也反映出了保险公司对车贷险的风险管理不善。作为保险人，保险公司承担了该消费贷款90%的风险，但是保险公司内部没有专门的对信贷风险进行评估、风险管理的部门或专业人员，也缺乏对信贷风险评估、防范方面的经验和能力。导致的结果就是保险公司过分依赖贷款人，而银行对汽车消费贷款的依据是保险公司提供的调查材料、车贷险保单、机动车辆保单，如此的操作程序不可能不产生巨大的风险。

**4．"间客模式"下经销商转嫁风险以及恶意骗贷风险**

在汽车消费信贷的"间客模式"下，汽车消费贷款以经销商为主体，由经销商负责为购车者办理贷款手续，经销商以自身资产为客户承担连带责任保证，并代银行收缴贷款本息。汽车经销商与银行合作，由经销商向消费者提供贷款购车第三方担保的服务，经销商在银行存一笔保证金，一般是几千万元，如消费者不还款，从中扣除。但是这种操作模式风险同样巨大：一是经销商所能提供的担保有限，对于一些大的经销商，其担保金额动辄几亿元，有的甚至十几亿元，远大于其在银行的担保存款，同时银行无法对经销商的固定资产和流动资金进行实时监控，一旦有风险，要么经销商的资产根本无法提供足额的赔偿，要么经销商早已经把资产进行了转移。二是个别经销商制造虚假购车合同骗贷，达到一定数额后，将资金转移，公司突然清盘不干，在这种情况下，银行根本无法进行及时的风险防范处置，一旦发生，银行将会遭受重大的损失。

在"间客模式"下，有的经销商为保证自己的利益，通过向保险公司购买车贷险来转移自己的风险。但是作为汽车经销商，其主要的经营目的是为了增加汽车销售量，如果保险公司能够提供保证保险增加其销量和手续费收入则一举两得。如果按照保险公司的要求对购车人的资格、风险进行认真的调查或评估，必然会有相当多有购车意向的人不符合购车条件，这与经销商的利益相悖。所以，经销商总是尽可能使所有的贷款购车人符合保证保险的条件，增大了保险公司和贷款银行的风险。在法律实践中，经销商几乎可以不承担任何责任。

**5．政策、法规不健全造成的政策性风险**

中国的汽车消费信贷业务发展时间并不长，相关的法规政策也是在逐步探索中完善，在现行的政策中，针对消费者个人贷款的条款，对失信、违约的惩处办法不具体。这使得银行开办消费信贷业务缺乏法律保障，对出现的问题往往无所适从。在实际司法过程中，保护借款人或保证人正常生活，而忽视银行债权保护的现象时有发生，也给风险防范造成了一定的负面影响。在国外，汽车消费信贷通行的做法是以所购车辆抵押担保，而在我国购买汽车的单据中，没有一项是出具给银行的，因此汽车抵押给银行后，银行却无法控制过户行为。

**案例**

**低价车高贷款额 汽车贷款现骗贷现象**

“我提辆车子，你们能不能帮我做按揭，顺便多贷点钱出来用用。”11 月 27 日，一位年轻小伙在某市智慧汽车销售有限公司内，直截了当地问按揭部工作人员，在无首付的情况下，公司是否可以帮忙办理按揭，而且能提出高于实际车贷额度的现金，供自己开支。

小伙子的要求当即被公司按揭部经理给当面回绝了。但经理说，这个小伙子想法并不是无根据的，现在几个人走到一起，买个计算机，装部电话，就能开一家所谓的按揭公司。这些公司说开就开，说关就关了，不仅帮客户骗贷，而且还有截留客户还贷的现象，如果在这样的公司办理正常贷款的话，客户损失的不仅是保证金，还有可能是所还贷款，并造成银行欠贷逾期。

购车人付首付，做按揭，购保险，按时还款，怎么会骗贷呢？原来，一款车型根据配置的不同会有不同的报价。如一款雪佛兰的科鲁兹轿车，报价从 9.9 万元到 16.99 万元不等。根据银行现行的贷款政策，上限可贷车价的 70%，也就是说如果购买的最低报价 9.9 万的低配车，最多可贷款 7 万元。但现在很多新成立的小资质的按揭公司却按照最高配的汽车报价 16.99 万元，贷款 7 成，也就是可以贷到 11.8 万元左右，甚至还有零首付贷款现象，这样就出现了低价车高贷款额现象。

如果要购买的汽车差价没有那么大，那还有一招，就是制作假发票。如果客户的资质不好，那就制作假房产证，假工作证明，假银行流水，甚至假的户口本，假的结婚证，也就是说，除了身份证，其他都是假的。低价高贷，假材料蒙混过关，造成了客户一旦违约不还款，银行立即陷入无可挽回损失的窘境，因为汽车不是房产，一出店门立即贬值，本来贷款额就大大高于实际车价，如果车主不还款，银行即使可以找到汽车，并依法扣押车辆，车子也大大的贬值，很难收回原贷款额。

据了解，某市一家汽贸公司在 2011 年 12 月份，曾创下 300 多单汽车消费按揭贷款的记录，获取利润 100 多万元，其业务员月工资最高者达到 2 万元。据业内人士介绍，行业吸引力的增强和巨大的利润收入，导致很多投资者纷纷加入这个行业，但僧多粥少，于是一些所谓的按揭公司开始打起了歪主意，偏离正常轨道，通过帮助客户办理虚假贷款等手段，来获取利润。

“一开始银行觉得，能买车用，就能养得起，但事实上，现在很多年轻人没有正确的消费观，贷款还不起就不还了。”长江汽车销售服务有限公司负责人说，很多按揭公司不是做长线，干事业的，他们鼓励了一部分人盲目购车，收取中间利润，更有不想还贷或无力还贷的客户，也如同这些公司一样，一走了之，开车“远赴他乡”，或者车子开了一段时间，没钱还贷，银行追债，就把已经用过的车子交给银行，这不仅把烂摊子留给了银行，也影响了这个行业的声誉，导致银行对正规贷款要求苛刻。

“由于利润巨大，行业自律差，信用体系存在漏洞，一些个体投资者和客户不讲诚信，影响了整个行业的健康发展。”凤林汽车销售服务有限公司负责人说，这种现象的发生，对社会信用、行业秩序乃至金融秩序都造成损失。

“汽车骗贷对于银行来说，随着这种风险的逐渐暴露，银行也加大了审批核验，现在有的银行就对汽车贷款进行实地家庭状况察看，核实信用和还款能力。”一位金融界内人士告诉记者，当前正在开展信用体系建设试点，以后要利用好个人信用数据，从源头上把好信贷关，在贷款后，要对个人信用状况进行监控，做好个人信用风险的处置。

# 第二节 汽车消费信贷风险管理系统

## 一、国外汽车消费信贷业务发展经验借鉴

### （一）完善的消费信贷法律保证体系

高度发达的国外汽车消费贷款业务，首先是建立在完备的法律体系基础之上的。法律从对征信制度的规范，到对消费信贷活动中各方参与者权利与义务的确定，几乎涉及了与信贷相关的各方面。早在 1970 年，美国国会便通过了《公平信用报告法》，其中对如何在保护个人隐私与满足经济交往对信用数据的使用之间的平衡关系做出了明确的规定，使之成为指导美国个人征信系统不断完善的核心法规。这一法规与《公平信用记账法案》《破产法》《破产改革和联邦判决权法案》等结合使用构成了美国消费信贷的完整的法律体系。在日本，《分期付款销售法》明确规定了通商产业的各种责任，并着重将分期付款销售的监控与调节行为系统化、规范化，以保护购车者和贷款人的利益。在欧洲，英国的《货物买卖法案》《1974 年消费信贷法案》及其配套法律法规，德国的《德国民法典》《消费信贷法》与其他相关配套法律法规，对消费信贷的各种行为规范都做了详细的规定。

健全完善的法律系统不仅直接保证了消费信贷活动有章可循、有法可依，另一方面通过对这些法律的长期严格实施，有效地增强了民众的守法意识、维权意识、监督意识、信用意识等法律意识，进而间接地提高了这些国家的国民素质，降低了系统性的道德风险。

### （二）成熟的社会征信

在美国、日本、欧洲部分国家，其发达的信贷业务背后都有一个成熟的社会征信系统。

这一系统中包含：信用信息收集机构、信用评级机构、信用调查机构、抵押登记部门、催收和追缴部门、旧车拍卖中心等机构。在发达国家现阶段的征信系统有三种模式：

第一种模式为市场化模式。在这种模式下，社会信用机构以营利为目的，向信息使用者出售收集并加工过的个人和企业信息；政府在其中主要扮演信用法规的制定和监督执行的角色。如今美国、加拿大以及多数北欧国家采用了这一模式。

第二种模式为中央信贷登记模式。这一模式中掌管信用信息的主体是直属于该国中央银行、由政府出资设立的中央信贷登记系统。该系统为非营利性组织，主要服务于包括商业银行和中央银行在内的银行金融机构。同时在信用体系中还兼有私营征信机构。德国、法国等国家的征信体系采用了这种模式。

第三种模式为会员制模式。在这一模式下，行业协会举起了建立信用信息中心的大旗，将个人和企业的信用信息提供给会员。即在内部信息共享的机制下达到收集和使用信用信息的目的。与中央信贷登记模式相同，会员制模式也是不以营利为目的的信用体系，只向会员收取足以弥补其成本的费用。日本的征信体系实行的正是这种会员制模式。

虽然各国的征信系统运作模式不尽相同，但都有法制化、科学化和规范化的操作流程，实现了大幅压缩汽车消费信贷业务成本、降低汽车信贷风险的目的。

### （三）立体化的汽车金融服务

在许多西方国家，立体化的汽车金融服务一方面体现在汽车消费信贷不仅渗入汽车产销的相关环节，而且渗入汽车的各个“生命阶段”；另一方面，其针对的消费群体和消费市场也实现了立体化。在美国，针对不同的汽车生产、销售和购买群体，银行分别为汽车生产商、批发商、零售商和消费者设立了不同的金融服务部门。以美联银行为例，其下参与汽车信贷的部门包括经销商金融服务中心、小企业零售部、财富管理部等多个部门。他们为批发商提供的服务项目包括在线销售管理、最新价格信息系统、网上支付、经销商之间的并购贷款；为直接拍卖融资和批发交易融资提供承诺；为普通消费者提供包括传统分期付款和存货融资，外加融资租赁、购车储蓄、汽车消费保险、担保、汽车应收账款证券化等一系列服务。除此之外，美国还专为学生购车及汽车二手市场中的相关业务提供了专项接待服务。

在日本，汽车信贷业务强调以客户的不同需求为出发点，根据个人信用评级对客户进行细分，有针对性地提供适应市场需求且灵活的个性化的汽车金融产品。在其完善的租赁业务市场中，为长期租赁者提供“金融”“税收和保险”及“维修管理”“证券投资”等服务。在德国，在办理汽车消费信贷的同时，向客户发放汽车信用卡，在保险、燃油、维修等方面提供低利率的透支优惠。

### （四）政府政策扶持

在汽车消费贷款业务发达的国家和地区，政府往往给予汽车消费政策扶持。例如，通过调低相关的税费刺激消费，进而刺激消费信贷的发展。这些政策的特点主要表现在：第一，税种少，按购买、拥有和使用情况设置税费；第二，针对汽车收取的税费通常占缴费基数的比率较低；第三，按照不同类别的汽车设置不同的税种和费率。

## 二、汽车消费信贷风险管理系统

### (一)强化征信系统在汽车消费信贷风险管理中的应用

#### 1. 征信系统

征信是指依法收集、整理、保存、加工自然人、法人及其他组织的信用信息，并对外提供信用报告、信用评估、信用信息咨询等服务，帮助客户判断、控制信用风险，进行信用管理的活动。

根据党中央、国务院部署，人民银行从信贷征信起步，从20世纪90年代初贷款证制度开始推动全国集中统一的企业和个人征信系统（以下简称“征信系统”）建设。1992年，原人民银行深圳分行推出贷款证制度，1997～2002年建成银行信贷登记咨询系统（企业征信系统前身）。人民银行组织商业银行于2004～2006年建成征信系统并实现全国联网运行。2006年，经中编办批准，人民银行设立中国人民银行征信中心（以下简称“征信中心”），作为直属事业单位，专门负责征信系统的建设、运行和维护。2013年3月15日施行的《征信业管理条例》，明确了征信系统是由国家设立的金融信用信息基础数据库。

征信系统基本上为国内每一个有信用活动的企业和个人建立了信用档案。征信系统收集的信息以银行信贷信息为核心，还包括企业和个人基本信息以及反映其信用状况的非金融负债信息、法院信息和政府部门公共信息等；既有正面信息，也有负面信息。截至2015年4月底，征信系统已经收录了8.64亿自然人（其中有信贷记录的自然人为3.61亿人）、2 068万户企业及其他组织(其中有中征码的企业及其他组织为1 023万户)；2015年前4个月，个人征信系统机构用户日均查询161.2万次、企业征信系统机构用户日均查询24.5万次。

**案例**

**汽车经销商征信的不足**

目前大部分汽车消费贷款通常实行“银行+经销商+保险公司”模式，部分经销商出于自身利益需要，通过伪造借款人资料，影响及串通客户，办理假车贷、一车多贷等，将风险转嫁给银行。如某公司通过以某个人名义购买价值40万元左右豪华车，在公司垫付缴足10多万元首付款后，申请个人信用卡分期，获得差不多30万元的流动资金，然后将车辆原封不动、以优惠的价钱卖给客户，这样，车行在花费大概每年4%左右的成本即可套取银行资金约30万元。车行一方面给客户优惠，另一方面及时回笼资金，保证汽车不贬值，且较快完成汽车厂方销售任务、取得可观返利。

由于汽车消费贷款不直接关联经销商，征信系统对不良经销商的惩戒作用无从体现。

#### 2. 完善个人征信系统

在欧美等发达国家，个人信用体系十分完善，主要表现在信用信息采集面广、更新及时、查询方便、个人隐私保障到位、信用信息运用广泛等方面；在健全的信用体系制约下，社会大众的守信意识很强。以上两点正是我国征信体系十分欠缺之处。

（1）进一步充实征信系统的非银行信息　一是加强对车辆管理部门的登记信息等非银行信息采集入库工作，强化银行对车辆信息的查询掌控能力，杜绝一车多贷、骗贷现象发生。二是加强征信宣传工作，提高信用意识，增加应对汽车经销商干扰的能力。三是研究完善关联人员信息的展示和记录制度，避免系统只单一盯住贷款信息的不足。

（2）加快建设覆盖金融业的征信系统　目前，征信系统应用仍以银行业金融机构为主，保险、证券等非银行金融机构尚未接入征信系统。在汽车信贷业务中，保险公司无法通过征信系统的查询、评估客户情况，严重依赖汽车的保值和客户的自觉，面临道德风险较大。为减少汽车信贷客户与银行、保险间的信息不对称，应加快建设覆盖金融业的征信系统，减少银行、保险间的信息不对称，促成银行与保险对客户判断、评估的一致性，促进汽车消费信贷的平稳较快发展。

（3）加快第二代征信系统建设　为实现银行对客户风险的准确把握和实时监控，加快第二代征信系统建设势在必行。通过征信系统二代建设，个人信贷信息实现 T+1 更新，汽车信贷消费中每一笔业务将在个人信用报告中实时展示，一车多贷、骗贷的现象将被有效打击。

### （二）汽车消费信贷机构信用风险预警系统

汽车消费信贷机构授予并发放借款人汽车消费信贷之后，并不能停止对授信者的信用监督，这恰恰是信用监督的开始。因此，汽车消费信贷机构还需要建立汽车信贷风险预警系统，对授信者进行定期、不定期的检查，让授信者在信用环境和信用等级发生非正常变动的情况下，信用风险预警系统能够及时向汽车消费信贷机构发出预警信号，使汽车消费信贷机构及时发现风险并及时处理风险，将风险消灭在萌芽阶段。

预警系统可以设计成接受以下三个方面的预警信号：

（1）通过汽车信贷授信者银行账号发出的违约预警信号，包括：在汽车信贷借款人的银行账户上经常出现止付支票或退票；经常出现透支或超过规定限额透支；应付票据展期过多；银行存款余额持续下降；用贷款进行投机性活动；经常签发空头支票；被其他债权人追讨债务或索赔；不能按期支付利息或要求贷款展期；在各家银行开户或隐瞒与某些银行关系等。

（2）通过授信者财务状况变化发出的预警信号，包括现金状况恶化、收入减少等。

（3）通过授信者非正常环境变化发出的预警信号，包括企业亏损、个人失业、家庭变故等。

汽车消费信贷机构在监测到上述各种情况变化时，需要密切关注以上预警信号，并及时采取各种措施以控制风险。

### （三）汽车消费信贷机构汽车信贷违约减损处置系统

汽车消费信贷机构经营的就是风险，最大限度地控制风险，降低风险是其工作的重心，所以必须建立一套汽车消费信贷机构违约减损系统和资产质量监测报告体系，严密监测资产质量的变化，分析不良资产形成的原因，当出现汽车信贷违约现象时，及时制定防范和化解风险的对策，从而减少违约损失。减损处置系统可以包括法律事务子系统、债务事务子系统、资产管理子系统等。法律事务子系统用于处理违约事件的法律问题；债务事务子系统用于处理违约事件中的债权债务问题；资产管理子系统用于处理违约事件中发生的回收车或者抵押资产的处理问题。当出现任何违约现象，违约减损系统即可启动，从而减少因违约带来的损失。

### （四）汽车消费信贷机构信用风险内部控制系统

汽车消费信贷机构信用风险内部控制系统，是按照有关法律规定和汽车消费信贷机构审慎监管要求，结合汽车消费信贷机构的实际，为实现其经营目标而建立的。它通过实施一系列制度、程序和方法，使风险控制的要求、理念和规范变为行动，渗透到汽车消费信贷机构的各项业务过程和各个操作环节，覆盖所有的部门和岗位，让全公司任何决策或操作行为有案可查。内部风险控制包括内部控制环境、风险识别与评估、内部控制措施、信息交流与反馈、监督评价与纠正五大要素。内部风险控制具有高度的权威性，任何人不得拥有不受内部控制约束的权力；内部控制存在的问题应当能够得到及时反馈和纠正；内部风险控制与公司的经营规模、业务范围和风险特点相适应，以合理的成本实现内部控制的目标。

这种机制的设立和实施，能够对汽车消费信贷机构的风险进行事前防范、事中控制、事后监督和纠正，促进汽车消费信贷机构建立和健全内部控制，防范金融风险，保障整个体系安全稳健运行。

### （五）汽车消费信贷机构外部控制系统

汽车消费信贷机构风险具有多重性，决定了仅仅从汽车消费信贷机构内部还不能完全防范和控制风险，所以，还需要针对外部环境、外部制度建立一套外部控制系统，它包括社会信用管理系统、风险分散系统、风险转移系统以及汽车消费信贷机构风险共担系统等。

**1. 利用社会信用管理系统加强风险控制管理**

建立健全社会信用管理系统是汽车消费信贷机构从外部防范和控制信用风险的重要环节，它是规范汽车消费信贷机构授信者信用行为的重要制约因素。汽车消费信贷机构有必要参与国家和社会的信用体系建设，并尽可能利用这些系统，将各种与汽车消费信贷机构信用相关的社会力量有机结合起来，尤其业务开展之初，必须与有关部门建立良好的关系和信息沟通渠道，共同建立以汽车消费信贷机构为对象的，以信用记录、信用调查、信用评估和信用发布为内容的社会信用管理系统，共同促进社会信用的完善与发展，制约和惩罚汽车消费信贷授信者的违约行为，将有不良信用记录者拒之门外。同时，借助社会信用管理系统，对有信贷违约行为的对象进行公开惩戒，为汽车消费信贷机构发展创造良好的社会信用环境条件。

**2. 利用风险分散、转移系统控制降低信用风险**

风险分散策略是风险管理学中一种基本而有效的策略，它对于汽车消费信贷机构的风险管理也非常适用。在汽车消费信贷机构业务中，若汽车消费信贷机构所担保的债务越分散，意味着得到汽车消费信贷机构服务的对象越多，根据独立事件的乘法法则，汽车消费信贷机构债务同时发生赔付的概率则越少，即使某笔汽车消费债务发生违约损失，对汽车消费信贷机构的冲击和影响也不会很大。因此，汽车消费信贷机构开展业务时应该利用分散汽车消费信贷机构债务的方法分散风险，从而最终起到控制风险的作用。目前可以分散汽车消费信贷机构风险的途径主要有：一是增加汽车消费信贷机构服务对象的数量，扩大汽车消费信贷机构辐射面；二是增加汽车消费信贷机构品种，优化汽车消费信贷组合。

为了降低汽车消费信贷机构风险，汽车消费信贷机构可以探索通过风险转移系统将部分风险转嫁给保险公司或其他风险喜爱者，如考虑建立汽车消费信贷机构担保系统，利用申请汽车消费信贷机构信贷的企业和个人的财产和权利进行抵押或质押，如机器、设备、交通运输工具、能封存的存货；房屋、其他地上定着物、土地使用权等不动产；有价证券及可依法转让的权利，包括：汇票，支票、本票、债券，存款单、仓单、提单、股份、股票，专利权等；依法可抵押、质押的其他财产和权利。今后还要按照易于评估、易于执行操作、易于触动授信人利益几大原则，将可接受的担保物范围扩大。

### （六）利用风险共担系统控制分担信用风险

汽车消费信贷机构风险存在于开展汽车消费信贷业务的全过程，涉及汽车消费信贷机构、汽车经销商、授信企业或个人、贷款银行等方面，为了不将风险集中在某一方身上，汽车消费信贷机构必须与汽车消费信贷业务的各方建立风险共担系统。一方面通过与贷款银行确定适当的风险分配比例来合理分担风险，另一方面加大汽车消费信贷授信者所需承担的风险责任，来约束授信者的行为，从而提高汽车消费信贷机构的信用风险控制能力。

## 本章小结

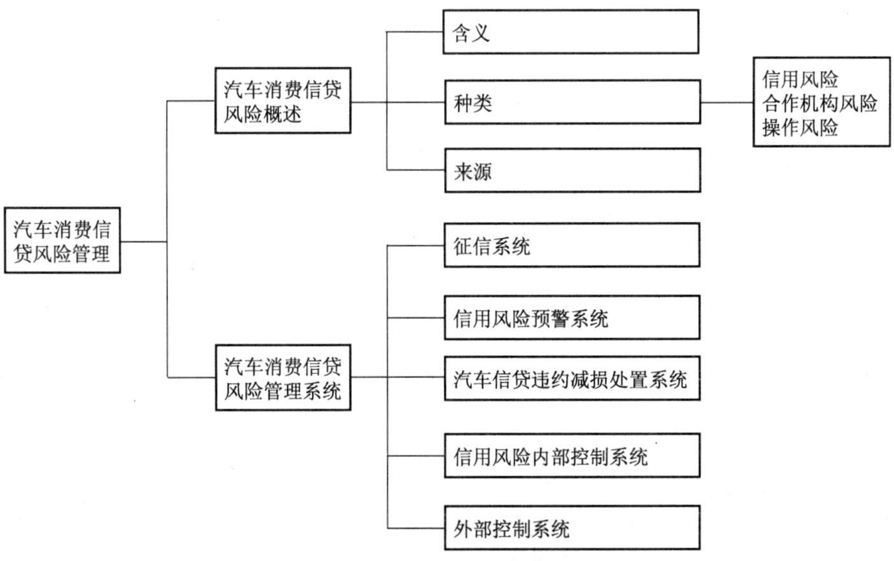

## 复习思考题

一、简述题

1. 金融风险的性质和特点是怎样的？
2. 我国汽车消费信贷风险的种类有哪些？
3. 信用风险、操作风险的防范措施是什么？
4. 如何进行汽车消费信贷的风险管理？

二、案例分析题

案情：

以美国为例：购车客户在经销商处选定车型并填写贷款申请书后，经销商将用户贷款申请通过计算机网络传送到汽车金融公司。金融公司接到贷款申请后通过计算机网络向信用中介机构调取客户的个人信用报告。金融公司有自己的信用评分系统，它是各公司自己开发出来的专利性的统计数学模型，利用统计概率的原理对借款申请人的信用风险进行量化评估，在获得客户的个人信用报告的同时信用评分系统会自动给客户评分。根据信用评分，借款申请人被划分为不同的风险等级，作为信贷决策的主要依据。如果汽车金融公司核准了贷款申请，经销商就会与客户签订汽车消费信贷销售合同，并向交通管理部门登记上牌，登记汽车金融公司为车辆抵押权人，抵押权人将显示在交通管理部门出具给用户的汽车产权证上。汽车金融公司在收到经销商的合同文件后，拨放贷款和佣金给经销商。在放款后金融公司会定期评估贷款的质量和结构，改进自己的信用评分系统，并将客户的付款状况反馈给信用中介机构。美国还有专业的中介机构负责催收账款。如果借款人无力还款，可以将作为抵押物的车辆收回拍卖，从而收回欠款。

问题：比较中美两国的汽车消费信贷风险管理，并对我国的汽车消费信贷管理提出改进意见和建议。

## 实训项目

实训目的

- 掌握个人信用分析的基本方法。

实训要求

搜集有关影响贷款人信用的各种因素，并分析这些因素如何影响贷款人的信用。

实训步骤

- 搜集有关影响贷款人信用的各方面因素，并结合课堂理论教学的内容，进行归纳整理。
- 详细分析每一个因素对贷款人信用的影响，包括正面影响和负面影响。
- 课堂交流过程中，补充完善调查内容。
- 认真总结调查内容，完成实训报告。

# 第四章　汽车保险概述

## 学习目标

【能力目标】

- 能够理解风险构成要素及其之间的关系
- 能够分清在不同分类标准下保险的种类
- 能够理解汽车保险与普通财产保险的区别

【知识目标】

- 掌握风险的含义及其构成要素
- 掌握保险的含义及其分类
- 掌握汽车保险的含义及其特征
- 掌握汽车保险的作用
- 了解汽车保险发展的历程

## 引导案例

**触目惊心的数字**

2014 年 3 月 1 日 14 时 45 分许，位于山西省晋城市泽州县的晋济高速公路山西晋城段岩后隧道内，两辆运输甲醇的铰接列车追尾相撞，前车甲醇泄漏起火燃烧，隧道内滞留的另外两辆危险化学品运输车和 31 辆煤炭运输车等车辆被引燃引爆，造成 40 人死亡、12 人受伤，直接经济损失 8 197 万元。

2014 年 7 月 19 日 2 时 57 分，湖南省邵阳市境内沪昆高速公路 1 309 公里 33 米处，一辆自东向西行驶运载乙醇、车牌号为湘 A3ZT46 的轻型货车，与前方停车排队等候、车牌号为闽 BY2508 的大客车发生追尾碰撞，轻型货车运载的乙醇瞬间大量泄漏起火燃烧，致使大客车、轻型货车等 5 辆车被烧毁，造成 54 人死亡、6 人受伤（其中 4 人因伤势过重医治无效死亡），直接经济损失 5 300 余万元。

交通事故因其极强的“杀伤力”被称为世界“第一杀手”。而中国是世界上交通事故死亡人数最多的国家之一。有资料显示，日本的万车死亡率是 0.77，英国是 1.1，加拿大是 1.2，澳大利亚是 1.17，法国是 1.59，美国是 1.77，而我国为 6.2，是发达国家的 4 至 8 倍。“十一黄金周”里自驾游是一大热点，随之而来的交通事故却让人扼腕。统计显示，2014

年“黄金周”期间，仅旅游大省云南，各高速公路共发生道路交通事故 910 起，造成 4 人死亡，66 人不同程度受伤。

要解决交通事故引发的问题，除了加强道路建设和安全管理设施，优化交通工具总体构成，提高我国现有公路质量，提高人们交通法律意识、交通安全意识和交通文明意识以外，保险是市场经济条件下风险管理的基本手段。我国在利用保险手段进行交通风险管理方面进行了大量有益的探索，并取得了突破性进展。通过国家立法形式推行的“交强险”制度，与救助金制度一起构成了一个较为完整的保障体系。

在本章学习中，我们将从了解风险开始，介绍有效转移风险损失的一种方法 —— 保险，并主要学习汽车保险的基本知识。

# 第一节　风险与保险

## 一、风险

### （一）风险的含义

关于风险的定义，理论界至今还没有一个统一的说法。在有关著作、文章中各有各的表述，其主要观点有：“风险是指测定的不确定性”“风险是指发生某一经济损失的不确定性”“风险是一种无法预料的、其实际后果可能不同于预测后果的倾向”“损失的可能即为风险”“风险是指对特定情况下关于未来结果的客观疑虑”等等。

在这里，我们结合了各家学说，给风险下一个定义为：风险是指人们因对未来行为的决策及客观条件的不确定性，而可能引起的后果与预定目标发生的偏离。这种偏离，既有负偏离，亦有正偏离。负偏离即指出现的损失，正偏离是指带来的收益。

**小资料**

**汽车风险种类**

汽车保险虽然属于财产保险的范畴，但是它所承保的车辆却不是静止在某一地点上，而是不断处于移动状态，因此与汽车有关的风险有两种：

**1．车辆本身所面临的风险**

与其他处于静止状态的财产一样，车辆本身也受自然灾害、意外事故和盗抢等风险的威胁，自然风险如火灾、爆炸、洪水、雷击、冰雹、龙卷风、外界物体倒塌等，意外风险如碰撞、倾覆等，都有可能导致车辆自身损毁或被盗抢的直接损失以及车辆停驶引起的间接经济损失。

**2．车辆本身所创造的风险**

机动车辆自诞生以来，一方面大大提高了人们的工作效率，方便了人们的生活，但另一方面也使得交通事故数量急剧增加，造成社会公众的人身伤害和财产损失。

## （二）风险的构成要素

风险的构成要素包括风险因素、风险事故和风险损失。

### 1. 风险因素

风险因素是指引起或促使风险事故发生，以及风险事故发生时，致使损失增加、扩大的条件。风险因素是事故发生的潜在条件，一般称风险条件。风险因素通常有以下三种类型。

（1）实质风险因素　它属于有形的因素，是指对某一标的增加风险发生机会或严重程度的直接条件，如，汽车的制动系统失灵是引起汽车发生意外事故的实质风险因素；环境污染是影响人们健康的实质风险因素。

（2）道德风险因素　它是与人的品德修养有关的无形因素，是指由于个人的恶意行为或不轨企图，促使风险事故发生，以致引起社会财富损毁和人身伤亡的原因或条件，如欺诈、纵火等。

（3）心理风险因素　它是与人的心理状态有关的无形因素，是指由于人们主观上的疏忽或过失，以致增加风险事故发生的机会或扩大损失程度的因素。如，仓库值班人员未尽职守，增加了偷窃风险的发生；锅炉工忽视了及时给锅炉加水，增加了发生爆炸的可能。

### 2. 风险事故

风险事故又称风险事件，是指风险成为现实，以致引起损失的事件。也就是说，风险事故是造成损失的直接的或外在的原因，是损失的媒介物，即只有发生了风险事故，才能导致损失。例如，汽车制动系统失灵酿成车祸而导致车毁人亡，其中制动系统失灵是风险因素，车祸是风险事故。如果仅有制动失灵而无车祸发生，就不会造成人员伤亡。风险事故意味着风险的可能性转化为现实性，即风险的发生。

### 3. 风险损失

在风险管理中，损失是指非故意的、非计划的和非预期的经济价值的减少。这个定义中包含了两个重要的要素：一个是非故意的、非计划的和非预期的要素；另一个是经济价值的要素，即是可以用货币单位予以衡量，两者缺一不可。如“折旧”“报废”，虽然符合第二个要素，但不符合第一要素，所以不能称为风险损失。

风险要素间的关系可以表示为：

风险因素⟶风险事故⟶风险损失

**小资料**

**汽车保险大有作为**

改革开放以来，随着我国保险业不断发展壮大，保险在经济社会中发挥的功能和作用越来越突出，尤其是汽车保险在30多年间更是得到了迅速发展，为经济社会发展和人民生活稳定提供了重要保障。2012年，全国累计实现车险保费收入4 005.17亿元，同比增长14.28%。车险占产险公司总保费的比例约为72%，较2011年年底下降近两个百分点。2013 年我国汽车保险行业实现保费收入 4 300 亿元左右，同比增长 7.8%。2014 年，汽车保险市场规模达到 5 200 亿元。未来车险市场规模如保持 15%的增速，到 2020 年时整个车险市场规模将达到 1 万亿元。

进入 21 世纪以来，中国汽车工业增长迅猛，已成为世界汽车产销大国。作为汽车保险产业链的源头，我国汽车工业的蓬勃发展预示着汽车保险和汽车保险产业链相关主体都将获得更加广阔的发展空间。随着我国私家车的数量越来越多，汽车逐渐成为城市居民家庭财产的主要部分，如何更好地保护自己的财产已经成为各个家庭的主要任务，中国因此也将成为世界上最大最有潜力的汽车保险市场。

据中国产业调研网发布的全球及中国汽车保险项目可行性分析与发展趋势预测报告（2016 版）显示，今后相当长一段时期，车险的经营仍将起着决定性的作用。车险业正在探索建立与汽车产业链中各主体利益共享、协同发展的长效机制，发挥以汽车保险为纽带的“产业链”效应。

## 二、风险管理

### （一）风险管理的含义

风险管理是指经济单位透过对风险的认识、衡量和分析，选择最有效的方式，主动地、有目的地、有计划地处理风险，以最小的成本，争取获得最大安全保障的方法。

对于风险管理的含义，应注意以下几点：

第一，风险管理的主体是经济单位，即个人、家庭、企业或政府单位。

第二，指明风险管理是透过对风险的认识、衡量和分析，以选择最有效的方式，即最佳的风险管理技术为中心。

第三，指明对风险管理技术的选择及对风险的处理，是经济单位处在主动的地位有目的、有计划地进行的。

第四，指明风险管理的目标是以最小的成本争取获得最大的安全保障。

### （二）风险管理的程序

风险管理的基本程序分为风险识别、风险估测、风险评价、选择风险管理技术和评估风险管理效果五个环节。

#### 1. 风险识别

风险识别是风险管理的第一步，它是指对企业、家庭或个人面临的和潜在的风险加以判断、归类和对风险性质进行鉴定的过程。即对尚未发生的、潜在的和客观存在的各种风险，系统地、连续地进行识别和归类，并分析产生风险事故的原因。风险识别主要包括感知风险和分析风险两方面内容。存在于企业、家庭或个人周围的风险多种多样、错综复杂，有潜在的，也有实际存在的；有静态的，也有动态的；有内部的，也有外部的。所有这些风险在一定时期和某一特定条件下是否客观存在，存在的条件是什么，以及损害发生的可能性等，都是风险识别阶段应予以解决的问题。

#### 2. 风险估测

风险估测是在风险识别的基础上，通过对所收集的大量资料进行分析，利用概率统计理论，估计和预测风险发生概率和损失程度。风险估测不仅使风险管理建立在科学的基础上，而且使风险分析定量化，为风险管理者进行风险决策、选择最佳管理技术提供了科学依据。

#### 3. 风险评价

风险评价是指在风险识别和风险估测的基础上，对风险发生的概率、损失程度，结合其他因素进行全面考虑，评估发生风险的可能性及其危害程度，并与公认的安全指标相比较，以衡量风险的程度，并决定是否需要采取相应的措施。处理风险，需要一定费用，费用与风险损失之间的比例关系直接影响风险管理的效益。通过对风险的定性、定量分析和比较处理风险所支出的费用，来确定风险是否需要处理和处理程度，以判定为处理风险所支出的费用是否有效益。

#### 4. 选择风险管理技术

根据风险评价结果，为实现风险管理目标，选择最佳风险管理技术是风险管理中最为重要的环节。风险管理技术分为控制型和财务型两大类。前者的目的是降低损失频率和减少损失幅度，重点在于改变引起意外事故和扩大损失的各种条件；后者的目的是以提供基金的方式，对无法控制的风险作财务上的安排。

#### 5. 评估风险管理效果

评估风险管理的效果是指对风险管理技术适应性及收益性情况的分析、检查、修正和评估。风险管理效益的大小，取决于是否能以最小风险成本取得最大安全保障。同时，在实务中还要考虑风险管理与整体管理目标是否一致，是否具有具体实施的可能性、可操作性和有效性。风险处理对策是否最佳，可通过评估风险管理的效益来判断。

### （三）风险管理的手段

#### 1. 风险控制对策中的手段

（1）损失回避　这是一种对付风险的最彻底的手段，有效的损失回避可以完全解除某一特定风险可能造成的损失。但它又是最消极的手段，因为它主要通过放弃或不再进行某项活动以消除风险源，同时也使获利的可能性降至为零，何况并不是所有的风险均能回避，避免了某一种风险可能又会面临另一种新的风险。所以只有在迫不得已的情况下，才使用损失回避手段。

（2）损失控制　即通过减少损失发生的机会，或通过降低所发生损失的严重性，来处理那些不愿回避或转移的风险，它是一种被普遍采用的风险管理手段。根据损失控制的目的，可以分为损失预防与损失减轻两种。前者是试图减少或消除损失发生的机会，后者则主要是要降低损失的严重程度。

（3）风险隔离　即对所面临的风险单位进行空间与时间的分离，这样便可达到减轻风险损失的目的。风险隔离相应地增加了所要控制的单独风险单位的数量，如果其他情况不变，根据大数定律，显然会减少风险损失，当然可能会增加一定的管理费用。

（4）风险结合　它与风险隔离正好相对应，是从另一个方面进行管理，即通过增加风险单位的数量来提高整体预防未来损失的能力，这在市场波动大、竞争激烈的现实世界中是极为有效的。

（5）风险转移　它是指一些单位或个人为避免承担风险损失而有意识地将风险损失或与风险损失有关的财务后果转嫁给另一单位或个人承担的一种风险管理方式。通过风险转移，以达到降低风险发生频率和缩小其损失程度的目的。风险转移可以使风险在损失承受者之间进行转移，但不可能因此将风险消除或者减少其总量。

**2. 风险财务对策中的手段**

（1）财务型非保险转移　这种手段主要是通过外部资金来支付可能发生的损失，将损失的财务负担转移给非保险业其他人。适应于风险财务型非保险转移的情况有：被转移方与转移方之间的损失可以清楚地划分，被转移人能够且愿意承担适当的财务责任；其成本低于采用其他手段的成本。

财务型非保险转移的方法很多，常见的有以下几种：①通过契约或合同将某人的财务责任转移给另一个人承担，如出租，通过租约，可以将本来应由自己负担的租物损坏的经济责任转移给承租人；②通过保证人、委托人、债权人三方签订保证书，用以明确委托人对债权人履行某些明确的义务，否则由保证人承担违约风险的财务责任；③通过发行股票、债券，可以把企业经营的风险分散给众多的股东和投资者。

（2）财务型保险转移　这种手段是单位或个人通过订立保险合同，将其面临的财产风险、人身风险和责任风险等转嫁给保险人的一种风险管理技术，一般用来对付损失频率低、损失程度大的风险。

（3）自我承担　当某种风险不能或因冒该风险可能会获取较大利润时，可以将这种风险保留下来，自己承担由其所致的损失。这是一种较为普遍的风险管理手段，可以与除损失回避以外的其他手段共同使用。

自我承担可以分为两大类，一类是消极的自我承担，即没有意识到风险的存在而没有进行风险准备，或者明知风险存在却因疏忽怠慢，低估潜在损失程度时，所产生的风险自留：另一类是积极的自我承担，指那些明知风险存在且不可避免，但又找不到适当的处理办法，或者因为自我承担风险比其他处理方法更经济合理，或者风险损失不大且企业有能力自我承担的情况。

## （四）风险管理的目标

风险管理的基本目标是以最小的成本获得最大的安全保障。风险管理具体目标可以分为损失前目标和损失后目标。前者是指通过风险管理消除和降低风险发生的可能性，为人们提供较安全的生产、生活环境；后者是指通过风险管理在损失出现后及时采取措施，使受损企业的生产得以迅速恢复，或使受损家园得以迅速重建。

（1）损失前目标　具体包括：①减小风险事故的发生机会；②以经济、合理的方法预防潜在损失的发生；③减轻企业、家庭和个人对风险及潜在损失的烦恼和忧虑，为企业提供良好的生产经营环境，为家庭提供良好的生活环境；④遵守和履行社会责任和行为规范。

（2）损失后目标 具体包括：①减轻损失的危害程度；②及时提供经济补偿，使企业和家庭恢复正常的生产和生活秩序，实现良性循环。

## 三、保险

### （一）保险的含义

根据《中华人民共和国保险法》第 2 条规定：“保险是指投保人根据合同约定，向保险人支付保险费，保险人对于合同约定的可能发生的事故因其发生所造成的财产损失承担赔偿保险金责任，或者当被保险人死亡、伤残、疾病或者达到合同约定的年龄、期限时承担给付保险金责任的商业保险行为。”

保险作为分散风险、消化损失的一种经济补偿制度，可以从不同的角度来理解其含义：

1）从经济角度看，保险是分摊意外损失、提供经济保障的一种财务安排。投保人交纳保险费购买保险，实际上是将其面临的不确定的大额损失转变为确定性的小额支出，将未来大额的或持续的支出转变成目前的固定性的支出。通过保险，提高了投保人的资金效益，因而被认为是一种有效的财务安排。人寿保险中，保险作为一种财务安排的特性表现得尤为明显，因为人寿保险还具有储蓄和投资的作用，具有理财的特征。正是从这个意义上说，保险公司属于金融中介机构，保险业是金融业的一个重要组成部分。

2）从法律角度看，保险是一种合同行为。保险合同当事人双方在法律地位平等的基础上，签订合同，承担各自的义务，享受各自的权利。

3）从风险管理角度看，保险是风险管理的一种方法，或风险转移的一种机制。通过保险，将众多的单位和个人结合起来，变个体应对风险为大家共同应对风险，从而提高对风险损失的承受能力。保险的作用在于集散风险、分摊损失。

**小资料**

**最早的商业保险单**

14 世纪，意大利的高利贷盛行各地，凡接受高利贷的海上运输者，船舶及货物安全到达目的地以后，必须偿还本金及利息（本金的 1/4 到 1/3）；若中途船货蒙受损失，可依其受损程度，免除全部或部分债务。由于利息过高，此种高利贷被教会禁止，逐渐改用交付保险费形式，出现了保险契约。意大利商人在 1347 年 10 月 23 日签发的航运保险契约是迄今发现的最古老的保险单。

### （二）保险的要素

保险要素指构成保险的主要因素，主要指：

#### 1．可保风险

可保风险是保险人可以接受承保的风险。尽管保险是人们处理风险的一种方式，它能为人们在遭受损失时提供经济补偿，但并不是所有破坏物质财富或威胁人身安全的风险，保险人都承保。可保风险有以下几个特性：一是风险不是投机性的；二是风险必须具有不确定性，就一个具体单独的保险标的而言，保险当事人事先无法知道其是否发生损失、发生损失的时间和发生损失的程度如何；三是风险必须是大量标的均有遭受损失的可能性；四是风险必须是意外的；五是风险可能导致较大损失；六是在保险合同期限内预期的损失是可计算的，保险人承保某一特定风险，必须在保险合同期限内收取足够数额的保费，以聚集资金支付赔款，支付各项费用开支，并获得合理的利润。

2. 多数人的同质风险的集合与分散

保险的过程，既是风险的集合过程，又是风险的分散过程。众多投保人将其所面临的风险转嫁给保险人，保险人通过承保而将众多风险集合起来。当发生保险责任范围内的损失时，保险人又将少数人发生的风险损失分摊给全部投保人，也就是通过保险的补偿行为分摊损失，将集合的风险予以分散转移。保险风险的集合与分散应具备两个前提条件：一是多数人的风险。如果是少数或个别人的风险，就无所谓集合与分散，而且风险损害发生的概率难以测定，大数法则不能有效地发挥作用。二是同质风险。如果风险为不同质风险，那么风险损失发生的概率就不相同，因此风险也就无法进行集合与分散。此外，由于不同质的风险损失发生的频率与幅度是有差异的，倘若进行集合与分散，会导致保险经营财务的不稳定，保险人将不能提供保险供给。

3. 费率的合理厘定

保险在形式上是一种经济保障活动，而实质上是一种商品交换行为。因此，厘定合理的费率，即制定保险商品的价格，便构成了保险的基本要素。保险的费率过高，保险需求会受到限制；反之，费率厘定得过低，保险供给得不到保障，这都不能称为合理的费率。费率的厘定应依据概率论、大数法则的原理进行计算。

4. 保险基金的建立

保险的分摊损失与补偿损失功能是通过建立保险基金实现的。保险基金是用以补偿或给付因自然灾害、意外事故和人体自然规律所致的经济损失和人身损害的专项货币基金。它主要来源于开业资金和保险费，就财产保险准备金而言，表现为未到期责任准备金、赔款准备金等形式；就人寿保险准备金而言，主要以未到期责任准备金形式存在。保险基金具有分散性、广泛性、专项性与增值性等特点，保险基金是保险的赔偿与给付的基础。

5. 订立保险合同

保险是一种经济关系，是投保人与保险人之间的经济关系。这种经济关系是通过合同的订立来确定的。保险是专门对意外事故和不确定事件造成的经济损失给予赔偿的，风险是否发生，何时发生，其损失程度如何，均具有较大的随机性。保险的这一特性要求保险人与投保人应在确定的法律或契约关系约束下履行各自的权利与义务。倘若不具备在法律上或合同上规定的各自的权利与义务，那么，保险经济关系则难以成立。因此，订立保险合同是保险得以成立的基本要素，它是保险成立的法律保证。

## （三）保险的特征

### 1．经济性

保险是一种经济保障活动。这种经济保障活动是整个国民经济活动的一个组成部分。此外，保险体现了一种经济关系，即商品等价交换关系，保险经营具有商品属性。

### 2．互助性

保险在一定条件下，分担了个别单位和个人所不能承担的风险，从而形成了一种经济互助关系。它体现了“一人为众，众人为一”的思想，互助性是保险的基本特性。

### 3．法律性

保险的经济保障活动是根据合同来进行的。所以，从法律角度看，保险又是一种法律行为。

### 4．科学性

保险是以数理计算为依据而收取保险费的。保险经营的科学性是保险存在和发展的基础。

## （四）保险的分类

### 1．按照实施方式分类

按照实施方式分类，保险可分为强制保险和自愿保险。

（1）强制保险　强制保险（又称“法定保险”）是由国家（政府）通过法律或行政手段强制实施的一种保险。强制保险的保险关系虽然也是产生于投保人与保险人之间的合同行为，但是合同的订立受制于国家或政府的法律规定，如机动车交通事故责任强制保险。

**小资料**

**机动车交通事故责任强制保险**

在改革开放初期，我国就已经有建立机动车辆强制第三者责任保险制度等的设想。例如 1988 年国务院颁布的《关于加强交通运输安全工作的决定》中提出“研究制定运输工具、货物、旅客人身意外伤害和第三者责任的强制保险制度”等相关内容，《关于实施拖拉机第三者责任强制保险的通知》也于同年颁发并于 1989 年 2 月 1 日实施。但是由于我国的法制环境较为落后，法律制度体系还很不完善，这一提议并未受到有关立法部门的关注和重视。

1989 年 1 月，公安部经国务院批准发布了《关于在华外国人的机动车辆实行第三者责任强制保险的公告》，对所有在华外国人的机动车辆实行第三者强制责任保险。

1998 年，国务院将“机动车辆第三者责任法定保险条例”正式列入 1999 年度的立法计划中，并且保监会等相关部门也着手草拟《机动车辆法定保险条例》法案，但由于一些基础性问题存在争议，该条例最终未能获得通过。

2003 年，我国颁布了《道路交通安全法》并于 2004 年 5 月 1 日正式实施，该法第十七条明确规定："国家实行机动车第三者责任强制保险制度，设立道路交通事故社会救助基金。"这是我国首次以法律形式明确规定了机动车辆第三者责任强制保险，为我国机动车辆第三者强制责任保险的建立提供了法律基础及依据。

2004 年 5 月 1 日，我国《最高人民法院关于审理人身损害赔偿案件适用法律若干问题的解释》开始实施。该文件一方面加大了对人身损害赔偿的额度，另一方面以司法解释的形式建立了精神损害赔偿制度，且明确表明精神损害赔偿可量化，且属于财产责任范畴。作为处理人身损害赔偿的重要依据，该文件的实施能更好地量化、操作和处理《道路交通安全法》中规定的有关机动车辆第三者民事赔偿责任。

2006 年 3 月 28 日，为了与新的《道路交通安全法》相配套，我国《机动车交通事故责任强制保险条例》正式公布，并于 7 月 1 日开始施行。该条例明确了交强险制度的适用范围、各项原则、相关当事人权利义务以及监督管理机构的职责，对于机动车辆第三者强制责任保险的顺利运行具有十分重要的作用。从此，我国道路交通管理进入了法制化阶段，第三者责任强制保险制度在全国范围内得到统一实施及运用，全国的机动车辆第三者责任保险开展模式由自愿保险经地区性法定保险演变为全国性强制保险。

自交强险开展以来，存在较多争议。根据《机动车交通事故责任强制保险条例》有关规定，保监会综合考虑社会各方面意见，在《机动车交通事故责任强制保险条例》的基础上，就责任限额和基础费率方案进行了双调整。保监会于 2008 年 1 月 11 日正式公布了机动车交通事故责任强制保险责任限额调整方案，并批准了由中国保险行业协会上报的交强险费率调整方案，且新的机动车交通事故责任强制保险条款于 2008 年 2 月 1 日开始施行。

（2）自愿保险　自愿保险是在自愿原则下，投保人与保险人双方在平等的基础上，通过订立保险合同而建立的保险关系。自愿保险的保险关系，是当事人之间自由决定、彼此合意后所建立的合同关系。投保人可以自由决定是否投保、向谁投保、中途退保等，也可以自由选择保险金额、保障范围、保障程度和保险期限等。保险人也可以根据情况自愿决定是否承保、怎样承保等。

**2．按照保险标的分类**

按照保险标的分类，可将保险分为财产保险与人身保险。

（1）财产保险　财产保险是以财产及其有关利益为保险标的的一种保险，包括财产损失保险、责任保险、信用保险等保险业务。

财产损失保险是以各类有形财产为保险标的的财产保险。其主要的业务种类有：企业财产保险、家庭财产保险、运输工具保险、货物运输保险、工程保险、特殊风险保险和农业保险等种类。

责任保险是指以被保险人对第三者的财产损失或人身伤害依照法律和契约应负的赔偿

责任为保险标的的保险。其主要业务种类有：公众责任保险、产品责任保险、雇主责任保险和职业责任保险等。

信用保险是以各种信用行为为保险标的的保险。其主要业务种类有：一般商业信用保险、出口信用保险、合同保证保险、产品保证保险和忠诚保证保险等。

（2）人身保险　人身保险是以人的寿命和身体为保险标的的保险。包括人寿保险、健康保险、意外伤害保险等保险业务。

人寿保险是以被保险人的寿命作为保险标的，以被保险人的生存或死亡为给付保险金条件的一种人身保险。其主要业务种类有：定期寿险、终身寿险、两全寿险、年金保险、投资连结保险、分红寿险和万能寿险等。

健康保险是以被保险人的身体为保险标的，使被保险人在疾病或意外事故所致伤害时发生的费用或损失获得补偿的一种人身保险业务。其主要业务种类有：医疗保险、疾病保险和收入补偿保险等。

意外伤害保险是指以被保险人的身体为保险标的，以意外伤害而致被保险人身故或残疾为给付保险金条件的一种人身保险。其主要业务种类有：普通意外伤害保险、特定意外伤害保险等。

**3．按照承保方式分类**

按照承保方式分类，可将保险分为原保险、再保险、共同保险和重复保险。

（1）原保险　原保险是保险人与投保人之间直接签订保险合同而建立保险关系的一种保险。在原保险关系中，保险需求者将其风险转嫁给保险人，当保险标的遭受保险责任范围内的损失时，保险人直接对被保险人承担赔偿责任。

（2）再保险　再保险（也称“分保”）是保险人将其所承保的风险和责任的一部分，转移给其他保险人的一种保险。转让业务的是原保险人，接受分保业务的是再保险人。这种风险转嫁方式是保险人对原始风险的纵向转嫁，即第二次风险转嫁。

（3）重复保险　重复保险是指投保人以同一保险标的、同一保险利益、同一保险事故分别与数个保险人订立保险合同，且保险金额总和超过保险价值的一种保险。

（4）共同保险　共同保险是指投保人与两个以上保险人之间，就同一保险利益、同一风险共同缔结保险合同的一种保险。在实务中，数个保险人可能以某一保险人的名义签发一张保险单，然后每一保险人对保险事故损失按比例分担责任。共同保险是直接保险的一种，因此，共同保险人在联合承担保险责任以后，根据需要也可以进行再保险，与再保险人建立起再保险关系。

# 第二节　汽车保险的含义、特征与作用

## 一、汽车保险的含义

汽车保险又称机动车辆保险，是以各种机动车辆为保险标的的保险。它除了承保各种类型的汽车外，还包括各种以机械装置为动力的车辆，如拖拉机、摩托车等。

小资料

**最早的汽车保险**

如今给汽车上保险已经是法律规定的必要手续，而很少有人知道，世界上最早的一份汽车保险出现在1898年，当时给汽车上保险的车主最担心的“马路杀手”不是汽车，而是马。美国的旅行者保险有限公司在1898年给纽约布法罗的杜鲁门·马丁上了第一份汽车保险。马丁非常担心自己的爱车会被马冲撞。当时美国全国只有4 000多辆汽车，而马的数量达到了2 000万匹，马车仍然是主要的交通工具。在100多年之后，如今的美国有2.2亿辆汽车，而马的数量已经减少到200万匹。一个多世纪前还被视为新鲜事物的汽车保险如今已经成为再平常不过的事情。

## 二、汽车保险的特征

机动车辆保险与一般意义上的财产保险有所区别，由于其保险责任包括了第三者责任，因而它是一种综合保险，在欧美各国列为意外保险。汽车保险除了其他财产保险所具有的共性外，还具备本身独有的一些特点：

### （一）机动车辆保险属于不定值保险

机动车辆保险单所列明的保险金额为保险人承担的最高赔偿金额，保险人对于机动车辆损失时的赔偿以保险金额不超过车辆损失时的实际价值为限，超过车辆实际价值的保险金额无效。

**案例**

**投保不定值保险合同得到超额赔偿**

张小姐花8万元购买了一辆二手大众汽车，使用半年后失窃。张小姐给这辆车投保了不定值保险，按照相关条款计算得到的赔付额超过了8万元，保险公司因此不予赔偿，张小姐将其告上法庭。法院的判决结果是：保险公司按照不定值保险合同约定给予张小姐85 920元的车辆被盗损失赔偿。

法院经审理认为，原告张小姐和被告保险公司之间签订的保险合同为双方当事人真实意思的表示，且不违背法律规定，因此合同合法有效。张小姐支付相应保险费后，被告保险公司理应按照合同约定承担相应的赔偿责任。按照《盗抢险条款》，投保车辆的实际价值为投保时新车购置价扣减折旧，本案中新车购置价30万元乘以折旧率即300 000元×64.2%=107 400元，再根据《盗抢险条款》的规定，实行20%免赔率后，保险公司的实际赔偿金额应为107 400元×80%=85 920元。

### （二）机动车辆损失保险的赔偿主要采取修复方式

普通财产保险的赔偿主要采取货币方式，而机动车辆损失保险业务中除机动车辆发生严重全损、无法修复或被盗抢的情况需要采取货币方式赔偿外，部分损失情况下的赔偿主要采取修复方式。

### （三）保险标的出险率较高

机动车辆是陆地的主要交通工具。由于其经常处于运动状态，总是载着人或货物不断地从一个地方开往另一个地方，很容易发生碰撞及其他意外事故，造成人身伤亡或财产损失。由于车辆数量的迅速增加，一些国家交通设施及管理水平跟不上车辆的发展速度，再加上驾驶员的疏忽、过失等人为原因，交通事故发生频繁，汽车出险率较高。

### （四）业务量大、投保率高

由于汽车出险率较高，汽车的所有者需要以保险方式转嫁风险。各国政府在不断改善交通设施，严格制定交通规章的同时，为了保障受害人的利益，对第三者责任保险实施强制保险。保险人为适应投保人转嫁风险的不同需要，为被保险人提供了更全面的保障，在开展车辆损失险和第三者责任险的基础上，推出了一系列附加险，使汽车保险成为财产保险中业务量较大，投保率较高的一个险种。

### （五）扩大保险利益

机动车辆保险中，针对汽车的所有者与使用者不同的特点，机动车辆保险条款一般规定：不仅被保险人本人使用车辆时发生保险事故，保险人要承担赔偿责任，而且凡是被保险人允许的驾驶人员使用车辆时，也视为其对保险标的具有保险利益，如果发生保险单上约定的事故，保险人同样要承担事故造成的损失。保险人须说明机动车辆保险的规定以“从车”为主，凡经被保险人允许的驾驶人员，驾驶被保险人的汽车造成保险事故的损失，保险人须对被保险人负赔偿责任。此规定是为了对被保险人提供更充分的保障，并非违背保险利益原则。但如果在保险合同有效期内，被保险人将保险车辆转卖、转让、赠送他人，被保险人应当书面通知保险人并申请办理批改。否则，保险事故发生时，保险人对被保险人不承担赔偿责任。

### （六）被保险人自负责任与无赔款优待

为了促使被保险人注意维护、养护车辆，使其保持安全行驶技术状态，并督促驾驶员注意安全行车，以减少交通事故，保险合同上一般规定：驾驶员在交通事故中所负责任，车辆损失险和第三者责任险在符合赔偿规定的金额内实行绝对免赔率；保险车辆在保险期限内无赔款，续保时可以按保险费的一定比例享受无赔款优待。以上两项规定，虽然分别是对被保险人的惩罚和优待，但要达到的目的是一致的。

**案例**

**无赔款优待方式的运用**

**案情**：李先生在停车时不慎将其爱车的保险杠刮花了，报案后保险公司确定是保险责任并马上安排维修，修理费 70 元，因李先生投保了主险加不计免赔特约险，保险公司可以全额赔付，李先生对此非常满意。过了几个月，李先生的爱车保险期满并在原保险公司续保，因为李先生的车索赔过，所以不能享受无赔款的优待。续保费是 4 000 元，如果没有索赔，那么李先生可以享受 10%的无赔款优待，即 400 元的优惠。但仅仅是索赔了 70 元就多交了 400 元，算起来，李先生反而吃亏了。

**分析**：一般车辆的主险加附加险保费在 3 000～6 000 元，如果连续 3 年无索赔记录，可以享受 30%的无赔款优待（国外最高可以享受 65%的优惠）。

### （七）机动车辆损失赔偿的特殊性

在机动车辆保险单有效的保险期限里，无论发生一次或多次保险责任范围内的车辆损失索赔，只要保险人核定的赔偿额在保险单规定的保险金额内，保险责任继续有效至保险期限结束，以致会在一份保险单项下出现多次赔偿额的累积高于保险单规定的保险金额的情况。但是，只要一次事故的赔偿额达到或超过保险金额，则保险责任自然终止。

## 三、汽车保险的作用

我国自 1980 年国内保险业务恢复以来，汽车保险业务已经取得了长足的进步，尤其是伴随着汽车进入百姓的日常生活，汽车保险正逐步成为与人们生活密切相关的经济活动，其重要性和社会性也正逐步突现，作用越加明显。

### （一）促进汽车工业的发展，扩大了对汽车的需求

从目前经济发展情况看，汽车工业已成为我国经济健康、稳定发展的重要动力之一，汽车产业政策在国家产业政策中的地位越来越重要，汽车产业政策要产生社会效益和经济效益，要成为中国经济发展的原动力，离不开汽车保险与之配套服务。汽车保险业务自身的发展对于汽车工业的发展起到了有力的推动作用，汽车保险的出现，解除了企业与个人对使用汽车过程中可能出现的风险的担心，一定程度上提高消费者购买汽车的欲望，扩大了对汽车的需求。

### （二）稳定了社会公共秩序

随着我国经济的发展和人民生活水平的提高，汽车作为重要的生产运输和代步工具，成为社会经济及人民生活中不可缺少的一部分，其作用显得越来越重要。汽车作为一种保险标的，虽然单位保险金不是很高，但数量多而且分散，车辆所有者既有党政机关，也有

工商企业和个人。车辆所有者为了转嫁使用汽车带来的风险，愿意支付一定的保险费投保。在汽车出险后，从保险公司获得经济补偿。由此可以看出，开展汽车保险既有利于社会稳定，又有利于保障保险合同当事人的合法权益。

### （三）促进了汽车安全性能的提高

在汽车保险业务中，经营管理与汽车维修行业及其价格水平密切相关。原因是在汽车保险的经营成本中，事故车辆的维修费用是其中重要的组成部分，同时车辆的维修质量在一定程度上体现了汽车保险产品的质量。保险公司出于有效控制经营成本和风险的需要，除了加强自身的经营业务管理外，必然会加大事故车辆修复工作的管理，一定程度上提高了汽车维修质量管理的水平。同时，汽车保险的保险人从自身和社会效益的角度出发，联合汽车生产厂家、汽车维修企业开展汽车事故原因的统计分析，研究汽车安全设计新技术，并为此投入大量的人力和财力，从而促进了汽车安全性能的提高。

### （四）汽车保险业务在财产保险中占有重要的地位

目前，大多数发达国家和地区的汽车保险业务在整个财产保险业务中占有十分重要的地位。美国汽车保险保费收入，占财产保险总保费的45%左右，占全部保费的20%左右。亚洲地区的日本和我国的台湾省汽车保险的保费占整个财产保险总保费的比例更是高达58%左右。

中国已经成为世界第一汽车大国，2013 年的汽车销量就超过两千万辆。中国保监会副主席陈文辉在 2014 年 8 月发表的一篇文章中列出：2014 年前 5 月，车险占整个财产保险保费收入的比重达到 72.60%。汽车保险业务已经成为财产保险公司的“吃饭险种”，其经营的盈亏，直接关系到整个财产保险行业的经济效益。可以说，汽车保险业务的效益已成为财产保险公司效益的“晴雨表”。

## 第三节　汽车保险的起源和发展

汽车保险是财产保险的一种，在财产保险领域中，汽车保险属于一个相对年轻的险种，这是由于汽车保险是伴随着汽车的出现和普及而产生和发展的。同时，与现代机动车辆保险不同的是，在汽车保险的初期是以汽车的第三者责任险为主险的，并逐步扩展到车身的碰撞损失等风险。

### 一、汽车保险的起源

汽车保险是近代发展起来的，它晚于水险、火险、盗窃险和综合责任险。保险公司承保机动车辆的保险基础是根据水险、火险、盗窃险和综合责任险的实践经验而来的。国外汽车保险起源于 19 世纪中后期。当时，随着汽车在欧洲一些国家的出现与发展，因交通事故而导致的意外伤害和财产损失随之增加。尽管各国都采取了一些管制办法和措施，汽车的使用仍对人们的生命和财产安全构成了严重威胁，因此引起了一些精明的保险人对汽车保险的关注。1896 年 11 月，由英国的苏格兰雇主保险公司发行的一份保险情报单中，刊载了为庆祝“1896 年公路机动车辆法令”的顺利通过，而于 11 月 14 日举办伦敦至布赖顿的大规模汽车赛的消息。在这份保险情报中，还刊登了“汽车保险费年率”。

最早开发汽车保险业务的是英国的法律事故保险公司。1896 年，该公司率先推出了汽车第三者责任保险，并可附加汽车火险。到 1901 年，保险公司提供的汽车保险单，已初步具备了现代综合责任险的条件，保险责任也扩大到了汽车的失窃。

## 二、汽车保险在国外的发展

汽车保险的发展异常迅速，如今已成为世界保险业的主要业务险种之一，甚至超过了火灾保险。目前，大多数国家均采用强制或法定保险方式承保的汽车第三者责任保险，它始于 19 世纪末，并与工业保险一起成为近代保险与现代保险分界的重要标志。

### （一）汽车保险的发源地——英国

英国法律事故保险公司是汽车保险“第一人”。1898 年，签发了保费为 10～100 英镑的第三者责任保险单，汽车火险可以加保，但要增加保险费。1899 年，汽车保险责任扩展到与其他车辆发生碰撞所造成的损失。这些保险单是由意外险部的综合第三者责任险组签发的。1901 年开始，保险公司提供的汽车险保单，已具备了现在综合责任险的条件，在上述承保的责任险范围内，增加了碰撞、盗窃和火灾。1906 年，英国成立了汽车保险有限公司，每年该公司的工程技术人员免费检查保险车辆一次，其防灾防损意识领先于其他保险大国。

第一次世界大战后，英国机动车辆的流行加重了公路运输的负担，交通事故层出不穷，有些事故中受害的第三者不知道应找哪一方赔偿损失。针对这种情况，政府发起了机动车辆第三者强制保险的宣传，并在《1930 年公路交通法令》中增加了强制保险条款。在实施机动车辆第三者责任强制保险的过程中，政府又针对实际情况作了许多修改，如颁发保险许可证，取消保险费缓付期限，修改保险合同款式等，以期强制保险业务与法令完全吻合。强制保险的实施使在车祸中死亡或受到伤害的第三方可以得到一笔赔偿金。

1945 年，英国成立了汽车保险局。汽车保险局依协议运作，其基金由各保险人按年度汽车保费收入的比例分担。当肇事者没有依法投保强制汽车责任保险或保单失效，受害者无法获得赔偿时，由汽车保险局承担保险责任，该局支付赔偿后，可依法向肇事者追偿。

英国现在是世界保险业第三大国，仅次于美国和日本。英国车险的保费收入多年来一直是财产保险业务的龙头险种，每个家庭在这个项目上的支出约占家庭总开支的 1/10，足见其重要地位。

### （二）汽车保险的发展成熟地——美国

美国被称为是“汽车轮子上的国家”，汽车已经成为人们生活的必需品。与此相随，美国汽车保险发展迅速，汽车保险业务量已居世界第一。作为世界上保险行业最发达的国家之一，美国共有 700 多家大大小小的保险公司，其中提供车险服务大约有 260 家。在美国，汽车保险作为强制购买的保险种类迄今已有 80 多年的历史，车险业务量多年来一直居世界首位，并在长期发展过程中形成了一套非常成熟的管理体系，值得我们借鉴和学习。美国车险市场准入和市场退出都相对自由，激烈的市场竞争，较为完善的法律法规，使美国成为世界上最发达的车险市场。

**1．美国汽车保险发展的四个阶段**

1）汽车保险问世。美国最早开始承保汽车第三者责任险是在1898年，由美国旅行者保险公司签发了第一份汽车人身伤害责任保险。1899年汽车碰撞损失险保单问世，1902年开办汽车车身保险业务。

2）通过《赔偿能力担保法》和《强制汽车保险法》建立了未保险判决基金。1919年，马萨诸塞州率先立法规定汽车所有人必须于汽车注册登记时，提供保险单或以债券作为车辆发生意外事故时赔偿能力的担保，该法案被称为《赔偿能力担保法》。该法实施的目的在于要求汽车驾驶人对未来发生事故产生的民事赔偿责任提供经济担保。但是由于这种担保的滞后性，以及该法无法强制每一汽车使用人履行赔偿义务，车祸受害者求偿仍然困难重重。为了改进这一做法，1925年，马萨诸塞州通过了汽车强制保险法，并于1927年正式生效，成为美国第一个颁布汽车强制保险法的州。该法律要求本州所有的车主都应持有汽车责任保险单或者拥有付款保证书。一旦发生交通事故，可以保证受害者及时得到经济补偿，并以此作为汽车注册的先决条件。以后，美国的其他州也相继通过了这一法令。

3）保险公司推出未保险驾驶人保险。由于未保险判决基金由州政府管理，因此被各保险公司指责政府过多地干预保险业。为了阻止政府的这一行为，许多保险公司开始采取措施进行自发的抵制。保险公司推出了未保险驾驶人保险，提供给被保险人在汽车意外事故中遭受身体伤害，而驾车人是事故责任人，但是驾车人可能存在以下情况：没有购买汽车保险；虽有汽车保险，但是其责任限额低于该州要求的最低限额；肇事后逃跑；虽有汽车保险，但其保险公司由于某种原因拒赔或破产。目前，美国大多数州保险监管部门已要求销售汽车保险的保险公司提供未保险驾驶人保险。

4）保险公司推出无过失责任保险。赔偿能力担保法、强制汽车保险、未得到赔偿的判决基金和未保险驾车人保险虽然减少了在汽车事故中未得到经济补偿或不能得到充分经济补偿的受害者，但仍然无法解决诸如下列一些问题：受害人的索赔过程既费时又费力，常常需要很长时间的调查取证，而且最终也很难确保这些证据能证明对方驾驶人确有过失；律师的费用和其他审查费用均来自于最后受害人补偿到的赔偿金，因此受害人即使获赔，得到的赔偿金也已大打折扣；虽然轻微受伤者得到的赔偿一般还能弥补其经济损失，但严重的受害人得到的补偿却平均不到其经济损失的30%，甚至许多受害人最终根本得不到赔偿。因此，一些汽车保险制度的改革者们在20世纪70年代提出了将无过失责任的法律制度推及汽车保险中。

所谓无过失责任法律制度，是指无论当事人有无过失，都要承担一定的法律后果。一个“纯”无过失汽车保险将完全取消受害人起诉肇事者的权利，而且将提供一系列的综合保险给予受害人全面的经济损失赔偿。当然，这种“纯”无过失保险并不存在，各州的无过失汽车保险仅部分地限制受害人起诉肇事者的权利。一旦人身伤害损失超过了某一界限，被保险人仍可通过起诉的方式要求对方赔偿。通过无过失汽车保险，汽车事故的受害人获赔更迅速、更方便。

**2. 美国车险科学的费率厘定和多元化的销售方式**

经过多年的发展，美国形成了一套复杂但又相当科学的费率计算方法，这套方法代表了国际车险市场上的最高水平。尽管美国各州车险费率的计算方法有差异，但是它们有一个共同点，就是绝大多数的州都采用 161 级计划作为确定车险费率的基础。在 161 级计划下决定车险费率水平高低的因素有两个：主要因素和次要因素。主要因素包括被保险人的年龄、性别、婚姻状况及机动车辆的使用状况。次要因素包括机动车的型号、车况、最高车速、使用地区、数量及被保险人驾驶记录等。这两个因素加在一起决定被保险人所承担的费率水平。

除了传统的汽车销售商代理保险方式以外，直销方式在美国已很普遍。现在美国主要有三种直销方式：①利用互联网发展车险市场的 B2C 模式。美国车险业务约有 30%都是通过这种网络直销方式取得的。绕过了车行代理这一鸿沟，交易费用减少了，保险费率自然就降低了，同时也促进了保险公司的业务扩张。②利用电话预约投保的直销模式。这种模式的优点在于成本较低，不需要大量的投入去构建网络平台。③由保险公司向客户直销保险。保险公司的业务人员可以直接到车市或者以其他的方式，把车险产品直接送到客户的面前。这种方式的优点是省去客户的很多时间，业务人员能够面对面地解答客户对于车险产品提出的问题，挖掘市场潜力。

## 三、我国汽车保险的发展进程

### （一）萌芽时期

我国的汽车保险业务的发展经历了一个曲折的历程。汽车保险进入我国是在鸦片战争以后，但由于我国保险市场处于外国保险公司的垄断与控制之下，加之旧中国的工业不发达，我国的汽车保险实质上处于萌芽状态，其作用与地位十分有限。

### （二）试办时期

新中国成立以后的 1950 年，创建不久的中国人民保险公司就开办了汽车保险。但是因宣传不够和认识的偏颇，不久就出现对此项保险的争议，有人认为汽车保险以及第三者责任保险对于肇事者予以经济补偿，会导致交通事故的增加，对社会产生负面影响。于是中国人民保险公司于 1955 年停止了汽车保险业务。直到 20 世纪 70 年代中期，为了满足各国驻华使领馆等外国人的汽车保险需要，开始办理以涉外业务为主的汽车保险业务。

### （三）发展时期

我国保险业恢复之初的 1980 年，中国人民保险公司逐步全面恢复中断了近 25 年之久的汽车保险业务，以适应国内企事业单位对于汽车保险的需要，适应公路交通运输业迅速发展、事故日益频繁的客观需要。但当时汽车保险仅占财产保险市场份额的 2%。

改革开放以来，社会经济和人民生活也发生了巨大的变化，机动车辆迅速普及和发展，机动车辆保险业务也随之得到了迅速发展。1983 年将汽车保险改为机动车辆保险使其具有更广泛的适应性，在此后的近 20 年，机动车辆保险在我国保险市场，尤其在财产保险市场中始终发挥着重要的作用。汽车保险的保费收入在 1988 年超过了 20 亿元，占财产保险份额的 37.6%，第一次超过了企业财产险（占 35.99%）。从此以后，汽车保险一直是财产保险的第一大险种，并保持高增长率，我国的汽车保险业务进入了高速发展的时期。

近年来，由于汽车消费量的增加以及相关政策的出台，汽车保险投保率不断提高。具体看来，自 2005 年开始，我国动车辆保险保费收入逐年增加。2014 年，我国汽车保险行业实现保费收入 4 750 亿元左右。具体情况如图 4-1 所示。

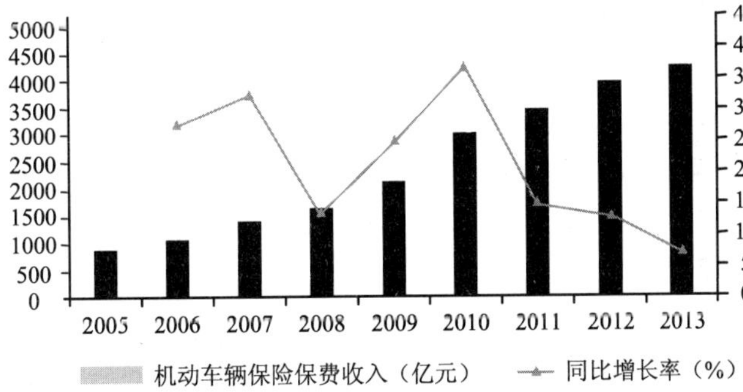


图 4-1　2005～2013 年机动车辆保险保费收入增长趋势图（单位：亿元，%）

与此同时，机动车辆保险条款、费率以及管理也日趋完善，尤其是中国保监会的成立，进一步完善了机动车辆保险的条款，加大了对于费率、保险单证以及保险人经营活动的监管力度，加速建设并完善了机动车辆保险中介市场，对全面规范市场，促进机动车辆保险业务的发展起到了积极的作用。

## 本章小结

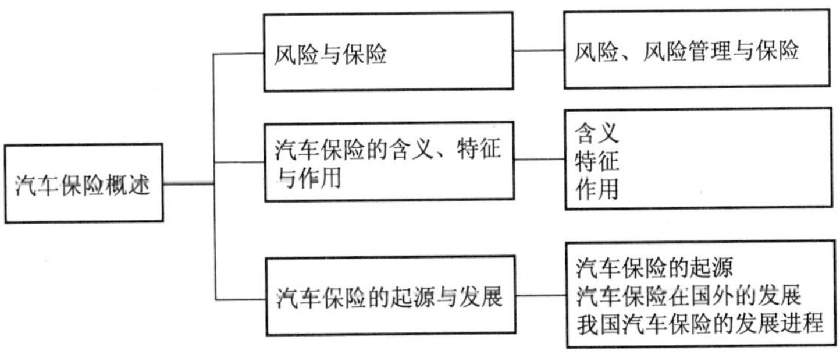


## 复习思考题

### 一、简述题

1. 简述风险的含义及其构成要素。

2. 简述风险管理的程序。
3. 按不同分类标准保险的种类有哪些？
4. 简述汽车保险的含义及特征。
5. 汽车保险的作用有哪些？

## 二、案例分析题

随着我国汽车总保有量的不断快速增长，机动车辆保险的重要性越发突出。尽管机动车辆保险市场不断发展壮大，但仍然还很不完善。机动车辆保险的经营性风险普遍被忽略，各大财产保险公司为了拓展业务，不计成本，盲目竞争，没有采取相应的措施控制机动车辆保险的经营性风险，致使机动车辆保险的赔付率过高，这有可能使得财产保险公司面临亏损，甚至破产，从而致使被保险人的权益受到侵害。

什么是经营性风险？机动车辆保险的经营性风险对财产保险公司的经营有怎样的影响？试从保险公司的内在风险及外在风险，如人为风险、环境风险及车辆风险等角度分析机动车辆保险的经营性风险。

# 实训项目

**实训目的**

掌握风险管理的程序及手段。

**实训要求**

通过对周围事物的观察，找出自己在日常生活和学习中可能面临的各种风险，并针对不同的风险采取相应的风险管理手段。

**实训步骤**

- 观察周围的同学及事物，通过所学的知识，认真分析可能面临风险损失的环节。
- 针对不同的风险，运用相应的风险管理手段进行处理，尽量避免风险的发生或减少风险发生所带来的损失。
- 完成实训报告。

# 第五章　汽车保险原则

## 学习目标

【能力目标】

- 能够全面理解汽车保险的四大基本原则，能够向客户做出解释和说明
- 能够在承保和理赔过程中熟练运用保险原则处理业务
- 能够重点理解保险利益原则和近因原则

【知识目标】

- 掌握最大诚信原则的含义和内容
- 掌握保险利益的确立条件和保险利益原则对保险经营的意义
- 掌握损失补偿原则的含义和影响保险补偿的因素
- 掌握近因原则在保险实务中的应用

## 引导案例

**机动车辆保险骗赔猖獗**

近年来，我国的保险市场越来越显示出巨大的潜力。然而，一方面由于目前相关法律、道德舆论对保险骗赔现象缺乏有效的约束力，在车险理赔中出现了许多骗赔现象。另一方面，机动车辆出险率大幅提升，理赔人员工作繁忙，难以有效地甄别骗赔案件，致使一部分别有用心的人乘机以各种手段进行骗赔，使保险骗赔案件呈上升趋势。据保守估计，约有 20%的赔款属于欺诈，保险骗赔犯罪触目惊心。

保险骗赔不仅有悖于保险经营的公平诚信等原则，而且还威胁着保险事业的生存与发展，严重破坏了国家的经济、金融秩序。减少或者杜绝骗赔行为是保险公司控制经营风险的内在要求，也是保持保险市场良性发展，维护消费者利益的必要举措。

要防范骗赔案件的发生，保险公司就必须强化承保理赔机制，完善各项理赔管理环节，把被动的“事后控制”转变为主动的“事前预防”，尤其对疑难赔案，要充分发挥保险公司与公安检察等机关建立的联络机制的作用，加大对骗赔案件的调查、侦破和打击力度，真正对骗赔者构成威慑。投保人和被保险人要树立正确的参保观念，切不可怀有投机心理。同时，有关职能部门也要严把各个关口，不为骗赔者提供便利。

在本章的学习中，我们将对保险人和投保人、被保险人在汽车保险活动中应遵循的基本原则进行系统介绍，包括最大诚信原则、保险利益原则、损失补偿原则和近因原则。

汽车保险原则是指贯穿于汽车保险之中的，人们在汽车保险活动中必须遵循的根本准则，它是制定、解释、执行和研究汽车保险的出发点和根据。汽车保险主要有最大诚信原则、保险利益原则、损失补偿原则、近因原则四项基本原则。

# 第一节　最大诚信原则

## 一、最大诚信原则的含义

在民事活动中，各方面当事人都应当遵循诚实信用原则。我国《民法通则》第 4 条规定："民事活动应当遵循自愿、公平、等价有偿、诚实信用的原则。"我国《保险法》第 5 条也规定："保险活动当事人行使权利、履行义务应当遵循诚实信用原则。"所谓诚实信用，是指任何一方当事人对他方不得隐瞒，都须善意地、全面地履行自己的义务，不得滥用权利及规避法律或合同规定的义务。但是，在保险活动中对保险合同当事人的诚信要求，比一般民事活动更为严格，即要求当事人具有"最大诚信"。

最大诚信原则的基本含义是：保险合同当事人双方在签订和履行保险合同时，必须以最大的诚意，履行自己应尽的义务，互不欺骗和隐瞒，恪守合同的承诺和义务，否则保险合同无效。

最大诚信原则最初多用于限制投保方，因为保险标的掌握在投保方，保险人决定是否承保以及保险费率的高低取决于投保方的告知与保证。后来该原则也适用于保险人，因为保险合同大多属于附合合同，合同的格式、内容都由保险人拟定，保险费率是否合理、承保条件及赔偿方式是否合理均取决于保险人的诚意。最大诚信原则的具体内容包括：投保方的告知和保证义务，保险人的说明义务、弃权与禁止反言。

## 二、规定最大诚信原则的原因

### （一）保证保险合同的合意性

保险合同是以文字条款的形式约定双方当事人的权利和义务关系，最大诚信原则要求双方当事人本着善意合同原则和订立保险合同的目的，彼此充分披露和交流信息，以保证订约双方在真实意思表示一致的基础上设定合同，唯有如此，合同才具有法律效力，才能达到双方设定合同的目的。

### （二）保证保险交易的公平性

保险交易是一种特殊的商品交易，保险市场普遍存在着信息不对称，保险人对保险标的的了解情况远比投保人来得少，这样可能会产生诸多风险，最大的风险是道德风险和逆选择。道德风险来源于被保险人防损动机的改变，降低了投保人防损的动机；逆选择是当保险客户比保险公司对期望索赔成本有更多的了解时产生的，必然导致高风险单位倾向于购买保险，而低风险单位倾向于放弃购买保险。如果对上述这些风险不加以抑制，势必将误导保险人做出错误的保险决策，并增大保障成本，进而危及交易安全。最大诚信原则的确立就是要使保险双方尽可能相互知悉信息，从而达成公平的合同交易。

### （三）保证保险合同的合法性

保险合同行为是双方当事人的民事法律行为。最大诚信原则作为保险市场经济活动的基本原则，要求人们在订立及履行保险合同的过程中，应当讲究信用，恪守诺言，诚实不欺，在不损害他人利益和社会利益的前提下追求自己的利益，否则将严重地影响保险合同的合法性。如出现虚假告知情况，严重的将使保险合同失去法律效力，最终使投保人的经济利益遭受损失。

## 三、最大诚信原则的内容

### （一）保险人的说明义务

保险人的说明义务，是指订立保险合同时，保险人负有向投保人解释合同条款的内容，特别是免责条款之义务。保险合同因投保人和保险人的意思表示一致而成立，但保险合同通常都以标准合同的形式订立，而不经过真正的协商过程，投保人之所以向保险人支付保险费，相当程度上是由于信赖保险人就其保险条款的内容所做的解释或者说明。在保险人违反说明义务的主观要件上，并不要求存在过错，只要保险人未尽说明义务，就构成说明义务的违反。可以说，我国保险法对保险人的说明义务采取的是严格责任原则。为了保护投保人和被保险人的利益，我国《保险法》第 17 条规定：“订立保险合同，采用保险人提供的格式条款的，保险人向投保人提供的投保单应当附格式条款，保险人应当向投保人说明合同的内容。对保险合同中免除保险人责任的条款，保险人在订立合同时应当在投保单、保险单或者其他保险凭证上作出足以引起投保人注意的提示，并对该条款的内容以书面或者口头形式向投保人作出明确说明；未作提示或者明确说明的，该条款不产生效力。”

保险人的说明义务具有法定性、先合同性和主动性的特点，即保险人的说明义务为法定义务，不允许保险人以合同条款的方式予以限制或者免除；不论在何种情况下，保险人均有义务在订立保险合同前详细说明保险合同的各项条款，并对投保人有关保险合同的询问做出直接、真实的回答；保险人向投保人说明保险合同条款的内容，无须投保人询问或者请求，保险人应当主动进行。

保险人说明义务的重心，是保险合同中的免责条款。所谓免责条款，是指保险合同中载明的保险人不负赔偿或给付保险金责任的范围的条款，即除保险责任外，保险人所不负责的自然灾害和意外事故所造成的损失。一般包括：战争或者军事行动所造成的损失；保险标的自身的自然损耗；被保险人故意行为造成的事故；其他不属于保险责任范围的损失等。投保人和保险人约定的责任免除条款，只要不违反法律、行政法规以及社会公共利益，就受法律的承认和保护。

保险合同中的责任免除条款，一般限于免除保险人的保险责任，包括但不限于保险单或保险条款所约定的格式化“除外责任条款”。凡保险合同中规定的保险人除外责任条款以外的免予承担保险责任的条款，诸如被保险人违反保险条件、保险合同的成立或生效条件等，保险人在订立保险合同时，应当向投保人做出明确的说明。

保险人有义务向投保人对责任免除条款作完整、客观、真实的说明。保险人作说明时，不能仅仅提醒投保人阅读有关保险人的免责条款，而应当对该条款的内容、术语、目的以及适用等做出多方面的解释。

保险人可以书面向投保人做出说明，也可口头向投保人做出说明。保险人履行责任免责条款或限责条款的说明义务，不以保险人本人做出的说明为限，保险人的代理人向投保人所做出的说明，具有相同的效果。订立保险合同时，保险人不做说明的，免责条款或限责条款对投保人、被保险人或者受益人不生效；保险人若在订立保险合同后，才对投保人做说明的，其说明不生效。

## （二）投保人的如实告知义务

### 1. 如实告知的含义

告知，又称申报、披露，是指投保人在订立合同时，对保险人的询问所做的说明或者陈述，包括对事实的陈述、对将来事件或行为的陈述以及对他人陈述的转述。

如实告知，是指投保人的陈述应当全面、真实、客观，不得隐瞒或故意不回答，也不得编造虚假情况来欺骗保险人。投保人不仅应当告知保险人其现实已知的情况，而且对于其尚未知悉，但却应当知道的情况，投保人也负告知的义务，如果投保人因过失而未告知，也构成对如实告知义务的违反。

广义的如实告知义务，不仅包括保险合同订立时投保人的如实告知义务，还包括保险期间保险标的危险增加时被保险人的通知义务以及保险事故发生时被保险人的通知义务。

**案例**

**违反如实告知义务（危险程度增加未告知）的后果**

**案情**：2014 年 5 月，李某将自有的桑塔纳轿车向保险公司投保了家庭自用汽车保险，投保险种为车辆损失险、第三者责任险等。在保险期限内，李某一直使用标的车在汽车站从事出租业务。2015 年 2 月，李某驾驶标的车载客从汽车站出来时与一辆正规出租车相撞，交通部门认定李某负全部责任。事后，李某向保险公司索赔，保险公司拒绝赔偿。

**分析**：李某与保险公司签订的机动车辆保险合同是合法有效的，保险车辆虽然发生交通事故造成损失，但李某将家庭自用车从事营业运输，导致保险车辆危险程度增加，没有及时书面通知保险人，违反了保险合同中的投保人、被保险人义务条款，所以，保险公司不负责赔偿。

2. 告知义务人

投保人为告知的义务人，这是没有争议的。但是，当投保人与被保险人不是同一人时，被保险人是否负有如实告知义务，各国保险立法的规定不尽相同。美国《纽约州保险法》规定，投保人和被保险人均负有如实告知义务。我国《保险法》虽然仅规定了投保人如实告知义务，但在投保人和被保险人不是同一人时，应当认为如实告知义务同样适用于被保险人。因为在投保人和被保险人不是同一人时，投保人对被保险人的有些情况难以知晓，无法履行告知义务，使保险人无法确定是否同意承保或者提高保险费率。基于诚信原则，被保险人应负有告知的义务。保险公司的保险条款一般均要求被保险人须履行告知义务，但受益人不负有告知的义务。

3. 告知的时间和范围

告知义务的履行时间是从当事人订立保险合同时开始到合同成立时结束。根据我国《保险法》的规定，投保人、被保险人必须在合同订立前完成告知义务，而合同于保险人承诺时成立。同时，我国《保险法》第 52 条规定“在合同有效期内，保险标的的危险程度显著增加的，被保险人应当按照合同约定及时通知保险人，保险人可以按照合同约定增加保险费或者解除合同。被保险人未履行前款规定的通知义务的，因保险标的危险程度显著增加而发生的保险事故，保险人不承担赔偿保险金的责任。”说明被保险人在合同成立后须承担通知义务，但非告知义务。

对于告知范围的界定，各国立法采取不同的原则，一般可分为两种：一是询问告知主义，要求投保人只需如实回答保险人对保险标的风险状况提出的询问即可，对保险人没有询问的事项，投保人无需主动告知。目前，多数国家都采用这种告知方式。二是无限告知主义，即法律对告知的内容没有明确的规定，只要存在与保险标的的危险状况有关的任何重要事实，投保人都有义务告知保险人。目前，英、美、法等国采用这种方式。

我国《保险法》确定了询问告知原则。我国《保险法》第 16 条规定：订立保险合同，保险人就保险标的或者被保险人的有关情况提出询问的，投保人应当如实告知。因此，投保人告知的范围，以保险人询问的事项为限，且保险人询问的只能是与保险合同有关的事项。实践中，通常的做法是由保险人提出一定格式的询问表（被称为告知表，常与投保单合一），将投保人应如实告知的事项列于表中，让投保人一一填写，投保人依表上所问如实告知，但对保险人没有询问的事项，不负有告知义务。投保人履行如实告知义务，不以书面告知为限，对于口头告知，保险人不得以投保人没有履行告知义务为由，主张解除合同。投保人和被保险人可以自己亲自履行如实告知义务，也可以通过其授权的代理人履行如实告知义务。

**案例**

**投保时出示行驶证，算不算如实告知**

**案情**：个体户徐某将其自有的从事营运的一辆双排客货车向保险公司投保车辆损失险、第三者责任险，保险公司按吨位收取车辆损失险保费 720 元，第三者责任险（限额 20 万元）保费 1 370 元。3 个月后的一个晚上，徐某在行驶中发现车辆有故障，遂将车辆停在路中，但未设明显标志。一辆摩托车因车速过快与徐某车辆相撞，致使一人死亡，一人重伤，造成车损 1 500 元，人员伤亡总费用 75 000 元。经交警部门认定：徐某在车辆有故障不能行驶时，未能将车辆靠路右边停放，且夜晚未设明显标志，违反《中华人民共和国道路交通管理条例》第 48 条之规定，应负事故的次要责任，负该起事故 40%的赔偿责任。

事故处理结束后，徐某向保险公司提出索赔，对照机动车辆保险条款，该起事故属碰撞责任，在车损险及第三者责任险赔偿范围内。但保险人在审核保险车辆行驶证时发现该双排客货车为 1 吨/6 座，根据车险实务有关规定，双排客货车收费应按“就高不就低”的原则，即按吨位或座位计算，取较高者计费。本案中该车保费按吨位收取为低，应按座位收取，即应收取车损险保费 1120 元，第三者责任险（限额 20 万元）保费 2 030 元，故投保人实际缴费不足。经向办理该项业务的人员了解，徐某投保时已向其出示行驶证，且投保单背面亦附贴有该标的行驶证复印件，由于业务员业务不熟而导致收费不足。本案中保险公司未能足额收取保险费，赔偿处理中是按足额还是按比例赔偿呢？

**分析**：我国《保险法》第 16 条规定：“订立保险合同，保险人就保险标的或者被保险人的有关情况提出询问的，投保人应当如实告知。”从上述规定中不难发现，投保人应如实告知仅限于保险人的询问，保险人未询问的，投保人则不必陈述。本案中，投保人徐某向保险人出示保险车辆行驶证并且提供复印件附贴在投保单背面，也就是履行了告知义务，但究竟如何收费，则是保险人的事，不能将由于保险人的过错而导致收费失误的责任归于投保人，所以为维护被保险人的合法权益，本案应该足额赔偿，而非按比例赔付。

#### 4. 告知义务的内容

关于告知的内容，应限于重要事实。所谓“重要事实”，一般的看法是：凡能够影响一个正常的、谨慎的保险人决定其是否接受承保，或者据以确定保险费率，或者是否在保险合同中增加特别条款的事实，都是重要事实。

在保险实践中，告知事项一般有：有关投保人和被保险人的详细情况；有关标的的详细情况；危险因素或危险增加的情况；损失期望值高出一般的情况；以往损失赔付情况；以往遭到其他保险人拒绝承保的事实；旧保单保险人拟定的不利于投保人的条件等。

### （三）投保人或被保险人的保证义务

#### 1. 保证的概念和作用

保证，是最大诚信原则的一项重要内容。保证，又称担保，是指人们对某种事情的作为和不作为的允诺。保险合同中的保证，是指投保人和被保险人对保险人做出的一种关于为或不为某种行为，或某种状态存在或不存在的担保。

保证是保险合同的基础，投保人或被保险人违反保证，就使保险合同失去了存在的基础，保险人有权解除合同。保证的目的和作用在于控制危险。

#### 2. 保证的种类

保证通常包括明示保证和默示保证。

（1）明示保证。明示保证是指保险合同中记载的保证事项，需要投保人明确做出承诺。明示保证又有确认保证和承诺保证之分。确认保证是指投保人对过去或现在某种特定事项存在或不存在的保证，如某人保证过去或现在未得过某种疾病；承诺保证是指投保人对将来某种事项的作为或不作为的保证，如投保家庭财产保险时，投保人保证不在家中放置危险品。

（2）默示保证。默示保证是指保证内容虽没有记载于保险合同之上，但由于法律规定或惯例要求投保人、被保险人必须保证的事项。默示保证一般存在于海上保险中，通常包括：保证船舶具有适航能力和适货能力、保证非因避难不绕航或改变航程、保证运输业务合法，这些都不在保险单中载明，而是被社会公认的默示保证。默示保证与明示保证具有同等的法律效力。

我国《保险法》对于保证，未作明文规定。在保险实务中有保证的做法，但无确认与承诺之分，一般都是承诺保证。

**案例**

**违反保证条款的后果**

**案情：**2013 年 5 月，王某将自有的卡车向保险公司投保了机动车保险，投保险种为车辆损失险、第三者责任险等。在保险期限内，王某驾驶所投保卡车因违章严重超载，致使制动器失效，发生重大交通事故，王某负全责，赔偿被害人 10 万元。该车辆核定载重量为 8 吨，发生事故时超载至 20 吨。事后，王某向保险公司索赔，保险公司拒赔。

**分析：**王某与保险公司签订的机动车辆保险合同是合法有效的，保险车辆虽然发生交通事故造成损失，但装载不符合规定，违反了保险合同中的投保人、被保险人义务条款中“保险车辆装载必须符合《道路交通法》中有关机动车辆装载的规定，使其保持安全行驶技术状态”以及保险合同中“被保险人不履行规定的义务，保险人有权拒绝赔偿”的条款。所以，保险公司不负责赔偿。

### 3. 保证与告知的区别

（1）保证是保险合同的重要组成部分，除默示保证外，均须列入保险合同中；而告知是在保险合同订立时所做的陈述，并不构成保险合同的内容。

（2）保证的目的是控制风险，而告知的目的在于使保险人正确估计危险发生的可能和程度。

（3）保证在法律上被推定是重要的，任何违反将导致合同被解除的法律后果；而告知须由保险人证明其确实重要，才能成为解除合同的依据。

（4）保证内容必须严格遵守，而告知仅须实质上正确即可。

### 4. 保证义务违反的法律后果

保证是保险的基础，因而各国立法对投保人或被保险人遵守保证事项的要求十分严格，投保人或者被保险人违反保证义务，无论故意或者过失，保险人均有权解除合同，不承担赔偿责任。

### （四）弃权和禁止反言

弃权是指保险人放弃因投保人或被保险人违反告知或保证义务而产生的保险合同解除权。禁止反言，又称禁止抗辩，是指保险人既然放弃自己的权利，将来不得反悔再向对方主张已经放弃的权利。例如，投保人在投保时，声明其投保的财产旁边存放有特别危险品，但保险人或其代理人既不拒保，也不提高保险费，以后保险财产因其旁边的特别危险品而造成损失的，保险人既不能解除合同，也不能拒赔。又例如，某被保险人投保人身意外伤害保险时，向保险代理人声明（告知），在某一时间内将从事一些危险性较高的工作，而保险代理人为了招揽业务，认为合同的有效性和保险费的确定可不受其影响，如果在保险期间被保险人发生意外事故，正是由于从事危险性较高工作而引起的，根据弃权与禁止反言的规则，保险人不能行使保险合同的解除权，也不能拒绝给付保险金。

## 四、违反最大诚信原则的表现形式及其法律后果

我国《保险法》第16条规定："订立保险合同，保险人就保险标的或者被保险人的有关情况提出询问的，投保人应当如实告知。投保人故意或者因重大过失未履行前款规定的如实告知义务，足以影响保险人决定是否同意承保或者提高保险费率的，保险人有权解除合同。前款规定的合同解除权，自保险人知道有解除事由之日起，超过三十日不行使而消灭。自合同成立之日起超过二年的，保险人不得解除合同；发生保险事故的，保险人应当承担赔偿或者给付保险金的责任。投保人故意不履行如实告知义务的，保险人对于合同解除前发生的保险事故，不承担赔偿或者给付保险金的责任，并不退还保险费。投保人因重大过失未履行如实告知义务，对保险事故的发生有严重影响的，保险人对于合同解除前发生的保险事故，不承担赔偿或者给付保险金的责任，但应当退还保险费。保险人在合同订立时已经知道投保人未如实告知的情况的，保险人不得解除合同；发生保险事故的，保险人应当承担赔偿或者给付保险金的责任。"

《保险法》第17条规定："订立保险合同，采用保险人提供的格式条款的，保险人向投保人提供的投保单应当附格式条款，保险人应当向投保人说明合同的内容。保险合同中免除保险人责任的条款，保险人在订立合同时应当在投保单、保险单或者其他保险凭证上作出足以引起投保人注意的提示，并对该条款的内容以书面或者口头形式向投保人作出明确说明；未作提示或者明确说明的，该条款不产生效力。"

财产保险中，《保险法》第51条规定："被保险人应当遵守国家有关消防、安全、生产操作、劳动保护等方面的规定，维护保险标的的安全。保险人可以按照合同约定对保险标的的安全状况进行检查，及时向投保人、被保险人提出消除不安全因素和隐患的书面建议。投保人、被保险人未按照约定履行其对保险标的的安全应尽责任的，保险人有权要求增加保险费或者解除合同。保险人为维护保险标的的安全，经被保险人同意，可以采取安全预防措施。"第52条规定："在合同有效期内，保险标的的危险程度显著增加的，被保险人应当按照合同约定及时通知保险人，保险人可以按照合同约定增加保险费或者解除合同。保险人解除合同的，应当将已收取的保险费，按照合同约定扣除自保险责任开始之日起至合同解除之日止应收的部分后，退还投保人。被保险人未履行前款规定的通知义务的，因保

险标的的危险程度显著增加而发生的保险事故，保险人不承担赔偿保险金的责任。”

# 第二节 保险利益原则

## 一、保险利益及其确立条件

### （一）保险利益

保险利益，也叫可保利益，是指投保人或被保险人对保险标的具有的法律上承认的利益。保险利益体现的是人与标的之间的损益关系。这种关系的最基本判断标准，是保险标的的损失能否使投保人的利益受到损害。如果直接地表现为财产的减少或人身利益的受损，或者表现为精神方面的重大不利影响，就可以认定为有保险利益；相反，则不存在保险利益问题。

### （二）保险利益的确立条件

**1．必须是合法的利益**

保险利益必须符合法律规定，符合社会公共秩序要求，为法律认可并受到法律保护。如果投保人以非法律认可的利益投保，则保险合同无效。

**2．必须是经济上的利益**

保险利益必须是可以用货币、金钱计算和估价的利益，保险不能补偿被保险人遭受的非经济上的损失。精神创伤、刑事处罚、政治上的打击等，虽与当事人有利害关系，但这种利害关系不是经济上的，不能构成保险利益。但人身保险的保险利益不纯粹以经济上的利益为限。

**3．必须是确定的利益**

保险利益必须是已经确定的利益或者能够确定的利益。这包括两层含义：

1）该利益能够以货币形式估价。如属于无价之宝而不能确定价格，则保险人难以承保。

2）该利益不是当事人主观估价的，而是事实上的或客观上的利益。所谓事实上的利益包括现有利益和期待利益。运费保险、利润损失保险均直接以预期利益作为保险标的。

**小资料**

**如何具体认定保险利益**

保险利益的认定有两种方式：①定义式。在保险立法中对保险利益的概念进行定义，凡符合这一定义的，即认为是有保险利益，英国、美国采取这种方式；②列举式。在立法中，对依法具有保险利益的情况一一列举，这种方式比较严格、清楚，但缺乏灵活性，一般而言，大陆法系国家对人身保险的保险利益立法，多采用列举式。

1．人身保险利益的具体认定

人身保险按投保方式不同，一般可分为投保人以自己的生命或身体投保的人身保险和投保人以他人的生命或身体投保的人身保险两种。关于人身保险的保险利益，我国《保险法》第 31 条规定：“投保人对下列人员具有保险利益：①本人；②配偶、子女、父母；③前项以外与投保人有抚养、赡养或者扶养关系的家庭其他成员、近亲属；④与投保人有劳动关系的劳动者。

除前款规定外，被保险人同意投保人为其订立合同的，视为投保人对被保险人具有保险利益。订立合同时，投保人对被保险人不具有保险利益的，合同无效。”

有些国家保险立法还规定债权人对债务人、雇佣人与受雇人之间、合伙人之间具有保险利益。

人身保险的保险利益在合同订立时必须存在，否则订立的合同无效。在合同订立后，投保人失去保险利益的，则对已经订立的人身保险合同的效力没有影响。

2．财产保险利益的具体认定

关于财产保险的保险利益，我国《保险法》没有明确规定范围。一般说来，下列人员在法律上享有财产保险的保险利益：

1）财产所有权人对其所有的财产；

2）抵押权人、质权人对抵押出质的财产；

3）财产的经营管理人对其经营管理的财产；

4）财产的保管人对其保管的财产；

5）公民法人对其因侵权行为或合同而可能承担的民事责任；

6）保险人对保险标的的保险责任；

7）债权人对其现有的或期待的债权等。

财产保险的保险利益在保险合同订立时可以不存在，但在保险事故发生时则必须存在。因为只有保险事故发生时存在保险利益，投保人或被保险人才有实际损失发生，保险人才可以据此确定补偿的程度。

## 二、保险利益原则及其对保险经营的意义

各国法律都把保险利益作为保险合同生效和有效的重要条件，主要有两层含义：第一，对保险标的有保险利益的人才具有投保人的资格；第二，保险利益是认定保险合同有效的依据。这就是所谓的保险利益原则。

保险利益原则的确立，有三方面的意义：

### 1．防止道德危险，以保障被保险人的生命安全与财产安全

道德危险是指投保人、被保险人或受益人为诈取保险赔款而违反法律或合同，故意造成事故和扩大损失的危险。有了保险利益原则，就可以防止投保人为实施保险欺诈而杀害被保险人或毁损被保险财产。

### 2．消除赌博行为

保险区别于赌博的关键在于保险中有保险利益存在，如果投保人对保险标的可不具有

保险利益，就意味着投保人可以随便对他人的财产和人身进行保险。一旦发生保险事故，他就可以不受损失而得到赔款，这使保险失去给付意义，而只能使保险成为单纯的赌博。

**3. 限制保险补偿的程度**

保险利益是保险人所补偿的最高限度。被保险人所主张的赔偿金额，不得超过保险利益的金额或价值。

## 三、保险利益原则在保险实务中的应用

在机动车辆保险的经营过程中，涉及保险利益原则方面存在一个比较突出的问题，即被保险人与车辆所有人不吻合的问题。在车辆买卖过程中，由于没有对投保单项下的被保险人进行及时的变更，导致其与持有行驶证的车辆所有人不吻合，一旦车辆发生损失，原车辆所有人由于转让了车辆，不具备对车辆的可保利益，而导致其名下的保单失效，而车辆新的所有者由于不是保险合同中的被保险人，当然也不能向保险人索赔，这种情况在出租车转让过程中更明显。

**案例**

**机动车保险的保险利益**

**案情**：2013 年 8 月 20 日，某保险公司沈阳分公司出具保险单，保险单上显示：被保险人、联系人、索赔权益人均是陈某，新车购置价是 59 万元，实际价值是 27 万元。投保险种为：车辆损失险、第三者责任险、全车盗抢险等。当天，陈某为机动车承保支付保险费 8 352 元。2014 年 6 月 15 日，该车被盗，虽然报警，但该案一直未破。

陈某找到保险公司，要求保险公司就车辆被盗理赔。保险公司经过调查，发现陈某不是车辆的所有权人，真正的所有权人是某商贸公司。由于陈某对车辆不具有保险利益，根据法律规定，保险合同无效。因此，保险公司拒绝赔偿。多番协商不成，陈某认为保险公司是在无端抵赖，于是一纸诉状告上法庭，要求法院判决保险公司支付保险赔偿金人民币 27 万元及其利息 3 500 元。

针对保险公司称，“车辆真正的所有权人是某商贸公司，与她毫无利益关系”的说法，陈某反驳说，该车实际是刘某所有，是刘某在 2000 年向某商贸公司购得，但是她曾借给刘某 10 万元人民币，虽然她不是所有者却是刘某的债权人，投保的目的也是对她的债权给予保障，因此她同样对该车具有保险利益，保险合同应依法认定有效。

保险公司则认为，刘某在法庭上称向某商贸公司购买车辆的转让协议丢失了无法提供，行驶证上的所有人却仍然是某商贸公司。因此，保险公司认为陈某所言无据。

**分析**：保险单即是投保人与保险人之间订立的保险合同，根据《中华人民共和国保险法》的规定：“投保人对保险标的应当具有保险利益。投保人对保险标的不具有保险利益的，保险合同无效。保险利益是指投保人对保险标的具有的法律上承认的利益”，而依据陈某的陈述，该车的所有权不是她的，那么她对该车就没有保险利益，应认定保险合同无效，因合同无效，陈某就不能依据无效合同请求保险赔偿。因此，合同无效，保险公司无需赔付，只需将保险费返还给陈某即可。

# 第三节　损失补偿原则

## 一、损失补偿原则及其意义

### （一）损失补偿原则概述

损失补偿原则，是指保险事故发生使被保险人遭受损失时，保险人必须在保险责任范围内对被保险人所受的损失进行补偿。它包括两层含义：第一，被保险人只有受到约定的保险事故所造成的损失，才能得到补偿。在保险期限内，即使发生保险事故，但如果被保险人没有遭受损失，就无权要求保险人赔偿。第二，补偿的量必须等于损失的量，即保险人的补偿恰好能使保险标的恢复到保险事故发生前的状况，被保险人不能获得多于或少于损失的补偿。损失补偿原则最直接地体现了保险的经济补偿职能。

损失补偿原则只适用于财产保险。人身保险合同不适用这一原则。在财产保险中，定值保险合同、重置价值保险等也不完全适用这一原则。

**1．损失补偿的范围**

损失补偿的范围是指保险人应对被保险人的哪些损失予以补偿。一般而言，主要包括：

（1）实际损失　在财产保险中，保险事故发生时，保险标的的实际损失的计算，通常以损失发生时受损财产的实际现金价值为准，但最高赔偿额以保险标的的保险金额为限。

（2）合理费用　合理费用主要指施救费用和诉讼支出。我国《保险法》第 57 条第 2 款规定：“保险事故发生后，被保险人为防止或者减少保险标的的损失所支付的必要的、合理的费用，由保险人承担；保险人所承担的费用数额在保险标的损失赔偿金额以外另行计算，最高不超过保险金额的数额。”第 66 条又规定：“责任保险的被保险人因给第三者造成损害的保险事故而被提起仲裁或者诉讼的，由被保险人支付的仲裁或者诉讼费用以及其他必要的、合理的费用，除合同另有约定外，由保险人承担。”

（3）其他费用　其他费用主要指为了确定保险责任范围内的损失所支付的受损标的的检验、估价、出售等费用。

需要注意的是，保险标的本身的损失与费用的支出应分别计算，费用支出的最高赔偿额不得超出保险金额。

**2．损失补偿的方法**

从保险实践来看，主要有以下几种补偿方法：

（1）现金赔付　在大多数情况下，保险人都采取此种方法。无形财产保险，如责任保险、信用险、保证险等，只能采取现金赔付的方法。

（2）修复　在有形财产保险中，当保险标的发生部分损失，保险人可委托有关修理部门，对受损的保险标的物予以修复，费用由保险人负担。此方法多适用于汽车保险。

（3）更换　当保险标的物因保险事故发生而遭受损失时，保险人可以对标的物的受损部分或全部予以更换。该方法多适用于玻璃保险、汽车保险等。因考虑原标的物的折旧，保险人通常享有一定的折扣。

（4）重置　重置即对被保险人毁损、灭失的标的物，保险人负责重新购置与原标的物等价的物，以恢复被保险人的原财产状态。该方法一般适用于不动产或一般财产保险。但目前保险人很少采用此种方法。

## 小资料

**损失赔偿的方式有哪些**

**1．第一损失赔偿方式**

即在保险金额限度内，按照实际损失赔偿。其计算公式为

1）当损失金额≤保险金额时：赔偿金额=损失金额

2）当损失金额>保险金额时：赔偿金额=保险金额

第一损失赔偿方式（第一危险责任）是把保险财产的价值分为两个部分，第一部分为保险金额以内的部分，这部分已投保，保险人对其承担损失赔偿责任；第二部分是超过保险金额的部分，这部分由于未投保，因而保险人不承担损失赔偿责任。由于保险人只对第一部分的损失承担赔偿责任，故称为第一损失赔偿方式。在我国该补偿方式主要用于家庭财产保险。

**2．比例赔偿方式**

适用于不定值保险合同。对足额保险和超额保险按照损失多少赔多少原则掌握，而不足额保险的赔偿方式是按保障程度计算赔偿金额。其计算公式为

赔偿金额=损失金额×（保险金额÷损失当时保险财产的实际价值）

**3．定值保险赔偿方式**

当保险事故发生时，保险人不论保险标的损失当时的市价如何，即不论保险标的的实际价值大于或小于保险金额，均按损失程度十足赔付。其计算公式为

赔偿金额=损失金额×损失程度（%）

**4．限额责任赔偿方式**

限额责任赔偿方式，是指保险人仅在损失超过一定限额时才负赔偿责任的一种赔偿方式。因为，在限额内的较小损失一般对被保险人没有严重的经济影响，可由投保人自行承担。

比如，某种作物在正常年份的平均亩产为400千克，按照90%确定为保险标的的保险产量，那么40千克以内的差额即为绝对免责限额，只有当该作物的实际产量低于360千克时，按实际损失赔偿。

此种赔偿方式通常用于农作物保险，一是有利于投保人加强责任感，二是有利于减轻投保人的保费负担。

## （二）损失补偿原则的意义

### 1．遏制道德危险的发生

损失补偿原则是保险立法的基本原则之一，它强调有损失有赔偿，损失多少赔多少，

被保险人不能从损失赔偿中获得额外的利益，而且赔偿的只能是直接损失。如果被保险人能够从保险赔偿中获得额外的利益，那么，就极有可能诱发投保人或被保险人以诈骗保险金为目的的恶意超额投保行为，即在投保后故意损坏保险标的以图谋保险金而获得额外利益；或者在投保后，当标的物贬值至保险金额以下时，故意损坏保险标的，以获取保险赔偿。可见，凡是有可能诱发道德危险发生的保险合同都是有违保险制度设计的初衷的。

**2. 保证保险分配的公平合理**

保险公司是金融服务企业，提供包括保险产品设计在内的一整套与保险业务有关的服务，其中保险产品的设计、供应和需求，实际上是对社会危险处理的一部分财务资源的分配和再分配，以实现千家万户帮一家的均摊目的。保险费中净费率的定价依据是保险金额的损失率，体现着保险责任（包括保险赔偿责任）与保险收费之间的权利与义务对等。因此，损失补偿原则不仅体现了保险人与被保险人之间权利与义务对等，而且也体现着在被保险人之间均摊危险损失的公平合理。

**3. 发挥防灾减损的社会效应**

经济补偿是保险的基本功能之一，而监督危险是其派生的功能。保险的损失补偿动用的是保险基金，是危险事故对社会资源纯损耗的填补。因此，为了减少社会资源的虚耗，保险法在立法上无不对投保人或被保险人赋予防灾减损的义务。同时，在保险合同的条款上也明确约定投保人或被保险人的防灾减损义务。如果投保人或被保险人违背了这些义务，就必须承担相应的法律责任，不能获得保险赔偿。另一方面，防灾减损的社会效应还表现为，在损失率下降的同时，保险费率也将随之下降，从而投保人的保险需求成本也就下降，达到以最小的成本支出获得最大的经济保障。

## 二、影响保险补偿的因素

### （一）实际损失

保险补偿以实际损失为限。当投保财产遭受保险责任范围内的损失时，不论保险合同约定的保险金额是多少，被保险人所能获得的保险赔偿不得超过其实际损失。

### （二）保险金额

保险金额是保险人承担赔偿责任的最高限额。保险人的赔偿金额在任何情况下，均不能超过保险金额，只能低于或等于保险金额。例如，某幢建筑物按实际价值 100 万元投保，因火灾遭受全损，损失当时房价上涨，该建筑物的市价是 130 万元，这时虽然被保险人的实际损失是 130 万元，但由于保险金额是 100 万元，所以，保险人只能以保险金额为限，赔付 100 万元。

### （三）保险利益

保险利益是保险补偿的最高限度。保险赔款不得超过被保险人对遭受损失的财产所具有的保险利益，当被保险人的保险利益发生变更或减少时，保险补偿应以被保险人实际存在的保险利益为限。如上例，假设损失当时房价跌落，该建筑物的市价为 70 万元，则保险人只能按市价赔偿，因为此时被保险人的实际保险利益只有 70 万元。

### （四）直接损失

保险补偿只负责被保险人的直接经济损失，合同另有约定除外。例如，某宾馆投保了火灾险，后因火灾遭受财产损失和营业中断损失。财产损失为直接损失，营业中断损失为间接损失。保险人只赔偿财产损失，不赔偿营业中断损失，除非该宾馆同时加保了营业中断险。

## 三、损失补偿原则的派生原则

从损失补偿原则派生出来的，还有重复保险分摊原则和代位原则。它们也都仅适用于财产保险而不适用于人身保险。

### （一）重复保险分摊原则

重复保险分摊原则仅适用于财产保险中的重复保险。它是指在重复保险的情况下，当保险事故发生时，除合同另有约定外，各保险人按照适当的方法分摊赔偿责任，使被保险人既能得到充分补偿，又不会超过其实际的损失而获得额外的利益。

比例责任制和责任限制额制是保险分摊常用的两种方法。

（1）比例责任制分摊方法，是以每个保险人所承保的保险金额比例来分摊损失赔偿责任。计算公式为

$$\text{某保险人责任}=\frac{\text{某保险人的保额}}{\text{所有保险人的保额}}\times\text{损失金额}$$

（2）责任限制额制分摊方法，是指每个保险人对损失的分摊并不是以其保险金额作为分摊基础，而是按照他们在无他保的情况下单独应负的限额责任比例分摊。计算公式为

$$\text{某保险人责任}=\frac{\text{某保险人独立责任限额}}{\text{所有保险人独立责任限额之和}}\times\text{损失金额}$$

例如：甲、乙两个保险人承保某单位同一财产，甲保险人承保 4 万元，乙保险人承保 8 万元，在保险期限内发生了 6 万元的损失，则：

按比例责任制分摊为

$$\text{甲保险人赔付}=\frac{4\text{万元}}{4\text{万元}+8\text{万元}}\times6\text{万元}=2\text{万元}$$

$$\text{乙保险人赔付}=\frac{8\text{万元}}{4\text{万元}+8\text{万元}}\times6\text{万元}=4\text{万元}$$

按责任限额制分摊为

$$\text{甲保险人赔付}=\frac{4\text{万元}}{4\text{万元}+6\text{万元}}\times6\text{万元}=2.4\text{万元}$$

$$乙保险人赔付=\frac{6万元}{4万元+6万元}\times6万元=3.6万元$$

## （二）代位原则

保险的代位，指的是保险人取代被保险人的求偿权和对标的的所有权。代位原则是指保险人依照法律或保险合同的约定，对被保险人遭受的损失进行赔偿后，依法取得向对损失负有责任的第三者进行追偿的权利，或取得被保险人对保险标的的所有权。

代位原则只在财产保险中适用，不适合于寿险合同。寿险中的被保险人死亡，受益人可以同时得到保险人给付的保险金和加害人支付的赔偿金，因为人的价值无法确定，不存在额外受益问题。

代位原则由代位追偿和物上代位两部分组成。

### 1. 代位追偿

（1）代位追偿的概念与原理　代位追偿又称为权利代位，是指在财产保险中，由于第三者的过错致使保险标的发生保险责任范围内的损失，保险人按照保险合同的约定给付了保险金后，有权将自己置于被保险人的地位，获得被保险人有关该项损失的一切权利和补偿。

《保险法》明确规定：因第三者对保险标的的损害而造成保险事故的，保险人自向被保险人赔偿之日起，在赔偿金额范围内代位行使被保险人对第三者请求赔偿的权利。《中华人民共和国合同法》和《中华人民共和国财产保险条例》对代位追偿也作了类似的明确规定。保险合同的代位追偿制度在很多国家的法律中均作了规定，如日本的法律规定：“保险人支付保险标的全部保险赔偿金额后，应当代位取得被保险人对残余物的一切权利。”

保险合同中的代位追偿，实际上是保险补偿原则的延伸和派生。财产保险合同是经济补偿合同，具有经济补偿性，保险人只能对被保险人的实际损失进行补偿。在财产保险中，因第三者对保险标的的损害而造成保险事故的，受害人（被保险人）与致害人、被保险人与保险人之间存在两种不同的法律关系。一方面，根据被保险人与保险人因保险标的有关利益签订的保险合同而产生的民事合同法律关系，当发生合同约定的保险事故时，保险公司依约承担赔偿责任。另一方面，受害人（被保险人）与致害人之间是一种因侵权行为而产生的一种民事侵权法律关系，致害人按照有关法律规定承担民事赔偿责任。当由于第三者原因导致的保险事故发生后，被保险人既可以根据保险合同向保险人索赔，也可以根据有关法律向致害人请求予以赔偿。另外由于财产保险合同是补偿性合同，被保险人不能因为发生保险事故既向保险人索赔又向致害人索赔，从而获得超出其损失金额的赔偿。因此，被保险人如果向保险人提出赔偿要求，根据保险合同的约定，保险人支付被保险人的保险赔偿金后就取得向第三者追偿的权利，被保险人将与第三者之间的债权转让给保险人，从而在保险人与第三者之间形成一种特殊的债权债务关系。实质上，保险人代位追偿权的取得是一种债权的转让。只要保险人支付了赔偿金，被保险人就自动地将向第三者追偿的权利转让给保险人。这符合保险合同的补偿原则和公平原则。

**案例**

**什么是代位追偿**

**案情**：小林驾驶自己的奔驰车外出，突然对面一部面包车失控越过中间护栏撞上了小林的车，奔驰车严重受损，幸好人没事。经交警部门鉴定，该事故由面包车负全部责任，全部损失应由面包车车主负责赔偿。但面包车没有保险，车主也没有经济能力赔偿。小林的奔驰车投保了车辆损失险和第三者责任险，但小林对事故没有责任，他投保的保险公司会赔付奔驰车的损失吗？

**分析**：答案是肯定的，只要在保险责任范围之内的损失，保险公司就要负责赔偿，不管被保险人对事故是否有责任。在保险公司赔偿前，小林应当向面包车车主索赔，如果面包车车主不予支付，小林也可以提起诉讼。保险公司根据小林的书面赔偿要求按照保险单规定赔偿小林，但小林必须将向面包车追偿的权利转让给保险公司，并协助保险公司向面包车追偿。这就是代位求偿权。当然，保险公司行使代位请求赔偿的权利，不影响小林就未取得赔偿的部分向面包车请求赔偿的权利。如果保险事故发生后，保险公司未赔偿保险金之前，小林放弃对面包车的请求赔偿的权利，保险公司就不承担赔偿责任了。

（2）代位追偿权产生的条件　代位追偿权是保险人取得被保险人作为受害人的地位，行使向致害人（侵权者）进行民事侵权索赔的权利。根据《保险法》的有关规定及保险原则，代位追偿权的产生应具备以下条件：

1）保险标的损失必须是由第三者造成的，依法应由第三者承担赔偿责任。所谓第三者是指保险人与被保险人以外的人。造成损失的原因主要包括：一是由于第三者的侵权行为造成保险标的的损失，第三者依法应该承担民事赔偿责任。例如因第三者的碰撞造成保险车辆的损失。二是第三者违反合同约定依法应承担违约责任。由于第三者的故意或者过失使保险标的遭受损失，或无论第三方有无过错造成保险标的的损失，根据合同约定都应承担的民事赔偿责任。三是第三者的不当得利。如保险标的丢失后，第三方非法占有保险标的。

2）保险标的的损失是保险责任范围内的损失，根据保险合同的约定，保险公司理应承担赔偿责任。如汽车保险中的车辆损失险，保险车辆因碰撞发生保险事故造成损失，根据保险合同的约定，保险公司应负责赔偿。如果不属于保险责任范围内的损失，则不适用代位追偿。

3）代位追偿权的产生必须在保险人给付保险金之后，保险人才能取代被保险人的地位与第三者产生债务债权关系。

（3）代位追偿权的行使　代位追偿的对象是负民事赔偿责任的第三者，既可以是法人、自然人，也可以是其他经济组织。被保险人的近亲属过失行为造成的被保险财产损失，不适用代位追偿的规定。

1）代位追偿的范围。保险人通过代位追偿得到的第三者的赔偿额度，只能以保险人支付给被保险人的实际赔偿的保险金额为限，超出部分的权利属于被保险人，保险人无权处理；如果被保险人向有责任的第三者请求并得到全部赔偿，保险人不再履行任何赔偿义务，无代位追偿可言；如果被保险人向有责任的第三者请求并得到部分赔偿，他仍然有权向保险人提出索赔要求，保险人的赔偿责任是保险标的的实际损失与被保险人已获得第三者赔偿的差额。对于此差额部分，保险人具有代位追偿权。

按照各国的法律，如果被保险人放弃向第三者的追偿权，他也同时放弃了向保险人请求赔偿的权利。保险人既可以以被保险人的名义，也可以以保险人的名义，还可以以双方的名义行使代位追偿权。保险人以被保险人的名义行使追偿权，是因为保险合同具有补偿性的特点，被保险人不得重复获得经济补偿，而不是保险人代替第三者赔偿经济损失后被保险人再向第三者追偿。

**案例**

**被保险人索赔前放弃求偿权的后果**

**案情：**某天凌晨，李某开车不幸和人相撞，车辆严重损伤。对方系酒后违规驾驶，应负全部责任。但事发后，对方态度蛮横，无理取闹，不赔钱想耍赖。李某不想跟对方纠缠，直接向保险公司索赔。被保险公司拒绝。

**分析：**被保险人必须先向第三方索赔，才有可能获得保险公司的赔偿。一旦放弃了向第三方追偿的权利，也就放弃了向保险公司要求赔偿的权利。

2）代位追偿权的时效。代位追偿权虽然基于保险合同法律关系而产生，一旦保险人取得后，它又成为独立于保险合同法律关系以外的另一种债权的法律关系。由于代位追偿实际上是债权的转让，是被保险人将债权转让给保险人，仍适用于被保险人与第三者之间的一种特定债权债务关系，不能以保险合同的法律关系来确定代位追偿的时效与管辖权。这就需要保险人在代位追偿中，一定要注意时效问题，尽快处理完保险赔偿并取得被保险人的支持，积极有效地在法律规定的时效内向第三者进行追偿，维护自己的合法权益。

为防止被保险人因做出某种承诺而损害保险人的利益，各国法律均对代位追偿权的行使做出了规定。如规定保险事故发生后，如为第三者的责任，被保险人在向保险人提出赔偿请求的同时，应向负有责任的第三者也提出赔偿要求，或者采取措施保留保险人的代位追偿权；被保险人向负有责任的第三者做出的任何承诺，或与其达成某种协议时，都应征得保险人的同意。否则，如因被保险人的作为或不作为而致使保险人的代位追偿权遭到损害时，保险人有权在赔款中予以相应的扣减。

**小资料**

**关于代位追偿权的两种错误观念**

作为保险人在行使代位追偿权时应注意两种错误观念：一是认为保险人只承担被保险人有责任的事故造成的损失；一是认为只要保了险，尽管被保险人没有责任，只要致害人不予支付事故损失，经被保险人请求愿意将向第三方追偿的权利转让给保险人，保险人就应该对被保险人受到的损失全部进行赔偿。前一种观念错误地将汽车保险理解为责任保险。后一种观念忽视了“保险合同是一种有价合同，保险行为是建立在保险合同基础上的一种商业行为”的道理，合同双方当事人应按照合同规定的权利与义务进行索赔与赔偿。

2. 物上代位

物上代位是指保险标的遭受风险损失后，一旦保险人履行了对被保险人的赔偿义务，即可拥有对保险标的的所有权。

保险的目的是保障被保险人的利益不因保险风险的存在而丧失。因此，被保险人在获得对保险标的所具有的保险利益的补偿后，就达到了保险的目的，保险标的理应归保险人所有。若保险金额低于保险价值时，保险人应按照保险金额与保险价值的比例，取得受损保险标的的部分权利。

### 四、损失补偿原则的例外情况

1. 人身保险的例外

由于人身保险的保险标的是无法估价的人的生命或身体机能，其可保利益也是无法估价的。所以人身保险合同不是补偿性合同，而是给付性合同。保险金额是根据被保险人的需要和支付保险费的能力来确定，当保险事故或保险事件发生时，保险人按双方事先约定的金额给付。

2. 定值保险的例外

所谓定值保险，是指保险合同双方当事人在订立保险合同时，约定保险标的的价值，并以此确定为保险金额，视为足额保险。当保险事故发生时，保险人不论保险标的的损失当时的市价如何，即不论保险标的的实际价值是大于还是小于保险金额，均按损失程度十足赔付。

3. 重置价值保险的例外

所谓重置价值保险，是指以被保险人重置或重建保险标的所需费用或成本确定保险金额的保险。由于通货膨胀、物价上涨等因素，有些财产（如建筑物或机器设备）即使按实际价值足额投保，保险赔款也不足以进行重置或重建。为了满足被保险人对受损的财产进行重置或重建的需要，保险人允许投保人按超过保险标的实际价值的重置或重建价值投保，发生损失时，按重置费用或成本赔付。这样就可能出现保险赔款大于实际损失的情况，所以，重置价值保险也是损失补偿原则的例外。

## 第四节 近因原则

### 一、近因及近因原则

近因原则是判断保险事故与保险标的损失之间的因果关系，从而确定保险赔偿责任的一项基本原则。

所谓近因，并非指时间上最接近损失的原因，而是指促成损失结果的最有效的或起决定作用的原因。

近因原则的基本含义是：如果引起保险事故发生造成保险标的损失的近因属于保险责

任，保险人承担损失赔偿责任；如果近因属于除外责任，保险人不负赔偿责任。即只有当承保危险是损失发生的近因时，保险人才负赔偿责任。

早在 1906 年，英国《海上保险法》就规定了这一原则。该法第 5 条第一款规定：“根据本法规定，除保险单另有约定外，保险人对由其承保近因造成的损失，承担赔偿责任；但对非由其承保危险近因造成的损失，概不承担责任。”我国《保险法》对近因原则没有明文规定，但在实践中处理赔案遵循的也是这一原则。

**小资料**

**近因的认定方法**

认定近因的关键是确定危险因素与损失之间的因果关系，认定的方法有顺推法和逆推法两种：

1）顺推法是从原因推断结果，即从最初的事件出发，按逻辑推理直到最终损失的发生，最初事件就是最后事件的原因。例如，大树遭雷击而折断，并压坏了房屋，房屋中的电器因房屋的倒塌而毁坏，那么电器损失的近因是雷击，而不是房屋的倒塌。

2）逆推法是从结果推断原因，即从损失开始，自后往前推，追溯到最初事件，没有中断，则最初事件就是近因。如上例中，电器毁坏是由于房屋的倒塌而引起的，房屋倒塌是由于大树的压迫，而大树是因为雷击而折断，在此系列事件中，因果相连，则雷击为近因。

## 二、近因原则的应用

在保险实务中，如何确定损失近因，要根据具体情况作具体分析。

**1．单一原因致损**

造成损失的原因只有一个，这个原因就是近因。如果该近因属于承保危险，保险人承担赔偿责任；如果该近因属于未保危险或除外责任，则保险人不承担赔偿责任。例如，货物在运输途中遭受雨淋而受损，如果被保险人在水渍险的基础上加保淡水雨淋险，保险人应承担赔偿责任；如果被保险人只投保水渍险，则保险人不承担赔偿责任。

**案例**

**保险责任与除外责任的划分**

**案情**：贾某的重型卡车在金州区大窑湾填海施工，卸土石方时，不慎因为滑坡，卡车滑进海里，车厢里下滑的石块将车后厢板砸掉，落入海中。后来，贾某购件修车花费 1 800 元。事故发生后，保险公司人员到现场拍照查勘，并定损 1 500 元，但以车损是由于车上的石子把后厢板砸掉造成的，属责任免除的情况为由，不同意赔偿。贾某多次协商未果，诉至法院，要求保险公司赔付 1 500 元。

**分析**：贾某的私有车辆投保后，保险公司就应承担合理的保险责任。施工时，由于滑坡，贾某车上装载的石块下滑，将车后厢板砸落，车辆滑坡是造成车辆损坏的直接原因，符合保险合同中规定的倾覆范围，保险公司根据合同责任免除第三条“受本车所载货物撞击的损失”拒绝赔付的要求不合理。因此，保险公司应赔偿贾某经济损失 1 500 元。

**2．多种原因同时致损**

多种原因同时致损，则原则上它们都是损失的近因。如果多种原因都属于承保危险，保险人须承担赔偿责任；如果都属于除外责任，保险人不承担赔偿责任。多种原因中既有承保危险，又有除外责任，如果它们所致的损失能够分清，保险人对承保危险造成的损失承担赔偿责任；如果它们所致的损失无法分清，此种情形的处理有四种意见：有的学者主张损失由保险人和被保险人平均分担，有的学者主张保险人可以完全不承担赔偿责任，有的学者主张保险人与被保险人协商赔偿，还有的学者主张应按致损的承保危险在所有致损危险中所占的比例承担赔偿责任。例如，致损危险有三个，其中一个是承保危险，另外两个是除外责任，则保险人应赔偿 1/3 的损失。

**3．多种原因连续发生致损**

多种原因连续导致损失，并且前因和后因之间存在未中断的因果关系，则最先发生并造成一连串事故的原因为近因。如果该近因属于承保危险，保险人承担赔偿责任；反之，保险人不承担赔偿责任。例如，某汽车投保第三者责任险，汽车在正常行驶中，轮胎压飞石子，石子击中行人眼睛，造成失明，则轮胎压飞石子为近因。该近因属于承保危险，保险人应负赔偿责任。又如敌机投弹导致火灾发生，造成保险财产的损失，则敌机投弹是近因，而敌机投弹属战争行为，不属于承保危险，保险人不承担赔偿责任。

**4．多种原因间断发生致损**

当发生并导致损失的原因有多个，且在一连串发生的原因中有间断情形，即有新的独立的原因介入，使原有的因果关系断裂，并导致损失，则新介入的独立原因为近因。如果该近因属承保危险，保险人承担赔偿责任；反之，保险人不承担赔偿责任。例如，某人投保人身意外伤害险，发生交通事故导致伤残，但在康复过程中，突发心脏病导致死亡。其中突发心脏病为独立的新介入的原因，属于死亡的近因，但其不在人身意外伤害险的承保范围，因此保险人对该被保险人死亡不承担赔偿责任，只对交通事故造成的伤残承担赔偿责任。

**案例**

**非直接责任的理赔案**

**案情**：2014 年 3 月 21 日 10 时，胡某驾驶车主王某所有的上海大客车，自安徽蒙城驶往浙江温州。当车行至浙江省余姚市，在距高速公路入口约一千米处，因车辆出现故障，胡某随即将车停靠于路边，车身有 1/3 在行车道上。

在司机处理发电机故障时，有部分乘客下车方便。乘客张某在下车后，从车的前面横穿公路，被后方驶来的一辆河南籍客车当场撞死，造成事故。此事故经过当地交警部门的处理后，认定死者张某违章横穿公路是导致此次事故的主要原因，张某应负主要责任；胡某违章停车是导致此次事故的间接原因，应负次要责任；河南客车方超速行驶也负次要责任，胡某及河南客车方分别承担本次事故赔偿费用的20%。

事故处理完结后，王某持交警部门出具的相关手续交到承保公司索赔。

**分析**：本案中，死者张某为车主王某的乘客，即张某与王某形成服务关系。由于事故发生时，张某仍然是王某的乘客，并没有因车辆临时停车而解除服务关系。因此，王某的雇员胡某作为司乘人员，对于乘客负有安全责任。车辆临时停车时，司乘人员有责任保护乘客临时下车时的安全，尤其是应该意识到在位于快速路（临近高速路入口处）非正常停车可能会发生的问题。显然，对于乘客张某的死亡，司乘人员应该承担工作疏忽和过失的责任。同时，由于张某并没有和王某解除服务关系，张某不属于“第三者”的范畴，也就不属于王某车辆第三者责任保险的责任范围，王某的保险公司对于王某应对死者张某所承担的责任不予赔偿。

保险汽车因电机出现故障将车停靠于路边，在司机处理发电机故障时，有部分乘客下车方便。其中张某下车后，违章横穿马路，被后方超速行驶的河南客车撞死。从案情介绍看，电机故障导致停车，停车使乘客有机会下车方便，似乎停车是导致这起事故的原因。但是，如果仔细分析这起事故，就会发现乘客张某违章横穿马路，以及河南客车超速行驶是造成这起事故的直接原因。用保险近因的原则分析，违章横穿马路和超速行驶是造成这起事故的近因。上海大客车违章停车与本事故并无直接关系，也就是说上海大客车违章停车，并不是必然会造成这起事故。保险汽车系违章停车，应受到公安交通管理部门的行政处罚。所以保险公司不应赔付相应的事故损失。

## 本章小结

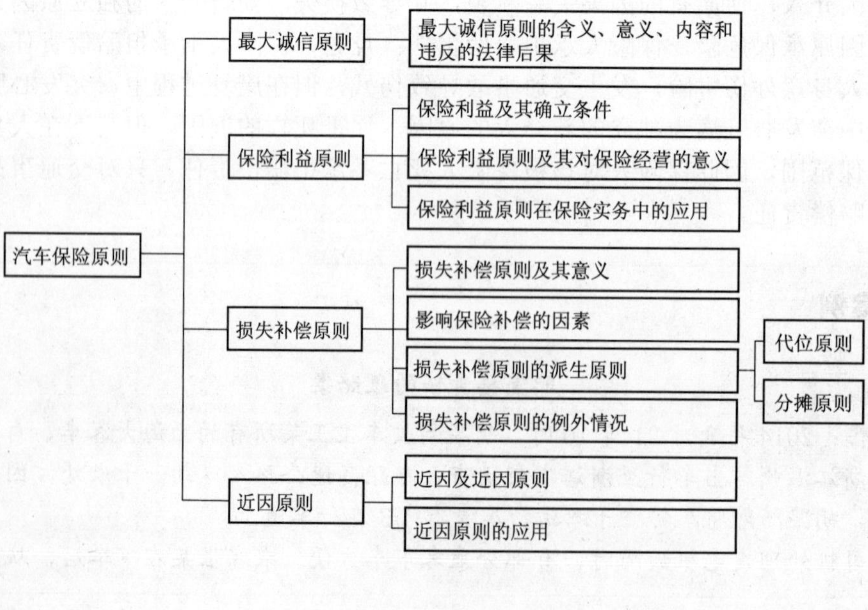

# 复习思考题

## 一、简述题

1. 最大诚信原则的含义是什么？为什么要规定最大诚信原则？
2. 最大诚信原则的内容包括哪些？
3. 保险利益有哪些确立条件？
4. 如何具体掌握损失补偿的范围？
5. 影响保险补偿的因素有哪些？
6. 具体解释损失补偿原则的两个派生原则？
7. 近因原则在保险实务中如何应用？

## 二、计算题

1. 某财产的保险金额总和是 140 万元，投保人与甲、乙保险人订立合同的金额分别是 80 万元和 60 万元，若保险事故造成的实际损失是 80 万元，请根据比例责任制和责任限制额制分别计算甲、乙保险人各应该赔偿投保人多少万元？

2. A、B 两家公司承保同一财产，A 公司保 4 万元，B 公司保 6 万元，若保险事故造成实际损失 5 万元。请根据比例责任制和责任限制额制分别计算 A、B 保险人各应该赔偿投保人多少万元？

## 三、案例分析题

### 1. 案情

2012 年 9 月 7 日，杨某投保机动车保险，保险公司签发了保单。保险期限内某日凌晨，市区下了一场倾盆大雨，大多数道路有积水现象。上午 9 时，杨某准备开车上班，见停放在其住宅区通道的车辆轮胎一半受水淹，则上车点火启动，发动机发出发动声后熄火，之后则无法启动。

杨某向保险公司报案，车辆被拖至某修理厂，经检查认为故障原因系发动机进气系统入水吸进燃烧室，活塞运转与水不可压缩之后作用力导致连杆折断，缸体破损。

经产品质量监督检验所鉴定认为：①造成发动机缸体损坏的直接原因：进气口浸泡在水中或空气隔有余水，启动发动机，气缸吸入了水，导致连杆折断，从而打烂缸体；②事发时的可能：当天晚上下了大雨，该车停放的地方涨过水，使该车被雨水严重浸泡，进气管空气隔进水，当水退至车身地台以下，驾驶员启动汽车时，未先检查汽车进气管空气隔有无进水，使空气隔余水被吸入发动机气缸，造成连杆折断，缸体破损。

问题：

（1）本案的近因是什么？

（2）保险公司是否应该负责赔偿？

### 2. 案情

为避让骑自行车人，某储运公司大货车驾驶员王某打轮过猛，挂车右侧车轮陷入松软地带，致使货车倾斜。王某采取措施想使货车恢复正常行驶，但货车却越陷越深，倾斜角度也越来越大，需牵引才可恢复行驶能力，王某向储运公司求助，并在当地警方协助下，动用吊车将货车恢复了原状，产生大笔施救费用。

问题：

（1）本案的施救措施是否合理？

（2）保险公司是否应该承担吊车的费用？

3．案情

2012年10月18日，某科技公司将其所有的车辆向某保险公司投保车辆损失险、第三者责任险、盗抢险等险种，保险期限自2012年10月19日起至2013年10月17日止，其中盗抢险的保险金额为40万元。2013年2月5日晚，驾驶员王某将该车停放在某物业公司经营管理的汽车停车场内，交由该停车场保管，该停车场将“取车凭证”交给了驾驶员。次日上午，王某去取车时，发现车辆被盗，停车场也出示证明证实该车是在其停车场内被盗的。随后向公安机关报案。三个月后，公安机关出示证明证实，未能侦破此案。被保险人某科技公司依据车辆保险合同向保险公司提出索赔，保险公司依据合同约定，向被保险人某科技公司支付了32万元的盗窃险赔偿金。与此同时，某科技公司也向保险公司出具了权益转让书，将该车项下32万元的权益转让给了保险公司。

问题：

（1）保险公司在支付保险补偿金后是否有权向停车场索赔？

（2）车辆停车场先停车后交费，车辆丢失后，停车场该不该赔？

## 实训项目

### 实训目的

- 掌握汽车保险承保、合同订立后、理赔等实务环节中四项基本原则的应用。
- 了解汽车保险事故损失补偿的方式方法。

### 实训要求

根据现实的保险文件和保险案例，明确保险人、投保人和被保险人履行最大诚信原则的内容和方式，保险公司承保和理赔过程中确认保险利益的手段，发生保险事故后，判断事故近因的方法和程序，进行损失补偿时，赔偿金额的确认和计算方法。

### 实训步骤

● 搜集正式的保险文件，通过对机动车保险的投保单和保险合同内容的了解，明确最大诚信原则和保险利益原则在汽车保险承保和理赔环节的应用。

● 通过互联网，查找汽车保险理赔案例，了解近因原则应用的角度和近因的认定过程以及损失赔偿的方式方法。

● 认真整理调查资料，完成实训报告。

# 第六章　汽车保险合同

## 学习目标

【能力目标】

- 能够全面理解汽车保险合同的内容，并对其做出正确解释
- 能够指导投保人正确填写投保单，并根据投保单内容正确填写保险单
- 能够恰当处理保险合同争议，并对客户做出合理的解释

【知识目标】

- 理解汽车保险合同的概念及法律特征
- 掌握汽车保险合同的主要内容
- 熟练掌握汽车保险合同的组成部分及填写方法
- 掌握汽车保险合同的签订程序
- 了解汽车保险合同争议处理的方式

## 引导案例

### 保单未送达，岂能谈免赔

保险单是保险合同的重要组成部分，必须及时送达给投保人，这是保险公司必须充分重视的一个问题。

2012 年 6 月，许先生贷款买了一辆别克轿车，并按照车商的要求同时买了机动车辆保险。许先生当时只是按照车商的要求，填写了投保单并缴纳了保险费，车商并未向他就保险事项作任何解释。由于很长时间没有见到保险单，许先生便向车商询问，车商回答："因为你是贷款买车，所以你的保险单全都抵押给了银行，发生交通事故，你找我们好了"。同时提供给许先生一个保单号码和报案电话。许先生当时也没有深究，就认可了这种解释。2013 年年初，许先生将车借给朋友张先生使用。张先生在使用过程中，发生了与一辆帕萨特轿车在道路上相撞的交通事故。经交管部门认定，双方负同等责任，但双方在赔偿方面未达成一致，对方向法院起诉。法院经审理仍判决双方负同等责任。判决后，许先生便向保险公司索赔，保险公司审查了许先生提交的证明材料后，很快就向许先生发出了拒赔通知书，认为许先生擅自将车辆借给他人使用，改变车辆用途，使保险车辆危险程度增加，违反了保险合同的约定，因此拒绝赔偿。许先生接到拒赔通知书后深感冤枉，自己连保险

单都没看见，哪里知道改变用途的规定，便屡次与保险公司进行交涉。

在这个案例中，保险公司的做法有欠妥的地方：保险公司在接受投保后，没有尽到及时向投保人签发保单的义务。既然投保人连保险单都没看见，也就无从了解保险合同的规定。车商作为代理人，也没有向投保人就保险合同的条款内容（特别是免责条款）予以说明。因此，该免责条款就不产生法律效力，保险公司应该承担缔约过失的责任。

这个案例提醒保险公司：在委托保险兼业代理人（车商）销售保险单的时候，需要对兼业代理人如何代自己履行法定义务，设计出一个合理的、易于操作的流程，这个流程应能确切监督、反映兼业代理人是否已经完成了法定义务。如果保险公司对兼业代理人的行为放任不管，那就无法避免代理人的行为失控。比如像本案中所遇到的这种情况：只知道卖出保险拿佣金，不向投保人说明保险条款的内容；自作主张将车险保单交给银行，使投保人无从了解保险合同的内容。同时，本案也提醒广大投保人：在投保后一定要索要保险单等相关合同文件，并要求解释说明保险条款及合同内容。

通过本章的学习，大家将了解以下内容：汽车保险合同的组成，正确填写汽车保险合同的方法，汽车保险合同订立的程序，汽车保险合同变更的处理方法以及汽车保险合同发生争议时的处理方法。

# 第一节　汽车保险合同的特征和内容

在我国，有关汽车保险的合同被赋予“机动车辆保险合同”的名称，是有名合同，它是保险合同中的一种重要合同形式。

## 一、汽车保险合同的概念

机动车辆保险合同是指机动车辆投保人和机动车辆保险人之间关于保险权利义务的协议。投保人和保险人双方协商后在合同中约定，投保人向保险人支付保险费，保险人在保险标的遭受约定的保险事故时承担经济补偿责任。

## 二、汽车保险合同的特征

### （一）机动车辆保险合同的一般法律特征

机动车辆保险合同与其他经济合同一样，依据合同建立起来的保险关系属于民事法律关系的范畴。机动车辆保险合同一经成立即受法律保护，对合同各方具有约束力，从而使机动车辆保险合同能够有效履行，保护合同各方当事人的利益。因此，机动车辆保险合同具有一般合同的特征。

（1）机动车辆保险合同是各方的法律行为，不是单方的法律行为。机动车辆保险合同是投保人和保险人双方意思表示一致的直接结果。即当事人双方不仅要有明确订立保险合同的意思，而且还要意思表示一致，否则合同不能成立。

（2）机动车辆保险合同是双务合同，不是单务合同。双务合同是合同当事人双方必须互相承担义务和享受权利的合同，单务合同是合同一方当事人只承担义务，另一方当事人只享有权利的合同，如赠与合同。

作为双务合同的机动车辆保险合同，投保人和保险人相互都承担义务，投保人的主要义务是向保险人缴纳保费，保险人的主要义务是承担合同约定的保险责任。一方承担的义务也是对方享有的权利。

（3）机动车辆保险合同当事人之间的法律地位平等。机动车辆保险合同当事人之间的法律地位平等，是双方当事人订立保险合同时真实表示意思的前提。任何一方均不能把自己的意思强加于对方，在此基础上订立的合同使双方的权利义务是对等互利的。

### （二）机动车辆保险合同的特殊属性

#### 1. 机动车辆保险合同是射幸合同

保险合同具有射幸特点。射幸的意思是碰运气、赶机会的意思。所谓射幸特点是指，保险合同履行的结果是建立在事件可能发生，也可能不发生的基础之上。

保险事故发生的偶然性，决定了机动车辆保险合同具有射幸性质。在机动车辆损失保险中，投保人缴纳了少量的保险费，当发生了保险事故造成车辆损失时，可以从保险人处得到赔偿，赔偿额往往远高于当时缴纳的保险费。反之，如果在保险合同有效期内没有发生保险事故，那么投保人只有缴纳保险费的义务，没有获得“报酬”的权利。保险人的情况正好相反。

#### 2. 机动车辆保险合同是附和合同（格式合同）

附和合同是指合同一方当事人事先拟好标准合同条款，以供另一方当事人考虑接受还是拒绝的合同。附和合同往往由指定合同的一方当事人事先印制成固定格式。

机动车辆保险合同是典型的附和合同。2002 年以前，我国的机动车辆保险合同条款由保监会统一制定，2003 年后由各家保险公司自行制定。自从 2006 年 7 月 1 日《机动车交通事故责任强制保险条例》生效以来，保监会针对当时保险市场上存在的种种弊端，考虑保险公司个性化经营的必要性，为保护广大投保人的利益，对机动车商业保险条款做出了新的规定。由中国保险行业协会集全行业精算力量制定的新版《机动车商业保险行业基本条款》获得保监会核准，于 2007 年 4 月 1 日正式启用。新版条款进一步扩大了覆盖范围，涵盖了 8 个主要险种。2012 年 3 月 5 日中国保险行业协会又正式发布《机动车辆商业保险示范条款》，在对原有商业车险条款进行全面梳理的同时，也认真筛查了不利于保护被保险人权益、表述不清和容易产生歧义之处，尤其是对消费者广泛关注的“高保低赔”“无责不赔”、代位追偿等热点问题进行了合理修订。

#### 3. 机动车辆损失保险合同是不定值保险合同

不定值保险合同是保险当事人在订立保险合同时对保险标的不约定保险价值的合同。合同中只列明保险金额，作为赔偿的最高限额。保险事故发生时，需要核定保险标的当时的实际价值，作为保险价值。

在不定值保险中，保险金额与保险价值确定的时间不一致，客观上可能造成保险金额与保险价值的不一致。保险金额与保险价值相同的保险称为足额保险，保险金额低于保险价值的保险称为不足额保险，相反的情况称为超额保险。发生保险事故时，分析保险金额与保险价值的差异对赔付十分重要，足额保险应该足额赔偿；不足额保险赔偿应该以保险金额为限度进行赔偿；如果是超额保险，那么只能以保险价值为赔偿上限。

机动车辆损失保险之所以确定为不定值保险，其依据是"损失补偿原则"。机动车辆在使用过程中的折旧，以及机动车辆价格的波动，使机动车辆的价值无法在投保时完全确定。对于价格下跌中的受损机动车辆按照投保时的价值赔偿，被保险人实际获得的赔偿就会超过该车辆实际价值，显然这是违背损失补偿原则的。

## 三、汽车保险合同的内容

《保险法》第 18 条规定："保险合同应当包括下列事项：①保险人名称和住所；②投保人、被保险人名称和住所，以及人身保险的受益人的名称和住所；③保险标的；④保险责任和责任免除；⑤保险期间和保险责任开始时间；⑥保险金额；⑦保险费以及支付办法；⑧保险金额赔偿或者给付办法；⑨违约责任和争议处理；⑩订立合同的年、月、日。"因此，有关这些内容的条款属于法定条款。

### 1. 当事人的姓名和住所

当事人是保险合同权利和义务的直接享有者和承担者，他们的行为使保险合同得以产生，所以保险合同应该首先载明当事人（保险人和投保人）的名称和住所，被保险人是保险合同保障的对象，无论与投保人是否同一，都应该在合同中载明其姓名和住所。

投保人如果是单位，则载明单位全称（与公章名称一致），如果是个人则载明姓名。

### 2. 保险标的

保险标的是作为保险对象的财产及其有关利益，是保险利益的载体。机动车辆保险的基本险种是车辆损失险和第三者责任险。车辆损失险的保险标的是保险车辆，第三者责任险的保险标的是被保险人或其允许的驾驶员在使用保险车辆行驶过程中给他人造成了财产损失或人身伤害，依法及保险合同规定应当承担的经济赔偿责任。

### 3. 保险责任

保险责任指保险人承担赔偿义务的风险。只要发生合同约定的保险责任范围的事故或事件，造成经济损失，保险人都应该承担赔偿保险金的责任。

机动车辆保险合同中的保险责任采用列明方式，具体列明保险人承担哪些保险（责任）事故引起的损失赔偿（或责任赔偿），施救、救助、诉讼等费用负担的规定。

### 4. 责任免除

责任免除也称除外责任，是指根据法律给定或合同约定，保险人对某些风险造成的损失补偿不承担赔偿保险金的责任。责任免除条款适当限制了保险人承担的保险责任范围，意味着被保险人也要对某些风险自行承担责任。在保险合同中明确列出责任免除条款，对保险人和被保险人都十分重要。保险人在与投保人订立保险合同时，应当以十分明确的语言向投保人指明和解释责任免除条款，不得隐瞒或含糊其词。《保险法》第 17 条明确规定：

“订立保险合同，采用保险人提供的格式条款的，保险人向投保人提供的投保单应当附格式条款，保险人应当向投保人说明合同的内容。对保险合同中免除保险人责任的条款，保险人在订立合同时应当在投保单、保险单或者其他保险凭证上作出足以引起投保人注意的提示，并对该条款的内容以书面或者口头形式向投保人作出明确说明；未作提示或者明确说明的，该条款不产生效力。”

机动车辆保险合同中的责任免除一般包括特殊风险、道德风险和保险车辆内在缺陷等。

### 5. 保险期限和保险责任开始的时间

保险合同的保险责任开始时间和终止时间是保险合同的起讫期限；保险责任开始到保险责任终止的期间叫作保险期间。保险人对保险期间内发生的保险事故承担责任。

保险责任开始时间也称保险合同生效时间，即保险人开始负责对被保险人发生的保险事故引起的损失赔偿的时间。比如，2014 年 8 月 12 日签订的保险合同，生效时间定于 2014 年 8 月 13 日 0 时 0 分，保险人从这个时间开始承担保险责任，在保险责任终止前发生的保险事故引起的损失，保险公司负责赔偿；如果没有发生保险事故，保险公司不必赔偿。

### 6. 保险金额

保险金额是保险合同约定的保险人承担赔偿的最高限额。一般的财产保险中，保险金额由投保人与保险人协商，以保险价值为基础确定。由于机动车辆损失保险是不定值保险，所以机动车辆损失保险金额可以由投保人和保险人协商确定，但不能超过机动车辆的实际价值。由于第三者责任险中可能涉及人身伤害事故赔偿的处理，而人的生命价值其实无法用货币度量，因此只能由投保人与保险人在订立第三者责任险时协商确定保险金额，作为发生保险事故时保险人赔偿的限额。

### 7. 保险费以及支付方法

保险费是投保人向保险人支付的、用以换取保险人承担责任的代价。保险人向投保人收取保险费，建立起保险基金，使保险人能够承担起保险责任，即对被保险人发生保险事故的损失进行赔偿。因此，保险人必须用科学的方法计算保险费，使保险费的多少与保险人承担的责任匹配。投保人向保险人支付保险费，是投保人与保险人订立保险合同应尽的首要义务，在保险合同中要明确规定保险费的数目，并明确投保人支付保险费的方式，是一次付清还是分期支付，是现金支付还是用其他手段支付。

### 8. 保险金的赔偿办法

保险金赔偿办法指在保险合同中约定的、当发生保险事故时保险人向被保险人赔付保险金的计算方法。

### 9. 违约责任和争议处理

违约责任指合同当事人违反合同义务时应当承担的民事责任。我国《合同法》第 107 条规定：“当事人一方不履行合同义务或者履行合同义务不符合约定的，应当承担继续履行、采取补救措施或者赔偿损失等违约责任。”因而，当事人一方违约，另一方没有违约的当事人有权要求违约方继续履行合同义务，或者要求采取其他补救措施，或者要求损失赔偿。

争议处理指合同当事人双方对保险合同发生争议或纠纷时的处理解决方式，主要有协商、调解、仲裁和诉讼等方式。一般情况下，双方当事人发生争议或纠纷时应该先采取协商的办法，在互谅的基础上寻找共同可以接受的条件，以达成和解的协议，消除争议。在协商不成的情况下，可以请第三方出面调解，请仲裁机构仲裁，直至到法院诉讼。

10．订立合同的年、月、日

订立合同的年、月、日是指保险合同双方就主要条款达成一致协议，标志保险人认可投保人对保险标的具有保险利益、了解被保险人的风险状况、确认其符合保险条件，投保人接受保险人提出的保险条件，从而合同成立的具体时间。保险合同成立的日期并不等于合同生效的日期，保险合同生效还要以某些附加条件的满足为依据。

## 四、汽车保险合同的形式

保险合同由投保单、保险单、批单和保险凭证以及特别约定组成。

### （一）投保单

投保单也称要保书，是由投保人填写、用以表明愿意与保险人订立保险合同的书面申请。投保单由保险人事先以统一格式印制，列有保险人必须了解的各个项目，投保人应该据实一一填写，保险人将以此为依据考虑是否愿意承保，或者以此为依据考虑合适的保险费率。

投保单不是正式的保险合同，然而保险人一经接受投保人的投保申请，投保人在投保单上写明的内容即成为保险合同内容的一部分。投保单上记载的内容即使没有出现在保险单上，其效力也与记载在保险单上一样。只要投保人在投保单上告知不实，又没有在保险单上如实修正，保险人就能追究投保人的不诚实，以此为依据解除保险合同。

机动车辆保险人要求投保人在投保单上填写如下内容：

1）投保人。该项填写投保单位或个人的称谓。单位填写全称（与公章名称一致），个人填写姓名。使用人或所有人的称谓与行驶证上的称谓不相符，或车辆是合伙购买与经营时，应该在投保单特别约定栏内注明，以便登录在保险单上。

2）厂牌、型号。

3）车辆类型。根据车辆管理部门核发的行驶证上注明的种类填写。如果投保单上未设立此栏目，则应在投保单厂牌型号栏内加注。

4）号码牌号。填写车辆管理部门核发的号牌号码，并要注明号牌底色。

5）发动机号码及车架号。这是指生产厂在发动机缸体机车架上打印的号码，此栏根据车辆行驶证填写。

6）使用性质。如“营业”“非营业（家庭自用、企事业单位）”等。

7）吨位或座位。根据车辆管理部门核发车辆行驶证注明的吨位或座位填写。货车填吨位，如“5/”表明吨位为 5t。客车填座位，如“/20”表明座位为 20 座。客货两用车填写吨位/座位，如“1.75/5”表明吨位为 1.75t 和座位为 5 座。

8）行驶证初次登记年月。按车辆管理部门核发的车辆行驶证上“登记日期”年月填写，初次登记年月是理赔时确定保险车辆实际价值的重要依据。

9）保险价值（新车购置价）。由于机动车辆损失保险是不定值保险，因此在投保单中填写的保险价值不是严格意义上的保险价值。在实务操作中，按保险合同签订时，在合同签订地购置与保险车辆同类型的新车价格与车辆购置附加税之和填写。

免税车、易货贸易、赠送车辆的保险价值比照合同签订地同类车型新车价格与车辆购置税之和计算。但须与投保人约定车辆实际价值，实际价值按该车购买时的发票价格为计算基础，并在特别约定栏内约定。

10）车辆损失险保险金额的确定方式。此项填写“按照保险价值确定”或“按照实际价值确定”，或按保险人与投保人商定的方式确定，但不应超过投保时的保险价值。

11）第三者责任险的赔偿限额。

12）附加险的保险金额或赔偿限额。

13）车辆总数。投保人投保的车辆较多时，除写明车辆的总数外，还应该加填“机动车辆投保单附表”，在附表上逐辆填写所有投保车辆的有关内容，并在投保单特约栏处填写“其他投保车辆详见附表”字样。

14）保险期限。

15）地址、邮政编码、电话、联系人、开户银行、银行账号。

16）特别约定。此栏注明保险合同的未尽事宜，由保险人和投保人协商后填写。特别约定内容不得与法律法规相抵触。

17）投保人签章。

## （二）保险单

保险单是投保人与保险人之间订立保险合同的正式书面凭证，记载保险合同的主要内容，如保险项目、保险责任、责任免除、附注条件等。

1）保险项目。保险项目包括保险合同当事人及关系人（如被保险人、受益人）的姓名或名称，保险标的的种类，保险金额、保险期限、保险费的确定和支付方式，以及有关其他承保事项的声明等。

2）保险责任。

3）责任免除。

4）附注条件。附注条件指保险合同双方当事人履行享有的权利和应尽的义务的规定，例如保险人的义务、被保险人的义务和保险单的变更、转让、终止，以及索赔期限、索赔手续、争议处理等。

## （三）保险凭证

保险凭证也称保险卡，是保险人发给投保人以证明保险合同已经订立或保险单已经签发的一种凭证。由于机动车辆保险的标的具有流动性大、出险概率较高的特点，一旦出险需要出示保险合同。然而，被保险人与其允许的驾驶人员往往不止一人，尤其是单位投保人同时投保多台车辆，不便也不可能随身携带保险单，因此保险人在签发保险单时还向被保险人签发机动车辆保险凭证，便于被保险人或其允许的驾驶人员随身携带，证明保险合同的存在。

保险凭证的法律效力与保险单相同，保险凭证上未列明的事项以保险单为准。

### （四）批单

在保险合同有效期间，可能发生需要部分更动的情况，这时要求对保险单进行批改。保险单的批改应该根据不同的情况采用统一和标准措辞的批单。批单的内容通常包括：批改申请人、批改的要求、批改前的内容、批改后的内容、是否增加保险费、增加保险费的计算方式、增加的保险费，并明确除本批改外原合同的其他内容不变。

批单应该加贴在原保险单正本和副本背面上，并加盖骑缝章，使其成为保险合同的一部分。

在多次批改的情况下，最近一次批改的效力优于之前的批改，手写批改的效力优于打字批改。

**小资料**

**如何读懂汽车保险合同？**

我国保险市场化以后，大多数产品已经不再使用全国一致的“统颁条款”，各保险公司在拟订条款时可谓“八仙过海，各显神通”。由于行业标准缺失，部分保险合同出现了问题条款。消费者在选择公司和产品之前，应当把握条款中的关键内容，将主动权掌握在自己手中。

首先，把握合同中的保险责任条款。

该条款主要描述保险的保障范围与内容，即保险公司在哪些情况下须理赔或如何给付保险金。这也是投保人向保险公司购买保险产品的核心利益所在。

其次，阅读除外责任条款。

该条列举了保险公司不理赔的各种事故状况，消费者购买保险后要小心回避这些状况，避免发生事故而不能理赔。

第三，必须核实保险合同上可填写的内容。

如合同中的投保人、被保险人和受益人的姓名、身份证号码是否有误；有无保险公司的合同专用章及总经理签字；合同中的保险品种与保险金额、每期保费是否与你的要求相一致；投保单上是否有自己的亲笔签名。

第四，看合同中的名词注释。

此项内容是保险公司专用名称统一的、具有法律效力的解释。主要是为了帮助投保人更清晰地理解保险合同条款的内容，防止出现理解上的偏差。

第五，看合同解除或更改情况的规定或列举。

一般而言，保险公司除合同中列明的情况外，不能解除或终止正在履行的合同，而投保人则可随时提出解除或终止。

在重点阅读以上五方面的内容时，消费者有任何疑问均应及时询问保险公司，后者有义务如实相告。

# 第二节 汽车保险合同的订立与效力

## 一、保险合同的订立

机动车辆保险合同的订立需要经过以下过程。

（1）投保人填写投保单

投保单可采取以下方式填写：

1）投保人填写。投保人利用保险公司提供的网上投保系统、触摸屏等工具自助录入，打印后由投保人签字。

2）投保人口述，由保险公司业务人员或代理人员录入业务处理系统，打印后由投保人签字。

3）投保单的填写必须字迹清楚，如有更改，投保人应在更正处签章。

（2）保险人核保

业务人员拿回投保单之后，交核保人进行审核。核保人收到投保单，应根据公司开办机动车辆保险的有关规定，结合投保车辆的相关证明，对业务进行详细审核。

保险核保是指保险人对于投保人的投保申请进行审核，决定是否接受承保这一风险，并在接受承保风险的情况下，确定承保费率和条件的过程。核保工作的目的，在于对不同风险程度的风险业务进行识别，按不同标准进行承保、制定费率，从而保证承保业务质量，保障保险当事人的合法权益，保证保险经营的稳定性。

核保是保险经营过程中十分重要的环节，保险公司除了要大量承揽业务以外，还要保证业务的质量，否则就会出现风险，使公司赔付率上升，不仅影响公司正常的经营，严重的还会影响公司的偿付能力，对经营者和保险人甚至社会带来危害。因此，建立核保制度对于保证承保业务的质量，控制保险公司经营风险，确保保险业务的健康发展起着举足轻重的作用。所以，各保险公司均十分重视核保工作的管理。

（3）双方达成协议，保险人缮制签发保险单证、开具保险费收据

投保人接到保险费收据后应仔细核对，确认无误后可据此办理交费手续。

（4）保险人出具保险单以及其他凭证

投保人办完交费手续后可凭保险费收据领取机动车辆保险单（及附表）、保险证。投保人拿到保险单、证后，应再核对一遍，检查各栏目填写是否正确，计算是否准确，签章是否齐全。若有错误或遗漏，要及时更正。保险单带回后应妥善保管，因为保险单就是保险合同，是参加保险的凭证。在投保人或被保险人向保险公司索赔、申请变更保险合同内容或者申请其他服务时，都必须提交保险单。机动车辆保险证还应随车携带，以便一旦发生保险事故后，在报案时能够及时、准确地说明被保险人、保险车辆及保险单号等有关情况，便于保险公司报案受理人员迅速处理报案，并安排理赔人员及时进行现场勘察。

## 二、保险合同的生效

一般情况下，保险合同自投保人与保险人就合同主要条款达成一致时成立。机动车辆保险合同采用书面形式，自双方当事人签字或盖章时合同成立。

保险合同的生效与成立的时间不一定一致。《合同法》第45条、46条规定，当事人可以对合同的效力约定附生效条件或附生效期限。

机动车辆保险实践中，各家保险公司一般均以缴纳保险费作为合同生效的条件。关于保险合同的生效期限，我国保险公司普遍推行“零时起保制”，把保险合同生效的时间放在合同成立日的次日零时。

但是，2009年新《保险法》第13条对保险合同的成立、生效的内容做了较大的改动。主要体现为“一删一增”两个方面：一是删除了原来保险合同成立需要当事人就保险条款达成协议的要求，使得合同成立条件较之原来简单、宽松；二是增加了保险合同当事人可以协议对合同效力附条件和附期限的规定。

由此体现出来的保险合同的效力与交纳保险费的关系是：汽车保险合同既可以从投保人履行交纳保险费义务之后生效，也可以在交纳保险费之前就生效。但除非明确约定，交付保险费既不是汽车保险合同成立的要件，也不是汽车保险合同生效的要件。

目前，我国《保险法》对交纳保险费并没有过多的规定，法律尊重主体的意思自治，保险实务中，投保人和保险人可以就保险费的交付与保险合同的生效进行约定。

## 三、保险合同主体及其权利义务

### （一）保险合同主体

所谓保险合同主体是指具有权利能力和行为能力的保险关系双方，包括保险合同的当事人和关系人。

**1. 机动车辆保险合同的当事人**

机动车辆保险合同的当事人是指参加机动车辆保险合同法律关系、享有权利、承担义务的人，包括投保人和保险人。投保人和保险人通过订立保险合同，依法设定了双方的权利义务关系，从而成为保险合同的主体。

（1）投保人　投保人就是为机动车辆办理保险并支付保险费的团体或个人。一般的投保人是机动车辆的所有者或使用者，但投保人不一定是车主本人。

（2）保险人　保险人是与投保人订立机动车辆保险合同，对于合同约定的可能发生的事故引起发生造成机动车辆本身损失及其他损失，承担赔偿责任的财产保险公司。

**2. 机动车辆保险合同的关系人**

机动车辆保险合同是财产保险合同的一种，所以机动车辆保险合同的关系人是被保险人。

（1）被保险人的特征　被保险人又称“保户”，是指其财产或人身受保险合同保障，享有保险金请求权的人。在机动车辆保险合同中，被保险人一般指机动车辆的所有人或对其具有利益的人，也就是行驶证上登记的车主。

（2）投保人和被保险人的关系 ①相等关系。在机动车辆保险中，投保人以自己的机动车辆投保，投保人同时也就是被保险人。②不等关系。投保人以他人的机动车辆投保，保险合同一经成立，投保人与被保险人分属两者。被保险人是保险事故发生而遭受损失的人，具有请求赔偿的权利，而投保人则没有。

## （二）保险合同主体的权利义务

### 1. 保险人的权利义务

（1）权利

1）要求投保人如实告知的权利。在世界各国的保险法中，如实告知被作为一项重要内容加以规定。为保证保险活动正常开展，保险人对保险标的的了解十分重要。

我国《保险法》第 16 条规定："投保人故意或者因重大过失未履行前款规定的如实告知义务，足以影响保险人决定是否同意承保或者提高保险费率的，保险人有权解除合同。投保人故意不履行如实告知义务的，保险人对于合同解除前发生的保险事故，不承担赔偿或者给付保险金的责任，并不退还保险费。投保人因重大过失未履行如实告知义务，对保险事故的发生有严重影响的，保险人对于合同解除前发生的保险事故，不承担赔偿或者给付保险金的责任，但应当退还保险费。"

2）收取保费的权利。我国《保险法》规定，保险合同成立后，投保人要按照约定交付保费，保险人按照约定时间开始承担保险责任。如果投保人没有按照机动车辆保险合同的约定期限缴纳保费，保险人有权要求投保人限期缴纳并补交利息，或者决定终止保险合同并正式通知投保人或被保险人。

3）代位追偿权。如果存在第三责任人，保险人有向第三责任人追偿的权利。根据车辆损失险条款：因第三方对被保险机动车的损害而造成保险事故，被保险人向第三方索赔的，保险人应积极协助；被保险人也可以直接向保险人索赔，保险人在保险金额内先行赔付被保险人，并在赔偿金额内代位行使被保险人对第三方请求赔偿的权利。

（2）义务

1）说明义务。保险合同签订前，保险人应向投保人和被保险人解释和说明保险合同条款。

《保险法》第 17 条规定："订立保险合同，采用保险人提供的格式条款的，保险人向投保人提供的投保单应当附格式条款，保险人应当向投保人说明合同的内容。对保险合同中免除保险人责任的条款，保险人在订立合同时应当在投保单、保险单或者其他保险凭证上作出足以引起投保人注意的提示，并对该条款的内容以书面或者口头形式向投保人作出明确说明；未作提示或者明确说明的，该条款不产生效力。"

2）及时签单义务。投保人提出投保要求，经保险人同意承保，并就合同条款达成一致，保险合同成立。此时，保险合同应当及时向被保险人签发保险单和保险凭证，以作为书面合同的证明。

3）赔偿义务。在汽车保险事故发生后，按照保险合同的约定，保险人有义务负责赔偿保险事故所造成的实际损失或支付约定的保险金。

4）勘查义务。发生保险事故时，接到被保险人的报案电话后，保险人应及时派工作人员到事故现场进行勘查。

勘查后，应根据事故性质、损失情况，及时向被保险人提供索赔须知，告知被保险人应提供的各种与索赔相关的材料。在被保险人提供了各种必要单证后，保险公司应当迅速审查核定，并将核定结果及时通知被保险人。

5）保密义务。保险人对在办理保险业务中知道的投保人和被保险人的业务和财产情况及个人隐私，负有保密义务。

**案例**

**勘查现场不及时，保险公司终败诉**

**案情**：2013 年 3 月 10 日，王先生为自己的机动车上了 10 万元的第三者责任险。同年 12 月 8 日晚，王先生的车不慎将某通讯公司的通信电缆刮断。事发后，王先生立即向当地派出所报案，并于次日 8 点向保险公司报案。同月 22 日，王先生向通讯公司支付了 3.6 万余元赔偿费。2014 年 6 月 22 日，保险公司委托评估公司对事故损失进行评估。评估公司认定，事故直接损失属于保险单保险责任，建议保险人赔付 8 725 元。同时，评估报告中还载明："根据被保险人告知，修复后的电缆再次被车刮断。"因不同意按评估公司建议的数额进行理赔，王先生数次与保险公司协商未果。

2014 年 7 月，王先生诉至一审法院称，事发 7 日后，保险公司要求提供被刮断的电缆和水泥杆原件，通讯公司只同意实地勘察，保险公司拒绝到现场勘察，称没有原物只能得到 50%的理赔数额。直至王先生 2014 年 6 月再次与保险公司交涉后，保险公司才委托评估公司对事故损失进行评估，因事故现场已不复存在，故无法评估，对评估结果不予认可，保险公司应按实际损失赔偿 3.6 万余元保险费。保险公司辩称，王先生未提供被刮断的电缆及水泥杆原件，所述赔偿费未经保险公司核准，且过高；王先生报案时并未要求索赔，故保险公司尚未启动理赔程序，依据《保险法》，王先生的理赔程序尚未完结，不同意王先生的诉讼请求。一审法院经审理判决后，保险公司不服，上诉到北京二中院。北京二中院经审理，判定保险公司应以王先生提供赔偿款发票的数额进行理赔。

保险公司是否应按照王先生提供的赔偿款发票数额进行赔偿？

**分析**：作为保险合同的主体之一，保险人不仅享有相应权利，同时也应履行相应义务，如：出险后应及时查勘现场。本案中，出险后，王先生不仅向保险公司报了案，后又多次与保险公司协商保险事宜，且保险公司于 2014 年 6 月 22 日委托他人对事故损失进行评估。综上情况，应视为王先生已向保险公司要求索赔。保险公司在接到王先生报案后 48 小时内，未对事故现场进行查勘，且未给予受理意见。所以根据保险条款的规定，保险公司应该按照王先生提供的赔偿款发票数额进行理赔，法院的判决是正确的。

2. 投保人及被保险人的权利义务

（1）权利

1）知情权。投保人和被保险人在一般情况下并不具有机动车辆保险和法律等方面的专业知识或者知之甚少，很难充分了解机动车保险条款中所使用的保险和法律术语。因此，有权要求保险公司对此做出详细、准确的说明。

2）退保权。我国《保险法》规定，除本法另有规定或者保险合同另有约定外，保险合同成立后，投保人可以解除保险合同。保险人基于以下原因可能会要求退保：汽车按规定报废；汽车转卖他人；重复保险；对保险公司不满，想更换保险公司。

3）获得赔偿的权利。在约定的保险事故发生时，被保险人有权请求保险公司赔偿。

（2）义务

1）告知义务。保险合同订立时，投保人或被保险人应当将保险标的的有关重要事项如实告知保险人。《保险法》第16条规定，告知采用询问回答的方式，投保人只需就保险人所询问的事项如实回答。这种方式明确规定保险人所询问的事项为重要事项，对询问以外的事项，投保人或被保险人不必告知。

2）缴纳保费的义务。保险合同成立后，投保人应按照约定交付保险费。投保人履行缴纳保费应该根据保险合同的约定一次交清或分期付款。在保险合同期限内，当被保险的汽车危险程度增加时，投保人必须增交保险费。否则，保险人可以终止合同。

3）申请批改的义务。在保险合同有效期内，保险车辆合法转卖、转让、赠送他人、变更用途或增加危险程度，被保险人应当事先书面通知保险人并申请办理批改。

4）出险后的施救与通知义务。汽车保险合同生效以后，如果发生了保险责任事故，投保人和被保险人都负有施救、报案和及时通知保险人的义务。

根据车辆损失险条款：发生保险事故时，被保险人或其允许的合法驾驶人应当及时采取合理的、必要的施救和保护措施，防止或者减少损失，并在保险事故发生后48小时内通知保险人。被保险人或其允许的合法驾驶人根据有关法律法规规定选择自行协商方式处理交通事故的，应当立即通知保险人。

## 第三节 汽车保险合同的变更和终止

### 一、保险合同的变更

保险合同的变更是指在合同的有效期内，基于一定的法律事实而改变合同内容的法律行为。

保险合同一旦签订，即具有法律约束力，双方当事人都必须严格遵守履行。但由于保险合同不是即时清结的合同，随着各种情况的变化，可能会出现当事人不曾预料的情况，因此，各国法律一般都允许保险合同在一定条件下可以变更，我国亦是如此。

## （一）财产保险合同变更的类型

财产保险合同的变更，包括以下几种类型：

1．保险合同主体的变更

保险合同的主体变更是指保险合同的当事人和关系人的变更，主要是指投保人或被保险人的变更。根据《保险法》第 49 条的规定，保险标的转让的，被保险人或者受让人应当及时通知保险人。这类主体变更主要是由于保险标的的所有权发生转移而引起，如由于买卖、让与、继承等法律行为而发生保险标的的易手。

另外，有约定的合同主体的变更依约定，这里遵循的是特约条款优于一般条款的原则。

**案例**

**车辆转让后未办理保险合同变更手续发生交通事故时的赔偿问题**

**案情**：2014 年 1 月，崔某为其购买的别克牌小轿车在 P 保险公司投保了一份保险合同，险种为机动车交通事故强制责任险，保险期限为一年。投保后第二天，崔某将该车转让给了刘某，并于当日办理了车辆过户手续，但二人均未到 P 保险公司办理保险合同变更手续。2014 年 4 月某日，刘某在驾驶该车时发生交通事故，撞到路人姜某，导致姜某当场死亡。经当地交警大队对事故进行调查，认定刘某承担事故的全部责任，姜某不负事故责任。事故发生后，受害人姜某的家属将崔某和刘某共同起诉至人民法院，要求赔偿其各项损失 248 000 元。

**分析**：《保险法》第 49 条规定："保险标的转让的，保险标的的受让人承继被保险人的权利和义务。保险标的转让的，被保险人或者受让人应当及时通知保险人，但货物运输保险合同和另有约定的合同除外。因保险标的转让导致危险程度显著增加的，保险人自收到前款规定的通知之日起三十日内，可以按照合同约定增加保险费或者解除合同。保险人解除合同的，应当将已收取的保险费，按照合同约定扣除自保险责任开始之日起至合同解除之日止应收的部分后，退还投保人。被保险人、受让人未履行本条第二款规定的通知义务的，因转让导致保险标的危险程度显著增加而发生的保险事故，保险人不承担赔偿保险金的责任。"

根据《保险法》的规定，只有在增加危险程度后，被保险人未尽通知义务致使未办理批改手续的，保险人才可以免责。因此在车辆转让后明显增加了保险车辆的危险程度的，如非营业车辆转为营业车辆的，则未办理批改手续对保险公司的利益造成重大影响，此时，保险公司应当享有解除或变更合同的权利，若车辆转让后并未增加保险车辆的危险程度，且保险人收取保费的，根据权利义务相一致的原则，保险公司仍需对保险车辆的合法受让人承担保险责任。故一审法院经审理后做出判决：判决由被告 P 保险公司在交强险责任限额内赔偿原告 120 000 元；超出交强险限额的部分 34 668 元，由被告刘某承担赔偿责任。

2．保险合同内容的变更

保险合同内容的变更即体现为双方权利义务关系的合同条款的变更。一般表现为保险标的数量、品种、价值、存放地点、用途、危险程度、保险期限、保险金额的变化等。在保险期间内，保险人与投保人都可以提出变更合同内容，但无论谁提出，都应经对方同意才能变更。

如果要求变更保险合同内容，投保人或被保险人应向保险人申请办理批改手续，保险人应在原保险单或保险凭证上批注或加贴批单，并按规定加收或减退保险费。

3．保险合同客体的变更

客体是指在民事法律关系中主体履行权利和义务时共同指向的对象。保险合同的客体不是保险标的本身，而是投保人于保险标的上的保险利益。作为保险合同的客体，保险利益是保险合同成立的必要条件之一，无保险利益则保险合同不成立。

### （二）保险合同变更的程序

变更保险合同必然涉及当事人双方的权利义务关系，所以要经过一定程序，按照我国法律规定，保险合同的内容变更须经过下列主要程序：投保人向保险人及时告知保险合同内容变更的情况；保险人进行审核，若需增加保险费，则投保人应按规定补交，若需减少保险费，则投保人可向保险人提出要求，无论保险费的增减或不变，均要求当事人取得一致意见；保险人签发批单或附加条款。

### （三）保险合同变更的形式

《保险法》第 20 条规定："投保人和保险人可以协商变更合同内容。变更保险合同的，应当由保险人在保险单或者其他保险凭证上批注或者附贴批单，或者由投保人和保险人订立变更的书面协议。"

由上述法律规定可知，保险合同变更必须采用书面形式。其形式有：批注、附贴批单或其他书面协议。保险人在保险单或者其他保险凭证上批注保险合同内容的变更，可以直接手写或印刷于保险单或保险凭证上，也可以在保险单或其他保险凭证上附贴批单。附贴批单时，保险人应在批单和保险单或其他保险凭证的粘接处加盖骑缝章。用其他书面形式变更时，应在协议中注明该协议为某保险合同的补充协议，协议中具体写明修改哪一条款或项目。

## 二、保险合同的终止

保险合同的终止是指在保险期限内，由于某种法定原因或者约定事由的出现，致使保险合同当事人双方的权利义务归于消灭。保险合同终止的原因主要有如下几种。

### （一）保险期限届满而终止

保险期限届满而无保险事故发生，汽车保险合同自然终止，这是最普遍的一种情形。

### （二）因履行赔付而终止

保险期限内发生保险事故，保险人支付（或累计支付）赔款达到全部保险金额，则保险合同终止。但保险索赔时效却可延至保险期限届满之后，根据《保险法》的规定，非寿险的被保险人的索赔时效是自其知道保险事故发生之日起 2 年。

### （三）因保险标的灭失而终止

如果保险标的因保险责任以外的原因而灭失，则保险合同终止。这种情形属于保险利益丧失。

### （四）因当事人解除而终止

保险合同的解除，是指在保险合同成立后，当事人一方使保险合同提前终止。除《保险法》另有规定或者合同另有约定外，保险合同成立后，投保人可以解除保险合同（即退保），保险人则不得解除保险合同。《保险法》中规定的保险人解除财产保险合同的条件主要有：

（1）投保人故意隐瞒事实，不履行如实告知义务的，或者因过失未履行如实告知义务，足以影响保险人决定是否同意承保或者提高保险费率的，保险人有权解除保险合同。投保人故意不履行如实告知义务的，保险人对于保险合同解除前发生的保险事故，不承担赔付责任，并不退还保险费。投保人因过失未履行如实告知义务，对保险事故的发生有严重影响的，保险人对于保险合同解除前发生的保险事故，不承担赔付责任，但可以退还保险费。

（2）投保人或被保险人在未发生保险事故的情况下谎称发生了保险事故，向保险人提出赔付请求，或者故意制造保险事故的，保险人有权解除保险合同，不承担赔付责任，并不退还保险费。

（3）投保人或被保险人未按照约定履行其对保险标的的安全应尽的责任的，保险人有权要求增加保险费或者解除合同。

（4）在合同有效期内，保险标的危险程度增加的，保险人有权要求增加保险费或者解除合同。

（5）保险标的发生部分损失的，除合同另有约定外，保险人可以在赔偿后 30 日内终止合同，但应提前 15 日通知投保人，并将保险标的未受损失部分的保险费，扣除自保险责任开始之日起至终止合同之日止期间的应收部分后，退还投保人。当事人主张解除合同的，应当通知对方。合同自通知到达对方时解除。

## 第四节　汽车保险合同的解释与争议的处理

### 一、保险合同条款的解释原则

保险合同文本以法律语言表述，在表述严密的同时往往不易理解，合同当事人在主张各自的权利和履行义务时为理解的不同发生争执。对合同的内容及其用词进行解释时，遵循合理的原则是十分必要的。

对保险合同的解释应当遵循以下原则：

（1）合法解释原则　保险合同当事人在对具有分歧理解的保险合同条款进行解释时不得违反法律、法规的强制性规定。

（2）诚实信用解释原则　诚实信用原则是任何合同当事人在订立合同和履行合同时都必须遵守的原则，这个原则同样适用于保险合同。按照这个原则，保险合同的当事人在解释条款时必须诚实守信。

（3）文义解释原则　文义解释原则就是按照保险合同条款文字的含义进行解释的原则。保险合同中的文字一部分是以普通含义来解释的，另一部分却具有专门的含义，他们或者是保险专业术语，或者是法律词语，对于这些词语必须按照特定的专业含义来解释。

（4）意图解释原则　当订立的保险合同中某些文字文义不清，引起合同当事人理解的歧义时，适用意图解释原则。意图解释原则要求在解释保险合同条款时尊重双方订立合同时的真实意图。保险合同是双方当事人自由意志表示一致的结果，订立合同时双方的真实意图必须在合同有效期保持不变，不应该在发生争执时任意改动。因此当对条款的理解发生分歧时，由于条款文字无法按文义解释，就必须根据定约时的背景和客观实际情况进行逻辑分析、演绎来确定定约时的真实意图。

（5）整体解释原则　无论采用上述哪个原则，都不能拘泥于合同的某个条款或条款中的某一个词语，必须把具有分歧理解的条款放到整个合同中，根据订立合同的目的、结合合同其他条款的内容来确定具体条款的含义。

（6）不利解释原则（不利于保险人解释，有利于被保险人的解释原则）　这个原则是对格式合同解释时必须遵循的原则。保险合同是由保险人事先拟定的格式合同，投保人只有表示接受或拒绝的可能，在法律地位上处于劣势。此外，投保人不是保险专家，尽管在订立合同时保险人根据最大诚信原则有义务对保险合同进行解释，尤其必须对可能发生歧义的条款进行解释，然而投保人不一定能全部理解。因此，《保险法》第 31 条规定：“对于保险合同的条款，保险人与投保人、被保险人或受益人有争议时，人民法院或者仲裁机构应当做有利于被保险人和受益人的解释。”根据《合同法》，对格式条款有两种以上解释的，也应当做出有利于被保险人和受益人的解释。因此，在按照以上各种解释原则都不能对有争议的条款进行清楚解释的情况下，或者对有争议条款具有两种解释的情况下，应当采用有利于被保险人和受益人的原则进行解释。

**案例**

**诚信原则只约束保险人吗？**

案情：2011 年 10 月，某公司将其所拥有的几十辆车向保险公司投保了机动车辆保险，投保险种为车损险、第三者责任险、附加险等，保险期限为一年。保险人以车队投保并且是一年期保期的承保条件，给予了被保险人标准保费 30%的优惠。

2011 年 12 月，被保险人因其他保险公司投保报价更低而向现承保保险公司申请其中的 50 多辆车退保，其他不退保的车辆均为已出险发生赔款的车辆。保险公司同意解除退保车辆的保险合同，并以标准保费为基数退还了未到期的保险费。而被保险人某公司认为，应该以其实交的保险费为基数退还未到期的保险费，双方没有达成一致，被保险人某公司（以下称被保险人）诉至法院，要求保险公司（以下称保险人）以实交保险费为基数退还。

被保险人理由有以下两点：①保险合同未约定“标准保费”概念，被保险人所交的保险费就应该是合同约定的唯一的保险费概念，保险批单计算公式（退还保费=原实收保费–原标准保费×原收保费比例×已了责任对应短期费率）中的“标准保费”与“保险费”理解有歧义，应该适用《合同法》和《保险法》的规定，作出不利于保险人的解释，那么，保险人就应以实交保险费为基数退还保险费；②以“保险格式条款”是霸王条款，并且承保时未告知退保计算公式为由，认为保险人违反了诚信原则。

那么，此案当中保险人和被保险人谁有过错呢？

**分析**：此案挑战的是车险退保的“商业惯例”，对保险人而言，最大的难度是法律没有明确规定退保计算依据、保险条款中对退保计算公式也没有明确约定。

此案中，保险人没有过错，错在被保险人。原因在于：①费率厘定与风险的匹配。保险人经营的是风险，风险受人、时、地、利等因素影响，根据大数法则和对风险的评估，精算会得出不同风险的不同费率水平。本案中，被保险人投保一年期的风险与投保两个月的风险是不一样的。保险人举证了当地保险监管部门禁止各家保险公司对车辆低于一年期投保业务给予优惠的文件规定；②《保险法》赋予了被保险人（或投保人）可以随时解除合同的权利，而部分制约保险人提前解除合同的权利。但是，从契约法精神来说，任何契约一旦合法签订，就应受到法律保护，任何一方提前解除合约，都应承担相应的责任，对另一方合理的损失进行赔偿，否则，契约就没有任何效力。本案中，被保险人因其他保险公司保险费更低提前解约，而又不愿承担相应的费用，显然不符合契约的诚信原则；③本案中并不存在对条款的理解歧义，不应适用不利解释原则。

本案一审法官在耐心听取了保险人的答辩意见后，在法律没有明文规定退还保费计算标准、保险条款也没有明确约定退保保险费计算基数是投保人应交的保险费还是实交的保险费情况下，结合公平互利、诚实信用原则予以了综合裁量：认为被保险人在享受了保险人的保险费优惠后，因其他保险公司保费更为优惠而提前解除保险合同，保险人并无过错，被保险人为自身利益提前退保的行为显然会给保险人造成合同信赖利益损失，如果被保险人退保还享受保险人的保险费优惠，有违公平互利、诚实信用原则，因此，判决驳回被保险人的诉讼请求。

被保险人不服一审判决，向北京市第一中级人民法院提起上诉，二审法院依据公平原则和诚信原则维持了一审判决，并且，认定本案不适用不利解释原则。

## 二、保险合同的争议处理

当保险人与投保人、被保险人就保险责任的归属、赔偿保险金数额的确定、对保险条款的理解等产生不同意见，并且各执己见时，就会产生合同争议。在机动车辆保险中，发生的赔偿案件一般比较复杂，造成事故的原因多种多样，哪些原因属于保险责任范围，哪些原因不属于保险责任范围，极易在保险人和被保险人之间产生不同判断，争议难以避免。这些争议往往又导致对赔偿金额的不同主张。产生这些分歧的原因又往往出自对保险责任、责任免除、保险金额等合同条款的不同解释。因此，在机动车辆保险合同中包括对争议处理的规定。

我国《合同法》对合同争议的处理方式做出了明确规定。《合同法》第 128 条规定："当事人可以通过和解或者调解解决合同争议。当事人不愿和解、调解或者和解、调解不成的，可以根据仲裁协议向仲裁机关申请仲裁。涉外合同的当事人可以根据仲裁协议向中国仲裁机构或其他仲裁机构申请仲裁。当事人没有订立仲裁协议或者仲裁协议无效的，可以向人民法院起诉。当事人应当履行发生法律效力的判决、仲裁裁决、调解书；拒不执行的，对方可以请求人民法院执行。"因此，保险合同争议可以采用和解、调解、仲裁和诉讼等方式解决。

**1．和解**

和解是无第三人参加的情况下，由合同当事人双方在互谅互让的基础上，就争议内容进一步协商，寻求一致意见达成协议的方法。当被保险人和保险人发生意见分歧时，和解一般是首选的解决纠纷方法，因为这种方法不仅节约费用，而且不伤和气，有利于继续履行合同。

**2．调解**

调解是在第三人主持下，合同当事人双方依据自愿合法的原则，在明辨是非、分清责任的基础上达成协议，从而解决纠纷的方法。

如果第三人是合同当事人双方共同选择的，由他主持进行调解的方法称为自愿调解。自愿调解达成的协议不具有强制执行的效力，一方当事人不执行调解协议，另一方当事人只能将争议提交仲裁委员会或向人民法院起诉，无权要求人民法院强制执行自愿调解的协议。如果在司法机构或仲裁机关的主持下，双方当事人就争议内容达成一致意见，这就是司法调解。司法调解达成的和解协议，一旦生效就具有强制执行的效力，只要一方不执行协议，另一方就可以申请法院强制执行。

**3．仲裁**

仲裁是双方当事人在发生争议之前或者发生争议之后，把争议事项递交给仲裁机关，由仲裁机关进行裁决，从而解决争议的法律制度。

仲裁是解决保险合同争议的重要方法，遵照我国《仲裁法》的程序和原则进行。仲裁以自愿为基本原则，以仲裁协议为基础。只要合同双方当事人就以仲裁的方法解决纠纷达成一致意见，才可以将双方的争议提交仲裁，而一旦选择仲裁作为解决双方争议的方式，就不能再向法院提起诉讼。

仲裁采取一裁终局制度，仲裁机关做出仲裁裁决之后，生效的仲裁裁决对争议双方具有法律约束力，每一方都必须执行，任何一方当事人都不得要求重新仲裁，或者向人民法院起诉，只有当某一方没有执行仲裁决议时，另一方才可以申请法院强制其执行。

## 小资料

### 车险纠纷如何申请仲裁?

**事件回顾**：2011 年 8 月，周飞（化名）在武汉为自己的金杯客车办理了投保手续，并在保险合同上约定通过仲裁解决合同争议。2011 年 9 月，周飞的车辆在广东被盗，次年，保险公司以车主擅自改变车辆使用性质投入营运为由拒赔。2013 年底，双方提请武汉仲裁委员会仲裁纠纷，仲裁委审理认定，保险公司拒赔无依据，应支付保险金及利息 8 万多元。随后，保险公司依据裁决书向车主如数赔偿。

**专家解答**：

**问**：发生合同纠纷后，选择诉讼还是仲裁有什么区别?

**答**：仲裁解决纠纷的优点在于仲裁庭包括经济领域各个行业的知名学者、专家，他们更了解该行业法律方面的各种操作习惯，甚至可能相当深入地了解纠纷的技术经济细节。仲裁解决纠纷的另一优点，是当事人有机会选择仲裁员，这有助于增强当事人对仲裁的信心。仲裁庭所作出的文书、财产保全或执行等，是借助于法院实现的。此外，仲裁一般实行一裁终局制，而法院大多实行上诉制度。一裁终局比法院的二审终审制度要从时间和经济上节约很多。

**问**：仲裁制度的公正性如何得到保障?

**答**：在我国，各仲裁委员会的仲裁员大都是在法律界或行业界非常有声望的专家学者。仲裁员的声誉和地位，通常都是经过相当长时间的艰苦努力才达到的，都异常珍视自己的地位和名誉，很难想象会通过贿赂或其他不正当手段去收买他们。

**问**：如何通过仲裁来解决经济合同纠纷?

**答**：当事人必须在合同中明确约定通过仲裁解决纠纷，并明确规定所选定的仲裁机构。没有约定或约定不明确，都不能要求仲裁。此外，在发生纠纷后当事人也可以约定仲裁，但在这种情况下，当事人达成一致有很大的困难。如果没有约定解决纠纷的方式，法律上就认为是当事人默认采取诉讼方式解决纠纷。

**4．诉讼**

如果当事人双方对保险合同有争议，也可以直接通过诉讼方式，请求法院做出判决。保险合同属于民事法律关系范畴，适用于民事诉讼法的有关规定。提起诉讼的一方当事人首先应当向法院递交起诉书，起诉书中要写明诉讼当事人的姓名、住址，诉讼请求和事实根据，向被告人递交副本；其次还应当提供一系列文件作为诉讼的依据，这些文件包括合同、记录、原始凭证、来往信件和其他证明等。如果提起起诉的一方当事人是法人，那么必须签署并递交委托书，明确诉讼代理人或代表的姓名、职务、代理权限等。

法院在收到原告的起诉书和连带的证明文件后，应该将这些材料按时送达被告，被告应当在法定的期限内提出答辩书递交法院，然后等待法院开庭通知，参加诉讼。

法院处理保险合同纠纷，应该以事实为根据，以法律为准绳，实事求是地分清是非、明确责任，及时准确地解决纠纷。法院应该坚持以调解为主的原则，尽量通过司法调解促使当事人双方和解，在调解不成的情况下应该及时做出判决。

## 本章小结

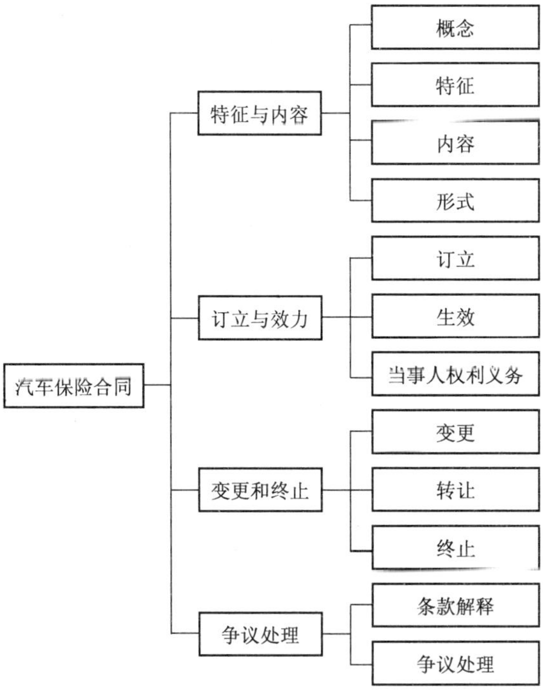


## 复习思考题

### 一、简述题

1. 简述汽车保险合同的特征？

2. 解除保险合同与终止保险合同有什么区别？投保人在什么情况下可以解除保险合同？在什么情况下保险合同终止？

3. 汽车保险合同涉及的主体有哪些？分别有哪些权利和义务？

4. 汽车保险合同由哪些部分组成？

5. 当保险合同双方当事人发生纠纷时，可采取哪些方式解决？

6. 汽车保险合同解释应遵循哪些原则？

### 二、案例分析题

2010 年 6 月 10 日，投保人朱某到保险公司为自己的拖拉机投保了机动车保险，保险期间为一年，至 2011 年 6 月 9 日到期。因为种种原因，朱某 2011 年 6 月 24 日才到该保险公司办理继续投保手续，保险期间仍为一年。该保险公司经办人为了使保险期间衔接，便把签单日期填为 2011 年 6 月 9 日，起保期限填为 2011 年 6 月 10 日，保险终止日期则填成了 2012 年 6 月 9 日。朱某未仔细查看保险单。2012 年 6 月 17 日，朱某投保的车辆发生事故，朱某立即赶到保险公司报案。保险公司以该份保险单过期，保险责任已经终止为由不予受理。朱某认为保险单仍在有效期内，便提出要将签单日期及起保日期按实际情况改填。该保险公司的经办人以保险合同是经过协商一致、自愿订立的为理由而拒绝。朱某多次交涉未果，便起诉到法院。

问题：

（1）本案中被保险人是否有错？

（2）分析保险公司是否应负赔偿责任？

## 实训项目

### 实训目的

- 掌握保险合同的内容和形式，熟悉保险合同的订立过程
- 了解保险合同纠纷和争议处理的方式

### 实训要求

实地走访保险公司，了解保险公司与被保险人订立保险合同的流程，掌握填写保险单的要领；通过上网查找汽车保险案例和了解实习公司实际处理的案例，初步掌握保险合同变更、转让、终止以及合同争议的处理方式，并选出典型案例进行整理。

### 实训步骤

- 进入保险公司实习，了解保险合同订立的过程和相关手续；认识投保单、保险单、批单、保险凭证等保险合同构成要件；学习指导客户正确填写投保单，自己动手根据投保单填写保险单。
- 上网查找有关汽车保险合同的案例，并查阅所在实习公司案件卷宗，了解汽车保险合同变更、转让、终止以及合同争议的处理方式。
- 选出典型案例分类整理，写出实训报告。

# 第七章　汽车保险种类

## 学习目标

【能力目标】

- 能够全面理解各种主要汽车保险的保险条款，能够向客户做出解释和说明
- 能够理解强制险与商业险的关系，能处理二者之间的业务交叉
- 能够正确计算给定车辆的保险费率

【知识目标】

- 掌握汽车损失险的保险责任、责任免除与保险金额
- 掌握第三者责任险的保险责任、责任免除与保险金额
- 理解各附加险的保险责任与责任免除
- 掌握交通意外事故责任强制保险的保险条款
- 掌握汽车费率的计算方法；了解影响汽车费率的因素

## 引导案例

### 走出车险“全保”的误区

随着国内汽车产业的不断发展，现在消费者只需花费几万元就可以把一辆小轿车开回家，可是除了油价负担外，用车过程中容易发生的种种意外也让人们十分担心，汽车保险也成了消费者购车时必须考虑的问题。据统计，在目前一般消费者每年养车费用支出中，保险费就占20%。而且随着车龄的增长，车主每年都得面对险种的选择，如何根据自己的条件和要求来投保？如何最大限度地发挥金钱的效率呢？到底怎样选择才能保证自己的最大权益呢？大多数消费者感到纷繁复杂的保险条款和手续让人看得头脑发胀，弄不清个所以然。于是在这种情况下，多数人便选择了购买“全保”，但是对于“全保”具体投了哪些险种，也有很多人表示不太清楚，甚至有的人认为，“全保”就是全部保险，出事故就找保险公司索赔。

从一些4S店反馈的情况是，一些客户并不会在投保时看清楚条款，却常常在车辆出事故回店修理时才发现自己投的“全保”竟然不是“什么都赔”，几经周折，到最后还是要自己掏钱处理。消费者遇到此类情况，通常都会抱怨上当受骗，而4S店对此类问题也是无可奈何。

事实上，所谓“全保”，通常是指车辆投保了交强险、车辆损失险、第三者责任险和部分附加险。保险单上的除外责任和未在保险单指明的风险保险公司是不保的。

目前，我国的第三者责任险是采取最高赔偿限额责任方式。赔偿限额是保险公司计收保险费的依据，也是每次承担责任事故补偿的最高额度。例如，被保险人选择5万元为赔偿限额，一次事故在5万元之内的损失由保险公司根据实际损失计算赔偿。超过5万元的损失，由保险公司根据限额5万元计算赔偿，超出部分就要由被保险人自行承担了。

全车盗抢险中也明确规定，保险公司只承担车辆实际价值的80%，被保险人自负20%。此外，如果保险单上没有特别约定或特别的附加险，根据被保险人在事故中所负的责任大小，对每一次事故的赔偿，被保险人都要承担一定比例的损失（免赔率或免赔额）。

其实，在保险行业中具有相当规模的公司是不提倡业务员对客户使用“全保”这一概念。保险公司只会对客户可以投保某些险种进行建议，但最终如何选择还是要看客户自身需要。因此，要想真正放心就要在投保前做足功课，弄清楚各类保险条款及其适用范围。

在本章的学习中，我们将了解我国汽车保险几大主要险种的保险条款，主要包括汽车损失险及其附加险，第三者责任险及其附加险，交通意外事故责任强制保险，同时还将学习保险费率的有关知识。

# 第一节　汽车损失险

随着保险业的发展，机动车辆保险的保险标的已从最初的汽车扩展到各种机动车辆，但是世界上许多国家仍沿用汽车保险的名称。截至2013年底，中国民用汽车保有量为1.37亿辆，全行业共承保汽车1.2亿辆，汽车投保率从2007年的64.40%提高到87.34%。也就是说，在汽车年产销量世界第一的中国市场上，有近90%的汽车都购买了车险，车险已经与停车费、加油费一同计入了购车者的刚性支出。但是，车险制度却一直摇摆于价格管制和市场化之间。2012年，保监会启动了强调“市场主导”的新一轮车险改革，相关配套措施也陆续出台。2012年3月中国保险行业协会正式发布《机动车辆商业保险示范条款》（以下简称《示范条款》)。《示范条款》主要在四个主要方面对原有商业车险条款进行了修订，一是调整车损险承保、理赔方式，强化保护消费者利益；二是扩大保险责任，减少免赔事项，提高车险保障能力；三是强化如实告知义务，简化索赔资料，提升车险服务水平；四是简化产品体系，优化条款条例，便于车主阅读理解。但是2012年发布的《示范条款》一直没有启动全面实施，2014年8月，中国保险行业协会草拟了《机动车综合商业保险示范条款》，在内部征求意见。由于2014年版《示范条款》并未向社会公布，本章仍以2012年版《示范条款》为例进行车险的介绍。

## 一、机动车损失保险

### （一）保险标的

被保险机动车是指在中华人民共和国境内（不含港、澳、台地区）行驶，以动力装置驱动或者牵引，上道路行驶的供人员乘用或者用于运送物品以及进行专项作业的轮式车辆（含挂车）、履带式车辆和其他运载工具，但不包括摩托车、拖拉机、特种车。

## （二）保险责任

保险期间内，被保险人或其允许的合法驾驶人在使用被保险机动车过程中，因下列原因造成被保险机动车的损失，保险人依照合同约定负责赔偿：

（1）碰撞、倾覆、坠落；

（2）火灾、爆炸；

（3）外界物体坠落、倒塌；

（4）雷击、暴风、暴雨、洪水、龙卷风、冰雹、台风、热带风暴；

（5）地陷、崖崩、滑坡、泥石流、雪崩、冰陷、暴雪、冰凌、沙尘暴；

（6）受到被保险机动车所载货物、车上人员意外撞击；

（7）载运被保险机动车的渡船遭受自然灾害（只限于驾驶人随船的情形）。

发生保险事故时，被保险人或其允许的合法驾驶人为防止或者减少被保险机动车的损失所支付的必要的、合理的施救费用，由保险人承担；施救费用数额在被保险机动车损失赔偿金额以外另行计算，最高不超过保险金额的数额。

## （三）责任免除

（1）在上述保险责任范围内，下列情况下，不论任何原因造成被保险机动车的任何损失和费用，保险人均不负责赔偿：

1）事故发生后，被保险人或其允许的驾驶人在未依法采取措施的情况下驾驶被保险机动车或者遗弃被保险机动车逃离事故现场，或故意破坏、伪造现场，毁灭证据。

2）驾驶人有下列情形之一者：

① 饮酒、吸食或注射毒品、服用国家管制的精神药品或者麻醉药品；

② 无驾驶证，或驾驶证被依法扣留、暂扣、吊销、注销期间；

③ 驾驶与驾驶证载明的准驾车型不相符合的机动车；

④ 实习期内驾驶公共汽车、营运客车或者执行任务的警车、载有危险物品的机动车或牵引挂车的机动车；

⑤ 驾驶出租机动车或营业性机动车无交通运输管理部门核发的许可证书或其他必备证书；

⑥ 学习驾驶时无合法教练员随车指导；

⑦ 非被保险人允许的驾驶人。

3）被保险机动车有下列情形之一者：

① 发生保险事故时被保险机动车行驶证、号牌被注销的，或未按规定检验或检验不合格；

② 被扣押、收缴、没收、政府征用期间；

③ 在竞赛、测试期间，在营业性场所维修、保养、改装期间；

④ 被利用从事犯罪行为。

（2）下列原因导致的被保险机动车的损失和费用，保险人不负责赔偿：

1）地震及其次生灾害；

2）战争、军事冲突、恐怖活动、暴乱、污染（含放射性污染）、核反应、核辐射；

3）人工直接供油、高温烘烤、自燃、不明原因火灾；

4）被保险机动车被转让、改装、加装或改变使用性质等，导致被保险机动车危险程度显著增加，且被保险人、受让人未及时通知保险人；

5）被保险人或其允许的驾驶人的故意行为。

（3）下列损失和费用，保险人不负责赔偿：

1）因市场价格变动造成的贬值、修理后因价值降低引起的减值损失；

2）被保险机动车全车被盗窃、被抢劫、被抢夺、下落不明，以及在此期间受到的损坏，或被盗窃、被抢劫、被抢夺未遂受到的损坏，或车上零部件、附属设备丢失；

3）自然磨损、朽蚀、腐蚀、故障、本身质量缺陷；

4）车轮单独损坏，玻璃单独破碎，无明显碰撞痕迹的车身划痕，以及新增设备的损失；

5）发动机进水后导致的发动机损坏；

6）遭受保险责任范围内的损失后，未经必要修理并检验合格继续使用，致使损失扩大的部分；

7）投保人、被保险人或其允许的驾驶人知道保险事故发生后，故意或者因重大过失未及时通知，致使保险事故的性质、原因、损失程度等难以确定的，保险人对无法确定的部分，不承担赔偿责任，但保险人通过其他途径已经及时知道或者应当及时知道保险事故发生的除外；

8）因被保险人违反《示范条款》第16条规定，导致无法确定的损失。

（4）保险人在依据合同约定计算赔款的基础上，按照下列方式免赔：

1）被保险机动车一方负次要事故责任的，实行5%的事故责任免赔率；负同等事故责任的，实行10%的事故责任免赔率；负主要事故责任的，实行15%的事故责任免赔率；负全部事故责任或单方肇事事故的，实行20%的事故责任免赔率；

2）被保险机动车的损失应当由第三方负责赔偿，无法找到第三方的，实行30%的绝对免赔率；

3）因违反安全装载规定导致保险事故发生的，保险人不承担赔偿责任；违反安全装载规定、但不是事故发生的直接原因的，增加10%的绝对免赔率；

4）投保时指定驾驶人，保险事故发生时为非指定驾驶人使用被保险机动车的，增加10%的绝对免赔率；

5）投保时约定行驶区域，保险事故发生在约定行驶区域以外的，增加10%的绝对免赔率；

6）对于投保人与保险人在投保时协商确定绝对免赔额的，在实行免赔率的基础上增加每次事故绝对免赔额。

**案例**

**委托年检属于进场修理吗**

案情：2011年7月10日，某企业一部皇冠小轿车有些小毛病，委托某修理厂维修，恰巧年检到期，该修理厂也提供年检服务，于是也委托该修理厂办理年检。7月12日上午，该修理厂专职搞年检的于某驾车去年检的路上，因前车突遇险情紧急刹车，于某躲避不及，将车开到路边的鱼塘里，全车浸泡在池水里。该车修理费与施救费共计 8 万余元。事后，保险公司以该起事故在进厂修理期间发生的，因为车始终控制在修理厂手中，根据保险条款，进厂修理属于责任免除，因此，保险公司不负赔偿责任。

**分析：**本案的关键在于去年检的路上是否属于进厂修理。所谓的进厂修理是指车辆从交付修理厂维修到修理后交付车主使用为止。那么，委托年检是否是进厂修理的延续呢？本案中进厂修理应以车修好出厂去年检时结束。因为去年检时车已经修理完毕，该修理厂的于某驾车去年检，应视作该车修理结束后该企业再委托修理厂进行年检，虽然车控制在该修理厂中，但进行的是年检过程，而不是修理过程或其延续。因此，事故不是发生在进厂修理期间，而是修理后的年检过程。年检是该企业委托修理厂的，在此期间发生的保险事故，保险公司应负赔偿责任。

**案例**

**先出险后年检该如何处理**

**案情：**2013 年 1 月 5 日，某建筑公司就一辆桑塔纳普通型轿车向保险公司投保了一年期机动车辆及第三者责任保险，并在签单时一次缴清了保险费。投保后 40 天，该车在一加油站与一辆长安面包车发生碰撞，致使对方长安车上两人受伤，两车受损。事故发生后，交警支队认定建筑公司桑塔纳轿车驾驶员负全部责任，保险公司核定损失为 4.1 万元。建筑公司提交索赔申请后，保险公司在审查该案时发现桑塔纳轿车在投保时和出险时未参加车辆管理机关的年检。几天后，建筑公司又提交了一份桑塔纳车的行驶证复印件，载明该车在投保和出险时年检合格。经查，该车 2011 年 6 月参加了年检，合格期至 2012 年 6 月，此后该车两年未参加年检。为了索赔，该建筑公司在 2014 年 6 月到车管机关交纳了罚款后对 2012 年、2013 年进行了年检。

保险公司在处理此案时，主要有两种意见。一种意见是，虽然该车在订立保险合同和出险时未参加年检，但出险后经车管机关年检合格，保险公司应该赔偿；另一种意见是，既然该车在投保和出险时未参加年检，按照机动车辆保险条款的规定，保险公司应拒绝赔偿，但应退还建筑公司所缴的保险费。

**分析：**机动车辆是一种高风险的运输工具，国家对其实施定期检验制度，就是为了保证车辆安全技术状况良好。车辆按期参加年检并合格是车辆行驶的法定条件，保险公司不应对此放松要求。其次，车辆管理机关按照国家法规规定，对车辆实施定期检验制度，是保证车辆安全技术状况的一种法律制度。既然建筑公司在车辆投保和出险时未按规定到车管机关对桑塔纳轿车进行年检，那么在订立保险合同和出险时车辆的安全技术状况是否符合国家相关规定无法定依据。建筑公司在该车发生事故经过修复，行驶 480 天后的 2014 年 6 月，才到车管机关交了罚款进行年检，并年检合格，只能证明该车在 2014 年 6 月及今后一年内安全技术状况符合国家规定，可以继续行驶一年，不能根据 480 天后的车辆技术状况，来推定 480 天以前该车的技术状况是否符合国家相关规定。因此仅以行驶证上车管机关于 2014 年 6 月补签有“2012、2013 年检合格”来认定在订立保险合同和出险时该车属年检合格车辆是错误的。最后，车辆损失险中对车辆未按规定年检的归属为免除责任，该车虽然在新车上户时领有行驶证和号牌，但在车辆投保后未按规定参加年检，导致保险公司与建筑公司订立的机动车辆保险合同无效。

## （四）保险金额

保险金额按投保时被保险机动车的实际价值确定。

投保时被保险机动车的实际价值由投保人与保险人根据投保时的新车购置价减去折旧金额后的价格协商确定或根据其他市场公允价值协商确定。

折旧金额可根据合同列明的参考折旧系数表确定（见表 7-1），折旧按月计算，不足一个月的部分，不计折旧。最高折旧金额不超过投保时被保险机动车新车购置价的 80%。

折旧金额=新车购置价×被保险机动车已使用月数×月折旧系数

表 7-1　参考折旧系数表

| 车辆种类 | 月折旧系数 | | | |
|---|---|---|---|---|
| | 家庭自用 | 非营业 | 营业 | |
| | | | 出租 | 其他 |
| 9 座以下客车 | 0.60% | 0.60% | 1.10% | 0.90% |
| 10 座以上客车 | 0.90% | 0.90% | 1.10% | 0.90% |
| 微型载货汽车 | / | 0.90% | 1.10% | 1.10% |
| 带拖挂的载货汽车 | / | 0.90% | 1.10% | 1.10% |
| 低速货车和三轮汽车 | / | 1.10% | 1.40% | 1.40% |
| 其他车辆 | / | 0.90% | 1.10% | 0.90% |

## （五）赔偿处理

1）发生保险事故时，被保险人或其允许的合法驾驶人应当及时采取合理的、必要的施救和保护措施，防止或者减少损失，并在保险事故发生后 48 小时内通知保险人。被保险人或其允许的合法驾驶人根据有关法律法规规定选择自行协商方式处理交通事故的，应当立即通知保险人。

2）被保险人或其允许的合法驾驶人根据有关法律法规规定选择自行协商方式处理交通事故的，应当协助保险人勘验事故各方车辆、核实事故责任，并依照《道路交通事故处理程序规定》签订记录交通事故情况的协议书。

3）被保险人索赔时，应当向保险人提供与确认保险事故的性质、原因、损失程度等有关的证明和资料。

被保险人应当提供保险单、损失清单、有关费用单据、被保险机动车行驶证和发生事故时驾驶人的驾驶证。

属于道路交通事故的，被保险人应当提供公安机关交通管理部门或法院等机构出具的事故证明、有关的法律文书（判决书、调解书、裁定书、裁决书等）及其他证明。被保险人或其允许的合法驾驶人根据有关法律法规规定选择自行协商方式处理交通事故的，被保险人应当提供依照《道路交通事故处理程序规定》签订记录交通事故情况的协议书。

4）因保险事故损坏的被保险机动车，应当尽量修复。修理前被保险人应当会同保险人检验，协商确定修理项目、方式和费用。对未协商确定的，保险人可以重新核定。

5）被保险机动车遭受损失后的残余部分由保险人、被保险人协商处理。如折归被保险人的，由双方协商确定其价值并在赔款中扣除。

6）因第三方对被保险机动车的损害而造成保险事故，被保险人向第三方索赔的，保险人应积极协助；被保险人也可以直接向保险人索赔，保险人在保险金额内先行赔付被保险人，并在赔偿金额内代位行使被保险人对第三方请求赔偿的权利。

被保险人已经从第三方取得损害赔偿的，保险人进行赔偿时，相应扣减被保险人从第三方已取得的赔偿金额。

保险人未赔偿之前，被保险人放弃对第三方请求赔偿的权利的，保险人不承担赔偿责任。

被保险人故意或者因重大过失致使保险人不能行使代位请求赔偿的权利的，保险人可以扣减或者要求返还相应的赔款。

保险人向被保险人先行赔付的，保险人向第三方行使代位请求赔偿的权利时，被保险人应当向保险人提供必要的文件和所知道的有关情况。

7）保险人受理报案、现场查勘、核定损失、参与诉讼、进行抗辩、要求被保险人提供证明和资料、向被保险人提供专业建议等行为，均不构成保险人对赔偿责任的承诺。

8）被保险机动车发生保险事故，导致全部损失，或一次赔款金额与免赔金额之和（不含施救费）达到保险金额，保险人按保险合同约定支付赔款后，保险责任终止，保险人不退还机动车损失保险及其附加险的保险费。

## （六）保险期间

除另有约定外，保险期间为一年，以保险单载明的起讫时间为准。

### 小资料

有关概念释义

【碰撞】指被保险机动车或其符合装载规定的货物与外界固态物体之间发生的、产生撞击痕迹的意外撞击。

【倾覆】指被保险机动车由于自然灾害或意外事故，造成被保险机动车翻倒，车体触地，失去正常状态和行驶能力，不经施救不能恢复行驶。

【坠落】指被保险机动车在行驶中发生意外事故，整车腾空后下落，造成该车损失的情况。非整车腾空，仅由于颠簸造成被保险机动车损失的，不属于坠落。

【外界物体倒塌】指被保险机动车自身以外的物体倒下或陷下。

【自燃】指在没有外界火源的情况下，由于该车电器、线路、供油系统、供气系统等被保险机动车自身原因或所载货物自身原因起火燃烧。

【火灾】指被保险机动车本身以外的火源引起的、在时间或空间上失去控制的燃烧（即有热、有光、有火焰的剧烈的氧化反应）所造成的灾害。

【次生灾害】指地震造成工程结构、设施和自然环境破坏而引发的火灾、爆炸、瘟疫、有毒有害物质污染、海啸、水灾、泥石流、滑坡等灾害。

【暴风】指风速在 28.5m/s（相当于 11 级大风）以上的大风。风速以气象部门公布的数据为准。

【暴雨】指每小时降雨量达 16mm 以上，或连续 12h 降雨量达 30mm 以上，或连续 24h 降雨量达 50mm 以上。

【洪水】指山洪暴发、江河泛滥、潮水上岸及倒灌。但规律性的涨潮、自动灭火设施漏水以及在常年水位以下或地下渗水、水管爆裂不属于洪水责任。

【玻璃单独破碎】指未发生被保险机动车其他部位的损坏，仅发生被保险机动车前后风挡玻璃和左右车窗玻璃的损坏。

【车轮单独损坏】指未发生被保险机动车其他部位的损坏，仅发生轮胎、轮辋、轮毂罩的分别单独损坏，或上述三者之中任意二者的共同损坏，或三者的共同损坏。

【车身划痕损失】仅发生被保险机动车车身表面油漆的损坏，且无明显碰撞痕迹。

【新增设备】指被保险机动车出厂时原有设备以外的，另外加装的设备和设施。

【新车购置价】指保险合同签订地购置与被保险机动车同类型新车的价格，无同类型新车市场销售价格的，由投保人与保险人协商确定。

【单方肇事事故】指不涉及与第三者有关的损害赔偿的事故，但不包括自然灾害引起的事故。

【家庭成员】指配偶、子女、父母。

【市场公允价值】指熟悉市场情况的买卖双方在公平交易的条件下和自愿的情况下所确定的价格，或无关联的双方在公平交易的条件下一项资产可以被买卖或者一项负债可以被清偿的成交价格。

【饮酒】指驾驶人饮用含有酒精的饮料，驾驶机动车时血液中的酒精含量大于等于 20mg/100mL 的。

## 二、机动车全车盗抢保险

### （一）保险标的

被保险机动车是指在中华人民共和国境内（不含港、澳、台地区）行驶，以动力装置驱动或者牵引，上道路行驶的供人员乘用或者用于运送物品以及进行专项作业的轮式车辆（含挂车）、履带式车辆和其他运载工具，但不包括摩托车、拖拉机、特种车。

### （二）保险责任

保险期间内，被保险机动车的下列损失和费用，保险人依照保险合同的约定负责赔偿：

（1）被保险机动车被盗窃、抢劫、抢夺，经出险当地县级以上公安刑侦部门立案证明，满 60 天未查明下落的全车损失；

（2）被保险机动车全车被盗窃、抢劫、抢夺后，受到损坏或车上零部件、附属设备丢失需要修复的合理费用；

（3）被保险机动车在被抢劫、抢夺过程中，受到损坏需要修复的合理费用。

## （三）责任免除

（1）在上述保险责任范围内，下列情况下，不论任何原因造成被保险机动车的任何损失和费用，保险人均不负责赔偿：

1）被保险人索赔时未能提供出险地县级以上公安刑侦部门出具的盗抢立案证明；

2）驾驶人、被保险人、投保人故意破坏现场、伪造现场、毁灭证据；

3）被保险机动车被扣押、罚没、查封、政府征用期间；

4）被保险机动车在竞赛、测试期间，在营业性场所维修、保养、改装期间，被运输期间。

（2）下列损失和费用，保险人不负责赔偿：

1）地震及其次生灾害导致的损失和费用；

2）战争、军事冲突、恐怖活动、暴乱导致的损失和费用；

3）因诈骗引起的任何损失；因投保人、被保险人与他人的民事、经济纠纷导致的任何损失；

4）被保险人或其允许的驾驶人的故意行为、犯罪行为导致的损失和费用；

5）非全车遭盗窃，仅车上零部件或附属设备被盗窃或损坏；

6）新增设备的损失；

7）遭受保险责任范围内的损失后，未经必要修理并检验合格继续使用，致使损失扩大的部分；

8）被保险机动车被转让、改装、加装或改变使用性质等，导致被保险机动车危险程度显著增加而发生保险事故，且被保险人、受让人未及时通知保险人；

9）投保人、被保险人或其允许的驾驶人知道保险事故发生后，故意或者因重大过失未及时通知，致使保险事故的性质、原因、损失程度等难以确定的，保险人对无法确定的部分，不承担赔偿责任，但保险人通过其他途径已经及时知道或者应当及时知道保险事故发生的除外；

10）因被保险人违反本条款第 58 条规定，导致无法确定的损失。

（3）保险人在依据保险合同约定计算赔款的基础上，按照下列方式免赔：

1）发生全车损失的，绝对免赔率为 20%；

2）发生全车损失，被保险人未能提供《机动车登记证书》、机动车来历凭证的，每缺少一项，增加 1%的绝对免赔率；

3）投保时约定行驶区域，保险事故发生在约定行驶区域以外的，增加 10%的绝对免赔率。

## （四）保险金额

保险金额在投保时被保险机动车的实际价值内协商确定。

投保时被保险机动车的实际价值由投保人与保险人根据投保时的新车购置价减去折旧金额后的价格协商确定或其他市场公允价值协商确定。

折旧金额可根据本保险合同列明的参考折旧系数表确定，见表 7-1。

### （五）赔偿处理

（1）被保险机动车全车被盗抢的，被保险人知道保险事故发生后，应在 24 小时内向出险当地公安刑侦部门报案，并通知保险人。

（2）被保险人索赔时，须提供保险单、损失清单、有关费用单据、《机动车登记证书》、机动车来历凭证以及出险当地县级以上公安刑侦部门出具的盗抢立案证明。

（3）因保险事故损坏的被保险机动车，应当尽量修复。修理前被保险人应当会同保险人检验，协商确定修理项目、方式和费用。对未协商确定的，保险人可以重新核定。

（4）保险人确认索赔单证齐全、有效后，被保险人签具权益转让书，保险人赔付结案。

（5）被保险机动车发生保险事故，导致全部损失，或一次赔款金额与免赔金额之和达到保险金额，保险人按本保险合同约定支付赔款后，保险责任终止，保险人不退还机动车全车盗抢保险及其附加险的保险费。

### （六）保险期间

除另有约定外，保险期间为一年，以保险单载明的起讫时间为准。

**案例**

**停车场丢车，该由谁来赔**

**案情**：车主向保险公司投保了机动车辆综合险，在保险期限内，该车在停车场被盗，保险公司赔偿被保险人的损失后，依照保险法的规定，代位向停车场追偿。深圳市中级人民法院对该上诉案经审理认为，停车场的营业执照上注明经营范围是机动车停车，无机动车保管项目，其发放的收费卡，并非车辆保管收费卡，收取的费用是停放费，并非保管费。停车场与车主之间存在的是车位有偿使用关系，对被盗车辆不负保管义务，对该车的丢失不应承担赔偿责任。原审法院认定事实清楚，适用法律正确，因此驳回上诉，维护原判。可是另外一宗性质相同的案件，判决结果却相反。受理该案件的福田区法院认为，停车场的管理设施不完善，在保管车辆过程中未能及时发现盗车行为，过错在于停车场，故判停车场赔偿车主损失。

**分析**：认定停车场与车主之间的关系是保管合同关系还是车位租赁合同关系，这是解决问题的关键所在。但目前国家法律、行政法规及部门规章对此没有做出明确规定，以至法院判案无法可依。

从法理角度看，“停车卡”代表的是保管合同，而非租赁合同。理由有四：

第一，物业管理公司是受业主的委托对住宅区进行管理，它本身不拥有土地使用权，更无权将车位使用权（实际上是车辆所占位置那块土地的使用权）出租给车主。

但因为物业管理公司的职责是受托对小区内的“绿化、环境卫生、公共秩序等项目进行维护、修缮和整治，使之保持正常状态”，对进出住宅区的车辆进行“保管”，正是物业管理公司的职责所在。

第二，根据《中华人民共和国土地管理法》《中华人民共和国城镇国有土地使用权出让和转让暂行规定》和有关规章规定，国有土地使用权人出租自己已取得的国有土地使用权，必须经过政府国土管理部门批准；土地使用权租赁合同，必须办理登记手续，这是一种“要式行为”。避开物业管理公司对住宅区土地无使用权不谈，即使住宅区业主将车位所占土地的使用权委托给物业管理公司行使，那么它将车位所占土地面积的使用权每次出租给车主时，都必须经过国土部门的批准和登记方为有效，但这在实际操作上是做不到的，而保管则只要经过公安交管部门批准取得停车场经营资格，就可从事车辆保管业务，且保管合同不是要式合同。

第三，《中华人民共和国合同法》第 213 条规定：“租赁合同的内容包括租赁物的名称、数量、用途、租赁期限、租金及其支付期限和方式、租赁物维修等条款”，可见，租赁合同须具备上述主要内容才算完整有效。而停车卡的内容极为简单，根本不可能包含上述内容。该法第 368 条则规定：“寄存人向保管人交付保管物的，保管人应当给付保管凭证……”可见，法律对保管合同的内容和形式规定得十分简单，仅为“保管凭证”即可。“停车卡”其实就是典型的保管凭证。

第四，按照法理，财产租赁合同是指出租方将某一特定的财产交给承租人使用，承租方支付报酬，并于使用完毕后返还原物的合同。车辆进入停车场后，即使车主中意某个特定的停车位，但他不会如愿以偿，因为车主要完全听从停车场管理人员的指挥，指定放在哪里就得放在哪里。我们在大商场寄存物品时，物品存放在哪一个框格里完全由保管人员决定，物主不能左右，停车场寄存车辆与在商场寄存物品又有何区别呢？

从实际情况看，“停车卡”应该是保管合同的凭证，而非租赁合同的依据。理由在于：首先，开办停车场的本意为了对车辆进行保管，进而以收取保管费的形式创收。对社会来说，设立停车场有利于解决停车难问题，维护社会治安。如果停车场仅仅起一个出租车位的作用，自然就降低了它的社会意义。

其次，车辆存放在停车场后，如果停车场不负保管责任，车辆丢失、被损坏概由车主自负其责的话，会助长“道德风险”的盛行。有人认为，政府在部分街道地段推行道路咪表计时收费停车的办法，是实现车位商品化和有偿使用的雏形。殊不知，在政府指定的路段停车与在停车场停车是两码事，它们的区别有二：其一，前者是政府行为，作为民事主体的公民（车主）必须服从，而后者是普通民事行为，停车场与车主之间是平等的民事主体之间关系；其二，前者是在公共场所停车，行来过往的人多，且有巡警、交警在执勤，因而安全系数比较大。而后者是在物业管理公司单方控制的场所停车，车辆的安全与否完全依赖于物业管理公司是否尽到保管义务。

从以上分析可看出，停车场与车主的关系是一种典型的保管合同关系，“停车卡”是保管合同的凭证。按照民法理论，作为保管合同一方当事人的保管人拥有三项权利：第一，它有权要求寄存人支付保管费；第二，它拥有因不可抗力造成保管物的损毁、灭失可以免除赔偿责任的权利（但必须提供证据）；第三，因寄存物本身性质或瑕疵而造成保管人的财产损失时，有权要求寄存人赔偿。保管人在享有权利的同时负有三项义务：第一，妥善保管寄存物的义务。如果因保管人的过错造成寄存物毁损、灭失，应负赔偿责任；第二，在保管合同期满时，有向寄存人返还保管物的义务；第三，在第三人对保管物主张权利或保管物受到意外毁损灭失时，有义务迅速通知寄存人。而作为保管合同另一方当事人的寄存人，其权利义务恰恰与保管人的义务和权利相对应，在此不再赘述。

由此可见，车辆在停车场丢失（不可抗力原因除外），应该由停车场负责赔偿。如果保险公司先予赔偿后，按照《保险法》的规定，有权向停车场追偿。

# 第二节　汽车责任险

2006 年 7 月 1 日起，机动车交通意外事故责任强制保险（简称“交强险”）开始实施，交强险是我国第一个通过国家立法的形式予以强制实施的保险险种。至此为止，我国的汽车责任险就出现了强制保险与商业保险并存的状况。商业责任保险主要有第三者责任险和车上人员责任险。

## 一、机动车第三者责任保险

### （一）保险标的

被保险机动车是指在中华人民共和国境内（不含港、澳、台地区）行驶，以动力装置驱动或者牵引，上道路行驶的供人员乘用或者用于运送物品以及进行专项作业的轮式车辆（含挂车）、履带式车辆和其他运载工具，但不包括摩托车、拖拉机、特种车。

### （二）保险责任

（1）保险期间内，被保险人或其允许的合法驾驶人在使用被保险机动车过程中发生意外事故，致使第三者遭受人身伤亡或财产直接损毁，依法应当对第三者承担的损害赔偿责任，保险人依照保险合同的约定，对于超过机动车交通事故责任强制保险各分项赔偿限额的部分负责赔偿。

（2）保险人依据被保险机动车一方在事故中所负的事故责任比例，承担相应的赔偿责任。

被保险人或被保险机动车一方根据有关法律法规规定选择自行协商或由公安机关交通管理部门处理事故未确定事故责任比例的，按照下列规定确定事故责任比例：

被保险机动车一方负主要事故责任的，事故责任比例为 70%；

被保险机动车一方负同等事故责任的，事故责任比例为 50%；

被保险机动车一方负次要事故责任的，事故责任比例为 30%。

## 小资料

### 保险公司负责赔偿人员伤亡的费用有哪些

对第三者责任险的人员伤亡费用，保险公司根据保险合同规定和有关法律、法规和规定处理。承担赔偿的费用，应符合现行道路交通事故处理的有关规定。凡被保险人自行承诺或支付的费用，保险公司有权重新核定，对不合理的部分应予剔除。

按照《道路交通安全法》及其实施条例的规定，可以负责赔偿的合理费用为：医疗费（限公费医疗的药品范围，伤者需要转院赴外地治疗的，须由所在医院出具证明并经事故处理部门同意方可负责）、误工费、护理费（伤者住院期间经医院确定需要护理时，护理人员最多不超过 2 人）、就医交通费、住院伙食补助费、残疾者生活补助费（伤残鉴定费须经保险人同意，方可负责）、残疾用具费、丧葬费、死亡补偿费、被抚养人生活费、伤亡者直系亲属及合法代理人参加交通事故调解处理的误工费、交通费、住宿费。

需要特别强调的是，受害人因残疾不能恢复生活自理能力的，可以根据其年龄、健康状况等因素确定合理的护理期限，但最长不超过 20 年。残疾赔偿金根据受害人丧失劳动能力程度或者伤残等级，按照受诉法院所在地（或受害人住所地、经常居住地）上一年度城镇居民人均可支配收入或者农村居民人均纯收入标准，自定残之日起按 20 年计算。但 60 周岁以上的，年龄每增加 1 岁减少 1 年；75 周岁以上的，按 5 年计算。以上规定比以前的规定大大加重了保险公司和车主的负担，也是保险公司在《道路交通安全法》实施后多次提高保险费的原因。

不符合规定的费用，如精神损失补偿费、困难补助费、处理事故人员的生活补助、招待费、请客送礼费、事故处理部门扣车后的看车费、各种罚款和其他超过规定的费用，均不负赔偿责任。此部分虽然保险公司不了负责，但被保险人可以向事故责任方索赔。

（3）相关说明

1）意外事故。这里指不是行为人出于故意，而是行为人不可预见的，以及不可抗拒的，并造成人员伤亡或财产损失的突发事件。

车辆使用中发生的意外事故分为道路交通事故和非道路事故。道路包括公路、城市街道和胡同（里巷），以及公共广场、公共停车场等供车辆、行人通行的地方。凡在道路上发生的交通事故属于道路交通事故。

道路交通事故是指车辆驾驶人员、行人、乘车人，以及其他在道路上进行与交通有关活动的人员，因违反《中华人民共和国道路交通管理条例》和其他道路交通管理法规、规章的行为，过失造成人身伤亡或者财产损失的事故。

凡在道路以外的地方使用保险车辆过程中发生的事故，属于非道路事故。例如在铁路道口、渡口、机关大院、农村场院、乡间小道上发生的与机动车辆有关的事故。

在我国，道路交通事故一般由公安交通管理部门处理。对于非道路事故，公安交通管理部门一般不予受理。这时可请出险当地政府有关部门根据道路交通事故处理规定研究处理，但应参照我国《道路交通事故处理办法》规定的赔偿范围、项目和标准，以及保险合同的规定计算保险赔款金额。事故双方或保险双方当事人对公安交通管理部门，或出险当地政府有关部门的处理意见有严重分歧的案件，可提交法院处理解决。

**案例**

**车辆未碰撞，是否属于“意外事故”**

**案情**：刘先生的富康车投保了第三者责任险。2个月后，刘先生驾车上班，在路口左转弯时，因为没有注意让行主路上直行车辆，主路上驾摩托车行驶的肖先生被迫紧急躲避而滑倒，造成左腿骨折、身体多处擦伤。经过交警部门认定，刘先生负事故主要责任，肖先生负事故次要责任。事发后，刘先生向保险公司报案并提出索赔申请。

保险公司理赔人员赴现场查勘后，发现这一“奇特”现象：保险车辆本身既没有碰撞，也没有倾覆，没有和第三者发生任何接触，因此保险车辆本身并没有发生“意外事故”。车辆保险单是这样规定的：被保险人或其允许的合格驾驶员在使用保险车辆过程中，发生意外事故，致使第三者遭受人身伤亡或财产的直接损毁，依法应当由被保险人支付赔偿的金额。那么保险公司对此案要赔偿吗？

**分析**：保险单强调的是“意外事故”，即突然发生的、预料之外的损失或灾祸，保险单并没有明确“意外事故”必须发生于保险车辆本身。本案中，对于保险车辆的刘先生和第三者肖先生而言，事故的发生出乎双方预料之外，保险车辆本身虽然没有和第三者发生直接接触，但驾驶人员的违章行为迫使第三者不得不紧急避让而受到伤害。事故的发生具有突发性和偶然性，而且确系保险车辆引起的，因此，此次事故应当视为保险单规定的“意外事故”。

交警部门强调是“交通事故”，根据《道路交通安全法》，“交通事故”是指车辆在道路上因过错或者意外造成的人身伤亡或者财产损失的事件。因此，交警部门的认定是正确的，保险车辆的驾驶员因违章行为造成第三者损害，依法应当负有对损害的赔偿责任，在此情况下即构成了第三者责任险的保险责任，保险公司应当按照保险合同的约定承担赔偿义务。

2）第三者及其损失。在保险合同中，保险人是第一方，也叫第一者；被保险人或使用被保险车辆的致害人是第二方，也叫第二者；除保险人与被保险人之外的，因被保险车辆的意外事故致使被保险车辆下的人员或财产遭受损害的，在车下的受害人是第三方，也叫第三者。

同一被保险人的车辆之间发生意外事故，相对方均不构成第三者。第三者的损失包括人身伤亡与财产的直接损毁。人身伤亡是指人的身体受伤害或人的生命终止。直接损毁是指保险车辆发生意外事故，直接造成事故现场他人现有财产的实际损毁。

## （三）责任免除

（1）在上述保险责任范围内，下列情况下，不论任何原因造成的人身伤亡、财产损失和费用，保险人均不负责赔偿：

1）事故发生后，被保险人或其允许的驾驶人在未依法采取措施的情况下驾驶被保险机动车或者遗弃被保险机动车逃离事故现场，或故意破坏、伪造现场、毁灭证据；

2）驾驶人有下列情形之一者：

① 饮酒、吸食或注射毒品、服用国家管制的精神药品或者麻醉药品；

② 无驾驶证，驾驶证被依法扣留、暂扣、吊销、注销期间；

③ 驾驶与驾驶证载明的准驾车型不相符合的机动车；

④ 实习期内驾驶公共汽车、营运客车或者执行任务的警车、载有危险物品的机动车或牵引挂车的机动车；

⑤ 驾驶出租机动车或营业性机动车无交通运输管理部门核发的许可证书或其他必备证书；

⑥ 学习驾驶时无合法教练员随车指导；

⑦ 非被保险人允许的驾驶人；

3）被保险机动车有下列情形之一者：

① 发生保险事故时被保险机动车行驶证、号牌被注销的，或未按规定检验或检验不合格；

② 被扣押、收缴、没收、政府征用期间；

③ 在竞赛、测试期间，在营业性场所维修、保养、改装期间；

④ 全车被盗窃、被抢劫、被抢夺、下落不明期间。

（2）下列原因导致的人身伤亡、财产损失和费用，保险人不负责赔偿：

1）地震及其次生灾害、战争、军事冲突、恐怖活动、暴乱、污染（含放射性污染）、核反应、核辐射；

2）被保险机动车在行驶过程中翻斗突然升起，或没有放下翻斗，或自卸系统（含机件）失灵；

3）第三者、被保险人或其允许的驾驶人的故意行为、犯罪行为，第三者与被保险人或其他致害人恶意串通的行为；

4）被保险机动车被转让、改装、加装或改变使用性质等，导致被保险机动车危险程度显著增加，且被保险人、受让人未及时通知保险人。

（3）下列人身伤亡、财产损失和费用，保险人不负责赔偿：

1）被保险机动车发生意外事故，致使任何单位或个人停业、停驶、停电、停水、停气、停产、通讯或网络中断、电压变化、数据丢失造成的损失以及其他间接损失；

2）第三者财产因市场价格变动造成的贬值，修理后因价值降低引起的减值损失；

3）被保险人及其家庭成员、被保险人允许的驾驶人及其家庭成员所有、承租、使用、管理、运输或代管的财产的损失，以及本车上财产的损失；

4）被保险人及其家庭成员、被保险人允许的驾驶人及其家庭成员、本车车上人员的人身伤亡；

5）停车费、保管费、扣车费、罚款、罚金或惩罚性赔款；

6）超出《道路交通事故受伤人员临床诊疗指南》和国家基本医疗保险标准的医疗费用；

7）精神损害抚慰金；

8）律师费，未经保险人事先书面同意的诉讼费、仲裁费；

9）投保人、被保险人或其允许的驾驶人知道保险事故发生后，故意或者因重大过失未及时通知，致使保险事故的性质、原因、损失程度等难以确定的，保险人对无法确定的部分，不承担赔偿责任，但保险人通过其他途径已经及时知道或者应当及时知道保险事故发生的除外；

10）因被保险人违反本条款第 34 条规定，导致无法确定的损失。

11）应当由机动车交通事故责任强制保险赔偿的损失和费用；

保险事故发生时，被保险机动车未投保机动车交通事故责任强制保险或机动车交通事故责任强制保险合同已经失效的，对于机动车交通事故责任强制保险责任限额以内的损失和费用，保险人不负责赔偿。

（4）保险人在依据保险合同约定计算赔款的基础上，在保险单载明的责任限额内，按照下列方式免赔：

1）被保险机动车一方负次要事故责任的，实行 5%的事故责任免赔率；负同等事故责任的，实行 10%的事故责任免赔率；负主要事故责任的，实行 15%的事故责任免赔率；负全部事故责任的，实行 20%的事故责任免赔率；

2）违反安全装载规定的，实行 10%的绝对免赔率；

3）投保时指定驾驶人，保险事故发生时为非指定驾驶人使用被保险机动车的，增加 10%的绝对免赔率；

4）投保时约定行驶区域，保险事故发生在约定行驶区域以外的，增加 10%的绝对免赔率。

**案例**

**弟弟算不算第三者**

**案情**：张某是一家私营企业的老板，与弟弟 5 年前就分家单过了。因经营需要，张某购买了一辆金杯车，并且投保了某保险公司的第三者责任险，保险金额为 10 万元。两个月后的一天，张某正开车在路上正常行驶，经过他弟弟工作的工厂门口。恰好张某的弟弟出门，一眼看到哥哥开车经过，就想搭乘哥哥的车进城办事。他一边喊哥哥一边迎着车跑过来，张某虽然紧急刹车却没能及时停下来，一下撞到弟弟身上。后来经过抢救，弟弟终于脱离危险，张某共花掉医疗费近 20 万元。但当张某向保险公司索赔时被拒绝了，因为保险公司认为张某撞伤的是他的弟弟，不属于“第三者”，所以不能理赔。

**分析**：本案的关键在于如何理解张某弟弟是否属于第三者。私有、个人承包车辆的车主或其授权的驾驶员及其家庭成员，以及他们所有或代管的财产，属于责任免除。判断受到损害的一方是不是属于“家庭成员”非常关键，如果属于“家庭成员”，那肯定就不是“第三者”，反之，就应该是。这里有一个原则——第三者险不能让肇事者获得保险赔偿。也就是说，保险公司给付的保险金最终不能落到被保险人的手中。也就是说，之所以将家庭成员列入被第三者责任险排除的四种人，主要目的就是为了防止骗保。因为保险公司不能判断驾驶车辆撞伤自己的家庭成员和撞毁自有财产是否存在故意，是否骗保。虽然认定当事人是否有骗保行为可以通过公安机关进行调查，但时间长，手续复杂，因此，许多保险公司干脆就在保险合同中开列出排除名单。因此，这里的“家庭成员”应该包括两种情况：一是配偶，二是居住在一起的父母、子女或兄弟姐妹。对于配偶来说，无论他们是否居住在一起，都应该互为家庭成员。对于后者，如果在财产上已经分割，经济上各自独立，那么就不应该看作是家庭成员了。在上面的案例中，张某和其弟弟早就分家单过了，经济上各自独立，因此其弟弟应该属于“第三者”，保险公司应该给予理赔。但是如果换一种情况，如果张某的弟弟还没有成年，要依赖哥哥为生，那他就不应该属于“第三者”，保险公司也就不必赔偿了。

## （四）责任限额

每次事故的责任限额，由投保人和保险人在签订保险合同时协商确定。

主车和挂车连接使用时视为一体，发生保险事故时，在主车和挂车责任限额之和内承担赔偿责任。主车保险人和挂车保险人按照保险单上载明的机动车第三者责任保险责任限额的比例分摊赔款。

## （五）赔偿处理

1）发生保险事故时，被保险人或其允许的合法驾驶人应当及时采取合理的、必要的施救和保护措施，防止或者减少损失，并在保险事故发生后 48 小时内通知保险人。被保险人或其允许的合法驾驶人根据有关法律法规规定选择自行协商方式处理交通事故的，应当立即通知保险人。

2）被保险人或其允许的合法驾驶人根据有关法律法规规定选择自行协商方式处理交通事故的，应当协助保险人勘验事故各方车辆、核实事故责任，并依照《道路交通事故处理程序规定》签订记录交通事故情况的协议书。

3）被保险人索赔时，应当向保险人提供与确认保险事故的性质、原因、损失程度等有关的证明和资料。

被保险人应当提供保险单、损失清单、有关费用单据、被保险机动车行驶证和发生事故时驾驶人的驾驶证。

属于道路交通事故的，被保险人应当提供公安机关交通管理部门或法院等机构出具的事故证明、有关的法律文书（判决书、调解书、裁定书、裁决书等）及其他证明。被保险人或其允许的合法驾驶人根据有关法律法规规定选择自行协商方式处理交通事故的，被保险人应当提供依照《道路交通事故处理程序规定》签订记录交通事故情况的协议书。

4）保险人对被保险人给第三者造成的损害，可以直接向该第三者赔偿。

被保险人给第三者造成损害，被保险人对第三者应负的赔偿责任确定的，根据被保险人的请求，保险人应当直接向该第三者赔偿。被保险人怠于请求的，第三者有权就其应获赔偿部分直接向保险人请求赔偿。

被保险人给第三者造成损害，被保险人未向该第三者赔偿的，保险人不得向被保险人赔偿。

5）因保险事故损坏的第三者财产，应当尽量修复。修理前被保险人应当会同保险人检验，协商确定修理项目、方式和费用。对未协商确定的，保险人可以重新核定。

6）保险人按照《道路交通事故受伤人员临床诊疗指南》和国家基本医疗保险的同类医疗费用标准核定医疗费用的赔偿金额。

未经保险人书面同意，被保险人自行承诺或支付的赔偿金额，保险人有权重新核定。不属于保险人赔偿范围或超出保险人应赔偿金额的，保险人不承担赔偿责任。

7）保险人受理报案、现场查勘、核定损失、参与诉讼、进行抗辩、要求被保险人提供证明和资料、向被保险人提供专业建议等行为，均不构成保险人对赔偿责任的承诺。

### （六）保险期间

除另有约定外，保险期间为一年，以保险单载明的起讫时间为准。

**案例**

**车上还是车下**

**案情：**李某为自己的私家车投保了第三者责任险。不久前，李某约了几个朋友到郊区游玩。到达目的地后，几个朋友都下了车，李某将车开进停车场。在李某倒车的时候，不慎将一位朋友撞倒，这位朋友受了重伤。李某赶紧将伤者送往医院，并支付了所有医疗费用，共计4万余元。后来，经过公安交通部门裁定，李某应当对此次事故负全部责任。李某对这个裁定没有异议，愿意承担伤者所有医疗费用和其他相关费用。李某向保险公司提出理赔申请，但保险公司认为，伤者应当属于车上人员，所出的保险事故应当属于车上责任险的理赔范围，而不属于第三者责任险的理赔范围。由于李某没有投保车上责任险，所以保险公司不承担赔付的责任。李某对保险公司的做法非常不满，就向法院提出起诉。

**分析：**本次事故的受伤者虽然在发生事故之前乘坐了李某的车辆，但并不影响其“第三者”的身份。当其在李某车上时，他属于车上人员；在发生事故的时候伤者已经下了车，这个时候就应当是“第三者”了。所以保险公司应当按照第三者责任险的条款给予李某赔偿。类似的情况还有很多，比如，有的运营车辆将乘客送到目的地后，在倒车或者拐弯的时候把刚下车的乘客撞伤了，这时，第三者责任险也应当负责赔偿。因为乘客其实是一个特定的概念，凡是购买了车票并乘坐了车辆的人员都是乘客。那么，当乘客在车上的时候是乘客；下了车，这种特定的身份就没有了，就应该属于“第三者”的范畴了，因为乘客这时和运营车辆的乘运关系已经结束。但必须注意的一点是，如果伤者是正在上下车的过程中受到的伤害，那就不属于三者险赔偿的范围了。

## 二、机动车车上人员责任保险

### （一）保险标的

被保险机动车是指在中华人民共和国境内（不含港、澳、台地区）行驶，以动力装置驱动或者牵引，上道路行驶的供人员乘用或者用于运送物品以及进行专项作业的轮式车辆（含挂车）、履带式车辆和其他运载工具，但不包括摩托车、拖拉机、特种车。

### （二）保险责任

1）保险期间内，被保险人或其允许的合法驾驶人在使用被保险机动车过程中发生意外事故，致使车上人员遭受人身伤亡，依法应当对车上人员承担损害赔偿责任，保险人依照保险合同的约定负责赔偿。

2）保险人依据被保险机动车一方在事故中所负的事故责任比例，承担相应的赔偿责任。

被保险人或被保险机动车一方根据有关法律法规规定选择自行协商或由公安机关交通管理部门处理事故未确定事故责任比例的，按照下列规定确定事故责任比例：

被保险机动车一方负主要事故责任的，事故责任比例为 70%；

被保险机动车一方负同等事故责任的，事故责任比例为 50%；

被保险机动车一方负次要事故责任的，事故责任比例为 30%。

涉及司法或仲裁程序的，以法院或仲裁机构最终生效的法律文书为准。

### （三）责任免除

（1）在上述保险责任范围内，下列情况下，不论任何原因造成的人身伤亡，保险人均不负责赔偿：

1）事故发生后，被保险人或其允许的驾驶人在未依法采取措施的情况下驾驶被保险机动车或者遗弃被保险机动车逃离事故现场，或故意破坏、伪造现场、毁灭证据；

2）驾驶人有下列情形之一者：

① 饮酒、吸食或注射毒品、服用国家管制的精神药品或者麻醉药品；

② 无驾驶证，驾驶证被依法扣留、暂扣、吊销、注销期间；

③ 驾驶与驾驶证载明的准驾车型不相符合的机动车；

④ 实习期内驾驶公共汽车、营运客车或者执行任务的警车、载有危险物品的机动车或牵引挂车的机动车；

⑤ 驾驶出租机动车或营业性机动车无交通运输管理部门核发的许可证书或其他必备证书；

⑥ 学习驾驶时无合法教练员随车指导；

⑦ 非被保险人允许的驾驶人；

3）被保险机动车有下列情形之一者：

① 发生保险事故时被保险机动车行驶证、号牌被注销的，或未按规定检验或检验不合格；

② 被扣押、收缴、没收、政府征用期间；

③ 在竞赛、测试期间，在营业性场所维修、保养、改装期间；

④ 全车被盗窃、被抢劫、被抢夺、下落不明期间。

（2）下列原因导致的人身伤亡，保险人不负责赔偿：

1）地震及其次生灾害、战争、军事冲突、恐怖活动、暴乱、污染（含放射性污染）、核反应、核辐射；

2）被保险机动车被转让、改装、加装或改变使用性质等，导致被保险机动车危险程度显著增加，且被保险人、受让人未及时通知保险人。

（3）下列人身伤亡、损失和费用，保险人不负责赔偿：

1）被保险人或驾驶人的故意行为造成的人身伤亡；

2）被保险人及驾驶人以外的其他车上人员的故意、重大过失行为造成的自身伤亡；

3）车上人员因疾病、分娩、自残、斗殴、自杀、犯罪行为造成的自身伤亡；

4）违法、违章搭乘人员的人身伤亡；

5）罚款、罚金或惩罚性赔款；

6）超出《道路交通事故受伤人员临床诊疗指南》和国家基本医疗保险标准的医疗费用；

7）精神损害抚慰金；

8）律师费，未经保险人事先书面同意的诉讼费、仲裁费；

9）投保人、被保险人或其允许的驾驶人知道保险事故发生后，故意或者因重大过失未及时通知，致使保险事故的性质、原因、损失程度等难以确定的，保险人对无法确定的部分，不承担赔偿责任，但保险人通过其他途径已经及时知道或者应当及时知道保险事故发生的除外；

10）应当由机动车交通事故责任强制保险赔付的损失和费用。

（4）保险人在依据保险合同约定计算赔款的基础上，在保险单载明的责任限额内，按照下列方式免赔：

1）被保险机动车一方负次要事故责任的，实行5%的事故责任免赔率；负同等事故责任的，实行10%的事故责任免赔率；负主要事故责任的，实行15%的事故责任免赔率；负全部事故责任或单方肇事事故的，实行20%的事故责任免赔率；

2）投保时指定驾驶人，保险事故发生时为非指定驾驶人使用被保险机动车的，实行10%的绝对免赔率；

3）投保时约定行驶区域，保险事故发生在约定行驶区域以外的，增加10%的绝对免赔率。

## （四）责任限额

驾驶人每次事故责任限额和乘客每次事故每人责任限额由投保人和保险人在投保时协商确定。投保乘客座位数按照被保险机动车的核定载客数（驾驶人座位除外）确定。

## （五）赔偿处理

1）发生保险事故时，被保险人或其允许的合法驾驶人应当及时采取合理的、必要的施救和保护措施，防止或者减少损失，并在保险事故发生后48小时内通知保险人。被保险人或其允许的合法驾驶人根据有关法律法规规定选择自行协商方式处理交通事故的，应当立即通知保险人。

2）被保险人或其允许的合法驾驶人根据有关法律法规规定选择自行协商方式处理交通事故的，应当协助保险人勘验事故各方车辆、核实事故责任，并依照《道路交通事故处理程序规定》签订记录交通事故情况的协议书。

3）被保险人索赔时，应当向保险人提供与确认保险事故的性质、原因、损失程度等有关的证明和资料。

被保险人应当提供保险单、损失清单、有关费用单据、被保险机动车行驶证和发生事故时驾驶人的驾驶证。

属于道路交通事故的，被保险人应当提供公安机关交通管理部门或法院等机构出具的事故证明、有关的法律文书（判决书、调解书、裁定书、裁决书等）和通过机动车交通事故责任强制保险获得赔偿金额的证明材料。被保险人或其允许的合法驾驶人根据有关法律法规规定选择自行协商方式处理交通事故的，被保险人应当提供依照《道路交通事故处理程序规定》签订记录交通事故情况的协议书和通过机动车交通事故责任强制保险获得赔偿金额的证明材料。

4）保险人按照《道路交通事故受伤人员临床诊疗指南》和国家基本医疗保险的同类医疗费用标准核定医疗费用的赔偿金额。

未经保险人书面同意，被保险人自行承诺或支付的赔偿金额，保险人有权重新核定。因被保险人原因导致损失金额无法确定的，保险人有权拒绝赔偿。

5）保险人受理报案、现场查勘、核定损失、参与诉讼、进行抗辩、要求被保险人提供证明和资料、向被保险人提供专业建议等行为，均不构成保险人对赔偿责任的承诺。

### （六）保险期间

除另有约定外，保险期间为一年，以保险单载明的起讫时间为准。

## 三、交通事故责任强制保险

### （一）强制汽车责任保险的特点

强制汽车责任保险也称为法定汽车责任保险，是国家或地区基于公共政策的考虑，为维护社会大众利益，以颁布法律或行政法规的形式实施的汽车责任保险。不论被保险人是否愿意，都必须参加强制保险。强制汽车责任保险的目的是为了保障交通事故受害者能获得合理的基本保障。在强制汽车责任保险的规定下，汽车所有人必须按照法律法规投保汽车责任保险。

第一次世界大战以后，随着汽车的大量生产和销售价格的急剧下降，尤其是分期付款的促销方式的出现，普通平民开始拥有汽车，汽车迅速在大众中普及，为汽车保险业的迅速发展创造了条件。然而，尽管第一次世界大战以后汽车迅速地普及，但由于其价格不菲，购车时几乎花费了车主的所有积蓄，出现了许多无力购买汽车保险或无相应财产做担保的驾车人。当事故发生时不仅自己的损失无法弥补，而且意外事故的受害人的损害也无法得到及时有效的赔偿。同时，有的驾车人虽然购买了汽车保险，但因保险责任限额很低，也无法弥补受害人的经济损失。为了改变这种状况，许多国家和地区相继制定了有关法令，强制实行汽车责任保险，以确保受害人能够得到及时的补偿。

世界上最初将车辆损害视为社会问题的是美国的马萨诸塞州。该州认为必须彻底改革汽车的责任保险制度，以谋求对社会大众提供保护。因为公路是为全体行人而修建的，以车辆代步者，应该预先提供具有赔偿能力的证明。这种赔偿能力证明的方法是投保责任险，或者依法提供保证金。马萨诸塞州据此于1925年着手起草保险史上举世闻名的《强制汽车保险法》（Compulsory Auto Insurance Laws），并于1927年公布实施。强制汽车保险法不仅规定驾驶人在发生意外事故后，必须证明自己有经济赔偿责任，否则为非法驾驶人。同时，要求驾驶人在登记申请牌照时，必须提供下列证明之一：汽车责任保险单；保证驾驶人有赔偿能力的有价证券；一定金额的存款证明。

一般来说强制汽车责任保险具有以下的特点：

**1．强制汽车责任保险具有强制性**

保险法规定的投保原则是自愿与合同制度，一般的汽车责任保险都依据保险法办理，而强制汽车责任保险根据强制保险的相应法规办理，依法强制实行，甚至无须采用合同制度，具有强制性的特点。

**2．强制汽车责任保险对第三者的利益具有基本保障性**

一般的汽车责任保险投保人可以自愿选择，其目的是保障被保险人的利益，将车因保险事故所负的赔偿责任以保险方式转移给保险人，为被保险人提供经济保障。而强制汽车责任保险的目的，是使事故受害者能获得合理的基本保障，实质上是保障第三者的利益以维护社会的安定。

**3．强制汽车责任保险具有不可选择性**

一般汽车责任保险是由投保人自行选择保险责任的大小并交付相应的保险费，发生保险事故时，保险人按照约定的保险金额或赔偿限额进行赔偿。而强制汽车责任保险只能提供给被保险人基本的保障，保障范围一般包括死亡给付、医疗费用支出、伤残给付和收入损失等四项，具有不可选择性。

**4．强制汽车责任保险的保险基金由政府专门管理与使用**

一般汽车责任保险的保险基金，依照保险法由商业运作的保险人管理和使用；而强制汽车责任保险的保险基金，由政府的主管部门或者主管部门委托的信托人管理和使用。

**5．强制汽车责任保险以无过失责任为基础**

汽车在使用的同时，往往易发生交通事故而致人伤害。一般汽车责任保险依据保险合同的规定，以过失责任为归责原则确定损害赔偿的范围和大小，而强制汽车责任保险根据相关法律的规定，大多采用以无过失责任为基础的归责原则。

**6．强制汽车责任保险具有公益性**

一般汽车责任保险的承保范围包括第三者人身伤害、财产损失、车上责任等。强制汽车责任保险的承保范围多数仅限于第三者的人身伤害，至于乘客是否包括在强制汽车责任保险的范围内，各国的法律规定不同。因强制汽车责任保险的承保范围较窄，其费率由政府统一定制，保险人不能订立，所以保险费率相对较低，具有公益性，以利于顺利实施。

**案例**

**国际上强制车辆责任险的发展历程**

机动车辆第三者责任保险最早始于19世纪末的英国。随后，美国于1902年也开展了第三人财物损毁责任保险。自此之后，西方发达国家纷纷开展了机动车辆第三者责任保险。

但是这一时期的机动车辆第三者责任保险还处于起步阶段，各国开展机动车辆第三者责任保险均采取完全自愿的模式，且保险公司对于此类业务的经营不正规，保险费率的计算及损失率的预测准确性较低，导致保险公司面临巨大的经营风险及财务风险，从而致使很多开展机动车辆第三者责任保险业务的保险公司破产倒闭，最终致使大部分机动车辆事故的受害者得不到补偿与救济。

为了改善这一状况，很多国家都纷纷采取措施，制定了大量相关的法令，强制执行机动车辆第三者责任保险。其中，最早实施机动车辆强制第三者责任保险的国家为美国．美国的马萨诸塞州于1925年制定了强制汽车责任保险法，并于1927年公布实施。这是机动车辆第三者责任保险发展史上的一个里程碑，标志着机动车辆第三者责任保险开展模式由自愿方式向强制法定方式的转变。随后，新西兰、英国等很多国家纷纷实行了机动车辆第三者责任法定保险。目前，几乎所有的国家都实行了机动车辆强制第三者责任保险制度。

## （二）我国的交通事故责任强制保险

我国的交通事故责任强制保险（以下简称“交强险”）是根据《中华人民共和国道路交通安全法》《中华人民共和国保险法》《机动车交通事故责任强制保险条例》等法律、行政法规制定，与2006年7月1日开始实施。根据规定，我国的机动车交强险，是指由保险公司对被保险机动车发生道路交通事故造成本车人员、被保险人以外的受害人的人身伤亡、财产损失，在责任限额内予以赔偿的强制性责任保险。交强险合同中的被保险人是指投保人及其允许的合法驾驶人；投保人是指与保险人订立交强险合同，并按照合同负有支付保险费义务的机动车的所有人、管理人；受害人是指因被保险机动车发生交通事故遭受人身伤亡或者财产损失的人，但不包括被保险机动车本车车上人员、被保险人。

### 1. 交强险的保险责任

在中华人民共和国境内（不含港、澳、台地区），被保险人在使用被保险机动车过程中发生交通事故，致使受害人遭受人身伤亡或者财产损失，依法应当由被保险人承担的损害赔偿责任，保险人按照交强险合同的约定对每次事故在下列赔偿限额内负责赔偿：

1）死亡伤残赔偿限额为 110 000 元；

2）医疗费用赔偿限额为 10 000 元；

3）财产损失赔偿限额为 2 000 元；

4）被保险人无责任时，无责任死亡伤残赔偿限额为 11 000 元；无责任医疗费用赔偿限额为 1 000 元；无责任财产损失赔偿限额为 100 元。

死亡伤残赔偿限额和无责任死亡伤残赔偿限额项下负责赔偿：丧葬费、死亡补偿费、受害人亲属办理丧葬事宜支出的交通费用、残疾赔偿金、残疾辅助器具费、护理费、康复费、交通费、被扶养人生活费、住宿费、误工费，被保险人依照法院判决或者调解承担的精神损害抚慰金。

医疗费用赔偿限额和无责任医疗费用赔偿限额项下负责赔偿：医药费、诊疗费、住院费、住院伙食补助费，必要的、合理的后续治疗费、整容费、营养费。

### 2. 责任免除

下列损失和费用，交强险不负责赔偿和垫付：

1）因受害人故意造成的交通事故的损失；

2）被保险人所有的财产及被保险机动车上的财产遭受的损失；

3）被保险机动车发生交通事故，致使受害人停业、停驶、停电、停水、停气、停产、通信或者网络中断、数据丢失、电压变化等造成的损失以及受害人财产因市场价格变动造成的贬值、修理后因价值降低造成的损失等其他各种间接损失；

4）因交通事故产生的仲裁或者诉讼费用以及其他相关费用。

### 3. 保险期间

除国家法律、行政法规另有规定外，交强险合同的保险期间为一年，以保险单载明的起止时间为准。

### 4. 交强险的赔偿处理

被保险机动车发生道路交通事故造成本车人员、被保险人以外的受害人人身伤亡、财产损失的，由保险公司依法在机动车交通事故责任强制保险责任限额范围内予以赔偿。道路交通事故的损失是由受害人故意造成的，保险公司不予赔偿。这里体现“限额内完全赔偿”原则，实际上是“无过错责任”效果。

**小资料**

**交强险合同中的责任限额**

交强险合同中的责任限额是指被保险机动车发生交通事故，保险人对每次保险事故所有受害人的人身伤亡和财产损失所承担的最高赔偿金额。责任限额分为死亡伤残赔偿限额、医疗费用赔偿限额、财产损失赔偿限额以及被保险人在道路交通事故中无责任的赔偿限额。其中无责任的赔偿限额分为无责任死亡伤残赔偿限额、无责任医疗费用赔偿限额以及无责任财产损失赔偿限额。

**案例**

**交强险是无责赔偿**

**案情：**投保交强险的甲乙两车追尾，未发生人员伤亡，仅发生财产损失。甲车无责，而乙车有责，那么乙车将对甲车进行赔偿，最高的情况是 2 000 元。而甲车虽然无责，但也需给乙车赔偿，限额最高 100 元。第二种情况：如果甲乙两车相撞，互相都有责任的情况下，则两车都将赔偿有责财产限额，最高 2 000 元。

**分析：**由于《道路交通法》第 76 条确立了无责赔偿的原则，因此交强险的赔偿也将依照此原则。这意味着交强险实行后，事故中的车辆也将互为责任，进行赔偿。

被保险机动车发生道路交通事故，被保险人或者受害人通知保险公司的，保险公司应当立即给予答复，告知被保险人或者受害人具体的赔偿程序等有关事项。

被保险机动车发生道路交通事故的，由被保险人向保险公司申请赔偿保险金。保险公司应当自收到赔偿申请之日起 1 日内，书面告知被保险人需要向保险公司提供的与赔偿有关的证明和资料。

保险公司应当自收到被保险人提供的证明和资料之日起 5 日内，对是否属于保险责任做出核定，并将结果通知被保险人；对不属于保险责任的，应当书面说明理由；对属于保险责任的，在与被保险人达成赔偿保险金的协议 10 日内，赔偿保险金。

机动车发生交通事故造成人身伤亡、财产损失的，由保险公司在机动车第三者责任强制保险责任限额范围内予以赔偿。被保险机动车发生道路交通事故的，由被保险人向保险公司申请赔偿保险金。保险公司可以向被保险人赔偿保险金，也可以直接向受害人赔偿保险金。

### 5. 抢救费用的垫付和支付

有下列情形之一的，保险公司在机动车交通事故强制保险责任限额范围内垫付抢救费用，并有权向致害人追偿：

1）驾驶人未取得驾驶资格或者醉酒的；

2）被保险机动车被盗抢期间肇事的；

3）被保险人故意制造道路交通事故的。

有前款所列情形之一，发生道路交通事故的，造成受害人的财产损失，保险公司不承担赔偿责任。

医疗机构对交通事故中的受伤人员应当及时抢救，不得因抢救费用未及时支付而拖延救治。肇事车辆参加机动车第三者责任强制保险的，由保险公司在责任限额范围内支付抢救费用；抢救费用超过责任限额的、未参加机动车第三者强制保险或者肇事后逃逸的，由道路交通事故社会救助基金先行垫付部分或者全部抢救费用，道路交通事故社会救助基金管理机构有权向交通事故责任人追偿。因抢救受伤人员需要保险公司支付或者垫付抢救费用的，保险公司在接到公安机关交通管理部门通知后，经核对应当及时向医疗机构支付或者垫付抢救费用。抢救费用，是指机动车发生道路交通事故导致人员受伤时，医疗机构参照国务院卫生主管部门组织制定的有关临床诊疗指南，对生命体征不平稳和虽然生命体征平稳但如果不采取处理措施会产生生命危险，或者导致残疾、器官功能障碍，或者导致病程明显延长的受伤人员，采取必要的处理措施所发生的医疗费用。

**案例**

**交强险的赔偿**

**案情：**假如王先生购买交强险和10万元限额的商业三者险后，不幸遭遇车祸致使某行人伤残，他承担事故全责，共需要赔偿受害方3.8万元，赔偿金额包括伤残费用2万元，医疗费用1.2万元，财产损失6 000元。按照交强险的理赔项目计算，保险公司应赔偿受害人3.2万元，其中死亡伤残费用2万元，医疗费用1万元，财产损失费用2 000元；然后按照商业三者险与车损险的理赔条款计算，剩余的6 000元理赔款包括医疗费用2 000元，财产损失4 000元，但由于王先生承担事故全责，保险公司通常会扣除20%免赔率，这时王先生只能得到4 800元商业三者险的理赔款，所以王先生总共能得到3.68万元理赔款。

如果王先生在这起事故处于无责任状态，但假设仍需赔付3.8万元给受害者，而理赔款项仍旧包括伤残费用2万元，医疗费用1万元，财产损失6 000元。按照交强险的理赔条款规定，当车主处于事故无责时，交强险各理赔项目限额会发生变化，这时保险公司将赔偿受害人2.11万元，其中死亡伤残2万元，医疗费用1 000元，财产损失100元，但商业三者险的理赔宗旨却是无责不赔，这时王先生就只能自行赔付剩余的1.69万元。

假如王先生承担事故全责，当上述案例的赔偿费用变成19.8万元时，包括伤残费用9.6万元，医疗费用9.2万元，财产损失费用1万元。如果车主购买10万元保额的商业三者险，当交强险承担伤残费用9.6万元，医疗费用1万元，财产损失2 000元共10.8万元后，商业三者险也能承担剩余的9.2万元，即便王先生处于事故全责要扣除20%理赔款，他也能领到8.16万元商业三者险理赔款，总计保险公司要承担18.96万元理赔款，极大减轻王先生的赔偿负担。但如果王先生不买商业三者险，他将不得不自行赔付剩余的9.2万元。

**分析：**交强险和传统商业三者险的理赔标准存在很多不同之处。通常交强险在其分项赔偿限额内赔偿，而商业车险在扣除交强险赔偿金额后，对剩余理赔金额按照事故责任比例计算免赔率，最终确定相应理赔金额，但商业车险的理赔原则是有责赔付，无责不赔。

# 第三节 附加保险

附加险条款的法律效力优于主险条款。附加险条款未尽事宜，以主险条款为准。除附加险条款另有约定外，主险中的责任免除、免赔规则、双方义务同样适用于附加险。

## 一、玻璃单独破碎险

投保了机动车损失保险的机动车，可投保该附加险。

### （一）保险责任

保险期间内，被保险机动车风挡玻璃或车窗玻璃的单独破碎，保险人按实际损失金额赔偿。

### （二）投保方式

投保人与保险人可协商选择按进口或国产玻璃投保。保险人根据协商选择的投保方式承担相应的赔偿责任。

### （三）责任免除

安装、维修机动车过程中造成的玻璃单独破碎。

### （四）其他

该附加险不适用主险中的各项免赔规定。

## 二、自燃损失险

投保了机动车损失保险的机动车，可投保该附加险。

### （一）保险责任

1）保险期间内，指在没有外界火源的情况下，由于本车电器、线路、供油系统、供气系统等被保险机动车自身原因或所载货物自身原因起火燃烧造成本车的损失；

2）发生保险事故时，被保险人为防止或者减少被保险机动车的损失所支付的必要的、合理的施救费用，由保险人承担；施救费用数额在被保险机动车损失赔偿金额以外另行计算，最高不超过该附加险保险金额的数额。

### （二）责任免除

1）自燃仅造成电器、线路、油路、供油系统、供气系统的损失；

2）由于擅自改装、加装电器及设备导致被保险机动车起火造成的损失；

3）被保险人在使用被保险机动车过程中，因人工直接供油、高温烘烤等违反车辆安全操作规则造成的损失；

4）该附加险每次赔偿实行20%的绝对免赔率，不适用主险中的各项免赔规定。

### （三）保险金额

保险金额由投保人和保险人在投保时被保险机动车的实际价值内协商确定。

### （四）赔偿处理

全部损失，在保险金额内计算赔偿；部分损失，在保险金额内按实际修理费用计算赔偿。

## 三、新增加设备损失险

投保了机动车损失保险的机动车，可投保该附加险。

### （一）保险责任

保险期间内，投保了该附加险的被保险机动车因发生机动车损失保险责任范围内的事故，造成车上新增加设备的直接损毁，保险人在保险单载明的本附加险的保险金额内，按照实际损失计算赔偿。

### （二）责任免除

该附加险每次赔偿的免赔规定以机动车损失保险条款规定为准。

### （三）保险金额

保险金额根据新增加设备投保时的实际价值确定。新增加设备的实际价值是指新增加设备的购置价减去折旧金额后的金额。

## 四、车身划痕损失险

投保了机动车损失保险的机动车，可投保该附加险。

### （一）保险责任

保险期间内，投保了该附加险的机动车在被保险人或其允许的合法驾驶人使用过程中，发生无明显碰撞痕迹的车身划痕损失，保险人按照保险合同约定负责赔偿。

### （二）责任免除

1）被保险人及其家庭成员、驾驶人及其家庭成员的故意行为造成的损失；
2）因投保人、被保险人与他人的民事、经济纠纷导致的任何损失；
3）车身表面自然老化、损坏、腐蚀造成的任何损失；
4）该附加险每次赔偿实行15%的绝对免赔率，不适用主险中的各项免赔规定。

### （三）保险金额

保险金额为2 000元、5 000元、10 000元或20 000元，由投保人和保险人在投保时协商确定。

### （四）赔偿处理

1）在保险金额内按实际修理费用计算赔偿。
2）在保险期间内，累计赔款金额达到保险金额，该附加险保险责任终止。

## 五、发动机涉水损失险

该附加险仅适用于家庭自用汽车、党政机关、事业团体用车、企业非营业用车，且只有在投保了机动车损失保险后，方可投保该附加险。

### （一）保险责任

保险期间内，投保了该附加险的被保险机动车在使用过程中，因发动机进水后导致的发动机的直接损毁，保险人负责赔偿；

发生保险事故时，被保险人为防止或者减少被保险机动车的损失所支付的必要的、合理的施救费用，由保险人承担；施救费用数额在被保险机动车损失赔偿金额以外另行计算，最高不超过保险金额的数额。

### （二）责任免除

该附加险每次赔偿均实行 15%的绝对免赔率，不适用主险中的各项免赔规定。

### （三）赔偿处理

在发生保险事故时被保险机动车的实际价值内计算赔偿。

## 六、修理期间费用补偿险

只有在投保了机动车损失保险的基础上方可特约该条款，机动车损失保险责任终止时，该保险责任同时终止。

### （一）保险责任

保险期间内，特约了本条款的机动车在使用过程中，发生机动车损失保险责任范围内的事故，造成车身损毁，致使被保险机动车停驶，保险人按保险合同约定，在保险金额内向被保险人补偿修理期间费用，作为代步车费用或弥补停驶损失。

### （二）责任免除

下列情况下，保险人不承担修理期间费用补偿：
1）因机动车损失保险责任范围以外的事故而致被保险机动车的损毁或修理；
2）非在保险人指定的修理厂修理时，因车辆修理质量不合要求造成返修；

3）被保险人或驾驶人拖延车辆送修期间；

4）该保险每次事故的绝对免赔额为1天的赔偿金额，不适用主险中的各项免赔规定。

### （三）保险金额

该附加险保险金额=补偿天数×日补偿金额。补偿天数及日补偿金额由投保人与保险人协商确定并在保险合同中载明，保险期间内约定的补偿天数最高不超过90天。

### （四）赔偿处理

全车损失，按保险单载明的保险金额计算赔偿；部分损失，在保险金额内按约定的日赔偿金额乘以从送修之日起至修复之日止的实际天数计算赔偿，实际天数超过双方约定修理天数的，以双方约定的修理天数为准。

保险期间内，累计赔款金额达到保险单载明的保险金额，该附加险保险责任终止。

## 七、车上货物责任险

投保了机动车第三者责任保险的机动车，可投保该附加险。

### （一）保险责任

保险期间内，发生意外事故致使被保险机动车所载货物遭受直接损毁，依法应由被保险人承担的损害赔偿责任，保险人负责赔偿。

### （二）责任免除

1）偷盗、哄抢、自然损耗、本身缺陷、短少、死亡、腐烂、变质、串味、生锈，动物走失、飞失，货物自身起火燃烧或爆炸造成的货物损失；

2）违法、违章载运造成的损失；

3）因包装、紧固不善，装载、遮盖不当导致的任何损失；

4）车上人员携带的私人物品的损失；

5）保险事故导致的货物减值、运输延迟、营业损失及其他各种间接损失；

6）法律、行政法规禁止运输的货物的损失；

7）该附加险每次赔偿实行20%的绝对免赔率，不适用主险中的各项免赔规定。

### （三）责任限额

责任限额由投保人和保险人在投保时协商确定。

### （四）赔偿处理

被保险人索赔时，应提供运单、起运地货物价格证明等相关单据。保险人在责任限额内按起运地价格计算赔偿。

## 八、精神损害抚慰金责任险

只有在投保了机动车第三者责任保险或机动车车上人员责任保险的基础上方可投保该附加险。

在投保人仅投保机动车第三者责任保险的基础上附加该附加险时，保险人只负责赔偿第三者的精神损害抚慰金；在投保人仅投保机动车车上人员责任保险的基础上附加该附加险时，保险人只负责赔偿车上人员的精神损害抚慰金。

### （一）保险责任

保险期间内，被保险人或其允许的合法驾驶人在使用被保险机动车的过程中，发生投保的主险约定的保险责任内的事故，造成第三者或车上人员的人身伤亡，受害人据此提出精神损害赔偿请求，保险人依据法院判决及保险合同约定，对应由被保险人或被保险机动车驾驶人支付的精神损害抚慰金，在扣除机动车交通事故责任强制保险应当支付的赔款后，在该保险赔偿限额内负责赔偿。

### （二）责任免除

1）根据被保险人与他人的合同协议，应由他人承担的精神损害抚慰金；
2）未发生交通事故，仅因第三者或本车人员的惊恐而引起的损害；
3）怀孕妇女的流产发生在交通事故发生之日起 30 天以外的；
4）该附加险每次赔偿实行 20%的绝对免赔率，不适用主险中的各项免赔规定。

### （三）赔偿限额

该保险每次事故赔偿限额由保险人和投保人在投保时协商确定。

### （四）赔偿处理

该附加险赔偿金额依据人民法院的判决在保险单所载明的赔偿限额内计算赔偿。

## 九、不计免赔险

投保了任一主险及其他设置了免赔率的附加险后，均可投保该附加险。

### （一）保险责任

经特别约定，保险事故发生后，按照对应投保的险种规定的免赔率计算的、应当由被保险人自行承担的免赔金额部分，保险人负责赔偿。

### （二）责任免除

下列情况下，应当由被保险人自行承担的免赔金额，保险人不负责赔偿：

1）机动车损失保险中应当由第三方负责赔偿而无法找到第三方的；

2）因违反安全装载规定而增加的；

3）投保时指定驾驶人，保险事故发生时为非指定驾驶人使用被保险机动车而增加的；

4）投保时约定行驶区域，保险事故发生在约定行驶区域以外而增加的；

5）发生机动车全车盗抢保险规定的全车损失保险事故时，被保险人未能提供《机动车登记证书》、机动车来历凭证的，每缺少一项而增加的；

6）机动车损失保险中约定的每次事故绝对免赔额；

7）可附加本条款但未选择附加本条款的险种规定的；

8）不可附加本条款的险种规定的。

## 十、机动车损失保险无法找到第三方特约险

投保了机动车损失保险后，可投保该附加险。

投保了该附加险后，对于机动车损失保险第 11 条第二款列明的“被保险机动车的损失应当由第三方负责赔偿，无法找到第三方的，实行 30%的绝对免赔率”，被保险机动车损失应当由第三方负责赔偿，但因无法找到第三方而增加的由被保险人自行承担的免赔金额，保险人负责赔偿。

## 十一、指定修理厂险

投保了机动车损失保险的机动车，可投保该附加险。

投保人在投保时选择该附加险，并增加支付该附加险的保险费的，机动车损失保险事故发生后，被保险人可指定修理厂进行修理。

# 第四节 汽车保险费率

## 一、影响汽车保险费率的风险因素

只有认识风险，才能有效地评估和处理风险，实现管理和控制风险的目的。所以，对于风险因素的认识是风险管理的基础。机动车辆的风险因素主要有：机动车辆自身的风险、驾驶人员风险、地理环境风险、社会环境风险、经营管理风险、损失记录等。以下将对这些风险因素进行分析。

### （一）车辆自身风险

#### 1. 品牌车型

由于世界各国车厂众多，不同的厂家生产的车辆特点不同，车的安全性能也不同。因此，评估机动车辆风险时要考虑到同一行驶区域、同一使用性质条件下不同品牌风险，在确定承保条件及费率上也应有所不同。

2．车辆种类

目前国内将机动车辆分成五种，即客车、货车、专用车、摩托车、拖拉机。

（1）客车　它主要用来运送人员，运客能力主要以座位数来衡量。座位数是指车辆拥有的可供乘坐的标准（核定）座位的数量，它所反映的是车辆的客运能力。座位数的多与少直接关系到两方面的风险：①乘客责任的风险。它一般情况下，乘客位数量越多，运载的乘客数也就越多，对于乘客的责任而言，其风险就会加大。因此，在承保车上（乘客）责任险时，要充分考虑车辆的座位数量；②第三者责任的风险。座位数多的车辆，车体往往也较大，这类车辆的转向性能和制动性能相对较差，容易发生交通事故。在发生事故时，往往对第三者或自身车体的损坏也就越大，因此在承保时，要予以适当考虑。

（2）货车　它主要是指那些用来运送货物的车辆，其货运能力主要以吨位数来衡量。吨位数与座位数的特点较为相似，后者是针对人，而前者则是针对货物，因此，在承保时，要充分考虑吨位数。

（3）专用车　各种专用车由于其特殊的使用性质，具有特殊的风险性。如，油罐车、气罐车、液罐车一般以装载危险品为主；起重车、装卸车存在较大的作业风险；冷藏车旦发生损失修复费用通常比一般车辆要高。

（4）摩托车　摩托车的特点是：具有操纵灵活性的同时，适应性和安全性均较差。据统计，摩托车的事故率相当高，一旦发生事故造成损失的可能性也较大。

（5）拖拉机　按用途拖拉机可分为农业机械和运输工具两种。拖拉机的风险除了由其设计使用功能决定之外，一般拖拉机的驾驶人员的技术水平也不高。

3．排气量

排气量越大，汽车的动力性能也越好，对于同一类汽车而言，意味着速度会越快。在同一事故原因下，速度越快，意味着损失程度也就越大，即风险越高。

4．车龄

车龄是指从新车购置之日起至投保之日止期间的年限，年限以 12 个月日历年限为标准。车辆状况同车龄有着直接关系，车龄越大，则车的使用年限越长，车辆的磨损与老化程度就越高，从而导致车况越差，使发生车辆事故的概率同步上升。因此，在进行机动车辆风险评估时，必须认真考虑车龄的因素。

5．行驶区域

这是指车辆行驶的地域范围。根据目前我国地理情况，我国将车辆行驶区域分为三类，即省内（含直辖市、自治区）行驶、国内行驶以及出入国境行驶。

1）省内行驶：指在某一省、直辖市或自治区所辖的地域范围内行驶；

2）国内行驶：指在中华人民共和国境内行驶，其范围已包括省内行驶；

3）出入国境行驶：指车辆不仅在中华人民共和国境内行驶，而且还跨越国境在其他国境行驶。

由于车辆行驶范围不同，驾驶人对不同地区的交通规则、地形、地貌等熟悉程度不同，以及在不同地区造成损失承担的赔偿责任不同，因此，车辆的风险状况也不同。整体而言，随着行驶地域的扩大，风险程度积累越大，即：省内行驶风险＜国内行驶风险＜出入境行驶风险。因此，要对车辆行驶区域认真审核，在确定承保条件及费率时充分考虑行驶区域因素。

6. 使用性质

根据车辆的使用性质，国内目前将车辆按如下方式分类：营运车辆和非营运车辆。由于车辆的使用性质不同，导致车辆所具有的风险也不同。整体而言，因为营运车辆长时间运转，车辆磨损率及事故概率要比非营运车辆高，因此，营运车辆风险比非营运车辆风险要高。

## （二）驾驶人员风险

在进行机动车辆风险研究的过程中，研究人员发现机动车辆事故发生的概率与驾驶人员本身有着密切的关系。通过对大量事故数据的研究和分析，研究人员发现影响驾驶人员安全驾驶的主要因素包括：年龄、性别、经验、职业、婚姻状况、品行和肇事记录等。

1. 年龄

机动车辆发生事故在不同年龄人员中发生的概率从统计学角度来看具有一定的规律性。24 岁以下的青年人，年轻气盛，往往喜欢开快车，发生交通事故的概率较高；54 岁以上的老年人，驾车速度相对较慢，但反应相对迟钝，也容易导致交通事故，但导致致命事故的比例较小；24～54 岁之间的中青年人，生理上具备优势，具有一定的驾驶经验，分析、判断能力较强，同时具有稳健的心态和较强的责任感，驾车相对安全。

2. 性别

对驾驶人员进行分组研究的另一个明显发现是：交通肇事记录同性别有密切关系。就整体情况而言，男性驾驶人员的重大事故肇事概率较女性要高。保险公司也因此根据驾驶员的性别不同设定费率系数，并按不同的系数收取保险费。

3. 经验、职业与婚姻状况

研究还表明驾驶人员的驾车经验、职业及婚姻状况对其驾驶的安全性也存在一定的关联性。统计分析结果显示：有一定驾驶经验、白领职业及已婚驾驶人员的肇事记录明显较低。

4. 品行与肇事记录

所谓品行，主要是指有犯罪记录的人员，尤其是有保险诈骗犯罪记录的人员。对于续保业务，在采用从人费率体系条件下确定费率时已经考虑了肇事记录这一因素。但是，对于首次投保的驾驶人员就应对其以外的肇事记录进行了解，以便加强风险控制。目前，我国在对机动车辆驾驶人员的管理中普遍推行了记分制度，在采用从人费率的条件下可以将这一制度作为确定被保险人风险等级的一个重要依据。

## （三）地理环境风险

由于机动车辆是流动的标的，因此其活动范围内的地理环境对机动车辆的风险具有相当大的影响。这些地理环境风险因素主要包括：气候、地貌及路面状况等。

1. 气候

我国地域广阔，从南到北，从东到西，气候差异很大。由于气候的差异，对车辆构成的风险也有很大区别。总体而言，由于东部与南部雨水多，车辆水浸的现象也较多，导致车辆易于锈蚀；另外，由于雨季时间较长，长期路面泥泞，事故也会增多。而西部与北部则因冬季气候寒冷，降雪较多，路面较滑，在冬季事故则明显增多；同时，个别地区因异常寒冷，有车内生火取暖情况，容易导致车辆燃烧。

2. 地形和地貌

由于地域广阔，造成我国地形地貌差异非常大，有平原、丘陵、山地等各种复杂的地形地貌。不同的地形地貌，道路的总体情况差异很大。平原地区由于地势平缓、视野开阔，行车比较安全；山地则因地势高低不平、道路曲折、路面狭窄，以及隧道和桥梁较多，容易发生交通事故，特别是恶性交通事故。

3. 路面状况

路面状况通常是按道路的等级来划分的，不同的道路等级反映不同的路面设计标准和施工工艺。路面状况对机动车辆的行车安全及车辆损耗有直接影响，路面状况较好的地段，车辆的事故率则相对要低一些；路面状况较差的地段，车辆的事故率则明显要高。

### （四）社会环境风险

影响机动车辆风险的因素不仅涉及车辆本身和自然环境，更重要的还涉及机动车辆使用的社会环境。社会环境因素有时对机动车辆的风险具有很大的影响，具体体现在以下几个方面：

1. 法制环境

法制环境良好的地区被保险人和驾驶人员的法制观念均较强，在经营和驾驶上均能够自觉遵守国家的有关法律法规，对于机动车辆的维护能够按照有关规定定期进行，能确保车辆处于良好的状态。营业车辆能够按照要求进行营运，杜绝超载和违章现象，相对降低了事故风险。驾驶人员和行人均能够按照交通规则规范自己的行为，是降低和避免交通事故的关键所在。

2. 治安情况

机动车辆的另一个最显著的风险就是盗窃抢夺风险，而这同使用地区的社会治安状况联系最为密切。

3. 市场情况

市场情况可以分为市场监管情况和行业自律情况。它们都是规范市场、防止保险中道德风险的有效手段。

4. 人文环境

机动车辆的风险与人文环境有着密切的关系，这种人文环境包括构成交通环境的人对交通法规的熟悉程度、安全意识等。

### （五）经营管理风险

在机动车辆保险的风险中，被保险人的经营管理是一个重要的风险因素，特别是那些经营型的车队被保险人。对于被保险人的经营管理风险的评估可以分为三个方面：经营的基本情况、管理的技术和以往的赔付记录。

#### 1. 经营的基本情况

被保险人的基本情况是决定其经营管理基本价值取向的关键。经营模式是一个主要因素。有的公司不关心车辆的安全状况以及驾驶人员的安全教育，使被保险人的风险大大增加。有的企业片面追求短期效益，势必减少对安全生产的投入，甚至采用超载、“带病”上路等手段，都将增大风险。

#### 2. 管理的技术

管理的技术包括管理经验和管理制度。管理经验是指被保险人拥有一批熟悉车辆安全行驶和管理的技术人员，这些人具有相当的技术和经验，能够胜任对车队安全行车的管理工作。管理制度是指被保险人具有一整套健全和完善的管理制度，通过这些制度能够全面规范车辆使用管理中的各个环节，同时，能够确保这些制度均能够得到严格和有效的执行。

#### 3. 以往的损失记录

被保险人的以往损失记录是其经营管理情况的反映。注重对被保险人以往损失情况的收集并对其进行分析和研究，就能够对被保险人的经营管理情况、存在的问题有一个较全面和科学的认识，一方面可以协助保险人科学地决定是否承保、有针对性地制定承保的条件并合理地确定费率，另一方面能够让被保险人了解自身风险的情况，便于改进。

## 二、保险费率模式

保险费，简称保费，是投保人参加保险时所交付的保险费用。保险费率是指依照保险金额计算保险费的比例，通常以千分率来表示。保险金额是指保险合同双方当事人约定的保险人于保险事故发生后应赔偿（给付）保险金的限额，它是保险人据以计算保险费的基础。

在市场经济条件下，价值规律的核心是使价格真实地反映价值，从而体现在交易过程中公平和对价的原则。但是，如何才能够实现这一目标，从被动的角度出发，可以通过市场适度和有序的竞争实现这一目标，但这往往需要付出一定的代价。从主动和经济的角度出发，保险人要想在市场上生存和发展，就必须探索出确定价格的科学合理模式。

就汽车保险而言，保险人同样希望保费设计得更精确、更合理。根据上文所述，影响汽车保险索赔频率和索赔金额的风险因素很多，而且影响的程度也各不相同。每一辆汽车的风险程度是由其自身风险因素综合影响的结果，所以，科学的方法是通过全面综合地考虑这些风险因素后确定费率。

通常各国汽车保险费率的确定模式可以划分为两大类，即从车费率模式和从人费率模式。从车费率模式是以被保险车辆的风险因素为主体，作为确定保险费率主要因素的费率确定模式。从人费率模式是以驾驶被保险车辆人员的风险因素为主体，作为确定保险费率主要因素的费率确定模式。

## （一）从车费率模式

从车费率模式是指在确定保险费率的过程中主要以被保险车辆的风险因子作为影响费率确定因素的模式。目前，我国采用的汽车保险的费率模式大多属于从车费率模式。

现行的汽车保险费率体系中影响费率的主要变量为车辆的使用性质、车辆生产地和车辆的种类：

（1）根据车辆的使用性质划分：营业性车辆与非营业性车辆；

（2）根据车辆的生产地划分：进口车辆与国产车辆；

（3）根据车辆的种类划分：车辆种类与吨位。

除了上述三个主要的从车因素外，现行的汽车保险费率还将车辆行驶的区域作为汽车保险的风险因素，即按照车辆使用的不同地区，适用不同的费率。

从车费率模式具有体系简单，易于操作的特点。然而从车费率模式的缺陷是显而易见的，因为在汽车的使用过程中对于风险的影响起到决定因素的是与车辆驾驶人有关的风险因素。尤其是将汽车保险特有的“无赔偿优待”与车辆联系，而不是与驾驶人联系，显然不利于调动驾驶人的主观能动性，其本身也与设立无赔偿优待制度的初衷相违背。

## （二）从人费率模式

从人费率模式是指在确定保险费率的过程中主要以被保险车辆驾驶人的风险因素作为影响费率确定因素的模式。目前，大多数国家采用的汽车保险的费率模式均属于从人费率模式，影响费率的主要因素是与保险车辆驾驶人有关的风险因素。

各国采用的从人费率模式考虑的风险因素也不尽相同，主要有驾驶人的年龄、性别、驾驶年限和安全行驶记录等。

### 1. 根据驾驶人的年龄划分

通常将驾驶人按年龄划分为三组，第一组是初学驾驶，性格不稳定，缺乏责任感的年轻人；第二组是具有一定驾驶经验，生理和心理条件均较为成熟，有家庭和社会责任感的中年人；第三组是与第二组情况基本相同，但是年龄较大，反应较为迟钝的老年人。通常认为第一组驾驶人为高风险人群，第三组驾驶人为次高风险人群，第二组驾驶人为低风险人群。至于三组人群的年龄段划分是根据各国的不同情况确定的。

### 2. 根据驾驶人的性别划分

男性与女性。研究表明女性群体的驾驶倾向较为谨慎，相对于男性，她们为低风险人群。

### 3. 根据驾驶人的驾龄分

驾龄的长短可以从一个侧面反映驾驶人的驾驶经验，通常认为初次领证后的1～3年为事故多发期。

### 4. 根据安全记录划分

安全记录可以反映驾驶人的驾驶心理素质和对待风险的态度，经常发生交通事故的驾驶人可能存在某一方面的缺陷。

从以上对比和分析可以看出从人费率相对于从车费率具有更科学和合理的特征，所以，我国正在积极探索，逐步将从车费率的模式过渡到从人费率的模式。

**小资料**

**特殊的车险优惠**

美国最大的汽车保险公司之一，综合意外保险公司向公众宣布了一项出人意料的特殊优惠：对于在该公司参加了 62 年汽车保险的现已 90 岁高龄的老人乔治·普里斯先生，如果他还能开车的话，每年保险只收他一便士的汽车保险费。这位乔治·普里斯老人已有 72 年的行车历史，由于他精心保养汽车和谨慎驾驶，年年获得该保险公司的无赔款优待奖励。他从一个学徒开始了他的开车生涯，他当时所开的第一辆汽车是花了 12 英镑 10 先令买的一辆老式陈旧的“雪铁龙”牌汽车，而当时却要交纳 4 英镑的保险费。

## 三、基本险和附加险保费的计算方法

### (一) 第三者责任保险

1）可按照被保险人类别、车辆用途、座位数/吨位数/排量/功率、责任限额直接查找保费。表 7-2 列举了部分费率。

**表 7-2　第三者责任险费率表（部分）**

| 家庭自用汽车与非营业用车 | | 第三者责任保险 | | | | | | |
|---|---|---|---|---|---|---|---|---|
| | | 5 万 | 10 万 | 15 万 | 20 万 | 30 万 | 50 万 | 100 万 |
| 家庭自用汽车 | 6 座以下 | 671 | 940 | 1 060 | 1 141 | 1 275 | 1 515 | 1 973 |
| | 6～10 座 | 573 | 803 | 906 | 975 | 1 090 | 1 295 | 1 686 |
| | 10 座以上 | 573 | 803 | 906 | 975 | 1 090 | 1 295 | 1 686 |
| 企业非营业客车 | 6 座以下 | 682 | 955 | 1 078 | 1 160 | 1 297 | 1 540 | 2 006 |
| | 6～10 座 | 653 | 915 | 1 032 | 1 111 | 1 241 | 1 475 | 1 921 |
| | 10～20 座 | 779 | 1 091 | 1 231 | 1 325 | 1 481 | 1 759 | 2 291 |
| | 20 座以上 | 1 007 | 1 410 | 1 592 | 1 713 | 1 914 | 2 274 | 2 962 |

2）挂车保险费按同吨位货车保险费的 50%计收。

3）如果责任限额为 100 万元以上，则保险费=A+0.9×N×（A–B），式中 A 指同档次限额为 100 万元时的保险费，B 指同档次限额为 50 万元时的保险费；N=（限额–100 万元）/50 万元，限额必须是 50 万元的整数倍。

## （二）机动车损失保险

1）可按照被保险人类别、车辆用途、座位数/吨位数/排量/功率、车辆使用年限所属档次查找基础保费和费率；表 7-3 列举了部分费率。

保费=基础保费+保险金额×费率。

**表 7-3 机动车损失保险费率表**（部分）

| 家庭自用汽车与非营业用车 | | 机动车损失保险 | | | |
|---|---|---|---|---|---|
| | | 1 年以下 | | 1～2 年 | |
| | | 基础保费/元 | 费　率 | 基础保费/元 | 费　率 |
| 家庭自用汽车 | 6 座以下 | 539 | 1.28% | 513 | 1.22% |
| | 6～10 座 | 646 | 1.28% | 616 | 1.22% |
| 企业非营业客车 | 6 座以下 | 305 | 1.01% | 290 | 0.96% |
| | 6～10 座 | 365 | 0.96% | 348 | 0.91% |
| | 10～20 座 | 365 | 1.03% | 348 | 0.98% |
| | 20 座以上 | 381 | 1.03% | 363 | 0.98% |

**例 1**：假定某 5 座家庭自用汽车投保车损险，车龄为 1 年以下，保险金额为 10 万元。在费率表上查得对应的基础保费为 539 元，费率为 1.28%，则该车辆的保费=539 元+100 000 元×1.28%=1 819 元。如果保险金额变为 15 万元，则该车辆的保费=539 元+150 000 元×1.28%=2 459 元。

**例 2**：假定某企业非营业 7 座客车投保车损险，车龄为 1 年，保险金额为 18 万元。在费率表上查得对应的基础保费为 348 元，费率为 0.91%，则该车辆的保费=348 元+180 000 元×0.91%=1 986 元。如果保险金额变为 25 万元，则该车辆的保费=348 元+250 000 元×0.91%=2 623 元。

2）挂车保险费按同吨位货车对应档次保险费的 50%计收。

## （三）机动车交通事故责任强制保险

机动车交通事故责任强制保险实行统一的保险条款和基础保险费率。保监会按照总体上不盈利不亏损的原则审批保险费率。费率表见表 7-4。保险公司经营此项业务应当与其他业务分开管理、单独核算。同时要求逐步实现保险费率与交通违章挂钩。安全驾驶者可以享有优惠的费率，经常肇事者将负担高额保费。

**表 7-4 机动车交通事故责任强制保险基础费率表**

| 车 辆 大 类 | 序　号 | 车辆明细分类 | 保费/元 |
|---|---|---|---|
| 一、家庭自用车 | 1 | 家庭自用汽车 6 座以下 | 950 |
| | 2 | 家庭自用汽车 6 座及以上 | 1 100 |
| 二、非营业客车 | 3 | 企业非营业汽车 6 座以下 | 1 000 |
| | 4 | 企业非营业汽车 6～10 座 | 1 130 |
| | 5 | 企业非营业汽车 10～20 座 | 1 220 |
| | 6 | 企业非营业汽车 20 座以上 | 1 270 |

（续）

| 车辆大类 | 序号 | 车辆明细分类 | 保费/元 |
| --- | --- | --- | --- |
| 二、非营业客车 | 7 | 机关非营业汽车6座以下 | 950 |
| | 8 | 机关非营业汽车6～10座 | 1 070 |
| | 9 | 机关非营业汽车10～20座 | 1 140 |
| | 10 | 机关非营业汽车20座以上 | 1 320 |
| 三、营业客车 | 11 | 营业出租租赁6座以下 | 1 800 |
| | 12 | 营业出租租赁6～10座 | 2 360 |
| | 13 | 营业出租租赁10～20座 | 2 400 |
| | 14 | 营业出租租赁20～36座 | 2 560 |
| | 15 | 营业出租租赁36座以上 | 3 530 |
| | 16 | 营业城市公交6～10座 | 2 250 |
| | 17 | 营业城市公交10～20座 | 2 520 |
| | 18 | 营业城市公交20～36座 | 3 020 |
| | 19 | 营业城市公交36座以上 | 3 140 |
| | 20 | 营业公路客运6～10座 | 2 350 |
| | 21 | 营业公路客运10～20座 | 2 620 |
| | 22 | 营业公路客运20～36座 | 3 420 |
| | 23 | 营业公路客运36座以上 | 4 690 |

## （四）车上人员责任险

按照被保险人类别、车辆用途、座位数查找费率，具体见表7-5。

驾驶人保费=每次事故责任限额×费率

乘客保费=每次事故每人责任限额×费率×投保乘客座位数

**表7-5　车上人员责任保险费率表**（部分）

| 家庭自用汽车与非营业用车 | | 车上人员责任险 | |
| --- | --- | --- | --- |
| | | 驾驶人 | 乘客 |
| 家庭自用汽车 | 6座以下 | 0.41% | 0.26% |
| | 6座以上 | 0.39% | 0.25% |
| 企业非营业客车 | 6座以下 | 0.41% | 0.25% |
| | 6～10座 | 0.38% | 0.23% |
| | 10～20座 | 0.39% | 0.23% |
| | 20座以上 | 0.40% | 0.24% |

## （五）盗抢险

按照被保险人类别、车辆用途、座位数查找基础保费和费率，具体见表7-6。

保费=基础保费+保险金额×费率

挂车保险费按同吨位货车对应档次保险费的50%计收。

表 7-6 盗抢险费率表（部分）

| 家庭自用汽车与非营业用车 | | 盗抢险 | |
|---|---|---|---|
| | | 基础保费/元 | 费率 |
| 家庭自用汽车 | 6 座以下 | 120 | 0.53% |
| | 6～10 座 | 140 | 0.44% |
| | 10 座以上 | 140 | 0.44% |
| 企业非营业客车 | 6 座以下 | 120 | 0.47% |
| | 6～10 座 | 130 | 0.44% |
| | 10～20 座 | 130 | 0.44% |
| | 20 座以上 | 140 | 0.52% |

## （六）不计免赔险

按照适用的险种查找费率，具体见表 7-7。

保费=适用本条款的险种标准保费×费率

表 7-7 不计免赔率特约条款费率表

| 不计免赔率特约条款 | |
|---|---|
| 适用险种 | 费率 |
| 第三者责任保险 | 15% |
| 机动车损失保险 | 15% |
| 车上人员责任险 | 15% |
| 车身划痕损失险 | 15% |
| 盗抢险 | 20% |

## （七）玻璃单独破碎险

按照被保险人类别、座位数、投保国产/进口玻璃查找费率，具体见表 7-8。

保费=新车购置价×费率

注：对于特种车，防弹玻璃等特殊材质玻璃标准保费上浮 10%。

表 7-8 玻璃单独破碎险费率表（部分）

| 家庭自用汽车与非营业用车 | | 玻璃单独破碎险 | |
|---|---|---|---|
| | | 国产玻璃 | 进口玻璃 |
| 家庭自用汽车 | 6 座以下 | 0.19% | 0.31% |
| | 6～10 座 | 0.20% | 0.32% |
| | 10 座以上 | 0.23% | 0.38% |
| 企业非营业客车 | 6 座以下 | 0.14% | 0.26% |
| | 6～10 座 | 0.15% | 0.26% |
| | 10～20 座 | 0.16% | 0.29% |
| | 20 座以上 | 0.16% | 0.31% |

### （八）车身划痕损失险

按车龄、新车购置价、保额所属档次直接查找保费，具体见表 7-9。

**表 7-9　车身划痕损失险费率表**

| 车身划痕损失险 | | | | |
|---|---|---|---|---|
| 车　龄 | 保额/元 | 新车购置价/元 | | |
| | | 30 万以下 | 30～50 万 | 50 万以上 |
| 2 年以下 | 2 000 | 400 | 585 | 850 |
| | 5 000 | 570 | 900 | 1 100 |
| | 10 000 | 760 | 1 170 | 1 500 |
| | 20 000 | 1 140 | 1 780 | 2 250 |
| 2 年及以上 | 2 000 | 610 | 900 | 1 100 |
| | 5 000 | 850 | 1 350 | 1 500 |
| | 10 000 | 1 300 | 1 800 | 2 000 |
| | 20 000 | 1 900 | 2 600 | 3 000 |

## 四、使用费率调整系数表进行费率调整

费率调整系数表见表 7-10。

**表 7-10　费率调整系数表**

| 序　号 | 项　目 | 内　容 | 系　数 | 适 用 范 围 |
|---|---|---|---|---|
| 1 | 无赔款优待及上年赔款记录 | 连续 3 年没有发生赔款 | 0.7 | 所有车辆 |
| | | 连续 2 年没有发生赔款 | 0.8 | |
| | | 上年没有发生赔款 | 0.9 | |
| | | 新保或上年赔款次数在 3 次以下 | 1.0 | |
| | | 上年发生 3 次赔款 | 1.1 | |
| | | 上年发生 4 次赔款 | 1.2 | |
| | | 上年发生 5 次及以上赔款 | 1.3 | |
| 2 | 多险种同时投保 | 同时投保车损险、三者险 | 0.95～1.00 | |
| 3 | 客户忠诚度 | 首年投保 | 1.00 | |
| | | 续保 | 0.90 | |
| 4 | 平均年行驶里程 | 平均年行驶里程＜30 000 千米 | 0.90 | |
| | | 平均年行驶里程≥50 000 千米 | 1.1～1.3 | |
| 5 | 安全驾驶 | 上一保险年度无交通违法记录 | 0.90 | |
| 6 | 约定行驶区域 | 省内 | 0.95 | 所有车辆 |
| | | 固定路线 | 0.92 | 不适用于家庭自用车 |
| | | 场内 | 0.80 | |
| 7 | 承保数量 | 承保数量＜5 台 | 1.00 | 不适用于家庭自用车 |
| | | 5 台≤承保数量＜20 台 | 0.95 | |
| | | 20 台≤承保数量＜50 台 | 0.90 | |
| | | 承保数量≥50 台 | 0.80 | |

（续）

| 序 号 | 项 目 | 内 容 | 系 数 | 适 用 范 围 |
|---|---|---|---|---|
| 8 | 指定驾驶人 | 指定驾驶人员 | 0.90 | 仅适用于家庭自用车 |
| 9 | 性别 | 男 | 1.00 | |
| | | 女 | 0.95 | |
| 10 | 驾龄 | 驾龄＜1 年 | 1.05 | |
| | | 1 年≤驾龄＜3 年 | 1.02 | |
| | | 驾龄≥3 年 | 1.00 | |
| 11 | 年龄 | 年龄＜25 岁 | 1.05 | |
| | | 25 岁≤年龄＜30 岁 | 1.00 | |
| | | 30 岁≤年龄＜40 岁 | 0.95 | |
| | | 40 岁≤年龄＜60 岁 | 1.00 | |
| | | 年龄≥60 岁 | 1.05 | |
| 12 | 经验及预期赔付率 | 40%及以下 | 0.7～0.8 | 仅适用于车队 |
| | | 40%～60% | 0.8～0.9 | |
| | | 60%～70% | 1.00 | |
| | | 70%～90% | 1.1～1.3 | |
| | | 90%以上 | 1.3 以上 | |
| 13 | 管理水平 | 根据风险管理水平和业务类型 | 0.7 以上 | |
| 14 | 车辆损失险车型 | 特异车型、稀有车型、古老车型 | 1.3～2.0 | 所有车辆 |

使用费率调整系数表应注意以下几方面：

### （一）无赔款优待及上年赔款记录费率调整系数

根据历史赔款记录，按照规定的费率调整系数进行费率调整。

### （二）约定行驶区域系数

“场内”指仅在工地、机场、厂区、码头等固定范围内使用。“省内”“固定路线”“场内”三项系数不能同时使用；家庭自用车不能使用“固定路线”及“场内”费率调整系数。

### （三）承保数量系数

根据同一被保险人或同一投保人在一个投保年度内，在同一保险公司投保车辆数的情况选择使用。家庭自用车不能使用该费率调整系数。

### （四）指定驾驶人、性别、驾龄、年龄系数

仅适用于家庭自用车指定驾驶人的情况，当指定多名驾驶人时，以乘积高者为准。

### （五）经验及预期赔付率系数、管理水平系数

适用于车队。经验及预期赔付率系数、管理水平系数不能同时使用。

### （六）使用规则

1）费率调整系数采用系数连乘的方式：

$$费率调整系数=系数1\times系数2\times系数3\times\cdots\cdots$$

2）使用费率调整系数后，各险别的费率优惠幅度超过监管部门规定的最大优惠幅度，按照监管部门规定的最大优惠幅度执行。

3）费率调整系数表不适用于摩托车和拖拉机。

## 本章小结

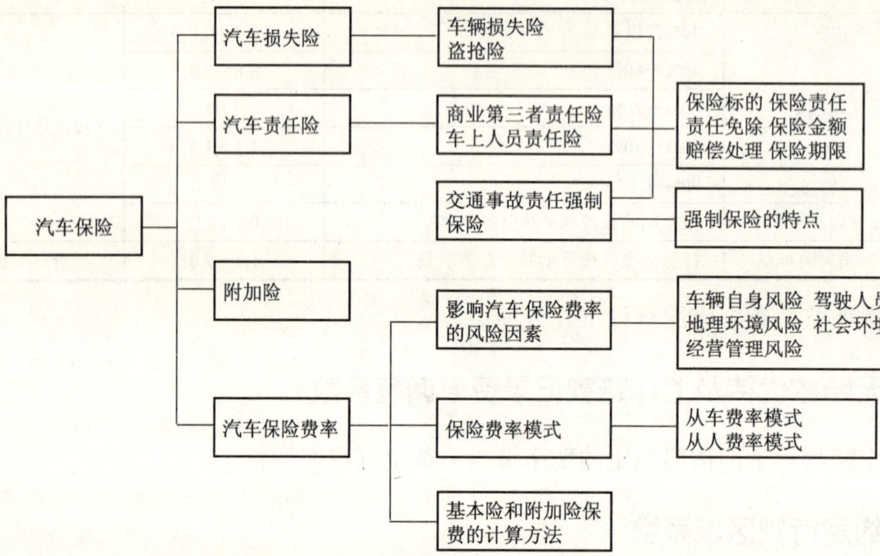


## 复习思考题

一、简述题

1. 汽车损失险承担哪些保险责任？

2. 汽车损失险对雷击、暴风、龙卷风、暴雨、洪水造成被保险车辆损失所负的责任，分别如何规定？

3. 什么是车辆损失险的碰撞责任、倾覆责任？

4. 汽车损失险负责被保险车辆的火灾损失，具体应如何掌握？

5. 保险公司对哪些原因造成的被保险车辆损失或费用支出不承担赔偿责任？

6. 驾驶员有驾驶证，但所持驾驶证准驾的车型与其驾驶的被保险车辆不相符合，保险公司对在这种情况下发生的被保险车辆损失是否负责赔偿？

7. 汽车在行驶中，由于各种原因而发生本车玻璃单独破碎，保险公司是否负责赔偿？

8. 汽车保险第三者责任险把哪些人员和财产不列入第三者范围？

## 二、计算题

1. 李某欲为其新购的宝来轿车办理“家庭自用汽车损失保险”，新车购置价为28万元，足额投保险期为1年，试计算应缴纳保费多少元。

2. 某企业欲为一辆车龄为5年、座位数为8座的非营业用客车办理“第三者责任保险”，责任为20万元，保险期为1年，试计算应缴纳保费多少元。

3. 张某欲为其新购的供家庭自用的奥迪轿车投保盗抢险，保险金额为50万元，保险期为1年，试计算应缴纳保费多少元。

## 三、案例分析题

### 1. 案情

李先生是新手上路，刚开始时停车都要有人指导。一次，他的妻子帮他指导倒车，不慎撞伤了他的妻子，并损坏了车辆，于是李先生向保险公司索赔，但保险公司只赔付车辆的损失，对他的妻子负伤的费用却不予赔付。

问题：

（1）在单独投保商业第三者责任险的情况下保险公司的赔付是否正确？为什么？

（2）在投保了交强险的条件下保险公司的赔付是否正确？为什么？

### 2. 案情

据北京电视台报道，春节期间，在某小区居住的小张遇到这样一件事。小张一想起那天早上发生的事就十分伤心：“我一下楼就发现车门开着，当时就一愣，还以为忘锁车门了，可再往车里面一看，电视和年货全都没有了。”车里装了报警器，小偷是怎么进到车里的呢？小张仔细一看，发现车后边的玻璃没了，周围一圈橡皮条被划开了，玻璃被整个儿摘走了。此外，还有一辆金杯和一辆索纳塔也遭到同样的厄运。虽说年货被偷，车玻璃也没了，挺让人堵心的，可小张却因已为爱车上了全险而暗自庆幸。可小张没想到，当他去保险公司理赔时却被告知：“这种情况不赔。”小张无奈之下，只好来到玻璃维修点，花400元将玻璃修好。在修理厂，小张看到很多玻璃破碎的车正在维修，难道这些车也无法理赔吗？一位车主告诉他，自己的车玻璃是小孩放爆竹炸碎的，保险公司已同意赔偿。这回小张真的弄不明白了，玻璃被炸碎能赔，被偷走了就不赔。这到底是为什么啊？

问题：

（1）保险公司为什么不能支付对小张的赔付？

（2）鞭炮炸碎的损失为什么保险公司同意赔付？

# 实训项目

实训目的

- 掌握车辆保险的基本知识、当前保险市场车辆保险的产品体系和有关单证。

- 了解当前各保险公司的经营状况，为车辆保险核保与核赔打下坚实的基础。

**实训要求**

借助互联网工具，同时通过实地走访保险公司，调查了解车辆保险产品体系。了解各种不同车辆种类及其价格，能够针对不同车型、不同的车主设计保险方案，并计算保险费。

**实训步骤**

- 借助互联网工具了解车辆种类、价格、品牌、制造厂家、基本性能等相关信息，整理之后以表格的形式进行总结。
- 熟悉车辆保险产品体系及具体的条款（包括附加条款）。
- 设计接待一位投保客户，根据个案特点，设计保险方案，并计算保费。
- 形成实训报告。

# 第八章　汽车消费信贷与分期付款的保险

## 学习目标

【能力目标】

- 能够理解各种汽车消费贷款保证保险和机动车辆分期付款售车信用保险的保险条款，能够向客户做出解释和说明
- 能够理解汽车消费贷款保证保险实务流程

【知识目标】

- 掌握汽车消费贷款保证保险的保险责任、责任免除与保险金额
- 了解机动车辆分期付款售车信用保险的保险条款

## 引导案例

**车贷险东山再起**

国内车贷险最早出现于 1998 年，随着国内汽车消费需求的增长，一度以年均 200% 以上的速度迅猛增长。但 2001 年以来，由于社会信用体系建设不完善、产品设计不合理等多种因素，车贷险业务的经营风险日渐显现，诈骗、挪用资金、恶意拖欠贷款问题到了相当严重的程度。另一方面，当时车贷险赔付率居高不下，如 2003 年一季度广州地区各财险公司车贷险平均赔付率达 135.57%，个别公司的赔付率竟达到 400%，如此高赔付率让保险公司无法承受。2004 年 4 月 1 日，旧车贷险被保监会叫停，第一代车贷险彻底退出市场。

2009 年 6 月，为积极贯彻国务院《汽车产业调整和振兴规划》和《当前金融促进经济发展的若干意见》的精神，促进我国汽车产业持续、健康、稳定发展，商务部联合中国保监会及相关部委下发了《关于促进汽车消费的意见》，将稳步发展汽车消费贷款保证保险业务作为保险业积极促进国内汽车消费的一项重要举措。同时保监会还下发了《关于促进汽车消费贷款保证保险业务稳步发展的通知》，通知要求各公司要高度重视发展汽车消费贷款保证保险业务的重要意义，要在风险可控的前提下，积极稳妥发展汽车消费贷款保证保险业务，要认真做好风险管控，确保车贷险业务稳定健康发展。同时还要求中国保险行业协会要利用自身优势，加强与汽车生产、销售和信贷机构等相关行业的联系，了解相关各方对汽车消费贷款保证保险业务的需求，研究国内外汽车消费信

贷的发展趋势，及时收集有关信息，积极为各会员公司发展汽车消费贷款保证保险业务提供支持和指导。

在本章的学习中，我们将了解我国汽车消费信贷与分期付款保险的保险条款，主要包括汽车消费贷款保证保险和机动车辆分期付款售车信用保险，同时还将学习消费贷款保证保险实务流程的有关知识。

## 第一节　汽车消费贷款保证保险

随着汽车消费贷款业务的迅速增长及市场规模的扩大，贷款风险问题已经成为商业银行日益重视的课题。为此，汽车消费贷款保证保险的推出，是帮助银行有效锁定风险，为保险公司创造新的效益增长点，使贷款购车居民方便借款、得以尽享金融便利服务的一件好事。

汽车消费贷款是银行和财务公司等金融机构，为购买汽车的消费者发放的人民币担保贷款。借款人向贷款人申请汽车消费贷款，必须提供担保。借款人可以采取抵押、质押或以第三方保证等形式进行担保。汽车消费贷款保证保险就是第三方保证的一种主要形式。

### 一、汽车消费贷款保证保险的概念

汽车消费贷款保证保险是指以借款合同所确定的贷款本息为标的，投保人（即借款人）根据被保险人（即为投保人提供贷款的国有商业银行或经中国人民银行批准经营汽车消费贷款业务的其他金融机构）的要求，请求保险人担保自己信用的一种保险。如果在规定的期限内，因投保人未按借款合同按期履行还款义务，致使被保险人受到经济损失，由保险人负赔偿责任。保险人履行赔偿义务后，有权向投保人或提供连带责任担保的第三方担保人追偿。本章我们以 2014 年 3 月由保监会批复的《长安责任保险股份有限公司个人汽车消费贷款履约保证保险条款》为例进行介绍汽车消费贷款保证保险合同（以下简称“保险合同”）的主要条款。

### 二、投保人与被保险人

凡符合中国人民银行和银监会联合发布的《汽车贷款管理办法》有关规定，与经银行监督管理部门批准允许开办汽车贷款业务的商业银行或汽车金融机构签订汽车消费借款合同（以下简称“购车借款合同”），且采用分期付款或融资租赁方式购置乘用车的自然人，可作为保险合同的投保人。保险合同的被保险人系上述中的商业银行或汽车金融机构；保险的保险人特指长安责任保险股份有限公司或其授权经营的分支机构。

保险合同以投保人为购车借款合同或保证保险合同，而向被保险人提供有效抵（质）押为前提，即投保人应根据购车借款合同向被保险人提供有效抵（质）押且抵（质）押权人为被保险人。投保人未提供有效抵（质）押的，保险合同不生效。保险合同所保险的贷款期限应在三年以内（含三年），贷款金额不高于所购车辆净价格的 70%，且实际购买或租赁乘用车的行为已经有效发生。

## 三、保险责任与责任免除

### （一）保险责任

在保证期间内，如投保人连续三个还款期未履行与被保险人签订的购车借款合同约定的还贷责任，保险人负责向被保险人赔偿购车借款合同项下，扣除被保险人实现担保权后，投保人应偿还但未偿还的借款本金与利息之和。

### （二）责任免除

（1）属于下列情形之一的，保险人不承担赔偿责任：

1）投保人与被保险人及第三方之间的购车借款合同或购车抵（质）押合同存在下列情形之一：

① 被依法确认无效；

② 未经保险人书面同意变更或解除；

③ 未实际履行。

2）抵（质）押应当办理法定登记手续而未办理；

3）投保人提供的抵（质）押物被被保险人以外的机构或个人拍卖、转让；

4）投保人与被保险人及其代表或雇员恶意串通，损害保险人利益的；

5）被保险人违反有关消费贷款管理的法律、法规和行政规章发放贷款。

（2）下列原因造成的损失、费用和责任，保险人不负责赔偿：

1）投保人、被保险人及其代表或其雇员的故意行为；

2）战争、敌对行动、军事行为、武装冲突、罢工、骚乱、暴动、恐怖活动；

3）核辐射、核爆炸、核污染及其他放射性污染；

4）大气污染、土地污染、水污染及其他各种污染；

5）行政行为或司法行为；

6）地震、水灾、火灾、暴风或其他不可抗力。

（3）发生保险事故后，被保险人采取施救（催收）或诉讼措施而发生的费用，保险人不负责赔偿。

（4）投保人未按照购车借款合同的约定履行还款义务，被保险人在知道或应该知道保险事故发生之日起五个工作日内，没有书面告知保险人，造成保险人无法及时采取催收措施导致保险事故发生的，保险人不承担赔偿责任。

（5）其他不属于本保险责任范围内的损失、费用和责任，保险人不负责赔偿。

## 四、保险期限和保险金额

### （一）保险期限、保险费与合同生效

保险期限同购车借款合同约定的贷款期限。

保险人按照投保人的贷款期限、首付比例等参照费率表确定具体适用的费率，按费率规章的计算办法计算投保人应交纳的保险费。

投保人应在保险合同成立时一次性缴清保险费，否则保险合同不生效。

### （二）保险金额与免赔率

保险金额为购车借款合同中列明的贷款金额与按照贷款时中国人民银行公布的贷款利率计算的利息之和。

发生保险责任事故时，对保险人应承担的赔偿责任实行一定比例的绝对免赔，该比例不低于10%，根据被保险人以往汽车消费贷款的逾期情况确定，具体比例由投保人和保险人协商确定，并在保险单中载明。

## 五、合同变更与解除

在保险合同有效期内，未经被保险人书面同意，投保人不能申请合同变更与解除。投保人提前还清购车贷款的，方可申请合同解除。申请合同解除时，应提供以下材料：

1）合同解除申请书；

2）保险单正本；

3）被保险人提供的还清贷款及利息的书面证明；

4）被保险人出具的退保无异议书面证明。

在保险单载明的保险责任起始日前，投保人要求解除本合同的，投保人应当按照保险费5%的比例向保险人支付手续费，保险人退还已收取的保险费。

在保险单载明的保险责任起始日后解除本合同的，保险人应向投保人退还未满期净保费。

## 六、赔偿处理

（1）保险人的赔偿以下列方式之一确定的被保险人的赔偿责任为基础：

1）被保险人向保险人提供并经保险人确认的投保人欠付借款本息清单；

2）仲裁机构裁决；

3）人民法院判决；

4）保险人认可的其他方式。

（2）当投保人未按合同约定履行还款义务时，被保险人应在规定的时限内尽最大义务依法先行使担保权，在依照法定程序实现担保权后，就仍未得到的清偿贷款本金和利息向保险人提出索赔。

（3）发生保险责任范围内的损失，应由有关责任方负责赔偿的，保险人自向被保险人赔偿保险金之日起，在赔偿金额范围内代位行使被保险人对有关责任方请求赔偿的权利，被保险人应当向保险人提供必要的文件和所知道的有关情况。

被保险人已经从有关责任方取得赔偿的，保险人赔偿保险金时，可以相应扣减被保险人已从有关责任方取得的赔偿金额。

保险事故发生后，在保险人未赔偿保险金之前，被保险人放弃对有关责任方请求赔偿权利的，保险人不承担赔偿责任；保险人向被保险人赔偿保险金后，被保险人未经保险人同意放弃对有关责任方请求赔偿权利的，该行为无效；由于被保险人故意或者因重大过失致使保险人不能行使代位请求赔偿的权利的，保险人可以扣减或者要求返还相应的保险金。

（4）投保人、被保险人或者受益人如出现《保险法》第 27 条规定的情形即谎称、故意制造保险事故，伪造或变造事故证据，编造或夸大事故原因等情形，保险人除有权解除合同、不承担给付保险金责任外，如已经进行了赔付，还有权要求保险金申请人返还已给付的保险金，并要求其承担保险人为查明和确定保险事故的性质、原因和保险标的损失程度而支付的必要合理费用。如果投保人、被保险人或者受益人的行为构成犯罪，保险人将依法报请司法机关处理。

（5）被保险人向保险人请求赔偿保险金的诉讼时效期间为二年，自其知道或者应当知道保险事故发生之日起计算。

## 七、费率规章

### 1．基准费率

基准费率见表 8-1，短期费率见表 8-2。

**表 8-1 基准费率表**

| 贷款期限 / 基准费率 / 首付比例 | 1 年 | 2 年 | 3 年 |
|---|---|---|---|
| 首付比例 30%以上（含 30%） | 3.0% | 4.6% | 5.8% |
| 首付比例 40%以上（含 40%） | 2.4% | 3.7% | 4.6% |
| 首付比例 50%以上（含 50%） | 2.0% | 2.5% | 3.0% |

**表 8-2 短期费率表**

| 保险期限 | 一个月 | 二个月 | 三个月 | 四个月 | 五个月 | 六个月 | 七个月 | 八个月 | 九个月 | 十个月 | 十一个月 | 十二个月 |
|---|---|---|---|---|---|---|---|---|---|---|---|---|
| 按年费率（%） | 10 | 20 | 30 | 40 | 50 | 60 | 70 | 80 | 85 | 90 | 95 | 100 |

### 2．费率使用说明及保险费计算公式

按不同投保人资信情况、投保人不同年龄、不同贷款银行分类、投保人不同职业以及免赔率设定有调整系数，具体见表 8-3、表 8-4、表 8-5、表 8-6。

**表 8-3 投保人资信系数**

| 资信调查评估分值 | 系 数 |
|---|---|
| 90 分以上 | 0.75 |
| 80～90 分 | 0.75～1.00 |
| 70～80 分 | 1.00～1.30 |
| 60～70 分 | 1.30～1.70 |

注：资信调查评估分值在 60 分以下的不予承保。

表 8-4　投保人年龄系数

| 年　龄 | 系　数 |
|---|---|
| 20～30 岁 | 0.80～1.30 |
| 30～40 岁 | 0.75～1.00 |
| 40～50 岁 | 1.00～1.15 |
| 50～65 岁 | 1.15～1.30 |

表 8-5　银行分类系数

| 逾　期　率 | 系　数 |
|---|---|
| 与各家银行合作的第一个年度，对银行均采用系数 1，从第二个合作年度起根据车贷险业务的资料，计算出上一合作年度该银行投保车贷险的贷款业务逾期率 | |
| 逾期率≤0.5%的银行 | 采用小于 0.9 的系数（但最低不得低于 0.8） |
| 0.5%<逾期率≤0.8%的银行 | 采用系数 0.9 |
| 0.8%<逾期率≤1%的银行 | 采用系数 1 |
| 1%<逾期率≤1.2%的银行 | 采用系数 1.1 |
| 1.2%<逾期率≤1.5%的银行 | 采用系数 1.2 |
| 逾期率＞1.5%的银行 | 采用大于 1.2 的系数 |

表 8-6　投保人职业优惠比例

| 职 业 类 型 | 优 惠 比 例 |
|---|---|
| 部队军官 | 10% |
| 重点中、小学老师或其具有事业编制的行政管理人员 | 10% |
| 政府部门公务员 | 20% |
| 大学教授或具有事业编制的行政管理人员 | 20% |
| 效益良好的国有或外资大型企业的中高层管理人员 | 20% |
| 大型医院的医生 | 20% |
| 国家专营型企业人员，如电力、电信、自来水、石化、烟草等 | 20% |
| 律师、注册会计师、土地评估师、精算师或其他相关资格证书获得者 | 20% |
| 投保人提供大额存单证明 | 10% |
| 投保人在投保地拥有一处及以上自有房地产 | 20% |
| 具有高级技术职称、本科及以上学历 | 10% |

注：投保人同时满足上述条件的，优惠条件可以累加，但累计优惠比例不超过 60%。

表 8-7　免赔率调整系数

| 免　赔　率 | 系　数 |
|---|---|
| 10% | 1.0 |
| 20% | 0.9 |
| 30%及以上 | 0.8 |

## （三）保险费计算公式

保险费=保险金额×基准费率×投保人资信系数×投保人年龄系数×银行分类系数×（1-投保人职业优惠比例）×免赔率调整系数

**案例**

**新旧车贷险的比较**

考虑到国内经济发展需要，2009 年 6 月 5 日保监会一改 5 年前叫停车贷险的初衷，下发《关于促进汽车消费贷款保证保险业务稳步发展的通知》，要求各财产保险公司在风险可控的前提下，发展汽车消费贷款保证保险业务。此次保监会《通知》敦促车贷险市场复苏的意味明显，但车贷险风险仍然存在，如果重新开办此项业务，也需要重新进行评估和考量。

新车贷险合理平衡了保险公司、贷款机构和贷款购车人之间的权利与义务，改变了以往权利义务不对等的现象，客观上促进了各方当事人加强对风险的审查，实际上加大了银行对贷款人资信调查的责任。

现行的车贷险明确规定：只有自然人购买的私人生活用车、贷款期限不超过 3 年且首付 30%的客户，才能投保新车贷险。

与原车贷险相比，新车贷险在投保要求与承保责任方面做了重大调整。一方面，保险公司的履约责任由第一位降到第二位，即如果出现被保险人逾期还款的现象，先由银行和汽车公司进行追偿，未果后再由保险公司赔偿。另一方面，原来的车贷险规定，只要被保险人逾期还款，保险公司就必须 100%代其还款，而新条款则设定了 10%的免赔额。

新车贷险产品更加贴近市场需求，设计理念更加人性化。部分保险公司的车贷险产品还规定，投保人因疾病、意外事故死亡或残疾的，保险公司代投保人向银行或汽车贷款机构全额赔付未偿还贷款的本金及利息，并不再向贷款购车人追偿，减少借款人的经济负担。

部分公司设定多个保险费调整系数，加大了不同风险水平客户之间的保费差距，体现了风险的个性化和差异化，对投保人更为公平。

## 第二节 汽车消费贷款保证保险实务

汽车消费贷款保证保险实务是保险人规范经营活动的行为规范，是针对其保险业务经营中各个环节实际操作提出基本要求和规定的标准文件。

### 一、汽车消费贷款保证保险当事人义务

#### （一）投保人、被保险人义务

（1）被保险人应按照《汽车贷款管理办法》及《贷款通则》的相关规定发放贷款，按有关贷款管理的法律、法规、行政规章等审查投保人的资信和财力情况，在确认其资信良好并符合发放贷款相关规定的情况下，方可同意向其提供汽车消费贷款。发放贷款时，必须要求投保人为其汽车消费贷款提供有效抵（质）押。

被保险人如不履行本条规定的义务，保险人有权拒绝承保或者不承担保险责任。

（2）投保人应按照其与被保险人的借款合同的约定如期履行还款义务，被保险人应按

国家有关法律、法规的规定，督促投保人履行还款义务，并及时将投保人的还款、逾期情况按照约定期限完整、准确地书面告知保险人。

（3）被保险人与投保人如要变更或解除所签订的购车借款合同或抵（质）押合同，须事先征得保险人的书面同意。未征得保险人同意，变更后的购车借款合同和抵（质）押合同对保险人不发生法律效力，保险人有权解除本保险合同，发生保险事故的，保险人不承担保险责任。

（4）如出现投保人逾期未还款的情况，根据保险人的催收需求，被保险人应在两个工作日内出具委托保险人催收的授权委托书。

（5）订立保险合同时，保险人就投保人资信、抵（质）押物、保险标的或者被保险人的有关情况提出询问的，投保人应当如实告知。

投保人故意或者因重大过失未履行前款规定的如实告知义务，足以影响保险人决定是否同意承保或者提高保险费率的，保险人有权解除保险合同。

前款规定的合同解除权，自保险人知道有解除事由之日起，超过 30 日不行使而消灭。自合同成立之日起超过 2 年的，保险人不得解除合同；发生保险事故的，保险人应当承担赔偿保险金的责任。

投保人故意不履行如实告知义务的，保险人对于合同解除前发生的保险事故，不承担赔偿保险金的责任，并不退还保险费。

投保人因重大过失未履行如实告知义务，对保险事故的发生有严重影响的，保险人对于合同解除前发生的保险事故，不承担赔偿保险金的责任，但应当退还保险费。

保险人在合同订立时已经知道投保人未如实告知的情况的，保险人不得解除合同；发生保险事故的，保险人应当承担赔偿保险金的责任。

（6）投保人应根据保险人的要求提供必要的资信材料，并接受保险人的询问。投保人应在投保时向保险人提供下列材料：

1）经与原件核实的购车人的户口簿和身份证复印件；

2）工作单位人事及收入证明；

3）信用记录；

4）开户银行名称及账号；

5）个人汽车消费贷款申请书；

6）抵（质）押等担保合同、投保人与汽车销售商或汽车生产商签订的购车协议或合同等材料。

（7）在保险期间内，如发现投保人存在潜在不还款风险，或有任何导致本保险风险显著变化的情况，被保险人应及时书面通知保险人，保险人可以按照合同约定增加保险费或者解除合同。

投保人存在潜在不还款风险特指以下情况：

1）借款人账户被司法冻结；

2）借款人欠息；

3）借款人在银行或非银行金融机构其他融资发生逾期或欠息；

4）收到借款人存在其他违约行为的通知；

5）其他足以影响借款人还款能力的情形。

保险人可以对被保险人遵守前款约定的情况进行检查，向投保人、被保险人提出消除不安全因素和隐患的书面建议，投保人、被保险人应该认真付诸实施。

投保人、被保险人未履行前款约定的通知义务的，因保险标的危险程度显著增加而发生的保险事故，保险人不承担赔偿保险金的责任。

（8）投保人、被保险人知道保险事故发生后，应当及时通知保险人。投保人、被保险人故意或者因重大过失未及时通知，致使保险事故的性质、原因、损失程度等难以确定的，保险人对无法确定的部分，不承担赔偿或者给付保险金的责任，但保险人通过其他途径已经及时知道或者应当及时知道保险事故发生的除外。

（9）被保险人获悉可能发生诉讼、仲裁时，应立即以书面形式通知保险人；接到法院传票或其他法律文书后，应将其副本及时送交保险人。保险人有权以被保险人的名义处理有关诉讼或仲裁事宜，被保险人应提供有关文件，并给予必要的协助。

对因未及时提供上述通知或必要协助导致扩大的损失，保险人不承担赔偿责任。

（10）被保险人请求赔偿时，应向保险人提供下列证明和资料：

1）索赔申请书；

2）本保险保险单正本（复印件）；

3）所购车辆的机动车辆保险相关凭证（复印件）；

4）购车借款合同及相关附件（复印件）、抵（质）押合同及相关附件（复印件）、抵（质）押物的拍卖变现材料；

5）被保险人发出的催款通知书（复印件）及投保人未按期还款的记录清单；

6）投保人欠款记录。

被保险人未履行前款约定的索赔材料提供义务，导致保险人无法核实损失情况的，保险人对无法核实部分不承担赔偿责任。

## （二）保险人义务

（1）订立保险合同时，采用保险人提供的格式条款的，保险人向投保人提供的投保单应当附格式条款，保险人应当向投保人说明保险合同的内容。对保险合同中免除保险人责任的条款，保险人在订立合同时应当在投保单、保险单或者其他保险凭证上做出足以引起投保人注意的提示，并对该条款的内容以书面或者口头形式向投保人做出明确说明；未做提示或者明确说明的，该条款不产生效力。

（2）保险合同成立后，保险人应当及时向投保人签发保险单或其他保险凭证。

（3）保险人认为被保险人按照保险合同第 31 条的约定提供的有关索赔的证明和资料不完整的，应当及时一次性通知投保人、被保险人补充提供。

（4）保险人收到被保险人的赔偿保险金的请求后，应当及时做出是否属于保险责任的核定；情形复杂的，在 30 日内做出核定，未能在 30 日做出核定的，由保险人与被保险人另行约定核定期限，保险人应在约定的核定期限内核定完毕。

保险人应当将核定结果通知被保险人；对属于保险责任的，在与被保险人达成赔偿保险金的协议后 10 日内，履行赔偿保险金义务。保险合同对赔偿保险金的期限有约定的，保险人应当按照约定履行赔偿保险金的义务。保险人依照前款的规定做出核定后，对不属于保险责任的，应当自做出核定之日起 3 日内向被保险人发出拒绝赔偿保险金通知书，并说明理由。

（5）保险人自收到赔偿保险金的请求和有关证明、资料之日起 60 日内，对其赔偿保险金的数额不能确定的，应当根据已有证明和资料可以确定的数额先予支付；保险人最终确定赔偿的数额后，应当支付相应的差额。

## 二、汽车消费贷款保证保险投保流程

投保人办理汽车消费贷款保证保险的基本流程如图 8-1 所示。

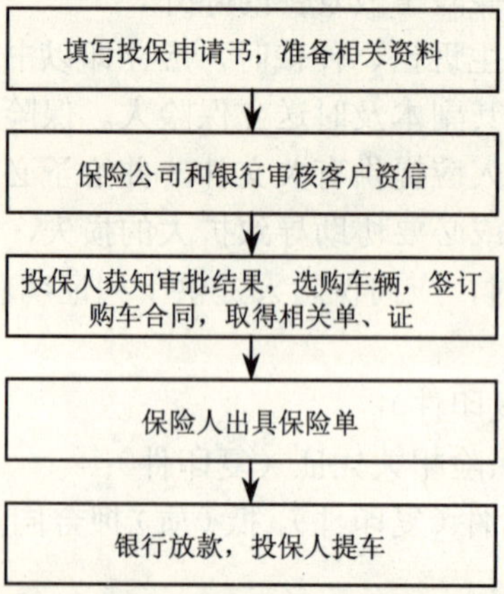


图 8-1　汽车消费贷款保证保险投保流程

投保人办理汽车消费贷款保证保险需要准备的相关资料主要有：

（1）投保人及其配偶的身份证、户口本原件及复印件；

（2）投保人及其担保人的收入证明材料；

（3）抵押或质押合同、抵押或质押证书；

（4）与汽车销售商签订的购车合同；

（5）担保书、承保调查表。

## 三、汽车消费贷款保证保险承保实务

汽车消费贷款保证保险承保保险人与投保人签订保险合同的过程，包括展业，受理投保，核保，缮制与签发保险单、证等程序。

### （一）展业

#### 1．调查与选择

学习掌握汽车消费贷款保证保险的基本知识，进行市场调查与研究，选择合适的保险对象，具体包括：

1）调查与分析本区域内各银行、汽车生产商、销售商和社会大众对消费信贷的态度，合理预测市场发展的前景。

2）调查分析与预测个人和法人对汽车消费贷款的实际购买力、采用程度以及当地的汽车销售量等情况。

3）了解银行、销售商、购车人对保险的态度、需求及希望与保险公司合作的方式。

4）调查分析实施消费贷款售车的可能性，销售价格及变化趋势。

#### 2. 签订合作协议

同选择的银行、销售商、公证机关、公安交通管理部门等签订合作协议，明确合作方式、各方的职责、权利及义务。

#### 3. 准备与宣传

根据合作协议，向有关合作方提供汽车消费贷款保证保险的条款、费率规章、投保单及其他有关资料。对银行与销售商的相关业务人员进行培训，使他们掌握保证保险的有关规定，能够指导投保人正确填投保单。

备齐保险条款与相关资料后，向汽车生产商、销售商和贷款购车人做好宣传。重点宣传保证保险的特点、优势及本公司的网络优势、技术优势、实力水平、信用优势和服务优势。

### （二）受理投保

#### 1. 指导填写投保单

在接到投保后，保险人应指导投保人正确填写投保单。业务人员具体应做到：①按照法律所要求的内容对条款进行告知，特别对条款中的责任免除事项、被保险人的义务，以及容易引起争议的部分，应予以解释和说明。②提醒投保人履行如实告知义务，特别是对可能涉及保险人是否同意承保，或承保是需要特别约定的情况，业务人员应详细询问。③要求投保人按照保证保险条款的规定提供必需的证明材料。

#### 2. 投保单初步审查

业务人员应对填写完整的投保单和所附的资信证明材料进行初步审查，必要时要调查核实；对于审核无误的投保单，由业务负责人签署“拟同意承保”意见后交投保人。如果合作协议有明确规定，可直接交给银行或销售商。业务人员对投保单初步审查的内容包括：① 审核证明文件或材料是否齐全，是否符合银行指定的汽车消费贷款管理办法。② 在审核时，对于存在疑点或证明材料有涂改、伪造等情况的，应通过派出所、居委会或开户银行予以核实。必要时可以通过填写“消费贷款保证保险问询表”予以落实，并让投保人确认后，附贴在投保单上。

### （三）核保

保险人在承保的时候必须经过核保过程。核保是指保险人在承保前，对保险标的的各种风险情况加以审核与评估，从而决定是否承保、承保条件与保险费率的过程。汽车消费贷款保证保险的核保内容主要包括：

1）对受理投保单时初步审查的有关内容进行复核。

2）审核投保单的保险金额是否符合条款规定，投保人购车的首付款是否符合规定。

3）审核贷款合同和购车合同是否合法并真实有效，银行与销售商在办理消费贷款和购车手续时，是否按照规定严格把关。

4）审核投保人是否按照条款的规定为消费贷款所购的车辆办理了规定内容的保险。

5）审核贷款协议是否明确按月、按季分期偿还贷款，不得接受一年一次的还款方式。

6）审核投保人是否按照与银行签订的抵押、质押或保证意向书，办理了有关抵押、质押或保证手续。

7）审核投保人所购车辆的用途与还款来源。

如果核保后同意承保，应将贷款合同、购车合同和相关证明材料复印一套留存。

### （四）保险单、证

#### 1．缮制保险单

业务人员根据核保意见缮制保险单、证。缮制汽车消费贷款保证保险保单时，保险期限应长于贷款期限，保险金额不得低于贷款金额。

#### 2．收取保险费

根据贷款金额、贷款期限等，正确选择费率并计算保险费。财务人员经复核保险单无误后，向投保人核收保险费，并在保险单“会计”处和保险费收据的“收款人”处签章，在保险费收据上加盖财务专用章。投保人应一次交清保证保险的保险费。

#### 3．签发保险单、证

汽车消费贷款保证保险不单独出具保险证，但为明示需要，应在车辆基本险与附加险的保险证上标注“保证保险”字样。保险费收取后，业务人员在保险单、证上加盖公章，将保险单正本交给被保险人。

复核人员按照规定程序和内容，对保险单、证进行复核并签章。

#### 4．归档管理

保险单副本一联交投保人，一联交财务，剩下一联连同保费收据业务联、复印的贷款合同、购车合同及有关证明材料等资料整理归档。

## 四、汽车消费贷款保证保险理赔实务

汽车消费贷款保证保险理赔工作过程是从接受被保险人的出险报案开始，通过现场调查，确定保险责任和抵押物处理，直至给付赔款的整个过程，是一项复杂而繁重的工作。汽车消费贷款保证保险理赔程序包括受理案件、调查、抵押物处理和赔付结案等。

### （一）接受报案

保险车辆出险后，被保险人一般是先以口头或电话等方式向保险人报案，然后再补交书面的出险通知。

#### 1．报案记录

理赔员在接到报案时，应详细询问和记录报案人姓名及联系方式、被保险人名称、驾驶员情况、厂牌车型、牌照号码、保险单号、出险险别、出险日期、出险地点、出险原因和估计损失金额等情况，并迅速通知业务员。同时指导被保险人填写“出险通知书”。若是电话报案，则要求事后补填“出险通知书”。

#### 2. 单、证查核

业务人员根据报案记录，尽快查阅承保记录，将初步审核符合理赔的案件登入“汽车消费贷款保证保险报案、立案登记簿”。业务人员在接受报案的同时，需要向被保险人提供“索赔申请书”和“索赔须知”，并指导其详细填写“索赔申请书”。向被保险人收取原始单、证并查核。同时，应尽快查抄出汽车消费贷款保证保险保单与批单、机动车辆保险的保险单与批单，并在所抄单、证上注明抄单时间和出险内容。

### （二）调查与确定责任

调查人员接到报案后，应利用多种途径进行调查、了解和取证。调查工作必须双人进行，应注重第一手材料调查，所有调查结果应做出书面记录。

调查方式与重点：

（1）对已经掌握的书面材料进行分析，确定被保险人提供的书面材料是否全面真实。

（2）向被保险人取证，了解投保人逾期未还款的具体原因，被保险人催收还款的工作情况。

（3）向个人投保人的工作单位或所在居委会（村委会）调查，了解投保人收入变动情况。向法人投保人的上级单位或行政主管部门了解其经营情况。

（4）向有关单位和个人调查抵押物的当前情况。

（5）通过其他途径调查，并结合以上调查结果，明确是否存在条款所载明的责任免除事项，投保人、被保险人是否有违反条款规定义务的行为。

调查人员在调查结束后应写出调查报告，全面详细地记录调查结果并做出分析。

业务人员应根据调查报告和收集的有关材料，依照条款和有关规定，全面分析，确定是否属于保险责任。形成处理意见后报地、市级分公司车险部门审定，拒赔案件应逐级上报省级公司审定。

### （三）立案

业务人员首先根据被保险人提供的有关资料进行初步分析，提出是否立案的意见与理由，报业务负责人。业务负责人接到报告后，应及时提出处理意见。最后，业务人员根据负责人的意见办理立案或不立案的手续。

对于符合保险合同的案件，业务人员进行立案登记。立案的目的是正式确立案件，统一编号并对其进行程序化的管理。

对于不属于保险责任范围的案件，如不在保险有效期、投保人未按照约定交付保险费或明显不属于保险责任的报案，应在“出险通知书”和“汽车消费贷款保证保险报案、立案登记簿”上签注“因××不予立案”，并向被保险人做出书面通知和必要的解释。

### （四）理赔

保险事故发生后，保险人应及时通知被保险人做好抵押物处理的准备工作。

#### 1. 抵押物的估价

保险人应与被保险人、投保人（抵押人）共同对抵押物进行估价，或共同委托第三人进行估价。所估价值由各方同意后，签订“估价协议书”，协议书所确定的金额为处理抵押物的最低金额。

**2．抵押物的处理**

被保险人按照“估价协议书”规定处理抵押物，所得价款优先用于偿还欠款。被保险人不能处理抵押物的，应对投保人提起诉讼，抵押物的抵押权转归保险人，保险人应会同被保险人办理抵押权转移的各项手续。

理赔人员根据条款的规定，依据调查报告、估价协议等有关材料进行赔款理算。具体如下：

（1）抵押物已经由被保险人处理的：

赔款=（保险金额–已偿贷款–抵押物的处理金额）×（1–免赔率）

（2）抵押物抵押权转归保险人的：

赔款=（保险金额–已偿贷款）×（1–免赔率）

（3）抵押物灭失而且不属于机动车辆保险责任范围，且投保人未提供新的抵押物的，保险赔款按照下式计算：

赔款=（保险金额–已偿贷款）×（1–免赔率）

上述公式中，“已偿贷款”不包括投保人已经偿还的贷款利息；“抵押物的处理金额”是指抵押物处理后，被保险人实际得到的金额，即扣除处理抵押物所需各项费用后的余额。

投保人以其所购车辆作为贷款抵押物，因逾期未还款，车辆抵押合同被处理后，投保人为其投保的机动车辆保险的保险责任即行终止，保险人应按照保险合同的规定，为投保人办理机动车辆未了责任期保险费的退费手续。

贷款所购车辆发生车辆损失险、盗抢险以及自燃损失险保险责任范围内的全损事故后，机动车辆保险的被保险人应得到的赔款，应优先用于偿还汽车消费贷款。此时，机动车辆保险的理赔人员，应书面通知贷款银行向保险公司提出“优先偿还贷款申请”，并书面通知机动车辆保险的被保险人，要按照合同的规定将赔款优先用于偿还贷款。优先偿还的范围仅仅限于所欠的贷款本金。优先偿还贷款后的赔款余额应交机动车辆保险的被保险人。

赔款优先清偿贷款后，保证保险合同即行终止。保险人按照规定为投保人办理保证保险未了责任期保险费的退费手续。

**3．缮制赔款计算书**

计算完赔款以后，要缮制赔款计算书。赔款计算书应该分险别、项目计算，并列明计算公式。赔款计算应尽量用计算机出单，应做到项目齐全、计算准确。手工缮制的，应确保字迹工整、清晰，不得涂改。

业务负责人审核无误后，在赔款计算书上签署意见和日期，然后送交核赔人员。

### （五）核赔

在汽车消费贷款保证保险理赔工作中，核赔即对赔款中的各个要件的审核与核定，是一项很重要的工作。其主要内容包括单、证的审核、保险责任的审核和赔付计算的审核。

（1）单、证的审核：①被保险人提供的单、证和证明及相关材料是否齐全、有效，有无涂改、伪造等；②经办人员是否规范填写有关单、证，必备的单、证是否齐全等；③相关签章是否齐全。

（2）保险责任的审核：按照汽车消费贷款保证保险条款中保险责任与责任免除的内容，审核其保险事故是属于保险责任，还是责任免除或未保风险。属于保险责任的则予以赔偿。

（3）赔付计算的审核：审核赔付计算是否准确，属于本公司核赔权限的，审核完成后，核赔人员签字并报领导审批；属于上级公司核赔的，核赔人员提出核赔意见，经领导签字后报上级公司核赔。

在完成各种核赔和审批手续后，转入赔付结案程序。

## （六）结案

保险公司的业务人员、被保险人以及财会人员完成以下工作即可宣告结案。业务人员根据核赔的审批金额，填发“赔款通知书”及赔款收据，被保险人在收到“赔款通知书”后，在赔款收据上签章，财会部门即可支付赔款。

在被保险人领取赔款时，业务人员应在保险单正、副本上加盖“××××年××月××日出险，赔款已付”字样的印章。并按照赔案编号，输入“汽车消费贷款保证保险赔案结案登记”，同时在“汽车消费贷款保证保险报案、立案登记簿”备注栏注明赔款编号与日期。

### 1．单、证清分

赔付结案时，应进行理赔单、证的清分。一联赔款收据交被保险人；一联赔款收据连同一联赔款计算书送会计部门作为付款凭证；一联赔款收据和一联赔款计算书或赔案审批表连同全案的其他材料作为赔案案卷一并归档。

### 2．理赔案卷的管理

理赔案卷要按照一案一卷进行整理、装订、登记、保管。理赔案卷应单、证齐全，编排有序，目录清楚，装订整齐，照片与原始单、证应粘贴整齐并附必要的说明。

一般的汽车消费贷款保证保险的理赔案卷单、证包括：赔款计算书、赔案审批表、出险通知书、索赔申请书、汽车消费贷款保证保险的保险单及批单的抄件、抵押合同、调查报告、估价协议书、权益转让书，以及其他有关的证明与材料等。

**案例**

**车贷险之殇**

2009年6月5日，曾经无限辉煌、又一度惨遭遗弃的车贷险，随着保监会《关于促进汽车消费贷款保证保险业务稳步发展的通知》的发布，终于又回归到大众的视野。

每一个经历过车贷险跌宕起伏的从业者，都不会忘记她曾经的辉煌、没落以及那些为巨额坏账损失焦头烂额的日子。

21世纪初的几年时间，是保险公司车贷险快速发展的时代。截至2003年，以车贷险为条件的汽车消费信贷已占汽车消费信贷总余额的90%以上。但当时曾参与车贷险业务的人，更加难以忘怀的是随之而来的惨痛历史。

“由于管控不力，当时汽车贷款中诈骗、挪用资金、恶意拖欠及经营不善引发的拖欠贷款问题严重。2003 年前后，全国车贷烂账高达千亿元，占车贷余额的 30%～40%，这使当时为车辆贷款提供保险的财险公司损失惨重。”某财险公司曾从事车贷险的人士回顾说。

当时的车贷险市场上，人保财险是最大的承保公司。该公司一人士表示，当时人保北京分公司承保的车贷险中，逾期不还款车贷近 3 亿元，其中涉嫌诈骗的金额近亿元，而人保在全国的车贷险坏账损失超过百亿元。

根据当时的条款，车贷险通常在下述两种情况下进行赔付：当投保车主在保险合同有效期内遭受意外伤害，导致身故或者经鉴定达到一级至四级伤残；投保人自保险期间开始 180 日后（不含第 180 日）初次罹患疾病，导致身故或者鉴定达到一级至四级伤残，由保险公司完全承担贷款本息余额的还款责任。

此外，车贷险还承担“无理由”不还款的责任，即当投保车主连续三个还款期（通常一个月为一个还款期）未履行还贷责任，银行通过拍卖车辆实现抵（质）押权后，所获资金不足以清偿未偿还的贷款本息的，保险公司负责赔偿差额部分。

“车贷险的费率一般为贷款余额的 2%～5%，低的时候甚至达到了 1%，平均一部车的保费才 1000 多元，即使风险控制较好，出险率不到 1%，只要有一部承保车辆出险，保险公司的理赔额就是以万来计算，稍有闪失就会血本无归。”上述人保财险人士称。

一位熟悉当时车贷险市场的人士将导致高额赔付的原因概括为三个方面：一是保险公司与银行之间权利义务划分不清；二是社会征信制度不够健全，贷款人违约成本低廉；三是保险公司的管理制度缺失，风险控制措施不够完善。

“银行因为有保险公司做后盾，就忽视甚至丧失了对车贷业务的审查和监控，而保险公司本身也在核保时比较宽松，没有严格的核保程序，导致一些不该承保的车贷业务被纳入保险公司的风险池中，再加上催缴机制的缺乏，导致了高额赔付。”上述人士续称。

在车贷险业务上，保险公司面临的最主要风险来自内部控制失控，车贷险核保程序上存在的重大漏洞是导致赔付率居高不下的主要原因。

“车贷险作为保证保险并不是 100%投保险种，因此保险公司在签发保单前必须对贷款购车人的资信情况进行全面详尽的调查了解，以确定是否承保，这也是保险公司控制车贷险风险的关键所在，但当时大多保险公司对此只进行了形式上的审查而非实质性的审查，导致大量达不到承保要求的保单流入保险公司。”一熟悉当时车贷险业务的人士介绍。

一个典型的例子是保险公司承保风险较大的营运车车贷险业务。根据云南保监局披露的数据，云南当时承保的营运车车贷险占到了全部车贷险业务的 80%。这类业务的投保人往往将大型车辆用于租赁和长途货运，有的租赁公司规模较小、资金紧张，违约不按期还款概率较大，而车辆又在全国范围运营，给跟踪追缴带来了难度。

一位曾参与过车贷险设计的业内人士则表示，与一般保险险种是建立在大数法则基础上的开发产品、拓展市场不同，车贷险本身就不符合“保险大数法则”，它并非是承保量越大，风险越分均。

另一方面，汽车的大幅降价也导致了一部分购车者的恶意坏账。对于每月还款一次的车贷险，如果购车方连续三个月没有按期还款，保险公司就要向银行支付赔款。

由于坏账率居高不下和责任纠葛，2003 年，保险公司与银行之间因履约问题闹上法庭曾经司空见惯。因此保监会紧急叫停这项业务，相关责任人也受到了处罚。

从2004到2008年，多数保险公司畏惧车贷险的高风险，选择了主动放弃；部分公司在推出所谓“新车贷险”后，因得不到银行机构的相应配合，也逐渐销声匿迹；只有极个别保险公司仍在孤军死扛，应对着来自汽车金融公司、租赁公司及担保公司的竞争。

# 第三节　机动车辆分期付款售车信用保险

## 一、机动车辆分期付款售车信用保险概述

1）该保险为机动车辆保险的一种特别约定保险。

2）该保险条款的投保人、被保险人是分期付款的售车人。

3）该保险条款中提及的担保人指按照被保险人的要求，受分期付款购车人的请求，为分期付款购车人所欠债务承担连带责任者。

## 二、保险责任

（1）购车人在规定的还款期限到期三个月后未履行或仅部分履行规定的还款责任，保险人负责偿还该到期部分的欠款或其差额。

（2）购车人连续两期未偿还到期欠款，保险人代购车人向被保险人清偿第一期欠款后，于第二期还款期限到期三个月后向被保险人清偿购车人的所有欠款。

（3）于下列原因造成购车人不按期偿还欠款，导致被保险人的经济损失时，保险人不负责赔偿：

1）战争、军事行动、核爆炸、核辐射或放射性污染；

2）购车人的违法犯罪行为以及经济纠纷致使其车辆及其他财产被罚没、查封、扣押抵债；

3）所购车辆的质量问题致使购车人拒付或拖欠车款；

4）车辆价格变动致使购车人拒付或拖欠车款；

5）保险人对购车人资信调查的材料不实或售车手续不全；

6）保险人在分期付款售车过程中的故意和违法行为。

## 三、保险期限和保险金额

1）保险期限是从购车人支付规定的首期付款日起，至付清最后一笔欠款日止，或至该分期付款购车合同规定的合同期满日为止，二者以先发生为准，但最长不超过3年。

2）保险金额为购车人首期付款（不低于售车单价的30%）后尚欠的购车款额（和资金使用费）。

$$保险费=保险金额\times保险费率$$

## 四、被保险人义务

（1）被保险人应要求购车人提供具有担保资格的担保人，并以所购汽车作为抵押。

（2）被保险人应严格遵守购销合同、抵押合同、质押合同等有关必备合同的规定。

（3）被保险人应严格审查购车人和担保人的资信情况，在确认其资信良好的情况下，方

可按分期付款方式销售车辆。资信审查时应向购车人和担保人收取以下证明文件并予以登记：个人的身份证及户籍证明原件；工作单位人事及工资证明或居委会出具的长期居住证明；法人的营业执照、税务登记证复印件，营业场所证明，法人代表身份证明，单位的开户行、户名及账号，银行及税务资信证明等等。保险人有权要求被保险人提供上述证明文件。

（4）被保险人应按时向保险人交纳保险费。

（5）被保险人应严格遵守国家法律、法规及“分期付款购买汽车合同”中的责任和义务，经常检查分期付款合同的执行情况，做好欠款的催收工作和催收记录，对保险人提出的防损建议，应认真考虑并付诸实施。

（6）被保险人的“分期付款购买汽车合同”如有变动，须事先征得保险人的书面同意。被保险人改变经营方式如对购车人分期还款产生较大影响时，应及时书面通知保险人。

（7）被保险人不履行各项义务，保险人有权终止保险合同或拒绝赔偿。

## 五、赔偿处理

（1）当发生保险责任范围内事故，被保险人应立即书面通知保险人，如属刑事案件，应同时向公安机关报案。

（2）被保险人索赔时应交回抵押车辆，由保险人按本节“六、追偿及处分抵押物”中的第二条和第三条处理。

（3）若被保险人无法收回抵押车辆，应向担保人追偿，若担保人拒绝承担连带责任，被保险人应提起法律诉讼。

（4）被保险人索赔时，根据出险情况，提供以下有效证明文件：

1）索赔申请书（应注明购车人未履行按期偿还余款和担保人未履行连带责任的原因、索赔金额及其计算方法）；

2）分期付款购车合同；

3）保单正本；

4）被保险人签发的“逾期款项催收通知书”；

5）未按期付款损失清单；

6）代收款银行提供的代收款情况证明；

7）向担保人发出的索赔文件；

8）县及县以上公安机关出具的立案证明；

9）法院受理证明；

10）产品质量检验报告或裁决书；

11）保险人要求提供的其他相关文件。

（5）每车实行20%的免赔率。

（6）被保险人在获得保险赔偿的同时，应将其有关追偿权益书面转让给保险人，并积极主动协助保险人向购车人或担保人追偿欠款。

## 六、追偿及处分抵押物

（1）保险人支付保险赔款之后，即取代被保险人的地位，行使对购车人的追偿权利，包括接管为被保险人债权而设立的任何抵押物。

（2）保险人有权按下列任一种方式处分抵押物：

1）拍卖；

2）转让、兑现；

3）其他合理的方式。

（3）抵押物经处分后，按下列顺序分配价款：

1）支付处分费和税金；

2）清偿被保险人应得款项；

3）清偿保险人应得的所有款项；

如上述款项仍有余额，该余额应归还购车人。如上述款项不足清偿欠款，被保险人应积极协助保险人向购车人追偿。

（4）对超出保险金额或保险期限的任何欠款，保险人不承担任何赔偿责任。

（5）保险人对购车人因未能按期履行主合同引起的罚息和违约金不承担赔偿责任。

（6）发生保险责任事故后，被保险人从通知保险人发生保险责任事故当日起三个月内不向保险人提交规定的单证，或者从保险书面通知之日起一年内不领取应得的赔款，即视为自愿放弃权益。

（7）保险人赔偿后，若发现是属于被保险人的欺骗等行为造成保险人错赔的，保险人有权追回赔款。

（8）保险一经承保，投保人不得中途退保。

（9）保险人和被保险人应本着“实事求是，公平合理”的原则协商解决纠纷和争议。如协商不成，可提交工商行政管理部门进行调解、仲裁，或向法院提起诉讼。除事先另有约定外，仲裁或诉讼应在保险人所在地进行。

## 本章小结

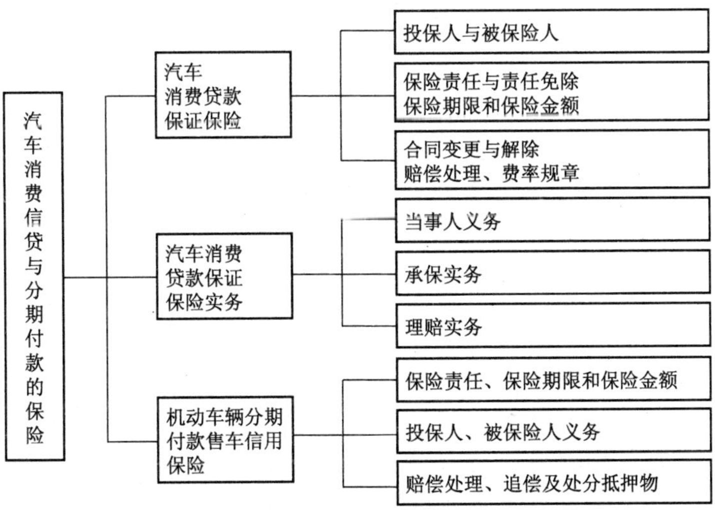

## 复习思考题

### 一、简述题

1. 汽车消费贷款保证保险的投保人、被保险人义务有哪些？
2. 汽车消费贷款保证保险的核保内容主要包括哪些？
3. 机动车辆分期付款售车信用保险中被保险人的义务有哪些？

### 二、案例分析

**案情**

自然人甲与某银行乙2013年签订购车借款合同一份，约定乙借款80万元给甲购买乘用车，借款期限12个月。签约后，乙向甲履行了放款义务。根据乙的要求，甲以所购的车辆向某保险公司丙投保了机动车辆消费贷款保证保险。丙向乙出具了机动车辆消费贷款保证保险单一份。合同签订后，甲只支付了一个月的借款本息，之后未再还贷款。因甲连续超过三个月未还本付息，乙遂向丙提出索赔，但丙拒绝赔付。不得已，乙以丙为被告向法院提起诉讼，要求丙先行向乙赔偿甲剩余贷款本息。

庭审中，丙认为，乙没有按照商业银行法有关规定对作为投保人的借款人甲进行资信调查，没有发现甲向乙提供了虚假的个人收入证明，导致乙损失。根据保险条款规定，保险人不承担赔偿责任。

法院经审理，认为丙理由不成立，判决丙偿还甲欠乙的剩余款项。

**问题：**

试谈谈你关于本案的想法。

## 实训项目

### 实训目的

- 熟悉汽车消费贷款保证保险的保险条款及业务流程。
- 熟悉机动车辆分期付款售车信用保险的保险条款。

### 实训要求

- 借助互联网及实地走访调查了解各大财险公司的汽车消费贷款保证保险与机动车辆分期付款售车信用保险的保险条款及相关费率表，记录调查结果，形成分析报告。

### 实训步骤

- 利用互联网，通过搜索工具，查找保险公司网址，进入保险公司网页，查找险种及费率的介绍，仔细记录和对比查询结果，找出各个保险公司之间汽车消费信贷保险条款的不同，以及费率的不同之处。
- 实地进入保险公司调查，了解保险公司在险种开发、费率制定时所考虑的因素，现行的汽车消费信贷保险条款还存在哪些不足，实际运行过程中经常遇到哪些问题。
- 认真整理调查资料，完成实训报告。

# 第九章　汽车承保实务

## 学习目标

【能力目标】

- 能够独立开展保险展业活动，向客户做相关的汽车保险宣传
- 能够指导客户进行汽车保险的投保
- 能够独立完成填单、出单以及核保业务，能够对单证进行清分

【知识目标】

- 掌握展业活动应具备的知识，了解保险方案的制定原理
- 掌握投保和承保的业务流程
- 理解核保的原理，掌握核保的运作
- 掌握续保及无赔款优待

## 引导案例

### 代理人开具假保单引起的纠纷

灵山客运中心一辆已经投保的汽车，在北京门头沟路 326 路西辛房站西倒车时，将行人赵某撞倒受伤。因该车已在某保险公司投保了全部险种的车辆保险，灵山客运中心在赔偿了行人损失后，持投保车辆的保单等材料，到设在门头沟的保险业务代理处要求赔偿，保险公司代理人唐某收取了相关材料，口头承诺予以理赔，但一直不兑现。灵山客运中心无奈将保险公司诉至法院，要求保险公司赔偿经济损失 71 741.21 元。

被告保险公司称：其与灵山客运中心之间并无真实保险合同，保险公司代理人唐某因涉嫌诈骗已被北京市公安局依法逮捕。唐某承认交给灵山客运中心的保单是他擅自印制的，加盖的公章也是擅自刻制的，且收取灵山客运中心的保险费未出具收据，该笔费用已用于个人消费。故保险公司不同意原告的诉讼请求。

法院在审理中认为，保险公司与代理人之间存有代理关系。代理人以被代理人保险公司的名义所出具的保单内容，未超出代理协议约定的范围，故代理人基于代理权限所实施行为的后果应由保险公司承受。投保人灵山客运中心在以前就曾在保险人处投过此类保险，此保险合同属再次投保，其有理由相信保单是真实的，其投保行为应受到法律保护。因为保险业务代理处有固定场所并挂牌经营，投保人再次办理保险手续，是由代理机构的工作

人员在营业场所具体实施完成，投保人无法定义务了解工作人员的有关情况。灵山客运中心对该保单的真伪性并不应承担核实责任。以此保险单为凭，可证明投保行为已实施完成。作为保险公司，应预见到以兼业保险代理人代办保险业务的方法拓展市场所带来的风险。在庭审过程中，保险公司所出示证据不能够证明投保人和犯罪嫌疑人有恶意串通骗保行为。保险公司对代理机构监管不力，致使唐某能够利用工作之便骗取钱款，即使唐某未将保险费交给公司，保险公司也应对代理行为后果承担保险责任。

法院最后判决：灵山客运中心诉讼请求合理，应予支持。被告保险公司全额赔偿原告北京灵山客运汽车管理中心的事故损失，即向原告支付 71 741.21 元。

这个案例说明，作为投保人应该掌握相应的投保知识以避免引起不必要的麻烦或者自身利益受到侵害，作为经营主体的保险公司加强承保监管也是保证经营顺畅的首要任务。在本章的学习中，我们将对承保流程、投保实务、核保原理及运作等相关问题进行介绍。

# 第一节 保险展业

汽车保险承保实质上是保险双方当事人达成协议、订立保险合同的过程。一般先由从事保险展业的人员进行展业宣传、为客户设计保险方案，客户提出投保申请后填写投保单，业务人员验车、验证、复核后提请核保人员核保，经核保同意承保的，当事双方订立保险合同，保险公司缮制签发保险单、证。图 9-1 是人保公司的承保工作流程。核保后需要调整部分承保项目的，核保人员通知业务人员与投保人协商，投保人同意按核保人提出的承保条件投保的，由投保人重新填写投保单重复上述过程。本节首先介绍保险展业。

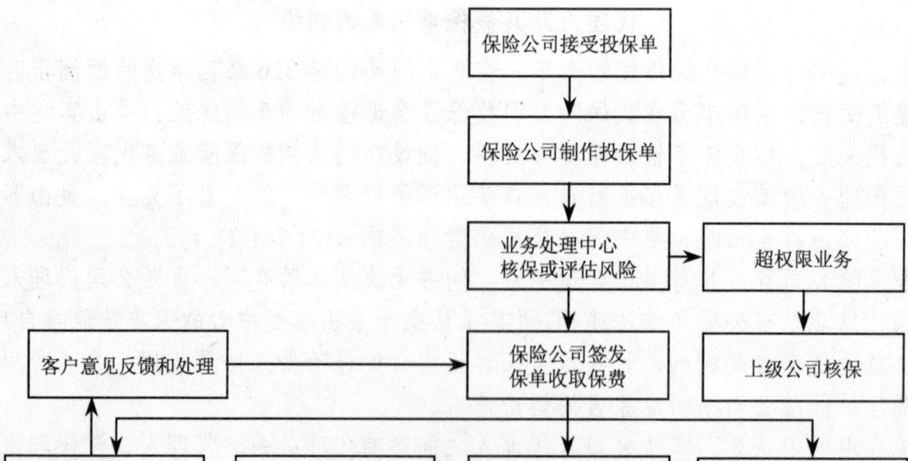


图 9-1　承保业务流程

# 一、展业准备

## （一）掌握基础理论知识

1）学习掌握《中华人民共和国保险法》《中华人民共和国合同法》《中华人民共和国民法通则》等国家及地方有关机动车辆保险、交通事故处理、机动车辆管理等方面的法律、法规和政策。

2）学习掌握保险基础知识和机动车辆保险基本险及附加险条款、条款解释和费率、费率规章、熟记投保单、投保单附表要素、保额确定方法、保险责任、责任免除、赔偿方式等各项内容。

3）学习机动车辆基本知识，如车辆基本构造原理、车型的识别和常见车型的价格。

4）学习掌握国家保险监管机关对车辆保险的监管规定和要求。

5）学习掌握公司对机动车辆保险经营管理的规定与要求。

6）学习掌握本地保险同业机构达成的自律规章等制度。

## （二）掌握当地市场基本情况

1）调查掌握所辖区域机动车社会拥有量、新增机动车辆信息和年检数量、各类车型所占比例、承保情况等。调查掌握所辖区域内机动车辆和承保车辆的历年事故发生频率、事故规律和出险赔付情况；分别建立社会车辆拥有量的保源数据库、车辆保险数据库和交通事故分析数据库，业务部门据此做好车辆风险分析与展业承保指南。业务管理部门和经办人员应学会运用公司现有的计算机和实务软件程序，分析业务结构、经营业绩和建立数据分库，使风险分析有理有据。一个完整、规范、准确的车险业务数据库可以按需分析出相关业务报表或提供数据模型，是提高保险收益和规避保险风险的重要依据。

2）了解市场对车险险种的需求，选择取向，掌握客户投保心理动态和了解客户的需求。

3）了解保险同业情况，掌握本地区保险市场竞争动态、竞争对手的业务、发展重点、展业方向及措施和手段。做到知己知彼，才能有的放矢。

## （三）保前调查

在不损害客户信誉和商业秘密的前提下，加强市场调查是非常重要的。调查项目有：

1）摸清客户拥有车辆的数量、车型、用途及目前承保公司、保险期限或曾经投保的公司等。

2）摸清客户的信誉程度、安全管理情况和历年度保险车辆出险与实际赔付情况。

3）有的放矢地做好各类客户的公关工作。

4）摸清客户与标的利益关系，确定有无可保利益。

## （四）制订展业计划，确定展业目标

1）制订月、季、年度展业计划和策略，确定展业目标，展业重点，定期分析展业情况，合理安排展业时间。制订展业计划应实事求是，展业目标应明确无遗。

2）做好续保工作。根据保险数据库资料制定续保工作计划，保险期满前一个月邮寄或上门发送续保通知书。

## 二、保险宣传

在掌握必要的信息资料以后，保险公司就要进行保险宣传。保险宣传对于保险业务的顺利展开和增强国民的保险意识具有重要的作用。只有更多的人了解和认识保险，才能吸引更多的企业、家庭和个人投保，从而扩大保险的影响，提高保险的社会地位。在我国，由于国内保险业务停办了20年，导致保险意识淡薄，不少人对保险比较陌生，有些企事业单位的领导对保险的职能和作用也认识不够。保险要为社会所接受，就得依靠宣传，宣传的方式有多种多样，诸如广告宣传，召开各种座谈会，放映保险故事影片，在电台和报刊播放或登载保险知识系列讲座，印发宣传材料和宣传品等。特别注意争取当地政府及公安交通管理部门的支持和配合。保险宣传的主要内容包括：

1）各分支机构和本地保险市场特征，宣传本公司车险名优品牌以及机构网络、人才、技术、资金、服务等优势。在宣传比较优势时，以正面宣传本公司的优势为主，宣传材料和宣传方式应避免损害其他保险人。

2）宣传基本险、附加险条款的主要内容和承保理赔手续。重点宣传保险责任、责任免除、被保险人义务和附加险与基本险在保障上的互相补充作用，并备齐有关宣传材料。

### 小资料

**创新保险宣传**

保险宣传是保险公司根据自身和客户群体需要，“量体裁衣”，选择在特定的环境、场所或时间周期，宣传所开发的新产品的特点以及如何投保索赔，从深度上扩大影响。如中国人保财险在车险改革中重点突出宣传个性化服务、精细化管理的经营原则，普遍受到投保车主的好评；在旅游意外险方面推出“众安康”“乐安康”等特色保险产品，并开辟上述新险种的多元化结合的专题宣传，既加深了人们对新产品的了解，又丰富、提高了客户群体理财投资的观念与意识。优质服务是潜意识的宣传，是提高保险公司知名度、美誉度的最佳途径。宣传只能告诉人家是什么，优质服务才能使人知道到底怎么样，实现从感性认识到理性认识的飞跃。在新形势下，各保险主体开辟优质服务的窗口与平台，如呼叫专线、电子商务平台、网站和内外部传媒的宣传等，从很大程度上拉近了社会与保险公司的距离，有力地推动了业务的发展。在保险工作中，一宗处理及时的赔付案件，一次热情周到的服务都会使客户永不忘怀，甚至感动万分。所以寓宣传于优质服务之中或融优质服务于宣传活动之中都能相得益彰，可赢得客户的长久信赖，形成长期的互相信任的合作关系。

## 三、保险方案

在开展机动车辆保险业务的过程中，加大保险产品的内涵，提高保险公司服务水平，引导保险市场的竞争从价格竞争走向非价格竞争，提倡和要求展业人员在开展业务的过程中应向投保人或者被保险人提供完善的保险方案。由于投保人所面临的风险概率、风险程度不同，因而对保险的需求也各不相同，这就需要展业人员为投保人设计最佳的投保方案。

### （一）保险方案制订的基本原则

#### 1．充分保障的原则

方案应建立在对于投保人的风险进行充分和专业评估的基础上，以最大限度地分散风险。

#### 2．公平合理的原则

提供的保障是适用和必需的，用最小的成本实现最大的保障，防止提供不必要的保障。

#### 3．充分披露的原则

根据最大诚信原则，如实告知，特别是可能产生对投保人不利的规定要详细告知。

### （二）保险方案的主要内容

保险方案是在对于投保人的风险进行评估的基础上提出的保险建议书。首先，应当包括从专业的角度对投保人可能面临的风险进行识别和评估。其次，在风险评估的基础上提出保险方案的总体建议。第三，应当对条款的适用性进行说明，介绍有关的险种并对条款进行必要的解释。第四，对于保险人及其提供的服务进行介绍。其具体内容有：

1）保险人情况介绍；

2）投保标的风险评估；

3）保险方案的总体建议；

4）保险条款以及解释；

5）保险金额和赔偿限额的确定；

6）免赔额以及适用情况；

7）赔偿处理的程序以及要求；

8）服务体系以及承诺；

9）相关附件。

一般来说，对于国家机关、事业单位，以及大企业采用投保全险的方案，即交强险和绝大多数商业险，能保的险种全部投保；中小企业和个人一般会投保交强险和商业基本险，而附加险则有选择地购买；少数人只购买交强险，这是最低保障方案，也是上牌照和验车所必需的。

## 四、展业方式

### （一）自主展业

自主展业的特点是通过保险公司自己的展业渠道获得业务。传统的自主展业是指保险公司自己的业务人员通过上门或者柜台方式获得的业务。但是，由于新技术的出现和运用，使得传统的展业模式面临着巨大的挑战和冲击，其中，电话营销和电子商务为新模式的主要代表。

国外的一些保险公司早就开始进行电话营销并取得了巨大的成功。这种模式对于保险公司而言具有许多优点：一是通过这种直销的方式，可以有效降低居高不下的中介费用，继而降低经营成本和价格，提高产品的市场竞争力；二是通过这种营销方式能够与客户建立直接的联系，增强了对业务的控制能力，避免受制于中介机构，争取到经营上的主动；三是这种模式使保险公司能直接向客户提供相关的服务，更好地体现服务质量；四是这种营销模式为保险公司提供了更大的经营和获利空间。

互联网的发展为保险公司开展自主展业又开辟了一个全新领域。电子商务体系的开发和完善，尤其是网上支付系统的完善，使得网上投保成为一个更为便利的保险营销渠道。随着移动互联网时代的到来，各个行业开始关注移动应用对行业及其生态圈的影响，部分企业着手部署企业级移动互联网应用，重新定义了企业的生产、销售和管理的工作模式。保险行业通过开发移动展业平台、借助移动互联设备的新型销售方式正在快速普及。

### （二）代理展业

无论国外还是国内，保险代理人在机动车辆保险业务领域均起到了举足轻重的作用，如日本大量的机动车辆保险业务是通过保险代理人机构开展的。在我国刚恢复保险业务的时候，相当长的一段时期内由车辆管理部门作为机动车辆保险的代理机构。随着保险市场的形成和完善，车辆管理部门已经渐渐退出了代理领域，取而代之的是以车行、修理厂为主的代理机构。

保险代理人的性质是保险人的代理人。根据《保险法》的有关规定，保险代理人是根据保险人的委托，向保险人收取代理手续费，并在保险人授权的范围内代为办理保险业务的单位或者个人。同时，保险代理人在保险人授权范围内进行保险代理业务的行为所产生的法律责任，由保险人承担。

保险代理人可分为专业代理人、兼业代理人和个人代理人。保险公司对代理人的管理可以通过授权管理、保单管理和保费管理来实现，而这三方面的管理又必须有机地相结合。

#### 1. 授权管理

保险代理基于一种委托和授权，保险公司在委托和授权之前应当通过各种渠道和办法对代理人进行了解和考察，除了对其从业资格能力的考察之外，更重要的是对代理人的资信进行考察。在民事代理活动中，被代理人决定授权的最重要因素不是代理人的代理能力，而是代理人的资信。所以，保险公司在决定与代理人建立代理关系之前，一定要慎重地评估代理人的资信，严格授权管理工作。

#### 2. 保单管理

保单管理是指在对代理人开展业务过程中保单领用、签发和传递过程中的管理，对于授予出单权的代理人应特别注意保单的管理。首先，应当在代理协议中明确授权出单的范围，防止代理人对出单权的滥用。其次，应当通过对保单领用和发放的管理，严格和有效地控制保单的使用与回收。即使是没有出单权的代理人同样存在对保单的管理问题，经常出现由于代理人的过失没有按时将保单交付被保险人，甚至遗失保单等导致的纠纷。同时，保单的管理往往是与保费的管理相联系的，一些不良的代理人往往通过钻保险公司对保单管理不严的空子来达到挪用和侵占保费的目的。

3. 保费管理

保费的管理是代理人管理的关键一环，因为，不良的代理人所有活动的最终目的均是企图非法占有保费。保险公司应加强保费管理，一方面可以通过要求代理人分别设立保费和费用账户的方式进行管理；另一方面应当注意动态地监督和控制保费在途的周期。一旦发现有保费可能被挪用和侵占的情况时，应采取果断的措施，力争将问题解决在萌芽状态。

## 五、告知与检验

### （一）告知

（1）依照《保险法》及监管部门有关要求，严格按照条款向投保人告知投保险种的保障范围，特别要明示责任免除及被保险人义务等条款内容。

（2）对车险基本险和附加险条款解释容易发生歧义，特别是涉及保险责任免除的部分或保险条款发生变更时，应通过书面或其他方式进行明确说明。

（3）应主动提醒投保人履行如实告知义务，特别对可能涉及保险人是否同意承保、承保时可能进行特别约定，或使用变动费率以合理控制保险风险的情况如实告知，不得为了争取业务有意识对投保人进行误导。

（4）应对保户详细解释拖拉机和摩托车保险采用定额保单承保和采用普通保单承保的差异。

（5）在客户投保保险种选择与本公司因风险合理控制、有条件限制的承保险种之间存在差别时，应耐心做好宣传解释工作。

### （二）检验行驶证和车辆

1. 验证

检查行驶证、车辆登记书、有效移动证（临时号牌）是否与投保标的相符，是否经公安车辆管理机关办理年检；核实投保车辆的合法性，并确定使用性质和车辆初次登记日期。

2. 验车

检查牌照号码、发动机及车架号码等是否与行驶证记录一致；车辆技术状况是否符合运行条件；是否配备消防设备。投保盗抢险的机动车辆必须拓印车架或发动机号码，必要时拍照留底，将拓印的车架或发动机号附贴在投保单正面，照片冲洗后粘贴在投保单背面，并查验是否装备防盗设备。

重点检验的车辆是：

（1）第一次投保的车辆；

（2）未按期续保的车辆；

（3）已保交强险和第三者责任险后申请加保车损险的车辆；

（4）申请增加投保盗抢险、自燃险及玻璃单独破碎险的车辆；

（5）使用年限超过 7 年或接近报废年限投保车损险的车辆；

（6）特种车辆或发生重大车损事故后修复的车辆。

# 第二节　投 保 实 务

## 一、投保选择

随着《机动车综合商业保险示范条款》开始内部征求意见，备受关注的车险改革终于迈出了实质性步伐，让保险企业拥有自主定价权是改革的最终目标。这次商业车险费改的思路是让条款显得通俗化、标准化，保障范围进一步扩大；之后，符合资质的保险公司可经行业协会预审后，向保监会报批创新型条款，拥有自主定价权。我国的保险市场进一步向多元化方向发展，保险市场的竞争也越来越激烈。在保险公司细分市场需求、细分客户群体、细分风险特性，量体裁衣，实行个性化产品、差别化费率的“超市型”保险产品的服务环境中，各保险公司的保险产品在条款、费率上都有一定程度的差异。因此，投保人有了更大的选择余地，可以根据实际需要自由地选择保险公司、投保险种以及投保方式。

机动车辆保险的选择，是机动车辆所有人基于自己的风险保障需要，利用已掌握的保险知识及信息资料，进行对比分析，选择最佳保险公司、投保险种以及投保方式的行为过程。机动车辆保险的选择权也是法律赋予投保人的一项重要权利。《保险法》第 11 条规定：“订立保险合同，应当协商一致，遵循公平原则确定各方的权利和义务。除法律、行政法规规定必须保险的外，保险合同自愿订立。”因此，除了法律、行政法规规定必须保险的以外，投保人可以自由选择自己信赖的保险公司进行投保，并选择自己满意的机动车辆保险产品以及投保方式。目前，就机动车辆保险而言，根据《机动车交通事故责任强制保险条例》规定，只有交强险属于必保险种，但投保人仍然可以自由选择在哪家保险公司投保该险种。除交强险之外，投保人可以选择自己满意的商业保险产品以及投保方式。

机动车辆保险的科学选择，是购买和消费保险的前提和基础。选择的过程，就是调查了解、搜集信息资料、进行投保决策的过程。能否挑选到信誉度最好的保险公司、适合自身需要的优质险种以及最佳投保方式将直接关系到保户的切身经济利益。因此，投保前进行科学选择，对投保人具有极为重要的意义。

### （一）选择保险的基本原则

#### 1．国内投保的原则

《保险法》第七条规定：“在中华人民共和国境内的法人和其他组织需要办理境内保险的，应当向中华人民共和国境内的保险公司投保。”所以，我国境内的法人和其他组织需要办理境内机动车辆保险业务的，应当向我国境内开办机动车辆保险业务的保险公司投保。当然，国外的保险公司，以独资或合资方式进入中国保险市场，并经保监会批准“有权经营车险业务的”也可以承接车险业务。

2．信誉第一、服务便捷的原则

保险公司作为经营风险转嫁业务，提供损失补偿的信誉企业，其自身的诚信和服务质量，对投保人或被保险人来说是至关重要的。因为投保人交付保险费后，得到的仅是损失补偿的承诺，但是由于风险的不确定性，一旦不幸的事情降临到自己头上，这种承诺能否兑现则取决于保险公司的偿付能力和信誉度。因此，要想得到可靠的经济补偿和完善的保险服务，就要坚持信誉第一、服务便捷的原则，到资产雄厚、经营稳健、信誉好、服务体系完善的保险公司去投保。

3．性价比最佳的原则

目前，各保险公司已经开办的车险险种较多，投保人选择的空间也很大，投保时要精心选择，挑选具有最佳性价比的产品。所谓性价比最佳，是指所选的保险产品交费较少而保障范围较大，既能充分满足风险保障的需要，又不造成经济上的浪费。也就是说，根据自身对风险保障的需要以及同类保险产品在价格上的差异，合理挑选产品，进行投保。

## （二）选择保险的内容

投保人和保险公司订立机动车辆保险合同的目的在于保险事故发生，导致保险标的受到损失时可以获得一定的经济补偿，追求的是以最小的代价换取最大的保障。科学的选择是实现这一目的的前提。机动车辆保险的选择主要包括三方面的内容：一是对保险公司的选择；二是对投保险种的选择；三是对投保方式的选择。

1．对保险公司的选择

一般来说，只有优秀的保险公司才能提供优质的保险产品和服务。在目前竞争激烈的机动车辆保险市场上，如何选择一家合适的保险公司，对投保人来说是获得良好保险保障的关键。根据选择保险的基本原则，投保人对保险公司的选择，主要是对保险公司的资质、经营状况、信誉、机构网点设置及技术力量、服务质量以及国别等情况的调查了解和选择过程。选择的保险公司应满足以下几方面的要求：

1）投保的公司应该是在中国境内依法成立、守法经营、有车险业务经营权的保险公司。

2）投保的公司经营稳健、财务状况良好、偿付能力充足、信誉良好。

3）投保的公司应具有健全的组织机构、完善的服务体系，尤以机构网点遍布全国的大公司为佳，以便将来一旦在异地出险时，能够得到保险公司在现场查勘及理赔等方面的及时处理。

4）投保的公司专业技术力量强大，服务内容丰富、质量好。

2．对投保险种的选择

对投保险种的选择，是在广泛搜集各保险公司营销的机动车辆保险条款费率及宣传资料的基础上，按照选择保险的基本原则及自身风险转嫁的需要，通过分析对比而挑选优质险种的过程。投保人选择机动车辆保险险种时，应了解自身的风险特征，根据实际情况选择个人所需的风险保障。对于机动车辆保险市场现有产品要进行充分了解，重点是要了解保险产品的保险责任和责任免除范围以及赔偿方式，以达到满足自身风险保障需要的基本目的。同时，还要注意不同保险公司在同类保险产品上价格的差异，坚持性价比最佳的原则。

投保人一般可以按照以下步骤来选择投保险种：

1）投保人首先应该分析清楚自己可能面临着哪些风险，可能导致什么不良后果，最终自己会承担多少风险等问题。例如，新车被盗抢的风险较大；老旧车型发生自燃火灾损失的概率较高；营运车辆一旦发生事故，赔偿的数额较大。

2）向保险公司或其代理人（机构）索要有关保险条款和费率表，仔细阅读保险条款。投保人应当特别关注保险产品的保险责任、责任免除和特别约定，被保险人权利和义务，免赔额或免赔率的计算，申请赔款手续，退保和折旧等规定。如对保险条款和费率表有疑问，投保人可以要求保险公司或代理人对条款和费率表进行解释说明或与保险公司咨询部门直接联系，以切实保障自己的利益。

3）再进一步了解、比较各保险公司的具体机动车辆保险产品，看看哪一种更适合自己的需求。注意所选择的机动车辆保险产品的保障范围，一定要把容易发生的、相对可能性较大的风险包括进去。否则，未得到保障的风险事故发生导致的损失将得不到保险赔偿。

这样，就可以挑选到适合自身需要的保险产品了。如果投保人计划购买机动车辆保险，但又感到自己对购买什么机动车辆保险等问题拿不定主意时，可以向保险咨询机构以及专业人士进行咨询。

**案例**

**车险投保搭配技巧**

**案情**：白先生的爱车在前段时间被盗，后来警察局打电话说车子找到了，但是爱车却遭到了很严重的损伤，车头凹了一大块，挡风玻璃全碎了，车身严重刮花。白先生心想不必惊慌，因为买了车险应该可以理赔。但是当白先生拿着修车费用的发票到保险公司索赔时，保险公司拒绝了白先生的理赔要求，拒赔的理由是：白先生只买了交强险，现在出险的情况不在交强险的理赔范围内。白先生感到很纳闷，怎么买了车险，现在车遇险了却说不在理赔范围？

**分析**：案例中的白先生没有了解自己投保的车险险种。首先，他投的是交强险，是国家强制购买的险种，主要是为了保护除了本车人员和被保险人员之外的第三方受害人的赔偿权益，对投保人自己和车辆本身没有保障，白先生的爱车遇险本来就没在理赔范围内。再者，交强险条款规定保险车辆在竞赛、检测、修理、养护、被扣押、征用、没收以及全车被抢劫、抢夺期间的遇险，保险公司不予理赔，白先生的爱车是在被盗的期间遇险遭到损坏，不在交强险的理赔范围内更是毋庸置疑的了。

白先生花了冤枉钱只因他当初只买交强险，忽略了商业险，他应投保一些商业险种，保障自己的权益。如果白先生当时投了商业险种，就可将损失转嫁给保险公司。然而，商业险内容很多，包括盗抢险、车损险、第三者责任险、全车盗抢险等，应详细了解各种车险险种后再进行选择搭配，例如停放车辆的停车场治安较好并有保安看守，车主就可以选择不买盗抢险；如果是新车，车主可以酌情买自燃险等等。而且投保前应看清楚各险种的限制性规定，做到心中有数。

3. 对投保方式的选择

目前，在我国，保险人向投保人提供的可供投保人选择的机动车辆保险的投保方式主要有：上门投保、柜台投保、电话投保、网上投保、通过保险代理人投保以及通过保险经纪人投保。每一种投保方式都有各自不同的特点，而且对于上门投保、柜台投保、电话投保和网上投保，保险公司还会有不同程度的费率优惠，投保人可以根据自身需要加以选择。

## 二、投保条件

参加保险的机动车辆必须具备一定的条件。首先，投保人（被保险人）对投保车辆有保险利益，即合法拥有或使用该车辆。其次，按照国家有关规定，必须强制淘汰的车辆和套牌车一律不予承保。最后，经罚没、拍卖的走私车在办理合法牌照之前不能投保。

参加保险的机动车辆还必须具备以下条件：

（1）领有车辆牌照　即经公安交通管理部门审核、检验合格后，发给车辆的正式或临时牌号，挂在车前车后。牌号的式样、颜色根据车辆大小、类别有所区别。

（2）领有行车执照　即经公安交通管理部门检验合格后，填发的机动车行驶证，证上填写有车辆号牌号码、车辆类型、车主及其地址、发动机号、车架号、厂牌型号、初次登记日期等。

（3）具有年检合格证　新车应有制造厂出具的合格证，旧车则必须有车辆年检合格证明。未办理车辆牌照的新车，可以携带购车发票、车主证明到保险公司投保并出具临时保单，等办好车辆牌照和行车执照后必须回原来的保险公司办理保险单的批改手续。

## 三、投保人在投保时应注意的事项

### （一）投保时履行如实告知义务

《保险法》第 16 条第一款规定，订立保险合同，保险人就保险标的或者被保险人的有关情况提出询问的，投保人应当如实告知。因此，投保人在与保险公司签订保险合同，以及回答保险公司就保险标的或被保险人的有关情况提出询问时，应履行如实告知义务。否则根据《保险法》第 16 条第二款至第五款的规定，投保人故意隐瞒事实，不履行如实告知义务的，或者因过失未履行如实告知义务，足以影响保险公司决定是否同意承保或者提高保险费率的，保险公司有权解除保险合同。投保人故意不履行如实告知义务的，保险公司对于保险合同解除前发生的保险事故，不承担赔偿责任，并不退还保险费。投保人因过失未履行如实告知义务，对保险事故的发生有严重影响的，保险公司对于保险合同解除前发生的保险事故，不承担赔偿责任，但可以退还保险费。因此，投保人在投保时，务必如实填写投保单，并如实回答保险公司关于保险标的等有关情况的询问。如果投保人隐瞒事实，即使保险公司签发了保险单，一旦保险机动车辆发生保险事故，保险公司可以以投保人或被保险人未履行如实告知义务而拒绝赔偿。

### （二）履行交纳保险费的义务

《保险法》第 14 条规定，保险合同成立后，投保人按照约定交付保险费；保险公司按照约定的时间开始承担保险责任。此外，保险公司的机动车辆保险条款中也有相关规定，例如，人保的各机动车辆保险条款中均规定：除另有约定外，投保人应当在保险合同成立时一次交付保险费。保险费交付前发生的保险事故，保险人不承担赔偿责任。因此，投保人在保险合同成立后，应按照约定及时交付保险费并向保险公司索取发票，以保障自己的权益。

### （三）不要进行重复投保

个别投保人由于对保险知识不甚了解，误以为将同一机动车辆在多家保险公司进行投保后，就可以有更多的保险保障或出险后获得更多的赔偿，而构成重复保险。根据《保险法》第 56 条第二款规定，重复保险的各保险人赔偿保险金的总和不得超过保险价值。除合同另有约定外，各保险人按照其保险金额与保险金额总和的比例承担赔偿保险金的责任。因此，被保险人不会因重复保险而获得大于实际损失的赔偿，并会有可能因此多付保险费。另外，重复保险的投保人应当将重复保险的有关情况通知各保险公司。

**案例**

**重复投保不能双重赔付**

**案情**：老林买了一辆二手小货车搞运输，小货车的新车价是 6 万元，老林用 3 万元就买下了。老林心想，要是小货车全损的话，保险公司最多只能赔付 3 万元，要再买辆同样的小货车还要再贴 3 万元，于是决定同时在甲、乙两家保险公司投保车辆损失险各 3 万元，万一受损的话，可以从两家公司索赔回来，还可以重新买一辆新车了。

后来老林到郊外运货不慎撞上了大树并起火燃烧，导致车辆全损。老林随后向两家保险公司索赔，但两家保险公司并不是各赔付 3 万元，好像他们商量好似的都各赔付了 1.5 万元，老林不服，向法院起诉，但法院也判定保险公司没错，这到底是为什么呢？

**分析**：原来老林的这种情况就是保险术语中的重复保险。《保险法》第 56 条规定，重复保险的投保人应当将重复保险的有关情况通知各保险人。重复保险的保险金额总和超过保险价值的，各保险人的赔偿金额的总和不得超过保险价值。除合同另有约定外，各保险人按照其保险金额与保险金额总和的比例承担赔偿责任。重复保险是指投保人对同一保险标的、同一保险利益、同一保险事故分别向两个以上保险人订立保险合同的保险。

老林的小货车实际价值是 3 万元，以 3 万元投保是合适的。老林如果在两家保险公司各投保 1.5 万元，那么总的保险金额与小货车的实际价值一致，作为足额保险可以得到充分保障。在两家保险公司各投保 3 万元，行吗？可以，但这就是重复保险，保险公司赔偿还是以一辆车的实际价值赔偿，多交的保费算是白交了。因此，两家保险公司各赔付 1.5 万元是符合保险单和法律规定的，双保险只是多交了一份保费，并不能获得双赔付。

### （四）不要超额投保

少部分投保人由于对保险知识了解不多或听信不良代理人员的劝说，将投保的机动车辆的车辆损失保险的保险金额定得很高，不但高于保险车辆的实际价值，而且高于投保时的同类型新车市场购置价，以为一旦保险车辆发生保险事故而造成全损，保险公司就会按照保险金额进行赔偿。我国《保险法》第 55 条第三款规定，保险金额不得超过保险价值。超过保险价值的，超过部分无效，保险人应当退还相应的保险费。另外，各保险公司的机动车辆保险合同均明确规定为不定值合同，而不定值合同是按照保险事故发生时保险标的的实际价值确定保险价值的保险合同。因此，保险公司只会按保险事故发生时保险标的的实际价值进行赔付，投保人不会按照保险金额得到赔偿反而会因此多付保险费。

#### （五）了解保险责任的开始时间

根据《保险法》第 14 条规定，保险责任开始的时间应由保险合同双方在保险合同中约定。我国保险实务中以约定起保日的零点为保险责任开始时间，以合同期满日的 24 点为保险责任的终止时间。因此，要弄清楚投保的时间概念，例如，某投保人于 2014 年 7 月 1 日 11 点到保险公司为其解放货车投保车辆损失险和第三者责任险，如实填写投保单后保险公司签发了保险单，约定保险期限为 2014 年 7 月 2 日零时至 2015 年 7 月 1 日 24 时止，投保人在无异议的情况下按保险单上的保险费合计数交纳了保险费。该投保人（被保险人）于当日下午 1 时在驾车办事途中，发生属于保险责任范围内的交通事故，被保险人向保险公司提出索赔请求，则保险公司予以拒赔。其原因在于保险合同在约定的时间生效，而不是在投保时立即生效。发生保险事故时，保险合同尚未生效，因此保险公司不承担赔偿责任。

#### （六）认真核对保险单与投保单

投保人取得保险单后应认真核对其内容与投保单有关内容是否完全一致，如发现有不符或遗漏，应在规定时间内到保险公司办理变更或补充手续，以免在将来引起不必要的麻烦。

## 第三节 核 保

在我国保险市场逐步形成和完善的过程中，保险公司逐步认识到控制承保业务质量对于保险公司经营的重要性，于是从 20 世纪 90 年代开始逐渐强化和完善核保制度。

### 一、核保原理

#### （一）核保的概念

核保是保险经营过程中最重要的环节之一。保险人在承保的过程中必须进行核保，所谓核保是指保险人对投保申请进行审核，决定是否接受承保这一风险，并在接受承保风险的情况下，确定保险费率的过程。核保工作的目的，在于辨别投保风险的优劣，并使可接受承保的风险品质趋于一致，即对不同风险程度的风险单位进行分类，按不同标准进行承保、制定费率，从而保证承保业务质量，保证保险经营的稳定性。

核保原为海上保险用语，在最初的保险经营时期，其含义为保险业务的经营与承保。

随着保险业的发展，后来仅指风险选择，其范围由参与整个经营活动，演变为部分的活动，范围逐渐缩小，其技术手段不断提高。风险选择属于保险技术的应用，对于业务经营效益的好坏有直接关系，是保险经营中的重要环节。

在核保工作中，原则上采取内外两重管理机制。首先由保险展业人员（包括业务员和经纪人、代理人）进行初步核保，然后将初步接受的业务交给内部的专业人员审核决定承保与否、承保条件以及费率等。展业部门与核保部门，在立场上是相对的。展业部门力求扩大承保数量，以满足大数法则，同时提高承保增长率和市场占有率，因此业务中难免良莠不齐。而且保险是一项专业性和技术性较强的工作，鉴于保险公司的业务员与投保人的立场，如要保证每笔业务都符合公司的经营方向及原则，业务来源有利于分散风险，就必须对标的信息及保险合同的内容作进一步的控制，这就要由核保部门来完成这项工作。但在实际核保工作中，对于具体业务也应掌握分寸，把握尺度，防止核保过松过严。核保过严，虽然对风险控制更有利，但是将增加业务费用，抵消了展业部门的工作，且过多的拒保将使公司形象受到损害；而核保过松，将会影响公司经营目标及经济效益，不利于公司的发展。所以，在核保工作中，应该全面考虑，统一按照行业规章和公司规定严格执行。

## （二）核保的原则

**1．保证长期的承保利润**

1）全面、细致、严格地对标的进行核保，争取最好的承保条件，保证公司实现长期的承保利润。

2）避免片面追求承保数量的短期行为，这将影响公司的经营目的和方向，不利于公司的长远发展。

**2．提供优质的保险服务**

1）提供全方位和多层次的保险服务，保持客户的数量及长期的客户关系。

2）为客户设计优化的保险方案，充分满足客户的需要，并不断完善以适应客户保险新的要求。

3）公正对待每一位客户，承保条件和费率对所有的客户一视同仁。

**3．争取市场的领先地位**

1）根据市场的变化，及时调整公司业务规章，保持在市场的竞争力。

2）通过不断提高承保技术，拓展新的业务领域，努力保持市场的领先优势或争取市场的领先地位。

**4．谨慎运用公司的承保能力**

1）在任何情况下，都不要在条件不成熟或能力不足的条件下，盲目承保高风险项目或巨额风险。

2）做好巨灾风险的研究工作，积累这类风险的经验，为以后的承保和理赔工作打下基础。

**5．实施规范的管理**

1）遵守国家法律、地方法规。

2）遵守行业规章及公司的制度和市场准则。

6. 有效利用再保险支持

1）以确保公司利润为原则，最大限度地利用再保险，而不是片面依赖于再保险支持。

2）严格核保，确定自留额以便合理分散风险，争取实现最大的利润及最小的风险代价。

## （三）核保的意义

1）防止逆选择，排除经营中的道德风险。在保险公司的经营过程中始终存在一个信息问题，即信息的不完整、不精确和不对称。这种信息的不对称是指投保人或被保险人比较了解或能较精确评估其自身风险，而保险人却较难以做到。道德风险来自保险公司不能观测到投保人投保后的防范措施，从而投保人的防范措施偏离没有保险时的防范措施，甚至不施加风险防范措施，使风险事故发生的概率增大，使保险公司的利益受到损害；逆向选择来自保险公司在与投保人签约时不知道投保人的风险水平，从而高风险的投保人将低风险的投保人驱逐出保险市场，保险公司的利益也受到损害，也就是说保险公司的赔偿概率超过其预期赔偿概率。尽管最大诚信原则要求投保人在投保时应履行充分告知的义务，但是，事实上始终存在着信息的不完美和不精确的问题。保险市场信息问题的存在，可能导致投保人或被保险人的道德风险和逆选择，而道德风险与逆选择将给保险公司经营带来巨大的潜在风险。

保险公司通过建立核保制度，由资深人员运用专业技术和经验对投保标的进行风险评估，通过风险评估可以最大限度地解决信息不对称的问题，排除道德风险，防止逆选择。在保险欺诈的案件中有一个共同的特点就是在投保时虚构保险利益，在汽车保险业务中反映为高估车辆的实际价值，而这种现象是可以通过认真和专业的核保予以排除的。

2）确保业务质量，实现经营的稳定。保险公司是经营风险的特殊行业，它经营的是社会的风险，所以，保险公司经营情况良好与否不仅仅是保险公司自身的问题，同时也是整个社会的稳定问题。

保险公司要实现经营的稳定，关键的一个环节是控制承保业务的质量。但是，在实际工作中发展与管理始终是一对矛盾。随着国内保险市场的发展，保险市场竞争日趋激烈，保险公司在扩大业务的同时，经营风险也在不断增大。其主要表现为：①为了拓展业务而急剧扩充业务人员，这些新人员的素质有限，无法认识和控制承保的质量。②保险公司为了扩大保险市场占有份额，稳定与保户的业务关系，放松了对拓展业务方面的管理。③保险公司为了拓展新的业务领域，开发一些不成熟的新险种，签署了一些未经详细论证的保险协议，增加了风险因素。而核保制度是保险公司防范、避免和解决以上种种现象的发生，强化对于经营风险控制的重要手段。通过建立核保制度，将展业和承保相分离，实行专业化管理，严格把好承保关，可以防止“病从口入”，确保保险公司实现经营的稳定。

3）扩大保险市场规模与国际惯例接轨。我国传统的市场运作模式大都是由保险公司的业务人员通过市场营销工作进行的，这种模式在一个特定的历史时期曾经发挥了重要的作用。但是，随着我国市场经济体制改革的深入和国际经济一体化进程的加快，保险市场主体的增加和完善，社会专业分工将成为一个必然的发展趋势，在保险领域表现为保险中介市场的发育和完善。一方面外国的保险中介组织对于中国的市场表现出极大的兴趣，纷纷要求进入中国市场，加入 WTO 以来，我国逐步向国外的保险中介机构开放。另一方面我国的保险中介力量也在不断壮大，中国保监会已经批准设立了保险经纪人公司及保险专业代理公司共三家和数以千计的保险兼业代理公司，我国的保险中介组织已经初具规模并将成为推动保险业务发展的重要力量。在看到保险中介组织对于扩大业务的积极作用的同时，也应当注意到其可能带来的负面影响。由于保险中介组织经营的目的和价值取向的差异以及人员的良莠不齐，保险公司在充分利用保险中介机构进行业务发展的同时对于保险中介组织的业务更需要加强，核保制度是对中介业务质量控制的重要手段。所以，保险公司核保制度的建立和完善是配合保险中介市场建立和完善的必要前提条件。

4）实现经营目标，确保持续发展。在市场经济条件下，企业发展的重要条件是对市场进行分析，并在此基础上确定企业的经营方针和策略，包括对于企业的市场定位和选择特定的业务和客户群。同样，在我国保险市场的发展过程中，保险公司要在市场上争取和赢得主动，就必须确定自己的市场营销方针和政策，包括选择特定的业务和客户作为自己发展的主要对象，确定对于各类风险承保的态度，制定承保业务的原则、条款、费率等条件。而这些市场营销方针和政策实现的主要手段是核保制度，通过核保制度实现对风险选择和控制的功能，保险公司能够有效地实现其既定的经营目标，并保持业务的持续发展。

## 二、核保运作

### （一）核保流程

核保工作原则上采取两级核保体制。先由保险展业人员（包括业务员、代理人、经纪人）在展业的过程中进行初步审核，然后将初步接受的业务交由专业核保人员根据各级核保权限进行审核，超过本级核保权限的，报上级公司核保，进而决定是否承保、承保条件以及保险费率等。如图 9-2 所示为车险业务核保工作流程。

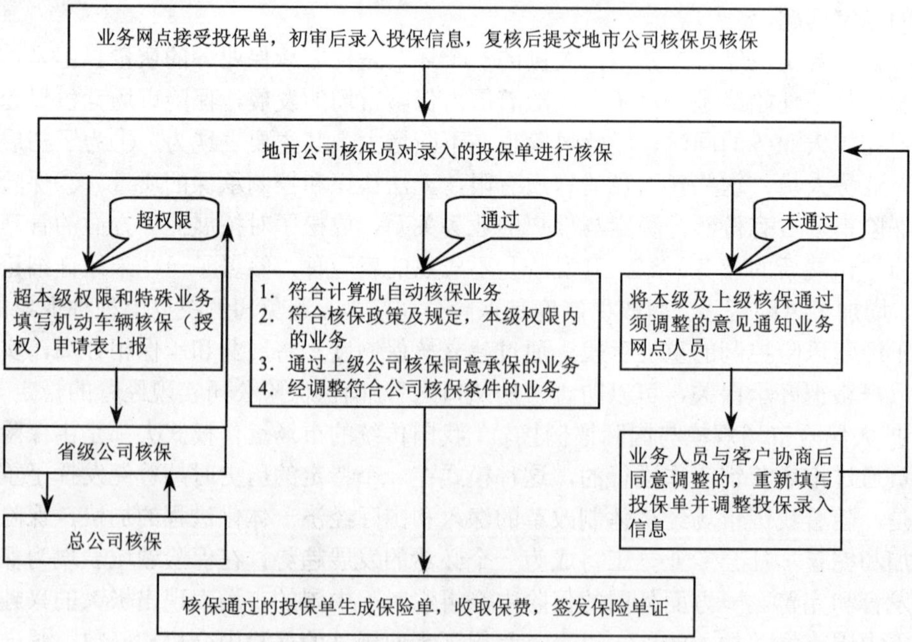


图 9-2　核保工作流程

## （二）核保的依据

核保工作的主要依据是核保手册，因为核保手册包含了机动车辆保险业务处理过程中可能涉及的所有文件、条款、费率、规定、程序、权限等。但是，在具体核保过程中还可能遇到一些核保手册没有明确规定、涉及的特殊问题，在这种情况下，保险业务人员应当运用保险的基本原理、机动车辆保险的特性、相关的法律法规和公司的经营策略以及自己的经验，通过研究分析来加以解决，必要时可以请示上级核保部门。

## （三）核保的具体方式

核保的具体方式应当根据公司的组织结构和经营情况进行选择和确定，通常将核保的方式分为标准业务核保和非标准业务核保、集中核保和远程核保、事先核保和事后核保等。

### 1. 标准业务核保和非标准业务核保

标准业务是指常规风险的机动车辆保险业务，按照核保手册就能够进行核保。非标准业务是指具有比较特殊的风险的业务，比如投保车辆具有某种特殊的风险，或者出险概率很大，或者保险金额巨大等，需要进行核保控制，核保手册通常对于这类业务没有明确规定。

机动车辆保险非标准业务主要有保险价值浮动超过核保手册规定范围的业务、特殊车型、军车、外地车和车队业务以及高档车辆投保盗抢险、保额（投保限额）较高的业务等。

计算机技术的发展和应用给核保工作带来很大变化，尤其是智能化计算机的发展和应用，使得计算机已经完全可以胜任对标准业务的核保，应用计算机技术可以大大缓解人工核保的工作压力，提高效率和准确性，加强流程化和标准化控制，减少在核保过程中可能出现的人为负面因素。但是，计算机不可能解决所有的核保问题，尤其是非标准业务的核保必须采用人工核保。

### 2. 集中核保和远程核保

从核保制度发展的过程可以看出，集中核保代表了核保技术发展的趋势。集中核保可以有效地实现标准统一化和业务规范化，最大限度地利用成熟核保技术和经验。然而，很长一段时间中，集中核保方式面临着经营网点的分散，缺乏便捷和高效的沟通渠道的困难。

计算机技术的出现和广泛的应用，尤其是互联网技术的出现促进了核保领域的革命性进步，使远程核保应运而生。远程核保就是建立区域性的核保中心，利用互联网等现代通信技术，对辖区内的所有业务进行集中核保。这种核保的方式较以往任何一种核保方式均具有不可比拟的优势，它不仅可以利用核保中心的核保人的技术优势，还可以利用中心庞大的数据库实现资源共享。同时，远程核保的方式还有利于防范经营过程中的管理疏忽和道德风险。

### 3. 事先核保与事后核保

事先核保是在核保工作中广泛应用的方式。它是指投保人提出投保申请后，核保人员在接受承保之前对保险标的风险进行评估和分析，决定是否接受承保，在决定接受承保的基础上，根据投保人的具体要求确定保险方案。

事后核保方式主要用于投保标的金额较小、风险较小、承保技术比较简单的业务，或直接由通过代理点手工出单的业务，如摩托车定额保险/提车险等。保险公司由于人力和资金的原因难以做到事先核保，因而采用先承保后核保的方式。一般来说，可以把事后核保看作是核保管理工作的一种弥补措施。

## （四）核保的主要内容

核保的主要内容可以分为事前风险选择和事后风险选择。事前风险选择包括以下内容。

### 1. 投保人资格

对于投保人资格进行审核的核心是认定投保人对保险标的拥有保险利益，机动车辆保险业务中主要是审核行驶证。目前，我国对于车辆的管理是采用“二合一”的方式，即将行驶证作为机动车辆的行驶资格认定凭证，同时作为机动车辆所有权的证明。

机动车辆保险实务中经常会遇到机动车辆名义所有人与实际所有人不符的情况。名义所有人是指购买车辆，或者是进口车辆的当事人，是行驶证上的车主。由于种种原因名义所有人并不占有车辆，而将车辆实际所有权（永久性使用权）转移给实际所有人，由实际所有人占有和使用，而这种转移没有或者无法得到车辆管理部门的认可。对于这种情况应当具体分析。如果机动车辆的实际所有人是合法取得使用权的，并且名义所有人和实际所有人双方已经明确转让权益，即明确在车辆保险项下由车辆的实际所有人负责履行被保险人的义务，同时享有相应的权利，那么认可实际所有人具有投保人的资格。

### 2. 投保人或者被保险人的基本情况

对车队业务还要审核投保人或者被保险人的基本情况，目的是了解投保人或者被保险人对车辆管理的技术和经验，比如：

（1）是否有专门的安全管理部门。

（2）是专业运输公司还是企事业机关单位。

（3）运输公司的业务性质，是以客运还是货运为主。

（4）车辆主要的行驶区域，当地、省内还是全国或跨境。

（5）车辆日常行驶距离，是短距离、中长距离还是长距离。

（6）运输公司的管理模式，是集中经营管理还是承包经营等。

国内保险公司曾发现一些出租汽车保险业务出险频繁、赔付率居高不下的现象，究其原因，发现这些出租汽车公司采用的是“大承包”经营模式，公司基本上没有安全管理措施，驾驶员出于利益驱动，置安全驾驶于不顾，由此频繁发生交通事故。

通过对投保人或者被保险人基本情况的了解，可以对其经营风险进行评估，及时发现其可能存在的经营管理风险，以便采取相应的措施或承保方案来降低和控制风险，做到稳健经营。

### 3. 投保人或者被保险人的信誉

投保人或者被保险人的信誉是核保工作的重点之一。近几年来，机动车辆保险领域中出现了大量的保险欺诈现象，一些不法分子利用虚构保险利益，制造保险事故，伪造事故现场，扩大事故损失等手段，进行诈骗活动，造成保险人额外损失。此外，目前我国还缺少完善的诚信信息体系，保险人无法获得投保人、被保险人的基本信息，如果保险人疏于管理和有效控制，则会由于投保人、被保险人的不良信誉而造成额外的赔款支出，增加保险人的经营成本。

所以，对于投保人或者被保险人的信誉调查和评估逐步成为机动车辆保险核保工作的重要内容。评估投保人或者被保险人信誉的一个有效手段是对其以往损失和赔付情况以及投保情况进行了解，那些没有合理原因，却经常更换保险公司的投保人，或经常拖欠保险费的投保人，往往存在较大的风险。

#### 4. 保险标的

车辆损失险及其附加险的保险标的是车辆本身。车辆本身的风险一般体现在如下几个方面。首先是车辆本身的安全性能。有的车辆由于设计或者工艺方面的原因，安全性能较差，致使这类车辆的事故率较高。其次是车辆零配件的价格水准。有的车型在当地市场较为罕见，零配件供应较为困难且价格较高。还有一些车辆本身的价格并不高，但是，其“配件与车价比”(指车辆碰撞易损坏件价格与该车型车辆的销售价格比)却高出其他同类车型。第三是一些高档车辆和跑车。一方面高档车辆的维修费用通常较高，而跑车一般由年轻人或喜欢开快车的人驾驶，因此风险较大；另一方面高档车辆的盗窃风险相对较高。

对于上述这些风险，保险公司通常是限制或拒绝承保，或者采取一些特殊的核保方法。如对投保盗抢险的二手高档车辆，一般会采取“验车承保”的方式，即在承保前对投保车辆进行检验，了解车辆使用和管理的情况，复印行驶证、购置税证，验证、拓印发动机和车架号码，并拍照建立车辆档案等。

#### 5. 保险金额

保险金额的确定是机动车辆保险核保中的一个重要内容。因为保险金额的确定不仅涉及保险公司的利益，即保险费的收取，同时，还涉及被保险人的利益，即保险事故的赔偿。机动车辆保险确定为“不定值保险”，并没有完全解决保险金额的问题，因为在实际工作中，尤其是在理赔的过程中要完全按照保险价值与保险金额的关系进行理算，从技术和实务上均存在一定的难度。另一方面，由于目前我国的保险市场还不是十分规范，不正当竞争的现象仍然存在，如果没有一个相对统一的保险金额标准，很容易产生认识和实际工作中的混乱。以前解决这个问题较为有效的办法是由当地的保险行业协会牵头制定一个当地车辆的市场指导价，各保险公司按照这个公布的指导价，或者在这个指导价的基础上确定保险金额，这样可以在一定程度上规范和统一市场。目前随着机动车辆保险管理制度的改革，保险行业协会已经不再负责制定当地车辆的市场指导价，各家保险公司根据自行制定的指导价确定保险金额，或者与投保人协商确定机动车辆保险金额。对投保人要求按照低于市场指导价投保的，保险公司应当向投保人明确告知后果，并要求投保人对于自己的要求进行确认，然后在保险的批注栏上注明保险金额投保比例不足。

这种办法解决了长期以来机动车辆保险经营中存在的确定和统一保险金额的问题，但这种方式并不完美，在保险事故造成全部损失和推定全损的情况下，理赔中仍然存在着不公平的因素。由于我国二手车市场还不发达和完善，所以这个问题一时还没有更好的解决办法。

目前，随着国内汽车工业的快速发展，竞争日益激烈，厂商不断推出新车型，同时对原有车型大幅降价，致使保险公司通过自身能力无法及时、准确地更新、维护车辆市场指导价。在这种情况下，保险公司迫切需要专业的汽车车型、价格信息公司来解决上述问题。

目前国内已有专业的汽车车型、价格信息服务公司在向保险公司提供专业化的汽车车型、价格、基础数据及更新数据，逐步弥补了保险公司在车型、价格信息等方面的更新问题。

**6. 保险费**

核保人员对于保险费的审核主要分为费率、适用调整因子的审核和计算结果审核。核保人员主要是根据投保人、被保险人的不同风险程度，来选择恰当的费率及调整因子。目前计算结果审核一般由计算机的智能化功能来完成。

**7. 附加险或特约条款**

基本险格式条款提供的是机动车辆风险共性的保障。但是不同的风险个体无不具有其特殊性，特殊性往往意味着高风险性。所以，一个完善的保险方案不仅要解决风险共性的问题，更重要的是要解决风险特殊性问题，保险公司对这些特殊风险提供附加险或特约条款。在投保附加险、特约条款时，保险公司更应当注意对风险的特别评估和分析，谨慎接受和制定附加险、特约条款。

**案例**

**“火烧奔驰”背后的阴谋**

**案情**：2014 年 2 月 21 日凌晨 5 时 01 分，福建省泉州市高速公路交警大队“122”值班室灯火通明。“铃铃……”电话骤然响起，“泉厦高速公路距离朴里服务区 1 千米处，一辆奔驰小轿车冲撞防护栏着火自燃”。案情就是命令，交警驱车迅速赶赴现场，与此同时，晋江、南安消防及高速公路路政部门的人员相继赶到。然而，猛烈的大火很快将一辆奔驰 S 型的粤 N/E2×××号小轿车烧得面目全非，剩下一堆“骷髅”废铁。

“有没有人伤亡？”交警陈某关切地问站在肇事现场附近防护栏外的车主谢某，谢某说车上没有人受伤。陈某接着问谢某：“你是什么时间报警的？”“5 时 01 分。”交警们对现场进行细致勘查，发现在碰撞中央防护栏前的路面上没有车辆制动痕迹和拖印现象；肇事车的车身左侧与中央防护栏碰撞处，其漆痕显得细小均匀，防护栏没有丝毫扭曲变形。按常理说，机动车发生碰撞后，冲击力一定很大，驾驶员本能会打方向盘避让，同时踩刹车减速。但种种迹象表明，现场没有刹车痕迹，驾驶员根本没有踩刹车。正常情况下，从接警到出警，一辆小轿车在短时间内也不会烧到面目全非的程度。

交警陈某觉得此案好像不是一起简单的“交通事故”。他将自己的分析和看法向大队长和分管事故处理的副大队长做了汇报。大队领导对陈某提出的意见高度重视，指示民警对此案必须深入调查。当日上午，该大队成立专案组，针对此案的重重疑点展开全面调查。事发当时，该车乘坐着车主谢某及一名修车电工王某，由谢某驾车。谢某自称，他是疲劳开车导致车辆撞上中央防护栏的，车辆碰撞后，没有熄火，大灯依然亮着。随后，他到高速公路服务区求助，王某跨越高速公路的铁丝网到村庄去找人帮忙，不巧被当地村民误认为小偷而抓住。

专案组交警觉得谢某的话值得怀疑。一辆奔驰小轿车在高速公路发生“车祸”，在这种情况下，他们应该打电话报警求救，可是他们却分头离开现场向群众求救。而且，当时有一名修车电工王某在场，遇车辆发生碰撞后，应该会懂得要求驾驶员熄火，关闭车辆大灯。于是，专案组交警到高速公路服务区加油站进行调查。服务员说，当天凌晨 4 时 40 分许，车主谢某曾到加油站向服务员说小轿车碰撞防护栏，出车祸了，要借灭火器。这说明事发时间是在凌晨 4 时 40 分之前，然而，交警接到报警是 5 时 01 分，在这长达 20 多分钟的时间，为什么没有接到车主谢某的报案呢？距离事故地点约 40 米的道路右防护栏处有一紧急报警电话亭，此电话亭处于正常工作状态，况且，事发时谢某和王某两人均持有手机，他们为什么不直接向警方求助？

“诈骗？”专案组交警陈某打破沉闷的气氛，郑重地说出来，“会不会是涉嫌保险诈骗案件呢？”因为曾有过案例，有的车主为了获得巨额的保险索赔，特意制造交通事故骗保。“这起交通事故会不会也是这样子呢？”大队长立即指示专案组民警调阅该车的投保资料。

调查结果很快出来了：2013 年 6 月 16 日，车主谢某在漳州某保险公司签订机动车辆保险合同，对该车投保 143 万；2013 年 12 月底，谢某又在三明某保险公司签订机动车辆保险合同，对该车投保 143 万。于是，专案组民警分赴三明、漳州进行调查，得到一条重要消息：事故发生的当天，谢某就打电话分别向三明、漳州两地保险公司报案，并办理相应的索赔手续，等待着最后一道证明。如果泉州高速公路交警大队对此交通事故做出责任认定后，谢某即可向保险公司索赔 200 余万元人民币的高额保险金。

3 月 21 日，犯罪嫌疑人之一王某被“请”进了公安局。“我愿将整个过程全盘托出”。王某悔恨交加地说。接着，他一五一十地交代了制造本起交通事故背后的内幕：2 月上旬的一天，车主谢某驾驶粤 N/E2×××号小轿车来到漳州某汽车维修公司找到电工王某说：“有什么办法能使整辆车着火。”王某听了很惊讶，询问原因。谢某说：“这样就可以向保险公司索赔了。”经密谋，王某将自制的点火装置安装在粤 N/E2×××号小轿车的车后油箱软管处，并将油箱到油泵的软管拆卸，使其处于半脱落状态，然后在油泵处缠着一条电线，只要将电线用力一拉，汽油就会自动漏出。2 月 18 日晚，谢某将王某接到泉州。20 日下午，谢某独自驾车在高速公路上寻找作案地点，最后决定将作案地点放在高速公路距离朴里服务区 1～2 千米地段，防止交警和消防人员在短时间内赶到。2 月 21 日凌晨 4 时左右，谢某和王某将车开到一加油站将汽油加满，立即提速行驶在超车道上，故意将车方向盘朝左侧稍微一打，让车身的左侧与中央防护栏轻微刮擦，紧接着，他又向右打方向，致车辆冲向路右，车的右前角碰撞路右防护栏。然后王某在已被汽油浸湿的地面上点燃火，一会儿，车辆的右侧中部开始着火，并迅速地蔓延开来。

至此，整个案情水落石出，原来这既是一起人为制造的交通事故，又是一起精心蓄谋的特大诈骗保险案件。

**分析：**在承保程序中的诈骗行为往往是投保人以高于车辆实际价值的金额投保，以期在保险事故发生时，获取高于保险车辆实际价值的赔款。如旧车超额投保后将车坠毁或纵火焚烧，故意毁灭车辆，以图诈赔。

## 三、缮制和签发保险单、证

### （一）缮制保险单

（1）业务内勤接到投保单及其附表后，根据核保人员签署的意见，即可缮制保险单。

计算机制单的，将投保单有关内容输入到保险单对应栏目中，同时在保险单“被保险人”和“厂牌型号”栏内登录统一规定的代码，并打印保险单一式三联，计算机出单后不得在保单上涂改，否则无效。若有差误则应重新出单。

保险单原则上由计算机出具，分支公司所辖的保险办事处或保险代办机构暂无计算机设备而只能由手工出具的营业单位，必须得到上级公司的书面批准。手工填制保险单必须是保监会统一监制的保单，并按规定填制相应份数。保险单上的印制流水号即为保险单号码，手工出单要求字迹清楚，单面整洁，涂改处加盖制单人名章。涂改三处以上的保单，应作废重新出单。所有手工单出单后必须在分支公司计算机上补录。

制单完毕后，制单人应在“制单”处签章，并将保单号码转录在投保单及其附表上的“保险单号码”栏内。

无论是手工还是计算机出单，保险单上的所有项目都必须正确填写，不得缺项。手工出具的保单应按规定的统一代码规则及时登录到计算机内，保险单填写要素是否完整，是保险监管的一项内容。

（2）特约条款和附加条款，应在保险单正本背面印上或加贴，加贴的条款应加盖骑缝章。

（3）保险单缮制完毕后，制单人将其连同投保单一起送复核人员复核。

### （二）复核保险单

复核人员接到投保单、保险单及其附表后应认真对照复核。经复核无误后，在保险单上签章。

### （三）开具保费收据

保险单经审核无误后，转财务人员据此打印或用复写纸套写“保险费收据”一式三联。保费收据上的收款金额应与保单上总保费一致。如果分期交费的按实际收费数填写，分期交费的必须在保险单上载明分期交费的日期与金额。

分期交付保费应从严掌握。各分公司应制定分期交付保费的条件与管理权限；首期交付保费的比例不得低于应交保费的20%，分期交付的次数应控制在四次以内。分期交费应在特别约定栏内注明违约处理办法，应建立专项登记簿，以便及时催收。应交保险费到期前应通知被保险人按时交付，过期限仍未交付的，则以书面方式通知被保险人，并从实际交付保险费责任期满的次日零时起中止保险合同。对于应收保险费的管理，应符合保险会计原则和监管规定。

分期交付保险费不适用车辆第三者责任险。

### （四）收取保险费

投保人凭保险费收据办理交费手续。收费人员经复核保险单无误后，向投保人核收保险费，并在保险单“会计”处和在保费收据的“收款人”处签章，同时在保费收据上加盖财务专用章。

如果被保险人没有按约定交费或没有按约定期限履行付费义务，则该保险单不产生效力。

### （五）签发保险单、保险证（担保卡）

机动车辆保险单统一实行一车一单，投保人交费后，业务人员必须在保险单上注明公司名称、详细地址、邮政编码及电话，并加盖保险公司业务专用章。然后，根据保险单填具《机动车辆保险证》。无论是主、挂车一起投保，还是挂车单独投保，挂车都须单独出具有独立保险单号码的保险单。主挂车一起投保可按多车承保方式处理，给予一个合同号，以方便调阅。挂车填制保险单时，“发动机号码”栏统一填写“无”。

《机动车辆保险证》应与保险单同时签发，要做到一车一证，及时发送，不得委托保户自填。保险证的填写应与保险单有关项目的内容一致，险种一栏填写总保险种代码，电话一栏必须填写公司报案电话，项目须填写清楚、齐全，不得涂改。空白保险证应妥善保管，不得预盖业务专用章。目前，对于保险证智能化问题正在专题研究，保险证功能的拓展对提高保险服务质量有着积极的意义。

对已经同时投保车损险、第三者责任险、车上人员责任险、不计免赔特约保险的投保人签发保险事故伤员抢救费用担保卡，并做好登记。

### （六）保险单证补录

（1）手工出单的机动车辆保险单、批单、提车暂保单、定额保单（含代理人用自己的计算机出具的暂保单），必须逐笔补录到公司计算机车险业务数据库中，补录应在出单后10个工作日内完成。

（2）单证补录前应经专人审核、检查，并由专人输录，业务外勤或经办人不得自行补录。补录内容必须完整正确。

### （七）单证的清分与归档

#### 1．单证的清分

（1）对已填具的投保单、保险单、保费收据、保险证，业务人员应进行清理归类，投保单的附表要粘贴在投保单背面，并加盖骑缝章。

（2）清分时按下列要求进行：

1）清分给被保险人的单证有：保险单正本、保费收据（保户留存联）、保险证。

2）送计财部门留存的单证有：保费收据（会计留存联）。

3）业务部门留存的单证有：保险单副本、投保单及其附表、保费收据（业务留存联）。

2. 归档统计

（1）登记　业务部门应建立承保登记簿，将承保情况逐笔登记，并编制承保日报表。

（2）归档　留存业务部门的单证，应按下述要求整理、装订、归档：

1）每一套承保单证的整理排列顺序为：保险费收据、保险单副本、投保单及其附表。

2）按保险单号码顺序排列（包括作废的保险单），装订成册，封面及装订要按档案规定办理，并标明档案保存期限。保险单装订排列顺序有两种常用方法：

一是按照保监会对有关监制单证管理规定，按统一印刷流水号顺序装订。作废的保险单应盖作废章，并同其他有效单证联号装订。二是按保险单使用打印号（又称“保险单号”）顺序装订。这两种装订各有优势。但近年来，因对承保单证实行保监会监制后，在单证管理上要求就更高了，按出单日期或保险单生效日期顺序装订是不合格的。

3）各种有效单证应指定专人妥为保管，不得遗失，并按规定时间移交档案室管理。

4）保险监制单证的使用与管理应符合中国保监会颁发的《机动车辆保险监制单证管理规定》和保险公司的有关文件要求。

## 四、单证管理与统计

### （一）单证管理

机动车辆保险业务的特点是保险合同的数量较大，且应用的单证种类较多，所以单证管理工作显得十分重要。

1. 机动车辆保险单证的类型

机动车辆保险的单证分为两大类：一类是正式的单证，包括投保单、保险单和批单；另一类是相关的单证，包括保险证和急救担保卡，以及其他保险抢救卡。

2. 保险单证的管理

保险单证的管理贯穿于印制、领用和销毁三个环节。

（1）单证印制　单证的印制是单证管理的出发点和基础，应当注意加强对单证印制的管理。首先，应选择一个具有资格以及一定技术和管理水平的印刷厂，要求印刷厂应按照有价单证印刷的管理方式对于承印的保险单证印刷管理，防止单证从印刷厂流失。其次，对于付印的清样应认真核对，防止出现错误，同时，应对单证进行统一编制流水号，以便对单证进行集中管理。第三，在印制之后应进行严格的验收和交接，已经验收合格的单证，应立即移交单证仓库。

（2）单证的领用　应建立保险单证的领用制度。单证的领用制度包括领用单证的审批、领用单证的登记、单证的核销和单证的回收。业务部门在需要领用单证时，按照一定的程序进行申请和审批，单证仓库的管理人员按照审批发放单证。单证仓库应建立严格的进出库制度，建立登记簿以便对单证的发放进行管理，使用登记簿对每一次领用的单证的名称、数量、号码、经办人进行记录。将验收进入仓库单证的编号进行统一的管理，对领用的单证进行核销，跟踪相应编号的保单的去向，并配合业务管理部门对单证的使用进行管理。对作废单证必须进行回收，单证作废的情况有两种：一种是在使用单证过程中发生缮制错误，造成单证作废；另一种是由于单证的改版或停止使用，造成现有单证的无效、作废。

目前，保险公司普遍建立单证管理系统，对机动车辆保险单证进行管理。单证一经安排印制，即将单证的印制编号登录单证管理系统，其后当单证处于入库、领用、分发、回收等不同状态时，均由单证管理系统进行确认。业务部门签发保险单后，单证管理系统将自动确认单证的签发、作废、核销等状态。单证管理系统对机动车辆保险单证进行管理，可以有效地减少保险公司人工管理工作，简化单证管理工作的繁杂度，提高管理效率，并能实现保险公司对机动车辆保险单证进行动态管理，及时、有效地掌握机动车辆保险单证在使用中所处的各种状态。

（3）单证的销毁　为加强对回收的作废单证的管理，防止这些空白的单证流人非法的渠道，保险公司对于作废的单证一般采取集中销毁办法，并对销毁的单证进行登记和记录。

（4）单证的保存　注销或责任期满的单证应交档案管理部门保存。

### （二）统计报告

保险人应根据有关规定和业务需要对机动车辆保险的情况及各项数据，分类进行日统计、月统计和年统计，亦可根据本地区的实际情况，进行各种专项统计。编制后形成的统计资料，应认真分析研究，妥善保存，以利于今后改进工作时对照考查。必要的统计资料应上报或下发。

## 五、续保及无赔款优待

保险期满以后，投保人在同一保险人处重新办理机动车辆保险事宜的称为续保。机动车辆保险业务中有相当大的比例是续保业务，做好续保工作对于巩固保险业务来源十分重要。保险公司应指定专人负责续保业务的管理工作。

### （一）通知续保

业务人员应在机动车辆保险合同临近期满前，一般为一个月以前，视情况需要通过上门、电话、信件等方式向投保人或被保险人及时发出续保通知，督促投保人或被保险人按时办理续保手续。

### （二）核定无赔款优待

为了鼓励被保险人及其驾驶人严格遵守交通法律、法规，安全行车，认真履行防灾减损义务，避免和减少保险事故，在我国机动车辆保险条款中还规定了无赔款优待条款。

无赔款优待条款是指保险车辆在上一保险期限内未发生赔款，在下一年续保时可以享受减收保险费的优惠待遇。但是，为了适应保险市场的激烈竞争，一些保险公司对无赔款优待的适用范围有所扩大。

保险车辆续保时可以享受无赔款优待的条件是：

1）在上一保险期内未发生过赔款。针对这一点，各保险公司有所不同。有的保险公司把在上一保险期内未发生过任何一个险别的赔款作为续保时核定无赔款优待的必要条件；有的保险公司对于使用相关主险条款及其对应附加险条款保险的，把是否发生该主险及其对应附加险赔款作为核定该主险及其对应附加险续保时是否可以享受无赔款优待的必要条件。

2）上一保险期限满一年，本次续保期限满一年。

3）在上一保险期内保险车辆未发生所有权转移。

4）按期续保。

需要注意的是：

① 被保险人只能享受所续险种的无赔款优待，即上一年度投保而本年度未续保的险种和本年度新投保的险种，均不享受无赔款优待。

② 无赔款优待应按辆计算，在同一保险单内未出险的车辆续保时均可享受。

③ 无赔款优待金额以续保险种本年度应交保险费为计算基数，计算公式为：

无赔款优待金额=续保险种本年度应交保险费×无赔款优待比例

投保人或被保险人在办理续保手续时，业务人员应认真查阅原保险单副本、批单副本、立案登记簿，逐车核实有无出险和赔款记录，对符合享受无赔款优待的车辆，计算无赔款优待金额，在保险单特约栏中注明并相应核减应收保险费。如果被保险人在续保时享受了无赔款优待，但事后发现在上一保险期内发生过赔案或期满后补报赔案，应予以追回给予的无赔款优待金额或在支付赔款时扣除已享受的无赔款优待金额。

## 本章小结

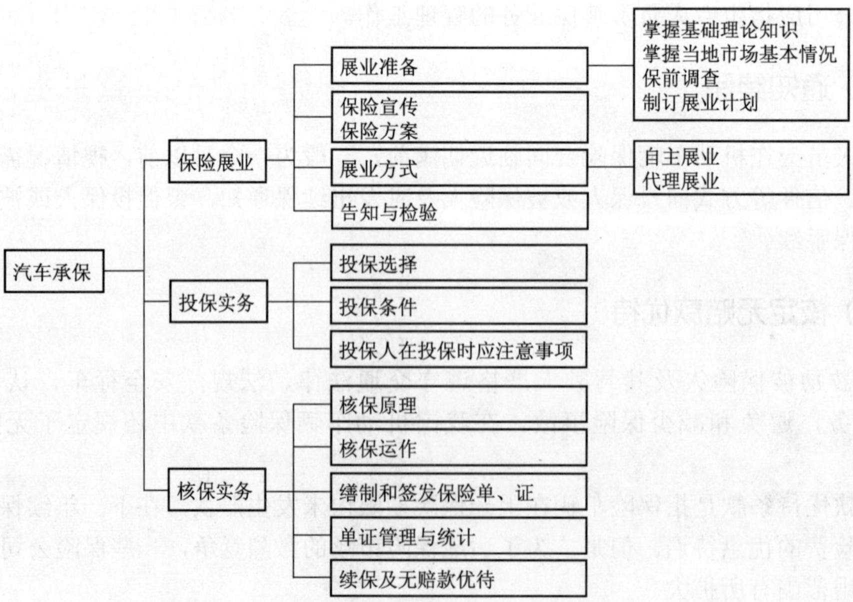

# 复习思考题

## 一、简述题

1. 汽车保险展业应该具备哪些理论知识？
2. 业务人员应该如何为客户设计保险方案？
3. 展业方式有哪些？各自有什么特点？如何管理？
4. 在查验车辆的过程中，查验的主要内容是什么？
5. 车辆投保应具备哪些条件？
6. 简要叙述承保业务流程和核保业务流程。
7. 核保有什么意义？
8. 简述无赔款优待及其意义。

## 二、案例分析题

### 1．案情

郑先生夫妇住某小区，新购买了一辆具有ABS系统的帕萨特轿车，购置价（包括各种费用）为人民币21万元。该车将由郑先生及其夫人开，平时在省内行驶，晚间停放居住小区固定泊位。郑先生今年29岁，郑夫人27岁，两人均刚拿到驾驶证。

问题：

（1）请为郑先生设计保险方案。

（2）计算应交保险费。

### 2．案情

郑先生第一年的驾驶经验显示，郑先生夫妇是谨慎的人，一年内驾驶里程为8 000km，没有出过任何保险事故，第二年郑先生直接在中国人民财产保险公司的营业网点购买机动车辆保险，购买的保险品种未变，保险金额以车辆实际价值计算（假定一年中帕萨特轿车的市场价格没有变动）。

问题：请为郑先生的机动车辆保险计算保险费。

### 3．案情

在第二年的最后一天，郑先生不慎将爱车的保险杆刮花了，修理费用是200元。郑先生考虑到第三年的保险费，吃不准是否应该向保险公司索赔。

问题：请为郑先生做出决策。

# 实训项目

## 实训目的

- 掌握汽车保险的展业承保程序。
- 掌握投保验险，风险控制。
- 加深对风险的认识，理解影响费率制定的因素。

- 加深对保险金额和险别的理解，熟悉承保的所有程序。

**实训要求**

本次实训应该在有条件的校内实训中心进行，要求学校能够提供实训用小轿车，学生在掌握了验车内容以后，填写投保单，计算保险费，并学习用计算机出具保险单。切实掌握承保（包括续保）各种车辆和缮制保险单及计算保险费，并能正确进行单证管理。

**实训步骤**

- 模拟接待客户，进行保险说明，拟订保险方案。
- 查验车辆，填写投保单。
- 验车承保。
- 计算保险费，出具保险单。

# 第十章　汽车理赔实务

## 学习目标

【能力目标】

- 能够独立应对理赔报案，对客户做好指导工作
- 能够与人协同查勘定损并制定赔案报告与卷宗
- 能够进行交强险和商业险的赔款理算

【知识目标】

- 掌握汽车保险理赔的意义和作用
- 掌握汽车理赔工作的基本流程
- 理解现场查勘的意义和要求，掌握现场查勘的主要内容。了解双代拒赔案件的管理
- 掌握车辆定损的原则及方法
- 掌握事故赔款理算

## 引导案例

**伪造事故恶意骗保获刑**

被告人李东为达到骗取保险赔偿的目的，购买他人因交通事故受损的车辆后，以伪造事故现场的手段，虚构事实向保险公司骗取保险赔偿金 1.8 万元，当其再次以车辆被盗为由试图骗保时，因故未能得逞，后该被告人被警方查获归案。本案经人民检察院审查后，以保险诈骗罪公诉至法院，法院对该案做出一审判决，被告人保险诈骗罪名成立，一审判处其有期徒刑 3 年，缓刑 3 年，并处罚金 2 万元。法院经审理查明，被告人李东于 2012 年 12 月，从车主王兵处以 1 万元的价格购买因交通事故而撞损的某品牌汽车一辆，（未办理过户手续，但王兵将其身份证复印件以及该车保险单等材料全部交给李东）。同年 12 月 31 日晚，被告人李东在某物流公司门前伪造交通事故现场，后李东持王兵的身份证复印件及机动车辆保险权益转让书，领取赔款授权书向保险公司要求车损索赔。2013 年 5 月 12 日，李东从某保险公司骗保 18 097 元。此外，被告人李东还在 2013 年 3 月 5 日，将借给他人使用的汽车偷开走，制造车辆被盗假象，欲骗取保险赔偿金 24 472 元，因故未能得逞。同年 9 月，被告人李东被查获归案。案发后，李东已向某保险公司退交赃款 18 097 元。法

院审理后认为，被告人李东为骗取保险金，在未发生保险事故的情况下，虚构事实，采取伪造事故现场，使用与被保险人签署的机动车辆保险权益转让书，领取赔款授权书和编造车辆被盗的方法骗取保险金，数额较大，其行为已构成保险诈骗罪。鉴于其第二起保险诈骗罪属于犯罪未遂，应依法比照既遂犯，从轻处罚，而且李东在案发后，认罪态度较好，并已退交全部赃款，故对其从轻处罚。

保险诈骗罪，是指行为人故意虚构保险标的、对发生的保险事故编造虚假的原因或者夸大损失的程度、编造未曾发生的保险事故、故意造成财产损失的保险事故，或者故意造成被保险人死亡、伤残或者疾病等人身保险事故，骗取数额较大保险金的行为。同传统的经济诈骗相比，保险诈骗罪有其显著的法律特征：（1）犯罪主体多元化，保险诈骗不仅涉及自然人，而且涉及法人（单位）。（2）社会危害的多重性，保险诈骗不仅侵犯了保险人的合法权益和整个社会的财产，破坏了国家的金融秩序，而且对他人的人身安全也构成了极大的威胁。（3）诈骗数额巨大，与其他民事欺诈不同，保险领域内的诈骗往往以巨额保险金为行为指向。这在团伙作案、集团作案、跨国作案、法人（单位）作案中表现得尤为明显，因而其危害性更为严重。（4）具有极强的隐蔽性，保险诈骗打着合法保险合同的幌子而制造假象，从中骗取赔偿金。

在财产保险业务中汽车保险是道德风险的“重灾区”。汽车保险具有标的流动性强，户籍管理中存在缺陷，保险信息不对称等特点，加上汽车保险条款不完善，相关的法律环境不健全及汽车保险经营中的特点和管理中存在的一些问题和漏洞，给了不法之徒可乘之机，汽车保险欺诈案件时有发生。这就要求保险人提高现场查勘效率，掌握第一手资料，重视保险理赔各个环节，谨慎处理汽车保险理赔事宜，从而保障保险双方当事人的利益，维护保险人的成本和信誉。通过本章的学习我们将了解汽车保险理赔工作的流程、现场查勘、定损与理算等实务内容。

## 第一节　汽车理赔工作概述

汽车理赔工作是指保险人或委托理赔代理人在其承保的保险车辆发生风险事故导致损失，被保险人或委托代理人提出索赔的请求后，根据保险合同条款的约定，审核保险责任、确认损失程度并处理保险赔偿的法律行为。近年来，由于汽车设计技术和制造技术的发展完善，加之以电子技术为主的高新技术在汽车上的普及应用，使得现代汽车的结构性能日趋合理，因车辆本身原因导致的交通事故比例呈现出下降的趋势，而由人为因素引起的交通事故则在迅速增加。据统计，由于人为因素造成的交通事故已经达到95.3%，其中有87.5%是由于机动车驾驶员的过失而造成的，由乘客造成的事故有5.19%，由非机动车驾驶员造成的交通事故占4.7%，剩余的2.61%则是由其他人员的过失造成的。由于人为因素极其复杂难辨，这种变化无疑增加了汽车保险理赔工作的难度。

### 一、汽车理赔的原则和意义

#### （一）理赔工作的原则

机动车辆作为一种特殊的保险标的，具有被保险人的广泛性、标的物的大流动性和高出险率等诸多制约理赔工作顺利开展的因素，而机动车辆理赔工作的根本目的又是为了使受损单位和个人在尽可能短的时间里恢复标的使用，恢复再生产，保障社会的安定。因此，在理赔工作的过程中，要坚持以下原则：

**1．“主动、迅速、准确、合理”的原则**

“主动”就是要求保险理赔人员积极主动地对出险案件深入现场，在对现场查勘和调查了解的基础上对事故的成因、出险的情况有一个比较清晰的认识，并根据合同约定，综合分析事故是否属保险责任。

“迅速”就是要求理赔人员对责任范围内的案件抓紧各个环节处理赔案，按照法律规定的时间及时给予赔付。

“准确”就是指理赔人员从查勘情况的真实性、责任审定的正确性、损失确认的客观性和赔款计算方面都应力求准确。

“合理”就是要尊重客观事实，使得保险赔偿金的赔付符合保险条款和保险的基本职能与功用。

“主动、迅速、准确、合理”组合起来成为保险理赔工作的“八字”原则。“八字”原则是我国保险公司在长期理赔工作实践中总结出来用以衡量和检查保险理赔工作的标准，其根本的宗旨是提高保险服务水平，创造保险诚信经营氛围，促进保险业健康有序地发展。《保险法》第23条规定：“保险人收到被保险人或者受益人的赔偿或者给付保险金的请求后，应当及时做出核定；情形复杂的，应当在30日内做出核定，但合同另有约定的除外。保险人应当将核定结果通知被保险人或者受益人；对属于保险责任的，在与被保险人或者受益人达成赔偿或者给付保险金的协议后10日内，履行赔偿或者给付保险金义务。保险合同对赔偿或者给付保险金的期限有约定的，保险人应当按照约定履行赔偿或者给付保险金义务。”第25条规定：“保险人自收到赔偿或者给付保险金的请求和有关证明、资料之日起60日内，对其赔偿或者给付保险金的数额不能确定的，应当根据已有证明和资料可以确定的数额先予支付；保险人最终确定赔偿或者给付保险金的数额后，应当支付相应的差额。”《保险法》的上述内容对保险人履行合同约定、给付保险金的时效上做了规定。在实际工作中，理赔人员处理保险赔偿时不仅要做到“主动、迅速”，还要做到“准确、合理”。该原则是辩证统一的，我们要避免因片面追求速度而不做必要的调查了解，造成工作疏忽而出现错赔，或为了“准确、合理”忽视速度和效率，影响到被保险人的合法权益，不利于社会的稳定。

**2．“恪守信用”的原则**

重合同、守信用是理赔过程中应遵循的原则。保险关系人之间是通过保险合同缔结起来的。在保险合同中，对保险关系人之间有关权利和义务的约定都具有法律上的意义，因而在处理赔案时，一定要按照条款约定，坚持重合同、守信用的原则，树立保险信誉，扩大保险影响，打造保险售后服务的精品。

**3．“实事求是”的原则**

“不惜赔，不滥赔”是实事求是原则在实际工作中的最好体现。保险人在制定保险条款时，无法预料实际生活中可能出现的一些情况。因而，对于一些损失原因复杂的索赔案件，保险人除了按照条款约定处理案件外，更应该实事求是，合情合理地去处理问题，确保保险的保障功能得以充分发挥。另外，实事求是原则的应用还体现在通融赔付上。所谓通融赔付，是指按照合同约定，保险人可赔或可不赔的损失，由于一些其他因素的影响，保险人予以全部或部分补偿。通融赔付必须遵循：第一，有利于保险业的稳定与发展；第二，有利于维护保险企业的信誉及市场中的地位；第三，有利于社会的安定团结。

#### 4.“保险利益”的原则

保险利益原则是保险合同的重要原则之一，其关系到投保人的资格确定，并且直接关系到哪些人享有请求赔偿权。如果投保人或者被保险人在保险合同订立和履行的过程中没有保险利益，那么，所订立的合同就成了无效合同，换句话说，标的的完好和损失不会影响到投保人或者被保险人的任何利益，因此在发生风险事故时造成标的损失，投保人或者被保险人都不可能获得赔偿。

#### 5.“实际现金价值”的原则

在国际保险业中，保险赔偿的责任一般做法是仅以保险标的损失时的实际现金价值为限。在我国，履行保险赔偿责任的方式有置换、修复、现金等多种方式，但是无论从哪种方式上看，归根结底还是通过现金来支付赔偿。而且，在实际工作中，往往会遇到一些因时空变化而根本无法置换或修复的标的，保险关系人只能通过协商的现金价值去解决赔偿问题，所以在保险赔偿中，要尽可能地用“实际现金价值”原则去解决保险赔偿责任问题，以保证保险业长期、稳定经营。

### （二）理赔的意义和作用

保险的基本职能是经济补偿，而经济补偿工作是通过理赔工作来实现的。根据我国保险业的经营方针，理赔工作的意义和作用主要体现在以下几个方面：

#### 1. 保障社会再生产的顺利运行

在社会再生产过程中，各生产部门之间保持合理的比例关系，是社会再生产过程连续进行的必要条件。理赔工作作为保险经营工作中的重要一环，其不仅能使受损单位和个人获得经济补偿，而且更重要的是通过保险理赔这一损失保障，促进社会经济的稳步发展，为社会创造更多的财富。

#### 2. 保障被保险人或受益人的合法权益

保险理赔是保险人履行保险合同、进行经济补偿的具体体现。被保险人和保险人签订保险合同，缴付保险费，其出发点就是为了规避自己所面临或潜在的风险，以期在风险降临时获得经济补偿。因此，当风险事故发生时，被保险人就应该享有获得经济补偿的权利。而这种权利的获得，是保险人通过理赔工作实现的。

#### 3. 保障防灾防损工作质量的提高

防灾防损工作是在损失来临之前，对标的自身和周围环境进行全方位的分析后，为规避风险、降低风险发生系数而采取的一系列措施。而理赔工作属于事后的一种补救工作，可以通过事后的补救工作，总结事故原因，掌握事故发生的规律，改善防灾防损工作不足，从而提高防灾防损工作质量。

**4. 保障承保质量的提高**

保险公司在保险事故发生前，对承保手续是否齐全、保险金额是否恰当、费率是否合理、各标的的风险状况高低与否，都缺乏一定的依据，影响到承保收费。但通过理赔，就可以发现各标的的风险状况，根据其风险状况决定是否承保和费率，改善承保品质，提高承保质量，保证保险公司的有效经营。

## 二、汽车理赔人员的条件要求

保险公司一般都有专职的理赔人员，经营规模较大的公司都设有理赔部门专门处理赔案工作。机动车辆理赔工作是一项技术性、业务性都很强的工作，因此，要求从事机动车辆理赔的工作人员必须具备以下条件：

**1. 廉洁奉公、秉公办事、认真负责**

在理赔工作中，理赔人员接触对象广泛，要同保险人、修理厂直接打交道。在与不同对象的接触中，有的人为达到其目的，会以请客送礼、行贿等手段拉拢腐蚀理赔人员。也有个别保险人，更多的是第三者受害方无理要求、态度蛮横。这就对理赔工作人员提出很高的要求：

（1）热爱机动车辆理赔工作，且有从事机动车辆技术工作的实践经验，有一定的工作能力；

（2）热爱保险事业，关心和维护保险公司声誉，为人正派，实事求是，坚持真理；

（3）自觉服从领导，遵纪守法，团结同志，要有任劳任怨的奉献精神，严格按照理赔人员工作守则行事。

**2. 精熟条款，实事求是处理赔案**

理赔的根据是保险合同条款，理赔人员必须认真领会和掌握保险条款。在现场查勘时，对事故现场情况进行客观、实事求是的研究分析，在搞清事故出险原因，确定是否属于保险责任后，应合理地确定损失程度，详细鉴定修理范围，制订合适的维修方案。特别是涉及第三者的损失，要本着实事求是的态度慎重处理。

**3. 熟悉掌握有关专业知识**

机动车辆种类繁多、车型复杂，特别是进口车型，要达到定责定损合理、准确，则要求理赔人员熟练掌握事故现场查勘要领，掌握和了解我国的道路交通法规及道路交通事故处理办法，熟悉机动车辆构造及其工作原理，了解事故车辆修理工艺，准确核定修理方式、工艺及准确掌握汽车配件价格，了解汽车配件市场动态。

另外，道路交通事故往往涉及第三者的人身伤亡、财产损失以及车上货物损失和人员伤亡。因此要求理赔人员还要了解和掌握很多相关的知识，以及赔偿标准。

一般来讲，理赔工作质量高低，能否把好理赔出口关，往往取决于理赔人员对所涉及的专业知识熟悉和掌握的程度。如果不懂有关专业知识，定责定损时就会无说服力，人云亦云，不可避免地会出现漏洞，影响保险公司的声誉及经济效益。

## 三、汽车理赔工作基本流程

汽车保险的理赔程序为：出险受理、现场查勘、损失确认、索赔处理、赔案制作，如图 10-1 所示。

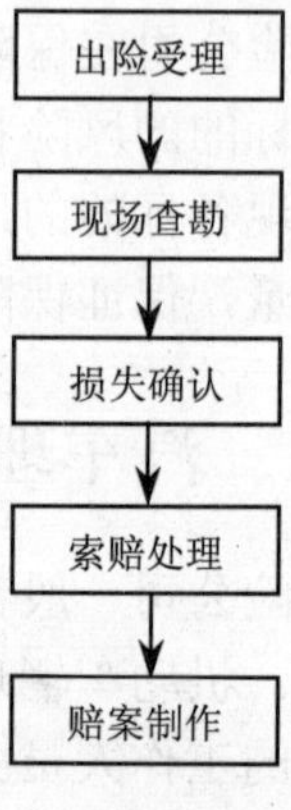


图 10-1 汽车理赔业务流程图

### （一）出险受理

机动车辆保险事故发生后，被保险人务必要保护事故现场，同时尽力施救以减少财产损失，要主动抢救受伤人员，迅速向公安交通管理部门报案，并在 48 小时内向保险公司报案。火灾事故迅速向消防部门（119）报案，盗抢案件在 24 小时内迅速向公安刑侦部门（110）报案。对于在外地出险的，如果保险人在出险当地有分支机构，被保险人可以直接向保险人的当地分支机构进行报案。因为，目前一些全国性的保险公司的内部均建立了相互代理的制度，即“代查勘、代定损”的“双代”制度，能够迅速向这些被保险人提供案件受理的服务。如果保险人在当地没有分支机构，被保险人就应直接向承保公司报案，并要求承保公司对事故的处理提出具体的意见。

保险公司接到被保险人的报案后，其主要工作包括：

1）内勤接到报案后，要求客户将出险情况立即填写“业务出险登记表”（电话、传真等报案由内勤代填）。

2）内勤根据客户提供的保险凭证或保险单号立即查阅保单副本并抄单以及复印保单、保单副本和附表。

查阅保费收费情况并由财务人员在保费收据（业务及统计联）复印件上确认签章（特约付款须附上协议书或约定）。

3）确认保险标的在保险有效期限内或出险前特约交费，要求客户填写“出险立案查询表”，予以立案（如电话、传真等报案，由检验人员负责要求客户填写），并按报案顺序编写立案号。

4）发放索赔单证。经立案后向被保险人发放有关索赔单证并告知索赔手续和方法（电话、传真等报案，由检验人员负责）。

5）通知检验人员，报告损失情况及出险地点。

以上工作在半个工作日内完成。

**案例**

**出险后仅向公安机关报案，是否完全履行了被保险人义务**

案情：王某将其自有小货车向保险公司投保，保险期限内出险造成第三者陈某受伤，住院治疗费用达 2 万多元。王某在出险当时仅向交警队报案，但未通知保险公司，而是等伤者痊愈出院后，才凭交警队的事故责任认定书、损害赔偿调解书和伤者住院治疗费发票、住院证明等有关索赔单证到保险公司索赔。王某解释未报案的原因是：“不知道要办理此手续。”

此案应否赔偿？

**分析**：本案中被保险人在出险后未及时履行通知义务，按《机动车辆商业保险示范条款》规定，保险人有权拒绝赔偿。但“有权拒绝赔偿”不应片面解释为“一定要拒赔”，拒绝与否应由保险人决定。保险公司对这个“权”的掌握，应看是否因被保险人不及时履行义务而影响责任认定或造成损失扩大，使保险人利益受损。该案为第三者人员受伤，被保险人通知不及时虽然使保险公司不能及时了解事故情况，但并未造成不应有的利益损失。保险公司可以通过到交警队和医院核查事故及伤者的治疗情况，在证实受损情况属实的基础上，本着实事求是的原则，从维护被保险人利益角度考虑，向王某支付第三者责任险赔偿金。

## （二）现场查勘

现场查勘就是对事故现场进行实地、仔细、深入地调查，它是理赔工作的重要环节，是保险案件赔付的基础。通过现场查勘采集与事故有关的物证，为保险责任认定准备证据；查明出险原因，掌握第一手资料，取得处理赔案的依据。现场查勘工作一般由两名查勘定损人员共同进行，并视情况通知有关部门参与。在现场查勘工作中，要求查勘定损人员坚持实事求是、秉公办事的原则，遵守保险条款，确认保险责任范围，熟练掌握现场查勘方法，妥善解决和处理现场查勘过程中的实际问题。

查勘人员赶赴事故现场开始查勘工作之前，应做好下列工作：

1）查勘定损人员接到查勘通知后，向接报案人员索要“机动车辆保险报案记录（代抄单）”，并根据报案记录，了解保险标的的出险时间、地点、原因、经过、事故类别、大致的损失情况以及事故当事人的情况，对事故有一个基本的了解，做到心中有数，以便在查勘过程中有针对性的调查取证，争取主动。若查勘定损人员在外接到现场查勘通知，则应在查勘后索取“机动车辆保险报案记录（代抄单）”，全面深入了解事故情况。

2）携带“出险报案表”“索赔申请书”和查勘定损工具如相机、皮尺等，赶赴事故现场，并及时与承保公司和报案人取得联系。

3）查勘定损人员到达事故现场后及时向接报案中心报告，如果事故尚未控制或人员及车辆尚处在危险中，应立即协助被保险人和有关部门采取有效的施救和保护措施，避免损失的扩大。

## （三）损失确认

在现场查勘中，保险公司理赔人员要取得被保险人、公安交通管理部门和消防部门的配合，确认保险事故所造成的损失，包括对事故机动车辆及第三者财产的损失进行核定，逐项核实损失项目，即定损。到事故处理部门进行责任认定和事故调解。

制订修复方案，明确修理范围及项目，确定修复费用，并根据招标定修原则，确定维修厂家。

当车辆进厂修理经拆解后，又发现其他损坏的，保险公司理赔人员要进行复勘。

在招标定修、确定维修厂家时，应掌握以下原则：

1）定损价格是否合理；

2）修理厂条件是否能保证事故车辆的修复质量。

对于第三者或车上人员的人身伤亡，理赔人员要根据事故处理部门认定的责任和调解结果，确定被保险人应承担的相应经济责任。

对于保险车辆的火灾，若原因不明，理赔人员应要求被保险人向权威检验部门申请鉴定。对于车辆遭盗抢，理赔人员应要求被保险人到市级以上报社发布寻车启事，60天后到公安刑侦部门开具未破案证明，到车辆管理部门办理失窃车辆牌证注销手续。

## （四）索赔处理

理赔人员应要求被保险人尽快收集必要的索赔单证，10日内向保险公司申请索赔。若被保险人在2年内不提供单证申请索赔，即作为自愿放弃索赔权益。在索赔时，根据事故的性质要求被保险人提交以下单证。

### 1．一般案件

1）机动车辆保险出险通知书，报案人填写，盖被保险人公章；

2）道路交通事故责任认定书，公安交警部门出具原件；

3）道路交通事故损害赔偿调解书，公安交警部门出具原件；

4）事故车定损报告，保险公司定损人填制，由保险人、汽修厂、第三者单位盖章。

5）保险车辆修理合同，合同各方盖章；

6）驾驶证复印件，当事驾驶员驾驶证（包括正、副证）复印件；

7）行驶证复印件，保险车辆行驶证（包括正、副证）复印件；

8）修车发票及明细的原件；

9）施救费用发票，施救单位出具原件。

### 2．人员伤亡案件

1）受伤人员伤情诊断证明、病例，治疗医院出具原件；

2）受伤人员医疗费单据，治疗医院出具单据；

3）伤残评定证明，公安法医鉴定机关出具原件；

4）受伤及护理人员误工证明，受伤、护理人员所在单位出具；

5）销户证明、户口簿复印件，死亡者居所的派出所出具；

6）交通费、住宿费票据；

7）今后医疗费证明，治疗医院出具原件；

8）户籍关系证明，伤亡者与被抚养人关系证明，伤亡者派出所出具原件。

### 3．货物财产损失案件

1）损失费用清单，被保险人填写，并盖被保险人公章；

2）货物、财产价值证明，生产厂家、购销单位出具的有关受损货物、财产的价值证明；

3）货物、财产修理合同，合同各方盖章；

4）修理发票及明细的原件；

5）事故证明，货物、财产拥有单位的损失证明；

6）有关货物、财产的合同和协议，与受损货物、财产有关的合同和协议。

**4. 盗抢险案件**

1）公安证明，县级以上公安刑侦部门出具的盗抢证明原件；

2）车辆报停手续，公安车辆管理部门出具原件；

3）遗失声明，省（市）级以上报刊刊登，载明车辆被盗时间、地点、车号、发动机号、型号、颜色、联系电话、联系人等；

4）保险单、批单、保险凭证的原件；

5）购车发票的原件；

6）行车执照正副本原件；

7）车辆购置附加费凭证原件；

8）全部车钥匙，包括遥控器；

9）保险车辆的有关资料，包括商检单、罚没证明、合格证等；

10）被保险人员营业执照或身份证复印件；

11）权益转让书一式两份，盖被保险人公章。

**5. 其他**

1）火灾原因证明，公安消防部门出具证明的原件；

2）判决书，人民法院出具的原件；

3）仲裁书，仲裁委出具的原件。

### （五）赔案制作

赔案制作包括责任审核、费用核定、赔损计算、综合报告、赔案审批等，并在10天内通知被保险人携带身份证到保险公司领取赔款。

## 四、理赔工作的监督

### （一）监督的目的

对于理赔工作监督的目的是全面提高和确保保险产品的质量，强化保险公司内部的经营管理，提高公司和行业的总体水平。一方面理赔工作是保险人实际履约的过程，对保险人的信誉将产生直接和重要的影响；另一方面理赔工作也是保险人控制经营风险的一个重要环节，严格地按照保险合同进行理赔是防止滥赔和骗赔，确保公平的一个重要的前提条件。同时，通过理赔还可以发现承保中可能存在的问题，有针对性地采取改进措施，可以提升保险人经营业绩。

### （二）监督的方式

监督可以采用外部监督和内部监督两种模式。外部监督是通过保监会或者行业公会（协会）的监督，也包括委托外部的审计机构对自身的业务进行专项审计，有的保险公司还聘请社会人士对公司的经营情况进行监督。外部监督的优点是能够确保监督的透明度，真正形成压力。同时，能够在消费者心目中塑造良好的企业形象，增强消费者对企业的信心和信任。内部监督是通过内部建立监控和管理体系，通过业务、财务和审计部门，定期和不定期的检查和监督，建立保险公司内部的监督和管理机制。业务部门是进行机动车辆保险业务的经营和管理部门，也是制定规则的部门，有时甚至是享受经营成果的部门。所以，业务部门的监督和管理专业性较强，具有责任和利益的双重压力。通过财务和审计部门对机动车辆保险业务进行监督和管理也是十分必要的。财务部门通过财务数据的采集和分析，可以从经营成果、成本结构等宏观方面了解和控制经营情况；审计部门可以结合年终、专项和离任审计等形式，对机动车辆保险经营的一个局部进行深入的审计，从而了解经营中可能存在的问题，包括个性和共性两个方面的问题。

## （三）赔案的周期

### 1．赔案周期及其法律规定

赔案周期，即保险事故案件处理的周期，原则上是指从保险事故发生到保险公司向被保险人支付赔款的期间。整个案件的处理过程又可以分为事故的外部处理期间和保险公司内部处理期间。外部处理期间，是交通事故的处理周期，或者有关部门对于一起保险事故的处理时间。内部处理期间是指保险公司在接到被保险人提供的索赔资料之后，进行理算和处理的周期，这个周期主要取决于保险公司的内部管理水平。

根据我国《保险法》第 23 条的规定：“保险人收到被保险人或者受益人的赔偿或者给付保险金的请求后，应当及时做出核定；情形复杂的，应当在 30 日内做出核定，但合同另有约定的除外。保险人应当将核定结果通知被保险人或者受益人；对属于保险责任的，在与被保险人或者受益人达成赔偿或者给付保险金的协议后 10 日内，履行赔偿或者给付保险金义务。保险合同对赔偿或者给付保险金的期限有约定的，保险人应当按照约定履行赔偿或者给付保险金义务。”时限的起点确定很重要，它并不是出险的时刻，同时保险公司的理赔人员也不得用“达成协议”为由拖延时间。从机动车辆保险业务的客观实际出发，时限的起点应当是保险公司的理赔人员在接到了被保险人提供的全套索赔单证之后，就应向被保险人签发接收单证的凭证，并以此作为计算时限的依据。

### 2．影响赔案周期的因素

（1）外部因素　外部因素通常是指非保险公司的因素，以交通事故为例，主要是交通事故处理部门的处理周期。在交通事故的处理过程中包括对责任和对损失的认定。责任认定较为简单，只要对事故现场进行认真的调查，参照有关的法律和法规就可以进行。而对损失的认定往往就复杂得多，交通事故的损失一般分为两部分：车辆损失和人身伤亡。事故车辆的修理本身需要一定的时间，而且有的车辆在修理过程中需要采购大量的零配件。目前，制约修理工期的主要因素是一些进口车辆等待从外地购买甚至国外进口配件的时间。人身伤亡损失的认定则需要待伤员痊愈出院后才能最后确定，有的重伤员的痊愈需要数个月，甚至一年以上的治疗和康复期。而只有待这些伤员痊愈出院之后才能确定医疗费用和伤残程度。所以，这些外部因素常常在相当大的程度上制约着保险事故处理的周期。

（2）内部因素　内部因素是指保险公司在接到被保险人提供的索赔资料之后进行内部理赔、核赔和划付赔款的过程。保险公司内部应建立有效的管理机制，包括内部各个环节的工作时限制度，监督和责任追究制度。同时，应当注意提高理赔人员的业务技术水平，避免由于这些人员的技术因素导致效率降低，还要加强对理赔人员职业道德的培养，增强服务意识。

通过对案件处理周期的控制，可以确保其经营活动的合法性，避免合同纠纷和诉讼。同时，这也直接影响到保险公司的信誉，所以保险公司应高度重视。

**案例**

**太平洋车险实现车险快速理赔**

2013 年 8 月 6 日上午 10 时 21 分，太平洋保险客服电话 95500 接到客户报案，来自铜陵的吴先生驾驶大众汽车参加同学婚宴，在省城亳州路与一环路交口以北附近，因避让其他车辆时，碰上路桩，造成车辆受损。

查勘员小杨接到公司委派任务后，认真检查了一下行头：远程视频查勘定损设备、便携式打印机，迎着阵阵热浪，便带上记者匆匆出了门。10 时 34 分，记者跟随小杨赶到了出事现场。只见小杨拿出一个手机大小的视频查勘器，戴上耳麦，用查勘器上的摄像头对准车架号进行拍摄。车主吴先生的行车证、驾驶证等相关信息，第一时间通过车险移动视频查勘系统传送回公司后台。

“一般我们要拍一个全景、一个近景、一个特写，这样才能全方位地展示车辆损伤情况。”小杨一边忙着拍照取证，还不忘给记者传授查勘的要领。很快，现场拍摄的照片陆续传回后台，后台核损员指导小杨对标的车进行损失确定：“左前门抛光 100 元，底大边做漆 250 元，底大边修复工时费 150 元，最后定损价格为 500 元。”10 时 41 分，一键按下，定损单很快从小杨的手持终端上打印出来，交给吴先生签字确认。

理赔难，理赔速度慢是目前客户面临的突出问题。针对这一现状，太平洋保险将“快速、专业、亲和”设定为服务关键词。早在 2009 年，它就在业内率先自主研发了 3G 快速理赔系统，为快速理赔服务提供了技术保障。

从广告和事件营销的效果看，太平洋保险的认知率在竞争保险品牌中位居第二，过半数的消费者能主动想到太平洋品牌，绝大部分目标消费者对太平洋保险有上佳的品牌印象；“专业”“便利”“在你身边”三大关键词在目标消费者心目中的印象得以加强，并成为目标消费者心目中最为显著的品牌形象特征。

对业务的促进作用上，在新渠道业务方面，2013 年上半年，太平洋保险电网销保费收入超过 40 亿元，同比增长翻番；交叉销售保费收入超 12 亿元，同比增长近三成。新渠道占比同比也有较大提升，车商渠道及银保渠道都有大幅增长。而在目标客户留存率方面，商业车险续保率同比也持续提升。

## （四）未决赔案的管理

未决赔案是指已经发生的属于保险责任范围内而由于各种原因尚未赔付结案的案件。

保险公司在经营过程中出现和存在一定数量的未决赔案是正常的，但有些则是不正常的。

1．未决赔案的管理程序

未决赔案的管理包括立案、撤案和结案三个环节。首先，应当加强对立案的管理。有的公司将报案等同于立案，这是造成未决赔案管理混乱的一个原因。因为，有许多报案由于各种原因最终不用立案，如错报、不属于责任范围、因免赔额或者安全奖励因素放弃索赔等。其次，应加强对撤案的管理。即使立案之后，仍可能由于各种原因而没有进行索赔或者处理，在这种情况下应说明原因，及时将已经立案的案件撤销。最后，还应加强对结案的管理。在案件处理结束之后，应将有关资料统计并核销立案。

对于未决赔案管理的关键是确保以上三个环节的资料统一准确和及时，应采用专人负责的方式，及时地将有关资料统计并录入计算机。通常每个月进行一次统计分析，并上报有关部门。

2．未决赔案的原因

未决赔案通常分为两类，一类是正常原因造成的未决赔案，另一类是非正常原因造成的未决赔案。应注意加强对非正常原因造成未决赔案的分析。非正常原因有外部因素和内部因素，但主要是内部因素，这些因素包括管理方面的问题，技术方面的问题以及服务质量方面的问题。分析的目的是要了解造成案件未解决的原因，以便解决问题，降低非正常未决赔案的比例。

## （五）内控制度

保险公司可以通过内部控制制度实现对理赔工作的监督，确保理赔工作的质量。这些内部控制制度包括以下几方面：

1．定期检查制度

定期检查制度即由公司内部的职能部门定期对经营单位进行全面的业务综合检查。检查的内容包括理赔工作的各个方面，如查勘检查工作、案件理算工作、案件管理工作和赔款支付工作等，目的是定期了解经营单位的经营情况，发现和解决问题。

2．专项检查制度

专项检查制度是指根据在经营过程中发现的问题，对于某一类工作或者问题进行专门的检查，以了解问题存在的范围和影响的程度，并针对这些问题研究解决的办法。

3．案件回访制度

案件回访制度是针对某些特定的客户群，或者特殊类型的案件，在理赔工作结束之后对他们进行回访，如对出租车索赔案件，一些重大案件，或者被保险人投诉的案件在结案之后，对被保险人进行专门的回访，目的是了解这些特定群体和个体的被保险人对保险公司理赔工作的意见和建议，以及对于保险的需求，以便有针对性地改进理赔服务。

4．客户满意度调查制度

客户满意度调查制度是一种定期或者不定期通过对被保险人进行问卷调查的方式，以全面了解被保险人对保险公司各个方面工作的满意程度。被保险人对保险公司理赔服务的满意程度应作为问卷调查的一个主要方面。通过发放和回收问卷，并对回收的问卷进行统计和分析，可以发现问题，提出改进措施，改善服务水平。

# 第二节 汽车交通事故鉴定与查勘

## 一、汽车交通事故鉴定概述

### （一）交通事故鉴定的意义

所谓交通事故是指参与道路交通活动的各种机动车和非机动车驾驶员、行人、乘车人以及其他在道路上进行与交通有关活动的人员，因违反道路交通管理法规和条例的行为，过失造成人、畜伤亡和车物财产损失的交通事件，称为交通事故。发生交通事故就会造成人身伤害或财产损失，对于保险车辆就会涉及保险赔付，有些还会涉及刑事或民事诉讼。因此，对机动车辆交通事故进行科学公正的鉴定具有十分重要的意义。

一般来说，机动车辆交通事故鉴定可以委托交通事故鉴定专家进行。在我国，一般由公安交通管理部门负责，并出具正式的鉴定书。

鉴定书的目的主要是向事故处理人员、理赔员或法官及律师说明事故鉴定的科学程序，为事故处理、保险理赔和诉讼提供科学的依据。因此，鉴定书应尽可能简明扼要、易于把握相关内容。在使用专业术语时，要通俗易懂地解释其意思。叙述要文理清晰，避免杂乱无章。

对于复杂的问题，在“鉴定经过”章节的开始要说明鉴定程序，在“考证内容”一节中要对证据中的重要资料进行详细的说明，并以此为基础对事故形态进行考证分析与推理计算。可以充分利用图表、图形和照片加深对事故过程及形态的认识，某些场合还可以利用模型和录像。鉴定内容如下：

碰撞事故的发生形态；单车事故的发生形态；碰撞车速、制动前的车速；碰撞地点的特殊情况（违章情况）；碰撞姿态（碰撞时的相对姿态、碰撞角度等）；碰撞发生前事故车的运动状况与驾驶员的动作；避免发生碰撞的可能性；是否为追尾或妨碍行车；该事故确实存在吗（是否伪造事故）；该事故是否为故意（蓄意）的（自杀事故、他杀事故）；驾驶员是谁；因车辆故障引发的事故（使用不当、维护不当、缺陷车）；车辆发生火灾的原因；废气中毒死亡事故的原因；交通信号灯状态；乘员所受的冲击；碰撞所造成的乘员身体运动状况；事故与受伤之间的因果关系；碰撞的顺序（台球式追尾或堆积式追尾）；证言的真伪；相反证言、相反鉴定结果真伪的判定；引发事故的诱因。

### （二）交通事故鉴定的注意事项

在进行机动车辆交通事故科学鉴定的过程中，应注意如下事项：

#### 1. 坚持中立性

在交通事故鉴定过程中，一定要坚持科学性、公正性，要遵守职业道德。在实际中出现完全相反的鉴定结论已屡见不鲜。当然，真理只有一个，两份鉴定书中必定有一份是错误的。错误的鉴定结果一般分为结论前提型（先入为主型）和错觉型两种。

导致结论前提型鉴定的原因和理由是鉴定人按照鉴定委托方所希望的结论，适当地捏造和杜撰。大多数情况是受经济或人情的束缚，经济和人情像一根看不见的线，间接地、紧紧地支配着鉴定人的行为。

错觉型鉴定是一种非恶意的、无意的错误鉴定。为了避免出现这种情况，必须细致谨慎，按要求进行科学鉴定。

**2. 做到通俗易懂**

鉴定书要作为证据用于事故处理、理赔处理，甚至法庭诉讼。在这些过程中所涉及的人员普遍不熟悉科学鉴定中所使用的科学概念、定律、技术术语等。因此，鉴定书的撰写应尽可能简明扼要，不要在一些细枝末节上纠缠不清，使外行人也能读懂。一些专业性比较强的论证部分可作为附录，还可适当地添加一些图表、照片、图形、录像等，这样更有助于加深认识。

**3. 做到客观、公正**

要保证交通事故鉴定的客观性，最重要的是不受事件的细节所束缚，要完整地观察事故的全貌。不要过分拘泥于事故的部分细节，不要拘泥于某一特定的证据或理论设定假说。否则，会造成严重后果。

**4. 避免先入为主**

这是在强行做出结论前提型鉴定时的常用手段。在鉴定过程中，必须清楚所做的考证过程与提交的结论之间的关联性，依靠考证的条理性让相关人员弄清楚鉴定的结论。

**5. 避免夸大其词**

这也是在强行做出结论前提型鉴定时常见的方法。在鉴定时明显夸大损伤的程度，故意忽略难以掩盖的明显损伤的例证，以特定的不确切的证言或风闻为依据，故意展开故事情节，并围绕这些因素进行各种求证，来解释其理论的正确性。这种方法在事故鉴定中有极大的危害性。

**6. 从多种角度观察、论证**

事故鉴定中证明碰撞及碰撞发生前的运动、碰撞发生后的运动状况的证据主要分为物证和证人的证言两种。实际上，碰撞发生前的运动状态与碰撞过程及碰撞后的运动状态紧密相关，各种状态之间的相互关系完全可以通过力学计算按时间序列追溯推定。因此，交通事故这一物理现象可以依据大量可靠的证据从多方面、多角度查证。

**7. 鉴定结论必须充分考虑采样数据的误差**

当通过实验室来处理交通事故鉴定问题时，因与外界存在着各种可控条件的误差，会使鉴定结论存在较大的误差。

**8. 着眼于关键证据**

在整个鉴定过程中，往往是某一关键证据决定着鉴定结论的真伪。

## 二、现场查勘的意义、要求及目的

现场查勘是道路交通事故处理过程中一项重要的法定程序，现场查勘是证据收集的重要手段，是准确立案、查明原因、认定责任、进行处罚的依据，是保险赔付、案件诉讼的重要依据。因此，现场查勘在事故处理过程中具有非常重要的地位。

### （一）交通事故现场

交通事故现场（以下简称现场）是指发生交通事故的车辆及其与事故有关的车、人、物遗留下的同交通事故有关的痕迹、证物所占有的空间。现场必须同时具备一定的时间、地点、人、车、物五个要素，他们的相互关系与事故发生有因果关系。

现场可分为原始现场和变动现场。

（1）原始现场　是指发生事故后至现场查勘前，没有发生人为或自然破坏，仍然保持着发生事故后的原始状态的现场。这类现场的现场取证价值最大，它能较真实地反映出事故发生的全过程。

（2）变动现场　是指发生事故后至现场查勘前，由于受到了人为或自然原因的破坏，使现场的原始状态发生了部分或全部变动。这类现场给查勘带来种种不利因素，由于现场证物遭到破坏，不能全部反映事故的全过程，给事故分析带来困难。

出现变动现场的原因有如下几个：

① 为抢救伤者或排除险情而变动了现场的原始位置。

② 肇事车辆为执行任务的消防、救护、警备、工程救险车的，肇事后因任务需要驶离现场。

③ 过往车辆、行人及现场围观群众。

④ 自然原因（刮风、下雨、下雪、日晒等）。

⑤ 主要交通干道或繁华地段发生的事故，需及时排除交通堵塞而移动肇事车辆及相关证物。

⑥ 伪造和破坏现场。当事人为了逃避责任或进行保险诈骗，对现场进行破坏和伪造。这类现场事故状态不合常理，不符合客观规律。

⑦ 恢复现场。恢复现场有两种情况。一是对上述变动现场，根据现场分析、证人指认将变动现场恢复到原始现场状态。二是原始现场撤除后，因案情需要，根据原现场记录图、照片和查勘记录等材料重新布置恢复现场。

### （二）现场查勘的意义

#### 1. 现场查勘是重大交通事故案件刑事及民事诉讼程序的重要环节

交通事故立案、调查、提起公诉和审判，是刑事诉讼活动的四项程序。现场查勘是刑事诉讼第一、二道程序中的重要环节。因此，事故发生后，必须对现场、肇事车辆、物品、人员损伤、道路痕迹等进行现场调查。

2．现场查勘是保险赔付的基础工作

对于保险车辆，一旦发生交通事故，就涉及赔付问题。只有通过第一时间对现场的查勘才能确定事故的真伪、事故原因及事故态势，确定赔付的基本依据和确认是否为骗保案件。

3．现场查勘是事故处理的起点和基础工作

只有通过严格细致的现场查勘，才能正确揭示事故的发生、发展过程；通过对现场各种物证痕迹等物理现象的分析研究，发现与事故有关联的逐项内在因素。也只有通过周密的现场查勘、询问当事人、访问证明人等调查活动，才能掌握第一手材料，对案情做出正确的判断。有了正确的判断，就能正确认定事故责任，追究事故责任者的法律责任，维护受害人的正当权益。

4．现场查勘是收集证据的基本措施

证据是查明事故原因和认定事故责任的基本依据。车辆交通事故是一种纯物理现象，交通事故的发生必然引起现场客观事物的变化，在现场留下痕迹物证。因此，对现场进行细致、反复的查勘，把现场遗留下的各种痕迹物证加以认定和提取，经过检验与核实就成为事故分析的第一证据。

5．现场查勘是侦破交通肇事逃逸案件的重要环节

现场是交通事故行为的客观反映。交通肇事逃逸的行为不可避免地引起现场各种交通要素的变化，留下痕迹和物品。通过现场查勘取得的各种痕迹证物等证据，是分析案情、揭露逃逸人的特征、侦破逃逸案件的重要依据。

## （三）现场查勘的要求

1．及时迅速

现场查勘是一项时间性很强的工作。要抓住案发不久、痕迹比较清晰、证据未遭破坏、证明人记忆犹新的特点，取得证据。反之，到案不及时，就可能由于人为和自然的原因，使现场遭到破坏，给查勘工作带来困难。所以，事故发生后查勘人员要以最快的速度赶到现场。

2．细致完备

现场查勘是事故处理程序的基础工作。现场查勘一定要做到细致完备、有序。查勘过程中，不仅要注意发现那些明显的痕迹证物，而且，特别要注意发现那些与案件有关的不明显的痕迹证物。切忌走马观花、粗枝大叶的工作作风，以免由于一些意想不到的过失使事故变得复杂化，使事故处理陷于困境。

3．客观全面

在现场查勘过程中，一定要坚持客观、科学的态度，要遵守职业道德。在实际中可能出现完全相反的查勘结论，要尽力防止和避免出现错误的查勘结果。

4．遵守法定程序

在现场查勘过程中，要严格遵守《道路交通事故处理程序》和《道路交通事故痕迹物证勘验》（GA41—2014）的规定。要爱护公私财物，尊重被讯问、访问人的权利，尊重当

地群众的风俗习惯，注意社会影响。

### （四）现场查勘的目的

#### 1. 查明事故原因和经过，获取第一手材料

通过现场调查可以查明导致事故的主、客观原因，并通过对现场周围环境道路的查勘，对车、物等财产的拍摄以及对当事人的讯问和调查访问，取得理赔工作第一手材料。

#### 2. 确定保险责任范围

通过现场查勘、调查、拍摄、记录等工作，用大量事实证明案件的交通事故的性质、类型以及结果，以利于保险责任和责任范围的确定。现场应该告知投保人应办的手续，应提供的单证，应扣多少免赔，大约多长时间能够取得赔款，领取赔款的程序。

#### 3. 损失的认定

现场的各种痕迹、物证和通过询问现场人员证词，都可成为证明事故事实的证据，为认定各种物证之间的联系和确定各方车损损失部位和程度提供依据，排除车辆原有损失，避免扩大赔付范围。

## 三、现场查勘的主要内容

### （一）交强险的查勘

#### 1. 查勘定损总原则

（1）财产损失赔偿顺序，按着三者车外物损、三者车上物损、三者车损的顺序赔偿。

（2）如果事故各方损失在强制保险的赔偿限额内，应以承保强制险的保险公司定损意见为主。如果事故各方损失超过强制保险的赔偿限额，应以承担总赔偿责任大的保险公司的定损意见为主。

（3）如果事故各方的损失在强制保险赔偿限额内，应优先查验核实其他事故方的损失；如果事故各方的损失超过强制保险的赔偿限额，应在积极查验核实其他事故方损失的同时，核实或预估事故各方的责任，掌握事故定损的主动权。

#### 2. 现场查勘定损要点

（1）到达现场，应及时确认事故各方的当事人，以及各自的损失状况，组织现场保护和救援。

（2）核实保险标的及事故当事各方的强制险和商业保险承保情况。

1）查验标的车的强制险及商业险的投保情况，并在查勘报告中记录。

2）查验三者车的强制险及商业险的投保情况，并在查勘报告中记录。

3）核实事故各方机动车辆的车牌号是否与其相应的保险标志相符，如果其中任何一方或多方没有强制保险，应通知交管部门处理。

4）查验事故各方机动车辆的行驶证和事故当事人的驾驶证，做好记录，并用数码相机拍摄两证原件，异常情况在查勘报告中记录。

5）登记事故各方机动车辆的车牌号、车架号、强制保险的保单号、保险期限、保险公司名称、理赔电话，并对事故各方机动车辆的强制险标志或保单原件拍照取证。

6）收集涉及事故的其他保险公司的意见，积极主动与其沟通协调。

（3）询问事故各方机动车辆的报案情况，做好记录。指导事故当事各方机动车辆向其投保的强制险和商业险的保险公司完善报案。

（4）核实事故是否存在被保险人的故意行为或受害人的故意行为，异常情况在查勘报告中记录，并由交管部门核实。

（5）收集索赔资料。

1）指导标的车的事故当事人正确填写“机动车保险索赔申请书”，制作查勘报告，告知客户相应的“索赔须知”。

2）收集三者车的强制保险和商业保险信息，制作查勘报告。

（6）核定损失状况，如果标的车、三者车和其他三者财物损失较小，无需拆检，没有争议的情况下，应及时现场协商核定各方损失，并按事故各方的损失进行分别核算。

（7）初步核实人员伤亡损失状况。对事故各方的人员伤亡情况询问记录，登记伤员的姓名、性别、年龄、救治医院和科室、伤情、抢救或垫付情况，并核实人伤类型：本车上人员、三者车上人员或三者车外人员。收集现场的有关伤员的相关证据资料。

（8）简易案件处理。对于现场真实、事故当事人对事实及成因无争议、各方损失都在强制险保险限额内的，可以按简易案件处理。现场查勘定损人员指导事故当事人自行协商调解、确认赔偿金额及责任、协助撤离事故现场。

（9）现场查勘时，事故任何一方没有投保强制险，应要求事故各方通知交管部门依法进行责任划分。

（10）现场查勘时，事故任何一方机动车辆的估计损失超过强制保险责任限额的，应要求事故各方依法进行责任划分，以便其他商业保险公司能够顺利进行赔案处理。

（11）现场查勘时，如果事故应由多家保险公司共同处理，并且其他相关保险公司也应派员到达，原则上应由各承保公司对各自承保车辆对应的第三者车辆的损失进行查勘定损。

（12）现场查勘时，如果涉及两家或两家以上的保险公司同时对同一车辆定损时，各方保险公司应本着实事求是、相互信任、相互尊重、友好协商的原则，共同确定损失金额。

（13）现场查勘时，如果事故应由多家保险公司共同处理，但存在一家或多家保险公司因故不能到达现场，查勘定损人员应对事故涉及的各类财产损失进行完整确认，即不论财产损失是否超过强制保险的责任限额，都应分类确认全部的损失金额。车辆损失情况确认书一车一份，由事故各方当事人和参与事故处理的各保险公司理赔人员共同签字确认。

**3．非现场查勘定损要点**

（1）不能查勘现场的交通事故，原则上应要求事故各方提供相关证明，依法进行责任划分。

（2）无论能否参与定损，都应该对保险标的进行核实确认。

（3）能够参与事故定损的，应积极前往车辆停放地或财产损失地查勘定损，并向事故当事人了解事故前期处理情况，收集相关证据、信息，并查验核实其他相关保险公司提供的理赔资料，及时审核单证的有效性和完整性，完成核损或复勘。

（4）不能够参与事故定损的，应要求事故当事人出具能够证明事故各方损失情况的相关资料和单证（如事故证明、现场/车/物损照片、其他相关保险公司出具的查勘报告和定损报告、因向受害人进行赔偿而取得的凭证），及时审核单证的有效性和完整性，完成核损或复勘。

（5）不能够参与事故定损的，查勘定损人员原则上应认可其他相关保险公司已经出具的查勘、定损意见。遇到异议或单证不完善，应要求事故当事人进行补充或及时与相关保险公司沟通、协调，不能与客户发生冲突。

#### 4. 重点核实要素

（1）标的车驾驶员的驾驶资格。

（2）标的车的指定驾驶员情况。

（3）标的车驾驶员的酒后或醉酒嫌疑。

（4）事故当事人（受害人或被保险人）的故意行为。

（5）标的车的盗抢情况。

（6）标的车改装、变更所有人及使用性质等情况。

### （二）商业险的查勘

#### 1. 查明报案人身份

（1）报案人应为被保险人或肇事驾驶员，除此之外，代他人报案者，应查明报案人与出险车辆及事故的相关关系，并需提供被保险人身份证原件及报案人身份证原件等。

（2）如报案人无法提供有关手续，应依据正常工作流程先行处理；同时告知报案人提交索赔单证时，务必携带有关手续。

#### 2. 查明出险时间

（1）了解确切出险时间是否在保险有效期限内，对接近保险起讫期出险的案件，应特别慎重，认真查实。要详细了解车辆启程或返回的时间、行驶路线、委托运输单位的装卸货物时间、伤者住院治疗的时间等等，以核实出险时间。

（2）对出险时间和报案时间进行比对，是否超过 48 小时，并查明是否存在因未及时报案而造成扩大损失的情况。

#### 3. 查明出险地点

（1）出险地点分为：高速公路、普通公路、城市道路、乡村便道和机耕道、场院及其他，应认真详细写明（例：××公路××km+××m、××路××街××号、××省××市××县区××乡××村××道路段，或参照交警部门认定的事故地点表述方法）。

（2）要查验出险地点与保险单约定的行驶区域范围是否相符。对擅自移动现场或谎报出险地点的，要核对车损与出险现场痕迹，并查明现场移动原因。

（3）在案情没有查清之前，不要草率地肯定或否定是否属于保险责任，以免陷于被动，必要时应及时向分管经理或客服中心请示报告。

#### 4. 查明出险车辆的情况

查实出险保险车辆及第三方车辆的车型、车牌号码、发动机号码、VIN 码/车架号码、行驶证，详细记录事故双方车辆已行驶公里数、车身颜色，并与保险单证（或批单）、行驶证核对是否相符，核查车辆安全设备的配置情况、适用赔案类型。

#### 5. 查实车辆的使用性质

（1）查实保险车辆出险时使用性质与保单载明的是否相符，以及是否运载危险品、车辆结构有无改装或加装。

（2）对保险车辆出险时运输货物的所有人情况及运输的吨位、件数等货物情况（包括运单或发票）拍照或复印备查，并请驾驶人员现场予以核对确认签字。

（3）对在保险期限内，保险车辆改装、加装或非营业用车辆从事营业运输等，导致保险车辆危险程度增加，且未及时书面通知保险人的，若是因保险车辆危险程度增加而发生的保险事故，保险人不承担赔偿责任。

#### 6. 查验驾驶证

（1）查清驾驶人员姓名、驾驶证号码、准驾车型、初次领证日期、职业类型等。注意按条款规定检验驾驶证是否有效（包括审验有效期或相关手续），检验驾驶人员是否是被保险人或其允许的驾驶人员或保险合同中约定的驾驶人员；特种车出险要查验是否具备国家有关部门核发的有效操作证；对驾驶营业性客车的驾驶人员要查验是否具有国家有关行政管理部门核发的有效资格证书（包括客运车辆服务资格证书）。

（2）对在保险合同中约定驾驶人员的，出险时要进行核对，若系非约定的驾驶人员驾驶保险车辆发生事故，应在查勘记录中注明。

#### 7. 查明出险原因

（1）要深入调查，采取多听、多问、多看、多想、多分析的办法，索取证明，收集证据。对有驾驶人员饮酒、吸食或注射毒品、被药物麻醉后使用保险车辆或无照驾驶、驾驶车辆与驾驶证准驾车型不符、超载等嫌疑时，应立即协同公安交警部门获取相应证人证言和检验证明，并立即启动“疑难案件”处理办法。

（2）“事故原因”应说明是客观因素，还是人为因素；是车辆自身因素，还是受外界影响；是严重违章，还是故意行为或违法行为。凡是与案情有关的重要情节，都要尽量收集、记载以反映事故全貌，在定损过程中作为重要依据。

#### 8. 确定损失情况

查清受损车辆、货物及其他财产的损失程度，对无法进行施救的货物及其他财产等，必要时应在现场进行定损，并注意查清投保新车出厂时车辆标准配置以外新增设备，查明各方人员伤亡情况，估计损失金额。对涉及人员伤害的案件，还必须确认人员抢救及治疗的医院及其相关伤害程度，有条件的公司还应启动“人伤案件”处理办法，以及时掌握和估算人伤损失情况。

#### 9. 查明责任划分情况

要查清事故各方所承担的责任比例，同时还应注意了解保险车辆有无在其他公司重复保险的情况，以便理赔计算时按责赔付和与其他公司分摊赔款。

### 10. 绘制现场草图

（1）要反映出事故车方位、道路情况及外界影响因素。

（2）对超过理赔管理权限规定的赔案，必须及时形成《机动车保险重大案件报告单》，并逐级报告给上级公司。

### 11. 询问记录

对重大复杂或有疑问的案件，要走访有关现场见证人或知情人，弄清真相，同时在查勘记录中做出询问记录，并由被询问人过目签字。

### 12. 拍摄现场照片

凡涉及车辆和财产损失的案件，必须进行拍照。照片主要应反映事故现场全貌的全景照片，反映受损车辆（包括出险保险车辆及第三方车辆）车型、车牌号码、发动机号码、VIN 码/车架号码、行驶证、驾驶证，反映受损财产部位和程度的近景照片。

### 13. 现场告知索赔手续

要向客户讲解《机动车保险索赔须知》，并确定索赔时需要提交的索赔单证，以明确向报案人/被保险人告知索赔手续和应提供的资料单证、取得的方式，向客户讲解赔偿处理原则，提示道路交通事故应提供公安交通管理部门或法院等机构出具的事故证明、有关的法律文书（裁定书、裁决书、调解书、判决书等）；对于非道路交通事故或公安交通管理部门不进行处理的，可采用相关的事故证明（派出所、保卫部门、物业小区管理部门出具的事故证明）；并要求报案人/被保险人签字认可；同时审核报案人/被保险人填写的索赔申请书内容是否齐全、准确，待其签字确认后，将索赔申请书留存。

### 14.《查勘记录》交接

（1）现场查勘完毕后，查勘人员应认真、完整、准确地缮制查勘记录。

（2）认真地估计“事故损失金额”（事故损失金额是指：事故所涉及的全部损失金额，包括属于保险责任部分，也包括非保险责任部分。即事故发生后，产生的不作任何剔除的全部损失金额）。

（3）现场查勘人员必须按照要求和规定，将查勘的主要内容及要求反映到查勘记录上，并力争让被保险人或肇事驾驶员对此确认签字。

（4）完成后的查勘记录及上述相关资料和照片要及时移交理赔内勤。

### 15. 保险责任分析

（1）根据查勘记录和有关证明材料，依照保险条款的有关规定，全面分析主客观原因，确定事故是否属于保险责任范围。

（2）对属保险责任范围的，应进一步确定被保险人在事故中所承担的责任，有无向第三方追偿问题。

（3）不属于保险责任的案件，与拒赔案件所需材料一并归档，并及时向被保险人递交“机动车保险拒赔通知书”，并由被保险人签字确认后与查勘记录及收集的资料和照片一并交理赔内勤并做“赔案拒赔”处理。

## 四、现场查勘工作的实施

现场查勘的实施途径包括现场勘验和现场访问。现场勘验包括现场道路环境勘测、事故车辆检验、事故痕迹调查、人体伤害调查等。现场访问主要是通过事故当事人、见证人、目击者了解与事故有关的情况。现场查勘的同时，要制取能够反映事故现场查勘结果的现场记录资料，主要形式有现场图、现场照片、现场询问笔录，有时还有现场录音和录像资料。下面着重介绍事故现场图的绘制方法和现场照相技术。

### （一）现场图的绘制方法

现场图是以正投影原理的绘图方法绘制的。实质上是一张保险车辆事故发生地点和环境的小范围地形图。根据现场查勘要求，必须迅速全面地把现场上的各种交通元素、遗留痕迹、道路设施以及地物地貌，用一定比例的图例绘制在平面图纸上。它所表现的基本内容是：

（1）能够表明事故现场的地点和方位，现场的地物、地貌和交通条件。

（2）表明各种交通元素以及与事故有关的遗留痕迹和散落物的位置。

（3）表明各种事物的状态。

（4）根据痕迹表明事故过程，车、人、畜的动态。

所以，现场图是研究分析事故产生原因，判断事故责任，准确定损，合理理赔的重要依据。现场图不仅是绘图者能看懂，更重要的是能使别人看懂，使没有到过出险现场的人，能从现场图中了解到出险现场的概貌。

#### 1．现场图的种类

现场图根据制作过程可分为现场记录图和现场比例图。

（1）现场记录图是根据现场查勘程序，在出险现场绘制、标注，当场出图的出险现场示意图。它是现场查勘的主要记录资料。由于现场记录图是在现场绘制的，而且绘图时间短，因而就不那么工整，但内容必须完整，物体位置和形状、尺寸、距离的大小要成比例，尺寸数字要准确。出图前发现问题，可以修改、补充。在一般情况下，通过平面图和适当的文字说明，即可反映出出险事故现场的概貌。有时，为了表达出险事故现场的空间位置和道路纵、横断面几何线形的变化，也常采用立面图和纵横剖面图。

（2）现场比例图是根据现场记录图所标明的尺寸、位置，选用一定比例，按照绘图要求，工整准确地绘制而成的正式现场比例图。它是理赔或诉讼的依据。

#### 2．现场记录图的绘制

现场记录图要求在现场查勘结束时当场出图，在很短的时间内，把现场复杂的情况完整无误地反映在图面上，就要求绘图者必须具备一定的业务水平和熟练的绘图技巧。现场记录图的绘制过程如下：

（1）根据出险现场情况，选用适当比例，进行图面构思。

（2）按近似比例画出道路边缘线和中心线。利用罗盘确定道路走向。在图的右上方绘指北标志，标注道路中心线与指北线的夹角。

（3）根据图面绘制的道路，用同一近似比例绘制出险车辆图例，再以出险车辆为中心向外绘制各有关图例。

（4）根据现场具体条件选择基准点，应用定位法为现场出险车辆及主要痕迹定位。

（5）按现场查勘顺序先标尺寸，后注文字说明。

（6）根据需要绘制立面图、剖面图或局部放大图。

（7）核对，检查图中各图例是否与现场相符，尺寸有无遗漏和差错。

（8）签名，经核对无误，现场查勘人员、见证人、绘图人、校核人应签名。

## （二）拍摄现场照片—照相技术

### 1. 照相内容

（1）现场方位、概览、中心（重点）、细目照相；

（2）现场环境、痕迹勘验、人体（伤痕）照相；

（3）道路及交通设施、地形、地物照相；

（4）分离痕迹、表面痕迹、路面痕迹、衣着痕迹、遗留物、受损物规格/编码照相；

（5）车辆检验（车架号、发动机号）、两证检验照相。

### 2. 照相顺序

按照表现现场方位、现场概貌、重点部位以及损失细目的顺序照相，注意要彼此联系、相互印证。

### 3. 照相原则

（1）先拍摄原始状况，后拍摄变动状况；

（2）先拍摄现场路面痕迹，后拍摄车辆上的痕迹；

（3）先拍摄易破坏易消失的，后拍摄不易破坏和消失的。

总之，要根据实际情况，既能说明事故的保险责任，又能详细反映事故损失，灵活运用、采取交叉拍摄的方法。

### 4. 照片要求

（1）数码相机、胶片相机的日期顺序调整为年、月、日、时、分、秒。

（2）数码照片、胶片照片显示日期必须与拍摄日期一致，严禁以各种理由调整相机日期。

（3）照相机的焦距调整准确，光线适用得当。

（4）数码相机像素调整到至少 480×640。

（5）准确全面地反映保险责任及事故车的受损范围和程度。

（6）相片必须清楚、能够反映事实。

（7）现场查勘照片严格按《现场拍摄一般步骤》和《现场拍摄原则》规定执行；第一现场（包括补勘第一现场）照片能够反映出事故现场的全貌，有明显的参照标志物，如路标、建筑物等，以便于确定大致地位；顺车辆运动方向（包括刹车痕迹），拍摄事故撞击点。

（8）照片的顺序，按先远后近、先外后内、先左后右、先上后下、先全貌后配件顺序拍摄。

（9）在车场或现场对事故车定损拍照时，先拍整车（能反映车牌号码及撞击位置 45°四方向拍摄），以判断标的车辆出险行驶方向、碰撞着力点和碰撞走向；车牌脱离车体时，用粉笔标记车号，严禁单独拍摄车牌及损失部位。

（10）对受损部位整体相向拍照，以确定碰撞痕迹和损失范围。

（11）凡需要更换或修理的部件、部位均必须进行局部特写拍照。

（12）内部损失解体后，必须对事故部位补拍照片，并能反映事故损伤原因。

（13）对照片不能反映出的裂纹、变形，要用手指向损坏部位拍照或对比拍照或标识拍照，并能反映损伤原因，尤其对事故造成轴、孔损伤拍摄的，一定要有实测尺寸照片。

（14）拍摄玻璃照片时注意玻璃的光线反光，玻璃单独破碎险中玻璃损坏不严重，先拍一张照片，再击打玻璃受损处，使损伤扩大明显后再拍一张照片。

（15）一张照片已能反映出多个部件、部位受损真实情况的，无需单个或重复拍照，但重大配件或价格较贵的配件必须有能反映损伤、型号规格或配件编码的单独照片。

（16）局部拍照时，需持稳相机，同时相机要聚焦，照片要求清晰并有辅助照片反映所处部位。

（17）受损货物、财产照片。照片应能够反映出财产损失的全貌及损失部位，多处受损应分别拍摄；带包装的物品受损应将包装拆下后拍摄，并注意拍摄包装物上的数量、类型、型号、重量等；价值较高的货物在分类后单独编号拍摄。

**案例**

**车险理赔教你自拍快速自助理赔**

倒车在车库墙上碰了，行驶中不小心擦了路沿……遇到这种情况，你还在等理赔员来现场查勘吗？今后不用这样麻烦了——掏出手机拍一些照片，然后找保险公司索赔就搞定。

2015 年 1 月，记者从平安产险公司获悉，该公司已在重庆市推出车险自助拍照理赔服务，在理赔员认可的情况下，开车发生事故后可以自己拍照找保险公司理赔。

“我们推出了电话直赔服务。”平安产险重庆分公司称，在该公司投保车险的车主出险报案后，中国平安 95511 会发送带有拍照网址的短信，车主只需点击网址拍照上传即可。后台工作人员在看到车主上传照片的同时会致电车主，在线告知车主相关定损结果，在得到车主同意后，通过实时支付把赔款支付到被保险人账户上。这项服务已在全市范围上线。

据了解，由于许多车主未进行专业培训，虽然提供了大量车损事故现场照片，但许多都不符合要求，需要在线指导才能完成拍摄。平安产险重庆分公司特意为车主列举了必需的四张正确角度照片，以及三张对应的错误角度照片，希望能帮助车主快速自助拍照理赔。

**（一）自助拍照理赔条件**

平安产险重庆分公司表示，只要同时满足以下四个条件，车主都可以自己拍照后理赔。

（1）车主属于高价值客户（即上一年没有出险）；

（2）单车纯车损事故（即单车事故，且不涉及人伤）；

（3）损失金额 3 000 元以下；

（4）车主愿走电话直赔通道。

**（二）车驾号照片**

正确：数字和字母都要清晰

错误：数字和字母模糊不清

**（三）车全身照片**

正确：带清晰车牌的车辆全身照片，在车牌正前方约45°角拍摄

错误：全车照片太正，没有从45°角拍摄

**（四）受损部位照**

正确：先拍一张受损部位远景照

正确：再拍一张受损部位近景，清晰反映受损部位和受损程度。

错误：照片场景单一，不能直观反映受损部位和受损程度。

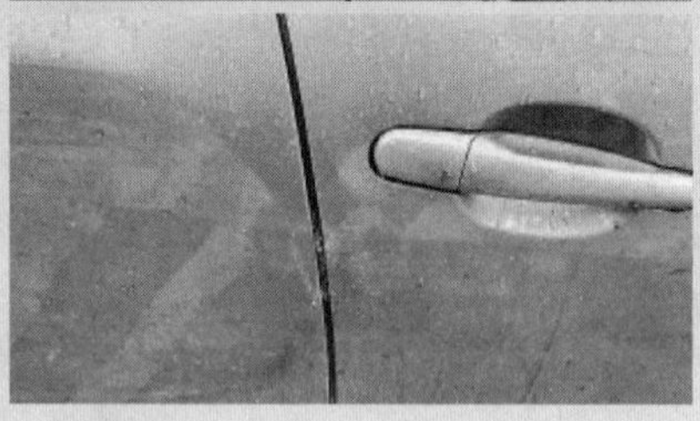

## 五、双代案件管理

### （一）双代案件的范围

双代案件是指同一个保险公司所属机构承保的车辆在异地出险，出险地公司有责任及时对承保公司承保车辆发生的事故进行代查勘、代定损。

### （二）双代案件管理规定

（1）出险地公司在接到报案后，无论损失金额大小，可直接代查勘、代定损，无须承保公司书面委托，出险地公司必须及时组织人员查勘定损和提供必要救助服务。

（2）委托查勘案件的报案统一由出险地公司客户服务中心全权受理、登记、指挥、调度，并负责与承保公司联系沟通。

（3）委托查勘的查勘、定损事宜，一律由出险地客户服务中心或其授权单位处理，其他经营单位和定损员无权独立处理委托查勘。

（4）委托查勘、定损流程必须按公司车险实务规定执行。定损及询、报价权限按出险地公司的赔案处理权限处理。

（5）承保公司必须及时向出险地公司提供承保信息。承保公司应随时关注异地出险案件的处理情况；重大案件和特殊事项如何处理应向出险地公司明确表态；如认为必要，可派人赴出险地联合查勘。出险地公司接手案件后，如客户向承保公司询问案件处理情况，承保公司必须答复。

（6）承保公司与出险地公司如对定损金额等问题发生争议，应充分沟通协商，难以达成一致意见的，报上级分公司协调解决。双方不得以任何理由相互推诿，刁难客户。

## （三）双代案件工作程序

### 1. 接受报案

（1）出险地公司客户服务中心服务专线接到客户报案，应按有关规定详细询问事故情况，进行单独报案登记，报案登记表中应加注“委托查勘”标记。客户服务中心服务专线应于接报案后 10 分钟内向出险车辆承保公司核实承保情况，询问处理意见，并记录联系时间、联系人及承保公司答复内容。

（2）承保公司客户服务中心服务专线接到出险地公司客户服务中心服务专线转来的报案信息后，须立即将有关信息录入本地客户服务中心服务专线报案系统，进行报案处理。

（3）如承保公司接到保险车辆异地出险报案，应在问明事故情况后 10 分钟内通过本公司客户服务中心服务专线向出险地公司客户服务中心服务专线转报案。

（4）承保公司客户服务中心服务专线必须在与出险地公司客户服务中心服务专线首次通话后 30 分钟内将保单抄件以传真形式发至出险地公司。

（5）一切情况沟通均应由承保公司和出险地公司进行，禁止要求客户在两地公司之间传话。

### 2. 查勘定损

（1）出险地公司客户服务中心服务专线接到客户报案或承保公司转报案后即对该案的调度处理负全责。只要客户明确表示出险车辆是本保险公司承保，不论事故损失大小，都应采用就近和授权的原则，尽快安排人员赴现场查勘定损。

（2）查勘人员接客户服务中心服务专线通知后，应立即赶往现场，并严格遵循查勘定损工作流程和具体要求，认真履行应尽职责，加强责任心，严把修理费、材料费及修理厂（点）的修理质量关。事故车辆需要救助的，应协助客户采取必要的合理施救措施。查勘结束后应向客户讲明事故后续处理方式。

（3）委托查勘实行首问岗位负责制，出险地公司查勘定损员负责处理本案查勘定损过程中的一切事项，客户服务中心服务专线负责向承保公司反馈情况。查勘结束，查勘人员须将现场查勘情况、是否立案和“事故损失金额”和“保险损失金额”的估计损失金额报告本地客户服务中心服务专线，由本地客户服务中心服务专线在 24 小时内，将有关信息转告承保公司客户服务中心服务专线。估计损失金额超过 10 000 元或涉及人员伤亡的案件，必须在 2 小时内向承保公司通报情况，交换处理意见。

（4）承保公司客户服务中心服务专线接到出险地客户服务中心服务专线转来的信息后，立即将其通知客户服务中心，由客户服务中心在 24 小时内，按照赔案流程，作报、立案处理。

（5）涉及人员伤亡的委托查勘，出险地公司有义务对有关情况进行调查取证，承保公司应提供必要的方便和支持。

### 3. 车辆送修

（1）被保险人认可定损结果的情况下，双方签字确认后，出险地公司应将“机动车保险定损单”一份交被保险人。

（2）被保险人要求就地修理的，出险地公司应积极协助其安排修车事宜。

（3）被保险人要求返回承保公司所在地修理的，出险地公司应协助其办妥事故证明及送车等相关事项，并要求客户返回承保公司核定修理费用。

（4）被保险人不认可定损结果的，应由被保险人、出险地公司和承保公司三方商议解决。

### 4．缮制现场查勘记录

查勘定损工作结束后，定损人员应及时缮制现场“查勘记录”。“查勘记录”应包括报案时间、出险地点、现场情况、损失情况、事故原因及责任划分情况、调查取证情况、查勘时间和查勘人等内容。

### 5．案卷传递

（1）出险地公司客户服务中心应由专人负责在查勘结束后 12 小时内将查勘结果以传真形式反馈承保公司，并于3日内将全案单证材料备齐，交理赔负责人审核签字、加盖理赔专用章。必备单证有：

1）机动车保险委托查勘回函（回函中应注明全案单证材料份数）；

2）机动车保险索赔申请书；

3）机动车保险事故现场查勘记录；

4）事故现场及损失照片；

5）机动车保险定损单及有关损失清单；

6）其他有关单证（包括强制保险理赔单证和赔付证明、交警证明、驾驶证、行驶证复印件）。

（2）出险地公司应将上述单证原件一套封袋，1 个工作日内以档案移交方式送交承保公司（寄送方式移交的，需将邮寄凭据一并归档），对移交单证必须全部自留一套备查，并在“机动车保险代查勘、代定损登记簿”上登记。

（3）承保公司接到出险地公司转来的委托查勘材料，经审核无误后，应妥善保管；客户提出索赔后应及时进行赔案理算，尽快支付赔款，并进行结案登记。

（4）承保公司未参与委托查勘处理的，必须认可出险地公司定损结果，并按条款规定和出险地公司定损标准，迅速支付赔款。

（5）对确有疑点或出险地公司提供单据不齐的案件，应在接到出险地公司转来的委托查勘材料后的2个工作日内，主动向出险地公司核实情况，索要单证。不得要求客户往返于两公司之间补材料。

（6）如承保公司在委托查勘理赔过程中对出险地公司所提供的资料提出质疑，或要求补充材料，出险地公司必须做出必要的说明或补充。

### 6．案卷归档

委托查勘结案后，承保公司和出险地公司均应按档案管理规定保存委托查勘赔案案卷。委托查勘材料应按“外公司双代案件（外代）”和“本地公司双代案件（本代）”两类编号管理，并录入业务系统分类统计。

## 六、拒赔案件管理

### （一）拒赔案件的类型

常见拒赔或部分拒赔案件的原因如下：

（1）出险车辆不是保险车辆或出险时间不在保险期限等明显不属于保险责任范围内的事故；

（2）事故是由于被保险人的故意行为或违法行为造成的；

（3）被保险人对保险车辆的情况未如实申报，并因此出险；

（4）保险车辆转卖、转让、赠送他人、变更用途或增加危险程度，未申请办理批改；

（5）发生保险事故后，被保险人有条件而未在规定的时间内通知保险人，致使事故原因、责任划分等无法确定；

（6）被保险人在出险后未积极采取合理的保护、施救措施，致使出现严重损失或损失扩大；

（7）在规定的时间不索赔，或不按规定提供必要单证，或伪造单证骗取赔款；

**案例**

**夸大损失数额骗赔，保险人是否可以全案拒赔**

**案情：**个体运输户谢某将其购买的一辆农用运输车在当地保险公司投保，保期从2011年10月至2012年10月。2011年11月，该农用车出险，造成车损、货损、人员受伤以及第三者损失。事故发生后，保险公司派人员到现场勘察，认定此案属于保险事故责任范围。经交警队调解处理，这次事故车方共计损失57 553.77元。但在理赔过程中，保险人发现被保险人提供的伤员医疗费发票有问题。经调查证实，被保险人和伤员多开医疗费发票金额12 592.64元，属于骗赔行为，保险公司据此向被保险人签发了全案拒赔通知书。被保险人认为自己提供假发票有错，保险人可对这部分金额拒赔，但其余部分仍应赔付。由于双方各执己见，被保险人于2012年6月将纠纷诉至法院。

**分析：**《保险法》第二十七条规定："保险事故发生后，投保人、被保险人或者受益人以伪造、变造的有关证明、资料或者其他证据，编造虚假的事故原因或者夸大损失程度的，保险人对其虚报的部分不承担赔偿或者给付保险金的责任。"因此，对于被保险人和伤员多开的12 592.64元医疗费发票金额，保险人不予赔偿是合法的，但对于被保险人和伤员实际支出的医疗费用，仍应予以赔偿。

### （二）拒赔案件的拒赔原则

（1）拒赔案件要严格依据《保险法》、《机动车辆商业保险示范条款》有关规定处理。拒赔要有确凿的证据和充分的理由，慎重决定。

（2）拒赔前，应向被保险人明确说明原因，认真听取意见并向被保险人做好解释工作。

### （三）拒赔案件的理赔流程

**1. 立案后拒赔**

（1）查勘人员现场查勘后，发现不属保险责任的，应向客户讲明拒赔意向并立即反馈给理赔内勤，缮制“机动车保险拒赔案件报告书”，由核赔人员审核签署拒赔意见并附有关赔案资料后存档。

（2）理赔内勤进行赔案理算过程中发现不属于保险责任的情况，应向客户讲明拒赔意向，并缮制“机动车保险拒赔案件报告书”报核赔主管人员签署拒赔意见后存档。

**2. 拒赔案件审批**

拒赔案件要逐级上报审批，上报时应详细填写“拒赔案件报告书”一式三份，说明拒赔原因，并附有关赔案材料。拒赔报告一经批准后，应填具“拒赔通知书”递交被保险人，并在“机动车保险报案、立案登记簿”备注栏中注明。

**3. 拒赔案件通知**

经最终审批确应拒赔的案件，由客户服务部或承保公司向被保险人发出“机动车保险拒赔通知书”。以送达方式发出的需由被保险人签收或记录送达日期；以寄送方式发出的需留存邮寄凭证。

**4. 拒赔案件归档**

拒赔案件要统一归档管理。

# 第三节　汽车保险定损与理算

## 一、定损原则及方法

对于保险业，尤其是机动车辆保险业务，由于道路交通事故和其他事故，机动车辆保险赔付业务天天都有。因此，为了准确客观、无争议地完成保险赔付业务，对于一定规模的保险分支机构或物价管理部门，都设置有专门的机动车辆验损中心，配有专职的定损和估价人员。

### （一）机动车辆验损中心的职责范围

机动车辆验损中心的职责范围是：接到报案或出险通知后，指派定损核价人员迅速赶到事故现场、停车场或修理厂，对出险事故车辆进行查勘、定损、估价；受理公司系统内异地委托代理业务的查勘、定损、估价；受理有关部门（公安交通管理机关事故处理部门）委托，对非保险车辆进行查勘、定损、估价。

### （二）定损核价人员的任务

定损核价人员的任务是：接到任务及有关资料后，利用必要的设备和技术手段做好事故车辆的查勘工作，对事故车辆及受损部位进行拍照。定损人员确定事故车辆的损伤部位，并确定受损总成及零部件的更换或修理。核价人员在此基础上，对零配件价格及修理工时费用做出正确的核定。做到各司其职，各负其责。

### （三）机动车辆定损的原则

保险公司的理赔工作应严格执行有关规定，工作人员在查勘、定损、估价过程中，要做到双人查勘、双人定损、交叉复核。对损失较大或疑难案件做到重复多次审核，专门会议分析研究，确保核定无误。对任何一起理赔案件都要做到严格细致、客观真实，不受人情的影响，做到既不损害保险人利益，又要保证被保险人的权益不受侵害。

定损核价人员在事故车辆的定损、估价过程中，在保证被保险人的权益不受侵害、不影响车辆性能的前提下，应遵循“公平公正”“能修不换”的保险补偿原则，参照当地交通运输管理部门规定的修理工时及单价和零配件价格对事故车辆的损伤部位逐项进行审定，做到合理准确地定损核价。

定损核价是一项政策性、技术性十分强的工作，要求定损核价人员掌握必要的物价管理知识、汽车结构和性能方面的专业知识和修理专业方面的知识，要具有丰富的实际操作的经验，能准确认定车辆、总成和零部件的损伤程度，准确实施“能修不换”的原则。定损人员应根据事故车辆的损伤情况，准确认定保险赔付范围及赔付方式，即是修还是换。对于车辆的外覆盖件来说，应以损伤程度和损伤面积为依据，确定修复方法。对于功能件来说，判断零件的更换或修理存在一定的难度，要做到准确判定事故原因及损伤形成的因果关系，这要求定损人员必须掌握足够的汽车结构和性能方面的专业知识。汽车零部件功能的下降和受损，有两方面原因：一是随车辆行驶里程的增加，各零部件、总成的功能都会有不同程度的下降；二是在道路交通事故中，由于碰撞产生的撞击力使部分零部件或总成丧失部分或全部功能。定损人员应正确区分：哪些是车辆本身故障所造成的损失；哪些是车辆正常使用过程中零件自然磨损、老化造成的损失；哪些是使用、维护不当造成的损失；哪些是损伤产生后没有及时进行维护修理致使损伤扩大造成的损失；哪些是撞击直接造成的损失。依照机动车辆保险合同条款所列明的责任范围，明确事故车辆损伤部位和赔付范围。

### （四）事故车辆的定损方法

在实际运作过程当中，经常存在着这样的问题：被保险人与保险人在定损范围与价格上存在严重分歧，被保险人总希望能得到高额赔付，而保险人则正好相反。另外在保险业，特别是机动车辆保险业，经常有骗保案件发生。因此，为避免上述情况发生，定损人员应掌握正确的定损方法。

（1）确定出险车辆的性质，确认是否属于保险赔付范围。根据有关机动车辆保险条款的解释及事故现场的情况，验明出险车辆号牌、发动机号、车架号是否与车辆行驶证及有关文件一致，验明驾驶员身份，驾驶证准驾车型是否与所驾车形相符，如驾驶出租车是否有行业主管部门核发的出租车准驾证，确认是否属于保险赔付范围及是否为骗保行为。

（2）对现场及损伤部位照相。按事故查勘照相的要求，对现场及车辆损伤部位拍照，必须清晰、客观、真实地表现出事故的结果和车辆的损伤部位。

（3）对事故车辆损伤部位进行查勘，确定损伤程度。在对外部损伤部位照相的基础上，对车辆损伤部位进行细致查勘，对损伤零件逐个进行检查，即使很小的零件也不要漏掉，以确定损伤情况。如对车身及覆盖件查验时，应注意测量、检查损伤面积、塑性变形量、凹陷深度、撕裂伤痕的大小，必要时应测量、检查车身及车架的变形，以此确定零件是否更换或进行修理所需工时费用。对于功能件应检验其功能损失情况，确定其是否更换或修理方法及费用。

（4）对不能直接检查到的内部损伤，应进行拆检。如车辆发生强度较大的正面碰撞时，在撞击力的作用下，除车身及外覆盖件被撞损坏以外，同时会造成一些内部的被包围件损坏。如转向机构、暖风及空气调节装置等的损伤情况，就需要解体检查。所以发生碰撞事故后，应根据实际情况确定是否需要解体检查，以确认被包围件的损伤情况。

（5）确定损伤形成的原因。零部件及总成损伤形成的原因，可以由事故引起，也可能是其他原因，不能一概而论。因此，在定损过程中，尤其是对功能件的定损中，一定要根据其损伤的特征，正确区分造成损伤的原因，准确认定赔付范围。

**案例**

**被保险人对保险公司的定损价格有异议的理赔**

**案情：**李某为其新购买的福特全顺 15 座客车在某保险公司投保车辆损失险和第三者责任险，车损险的保险金额按投保时新车购置价确定为 251 900 元，第三者责任险赔偿限额为 100 000 元。2013 年 7 月 12 日下午普降暴雨，造成部分路段大量积水。驾驶员王某驾驶该车行驶到某街时，对面驶过一辆载货车，造成路面积水涌动水位上升漫过空气滤清器进气口，积水经空气滤清器和涡轮增压装置被吸入发动机燃烧室，发生发动机顶缸事故。事故发生后被保险人立即向保险公司报案，经保险公司理赔人员现场查勘后，保险车辆被拖至一汽车修理厂。7 月 16 日将发动机解体后，发现如下情况：空气滤清器与涡轮增压装置连接部分的空气通道内有水和泥沙，发动机缸盖有锈迹和水迹，两个连杆弯曲变形且上表面破损，发动机第二、第三缸的缸套边缘附近缸体破损，发动机四个缸的缸套有水迹和锈迹。

保险公司定损后确定修理价格为 15 359 元，而被保险人认为此定损价格较低将难以保证修理质量，因此双方就修理价格发生纠纷，经协商后双方决定委托某保险公估公司对修理价格进行确定。

市场上的零配件上一般有正厂件和副厂件之分，所谓正厂件即由汽车整车生产商生产、销售或由整车生产商指定的零配件提供商生产的零配件。副厂件即其他厂商生产的零配件。正厂件一般价格较高且质量可靠，而副厂件价格低廉但质量参差不齐。

保险公估公司接受委托后，对相关的零配件价格和修理费用进行询价、调查后发现：第一，由于近期市场原因，零配件价格波动较大，部分需要更换的正厂零配件价格已经上涨，而保险公司定损时依据的价格偏低。第二，保险公司修理费用的计算是根据非汽车生产厂家特约维修服务站的修理厂来确定的，鉴于发动机为车辆的关键部件，为保证修理质量，应送汽车生产厂家的特约维修服务站进行修理。最后，保险公估公司依据最新的零配件价格和特约维修服务站的修理费用确定修理价格为19386元。

最终，保险公司按照保险公估公司确定的修理价格作为定损价格进行了赔付。

**分析：**保险合同双方当事人从此案中可获得一些教训。对保险公司而言，只有不断完善自己的零配件价格报价体系，随时根据市场变化更新零配件价格数据库，才能更好地做好定损工作，避免因价格信息的滞后而发生损害被保险人利益的事情，并影响保险公司在被保险人心中的信誉。

对被保险人而言，如果对保险公司的定损价格有异议，一定要据理力争，维护自己的合法权益。尤其是当关键部件出问题时，更应要求保险公司按正厂零配件价格和汽车生产厂家指定的维修站或资质级别较高的一、二类修理厂的修理价格定损。如果接受保险公司偏低的定损价格，修理厂可能会因为无利润可言而使用伪劣零配件导致后患无穷。

另外，被保险人在选择保险公司进行投保时，除应注意保险责任、责任免除等事项外，还需了解保险公司在定损时受损零配件价格的确定方式，最好选择按照汽车生产厂家授权的特约服务站价格定损的保险公司，以避免在发生保险事故后就零配件价格等问题与保险公司发生纠纷。

## 二、车辆定损

### （一）车辆损失的确定

车辆定损应坚持双人定损的原则，会同被保险人和第三者车损方核定。车辆定损的基本要求和程序如下：

（1）根据出险查勘记录核定本次事故损失，据实详细填写《机动车辆保险车辆损失情况确认书》及零部件更换项目清单和修理清单。受损车辆原则上应一次定损完毕，如果事后发现确需追加修理项目和费用时，必须经定损人员核实。

（2）报价：① 出险地公司（含代查勘公司）报价员根据车辆零部件损失清单，应先确定是否属上级公司规定报价车型和询价范围。不属上级公司报价范围的，根据标准价（最高限价）或参考价，核定配件价格。② 属上级公司规定的报价车型和询价范围的，即按有关规定规范询价单，并通过传真或计算机网络向上级公司询价。③ 上级公司接到下级公司询价单后，立即查询，对查询金额低于或等于上级公司报价金额的进行核准操作；对询价金额高于上级公司报价金额时，应逐项报价，并将核准的询价单或报价单传递给询价公司。

（3）定损员接到核准后的报价单后，与被保险人、车辆事故第三方共同签订《机动车辆保险定损确认书》。由被保险人自选修理厂修理，或应被保险人的要求推荐、招标选择修理厂修理。

（4）车辆定损应注意的问题：①应注意区分本次事故和非本次事故造成的损失、事故损失和正常维修保养的界限。对确定为事故损失的部分，应坚持尽量修复的原则。如果车主提出扩大修理或应修而要求更换部件时，其超出的费用应由车主承担，并在合同中注明。②经承保公司同意，对保险事故车辆损失原因进行鉴定的费用可以负责赔偿。③受损车辆解体后发现尚有因本次事故损失的部位，经定损人员核实后，可追加修理项目的费用，但须补签《机动车辆保险车辆损失情况确认书》。④受损车辆未经保险定损人员同意而被保险人自行送修，根据条款规定，保险人有权重新核定修理费用或拒绝赔偿。在重新核定时，应对照查勘记录，逐项核对修理项目和费用，剔除其扩大修理和其他不合理的项目和费用。⑤换件残值应合理作价，并在定损金额中扣除。

## （二）人员伤亡费用的确定

第三者责任险和车上责任险的人员伤亡费用，应根据《道路交通安全法》和其他有关法律、法规进行处理。

（1）事故处理应遵循“以责论处，按责分担”的原则。承担费用的标准，应符合现行道路交通事故处理的有关规定。凡被保险人自行承诺或支付的赔偿金额，定损人员应重新核定，对不合理的部分应予剔除。

（2）事故结案前，所有费用均由被保险人先行支付。待结案后，业务人员应及时审核被保险人提供的公安交通管理部门或法院等机构出具的事故证明、有关的法律文书和伤残证明以及各种有关费用单据。依照国家有关道路交通事故处理的法律、法规以及保险合同约定，对可以负责赔偿的合理费用进行核定。不符合规定的费用，如：精神损失补偿费、困难补助费、营养费、保户处理事故人员的生活补助、招待费、请客送礼费、事故处理部门扣车后的停车费、各种罚款和其他超过规定的费用均不负赔偿责任。

（3）对车上及第三者人员伤亡的有关情况要进行调查，重点调查被扶养人的情况及生活费、医疗费、伤残鉴定证明的真实性、合法性、合理性。

## （三）其他财产的损失确定

第三者责任险的财产和附加车上货物责任险承运货物的损失，应会同被保险人和有关人员逐项清理，确定损失数量、损失程度和损失金额。同时，要求被保险人提供有关货物、财产的原始发票。定损人员审核后，制作“机动车辆保险财产损失确认书”，由被保险人签字认可。

对于车上货物责任险中的货物损失，在确定损失金额、进行赔偿处理时，需要被保险人提供运单、起运地货物价格证明以及第三方向被保险人索赔的函件等单证材料。

## （四）施救费用的确定

当保险车辆或其所涉及的财物或人员在遭遇保险责任范围内的车祸时，被保险人应采取措施进行抢救，以防止损失的扩大。其中因采取施救措施而支出的费用即为施救费用。施救费用必须是直接的、必要的、合理的，是按照国家有关政策规定为施救行为付出的费用。

施救费用的确定要严格遵照条款的规定。以下几种情况应特别注意：

（1）被保险人施救保险车辆时使用非专业消防单位的消防设备所产生的费用，应予赔偿。

（2）施救保险车辆时雇用吊车和其他车辆进行抢救的费用，以及将出险车辆拖运到修理厂的运输费用，应予赔偿。

（3）因抢救而不慎或不得已对他人财产的损坏，可酌情予以赔偿。但在抢救时抢救人员个人物品的丢失，不予赔偿。

（4）抢救车辆在拖运受损保险车辆途中发生意外事故造成的损失和费用支出：如果该施救车辆是被保险人自己或他人义务派来抢救的，应予赔偿；如果该抢救车辆是有偿的则不予赔偿。

（5）保险车辆出险后，被保险人赶赴肇事现场所支出的费用，不予负责。

（6）保险公司只对保险车辆的救护费用负责。

（7）经保险公司同意去外地修理的移送费，可予负责。但护送车辆者的工资和差旅费，不予负责。

（8）当施救、保护费用与修理费用相加，已达到或超过保险车辆的实际价值时，则可推定全损，予以赔偿。

（9）第三者责任险的施救费用与第三者损失金额相加，不得超过第三者责任险的责任限额。

（10）施救费用应按照规定扣减相应的免赔率。

**案例**

**雨刷器失灵酿车祸**

**案情：**1月19日是阴雨天气，道路湿滑，李先生在驾车接送妻子回家途中，汽车雨刷器突然失灵了，顿时整个汽车前挡风玻璃都沾满雨珠，李先生很难看清前方路况。当时李先生马上猛踩急刹车，但他身后的车辆车速太快，躲闪不及，后面汽车前部重重地撞上李先生的汽车尾部。

保险公司认为这起事故的起因是由于李先生汽车雨刷器失灵所致。车险条款曾规定车主应确保汽车零部件正常运转。但当天下雨，李先生汽车的雨刷器却失灵，无疑汽车出险概率由于车主的失职而大大增加，保险公司按照车险条款能对这类事故不作理赔。

但李先生认为，急刹车属于汽车施救行为，理应得到理赔，否则事故可能会更加严重。

**分析：**李先生混淆了施救行为的理赔对象，比方说汽车自燃时，车主用车载灭火器或借用别人的灭火器扑灭火苗，保险公司会对这些使用过的灭火器材给予补偿。或当两车碰撞而导致人体受伤时，一位车主赶紧打的将伤者送往医院急救，保险公司会将打的费列入医疗费用赔偿清单。这些才是车险条款所限定的施救行为补偿对象，即针对施救行为本身所需要的费用。而李先生的施救行为严格地说是为了降低汽车出险概率，与保险条款所规定的施救行为不相同。但李先生急刹车的动机显然是为了避免汽车遭遇更严重的交通事故，这又符合车险条款鼓励车主为减少事故损失而采取行为的初衷，所以保险公司和李先生可以通过协商解决理赔争议。

## 三、赔款理算

计算赔款是汽车保险理赔工作的最后环节，也是理赔工作的关键一步。保险车辆肇事后经现场查勘、调查、定损以至事故车辆修复后，由被保险人提供各类单证以及各种赔偿费用单据，经保险责任审定、损失费用核定后，应按车辆损失险、第三者责任险、施救费、车辆附加险等分别计算赔款数额。

### （一）车辆损失险的赔偿计算

在汽车保险合同有效期内，保险车辆发生保险责任范围内的事故而遭受的损失或费用支出，保险人按以下方法计算赔偿。

#### 1. 全部损失

赔款=（保险金额−被保险人已从第三方获得的赔偿金额）×
（1−事故责任免赔率）×（1−绝对免赔率之和）−绝对免赔额

#### 2. 部分损失

被保险机动车发生部分损失，保险人按实际修复费用在保险金额内计算赔偿：

赔款=（实际修复费用−被保险人已从第三方获得的赔偿金额）×
（1−事故责任免赔率）×（1−绝对免赔率之和）−绝对免赔额

#### 3. 施救费

施救的财产中，含有保险合同未保险的财产，应按保险合同保险财产的实际价值占总施救财产的实际价值比例分摊施救费用。

### （二）第三者责任险的赔偿计算

#### 1. 赔偿的依据

保险车辆发生第三者责任事故时，应按《道路交通事故处理办法》及有关法规、条例规定的赔偿范围、项目和标准以及保险合同的规定进行处理，在保险单载明的赔偿限额内核定、计算赔偿金额，对被保险人自行承诺或支付的赔偿金额，保险人有权重新核定或拒绝赔偿。计算赔款数额时，按以下两种情况采用不同的公式来计算：

（1）如果（依合同约定核定的第三者损失金额−机动车交通事故责任强制保险的分项赔偿限额）×事故责任比例≥每次事故赔偿限额：

赔款=每次事故赔偿限额×（1−事故责任免赔率）×（1−绝对免赔率之和）

（2）如果（依合同约定核定的第三者损失金额–机动车交通事故责任强制保险的分项赔偿限额）×事故责任比例<每次事故赔偿限额：

赔款=（依合同约定核定的第三者损失金额–机动车交通事故责任强制保险的分项赔偿限额）×事故责任比例×（1–事故责任免赔率）×（1–绝对免赔率之和）

### 2．连续责任

第三者责任险的保险责任为连续责任，即保险车辆发生第三者责任事故，保险人赔偿后，每次事故无论赔款是否达到保险赔偿限额。在保险期限内，第三者责任险的保险责任仍然有效，直至保险期满。

### 3．赔偿后的费用增加

第三者责任事故赔偿后，对受害第三者的任何赔偿费用的增加，保险人不再负责。

## （三）车上人员责任险的赔偿款计算

被保险人凡发生车上责任险范围内的各项损失，保险人按责任限额以及被保险人在事故发生过程所应承担的责任，扣减相应比例免赔率进行赔偿款计算。

赔款=∑每人赔款

每人赔款在驾驶人每次事故责任限额和乘客每次事故每人责任限额赔偿内分别计算，赔款人数以投保座位数为限。对每座的受害人，按以下两种方式计算赔款数额：

（1）如果（依合同约定核定的每座车上人员人身伤亡损失金额–应由机动车交通事故责任强制保险赔偿的金额）×事故责任比例≥每次事故每座赔偿限额时：

赔款=每次事故每座赔偿限额×（1–事故责任免赔率）×（1–绝对免赔率之和）

（2）如果（依合同约定核定的每座车上人员人身伤亡损失金额–应由机动车交通事故责任强制保险赔偿的金额）×事故责任比例<每次事故每座赔偿限额时：

赔款=（依合同约定核定的每座车上人员人身伤亡损失金额–应由机动车交通事故责任强制保险赔偿的金额）×事故责任比例×（1–事故责任免赔率）×（1–绝对免赔率之和）

## （四）盗抢险的赔偿款计算

（1）附加盗抢险的保险车辆，在保险期间被盗窃或被抢劫，若满 60 天后仍未找到，保险人在取得车辆权益转让书后，按车辆保险金额计算赔偿，并扣除相应的免赔率。

赔款=保险金额×（1–绝对免赔率之和）

（2）被保险机动车全车被盗窃、抢劫、抢夺又找到后，受到损坏或车上零部件、附属设备丢失需要修复的合理费用；被保险机动车在被抢劫、抢夺过程中，受到损坏需要修复的合理费用，保险人按实际修复费用在保险金额内计算赔偿：

赔款=实际修复费用×（1–绝对免赔率之和）

### （五）交通事故责任强制保险的赔偿款计算

**1．均投保了交强险的两辆或多辆机动车互碰，不涉及车外财产损失和人员伤亡**

（1）两辆机动车互碰，两车均有责：

双方机动车损失金额均在交强险财产损失赔偿限额内，按实际损失承担对方机动车的损害赔偿责任。损失金额超过交强险赔偿限额的，超出部分根据责任比例在商业车险中赔偿。

**例 10-1** A、B 两车互碰，各负同等责任。A 车损失 3 500 元，B 车损失 3 200 元，则两车交强险赔付结果为：

A 车保险公司在交强险项下赔偿 B 车损失 2 000 元；B 车保险公司在交强险项下赔偿 A 车损失 2 000 元。

对于 A 车剩余的 1 500 元损失，按商业险条款规定，根据责任比例在商业车险项下赔偿。即如 A 车投保了车损险、B 车投保了商业三者险，则在 B 车的商业三者险项下赔偿 750 元，在 A 车的车损险项下赔偿 750 元。

同时满足以下条件的事故，适用《机动车交强险财产损失互碰自赔处理办法》中规定的方式处理：

1）两车或多车互碰，各方均投保交强险；

2）仅涉及车辆损失（包括车上财产和车上货物）、不涉及人员伤亡和车外财产损失，各方损失金额均在 2 000 元以内；

3)由交警认定或当事人根据出险地关于交通事故快速处理的法律法规自行协商确定各方均有责任（包括同等责任、主次责任）;

4）当事人各方对损失确定没有争议，并同意采用“互碰自赔”方式处理。

（2）两辆机动车互碰，一方全责、一方无责：

无责方机动车交强险在无责任财产损失赔偿限额内承担全责方机动车的损害赔偿责任，应承担的赔偿金额，由全责方在本方交强险无责任财产损失赔偿限额项下代赔。全责方机动车交强险在财产损失赔偿限额内承担无责方机动车的损害赔偿责任。

**例 10-2** A、B 两车互碰造成双方车损，A 车全责（损失 1 000 元），B 车无责（损失 1 500 元）。设 B 车适用的交强险无责任赔偿限额为 100 元，则两车交强险赔付结果为：

A 车交强险赔付 B 车 1 500 元，B 车交强险赔付 A 车 100 元。

B 车对 A 车损失应承担的 100 元赔偿金额，由 A 车保险公司在本方交强险无责任财产损失赔偿限额项下代赔。

（3）多辆机动车互碰，部分有责（含全责）、部分无责。

1）一方全责，多方无责。所有无责方视为一个整体，在各自交强险无责任财产损失赔偿限额内，对全责方车辆损失按平均分摊的方式承担损害赔偿责任，应承担的赔偿金额，由全责方在本方交强险相应无责任财产损失赔偿限额内代赔。全责方对各无责方在交强险财产损失赔偿限额内承担损害赔偿责任，无责方之间不互相赔偿。

**例 10-3** A、B、C 三车互碰造成三方车损，A 车全责（损失 600 元），B 车无责（损失 600 元)，C 车无责(损失 800 元)。设 B、C 车适用的交强险无责任赔偿限额为 100 元，则赔付结果为:

A 车交强险赔付 B 车 600 元，赔付 C 车 800 元;

B 车、C 车交强险分别赔付 A 车 100 元，共赔付 200 元。由 A 车保险公司在本方交强险两个无责任财产损失赔偿限额内代赔。

2）多方有责，一方或多方无责。所有无责方视为一个整体，在各自交强险无责任财产损失赔偿限额内，对有责方损失按平均分摊的方式承担损害赔偿责任，应承担的赔偿金额，由各有责方在本方交强险无责任财产损失赔偿限额内代赔。有责方对各方车辆损失在交强险财产损失赔偿限额内承担损害赔偿责任，无责方之间不互相赔偿。

多方有责，一方无责的，无责方对各有责方车辆损失应承担的赔偿金额以交强险无责任财产损失赔偿限额为限，在各有责方车辆之间平均分配。

多方有责，多方无责的，无责方对各有责方车辆损失应承担的赔偿金额以各无责方交强险无责任财产损失赔偿限额之和为限，在各有责方车辆之间平均分配。

**例 10-4** A、B、C、D 四车互碰造成各方车损，A 车主责(损失 1 000 元)，B 车次责(损失 600 元)，C 车无责(损失 800 元)，D 车无责(损失 500 元)。设 C、D 两车适用的交强险无责任赔偿限额为 100 元，则赔付结果为:

C 车、D 车交强险共应赔付 200 元，对 A 车、B 车各赔偿(100+100)元/2=100 元，由 A 车、B 车保险公司在本方交强险无责任财产损失赔偿限额内代赔。

A 车交强险赔偿金额=B 车损核定承担金额+C 车损核定承担金额+D 车损核定承担金额
=[(600−100)+800/2+500/2]元=1 150 元

B 车交强险赔偿金额=A 车损核定承担金额+C 车损核定承担金额+D 车损核定承担金额
=[(1 000−100)+800/2+500/2]元=1 550 元

**2．均投保了交强险的两辆或多辆机动车互碰，涉及车外财产损失**

有责方在其适用的交强险财产损失赔偿限额内，对各方车辆损失和车外财产损失承担相应的损害赔偿责任。

所有无责方视为一个整体，在各自交强险无责任财产损失赔偿限额内，对有责方损失按平均分摊的方式承担损害赔偿责任。无责方之间不互相赔偿，无责方也不对车外财产损失进行赔偿。

无责方车辆对有责方车辆损失应承担的赔偿金额，由各有责方在本方交强险无责任财产损失赔偿限额内代赔。

**例 10-5** A、B、C 三车互碰造成三方车损，A 车主责(损失 600 元)，B 车无责(损失 500 元)，C 车次责(损失 300 元)，车外财产损失 400 元。则 A 车、B 车、C 车的交强险赔付计算结果为:

① 先计算出无责方对有责方的赔款。

B 车交强险应赔付 A 车、C 车各 100 元/2=50 元。由 A 车、C 车在各自交强险无责任财产损失赔偿限额内代赔。

② 有责方再对车外财产、各方车损进行分摊。

A 车交强险赔款=[（500+400）/2+（300−50）]元=700 元

C 车交强险赔款=[（500+400）/2+（600−50）]元=1 000 元

③ 计算有责方交强险和代赔款之和。

A 车交强险赔款+代赔款=（700+50）元=750 元

C 车交强险赔款+代赔款=（1 000+50）元=1 050 元

**3．均投保了交强险的两辆或多辆机动车发生事故，造成人员伤亡**

（1）肇事机动车均有责且适用相同责任限额的，各机动车按平均分摊的方式，在各自交强险分项赔偿限额内计算赔偿。

**例 10-6**　A、B 两机动车发生交通事故，两车均有事故责任，A、B 车损分别为 2 000 元、5 000 元，B 车车上人员医疗费用 7 000 元，死亡伤残费用 6 万元，另造成路产损失 1 000 元。则 A 车交强险初次赔付计算结果为：

① B 车车上人员死亡伤残费用核定承担金额=60 000 元/（2−1）=60 000 元

② B 车车上人员医疗费用核定承担金额=7 000 元/（2−1）=7 000 元

③ 财产损失核定承担金额=1 000 元/2+5 000 元/（2−1）=5 500 元（超过财产损失赔偿限额，按限额赔偿，赔偿金额为 2 000 元）

A 车交强险赔偿金额=（60 000+7 000 +2 000）元=69 000 元，其中：

A 车交强险对 B 车损的赔款=2 000 元×[（5 000/（500+5 000）]=1 818.18 元

A 车交强险对路产损失的赔款=2 000 元×[500/（500+5 000）]=181.82 元

（2）肇事机动车中有部分适用无责任赔偿限额的，按各机动车交强险赔偿限额占总赔偿限额的比例，在各自交强险分项赔偿限额内计算赔偿。

**例 10-7**　A、B、C 三车发生交通事故，造成第三方人员甲受伤，A、B 两车各负 50%的事故责任，C 车和受害人甲无事故责任，受害人支出医疗费用 4 500 元。设适用的交强险医疗费用赔偿限额为 10 000 元，交强险无责任医疗费用赔偿限额为 1 000 元，则 A、B、C 三车对受害人甲应承担的赔偿金额分别为：

A 车交强险医疗费用赔款=4 500 元×[10 000/（10 000+10 000+1 000）]
=2 142.86 元

B 车交强险医疗费用赔款=4 500 元×[10 000/（10 000+10 000+1 000）]
=2 142.86 元

C 车交强险医疗费用赔款=4 500 元×[1 000/（10 000+10 000+1 000）]
=214.28 元

## 四、汽车理赔案卷的管理

理赔案卷须一案一卷整理、装订、登记、保管。赔款案卷要做到单证齐全、编排有序、目录清楚、装订整齐、照片及原始单据一律粘贴整齐并附说明。

### （一）案卷单证目录

（1）机动车辆保险赔案审批表。

（2）机动车辆保险赔款计算书。

（3）机动车辆保险结案报告书。

（4）机动车辆保险出险报案表。

（5）机动车辆保险报案记录（代抄单）。

（6）机动车辆保险索赔申请书。

（7）事故责任认定书、事故调解书、判决书或出险证明文件。

（8）机动车辆保险事故现场查勘记录。

（9）机动车辆保险事故现场查勘草图。

（10）机动车辆保险事故现场查勘询问笔录及附页。

（11）机动车辆保险车辆损失情况确认书（包括零部件更换项目清单及清单附页、修理项目清单及清单附页）。

（12）保险车辆增加修理项目申请单。

（13）机动车辆保险财产损失确认书。

（14）机动车辆保险人员伤亡费用清单。

（15）机动车辆保险伤残人员费用管理表。

（16）误工证明及收入情况证明。

（17）机动车辆保险赔案票据粘贴用纸（有关原始单据）。

（18）机动车辆保险赔案照片粘贴用纸（照片）。

（19）机动车行驶证复印件、机动车驾驶证复印件。

（20）机动车辆保险简易案件赔款协议书。

（21）机动车辆保险权益转让书。

（22）机动车辆保险领取赔款通知书。

（23）机动车辆保险赔款统计明细表。

（24）机动车辆保险拒赔通知书。

（25）机动车辆保险拒赔案件报告书。

（26）机动车辆保险代位追偿案件登记簿。

（27）机动车辆保险诉讼、仲裁案件审批表。

（28）机动车辆保险结案催告、注销通知书。

（29）机动车辆救助调度记录清单。

（30）机动车辆特约救助书。

（31）机动车辆救助特约条款赔款结算书。

（32）机动车辆保险预付赔款申请书。

（33）机动车辆保险预付赔款审批表。

（34）机动车辆保险损余物资回收处理单。

（35）机动车辆保险异地出险联系函。

（36）机动车辆保险受理查勘、定损复函。

（37）机动车辆保险赔案流转时限卡。

（38）其他有关证明及材料。

## （二）理赔案卷按分级审批、分级留存并按档案管理规定进行保管的原则

### 1．车险业务档案卷内的排列顺序遵循的一般原则

承保单证应按承保工作顺序依次排列，理赔案卷应按理赔卷皮内目录内容进行排列。

### 2．承保单证、赔案案卷的装订方法

（1）承保单证、赔付案件中均采用“三孔一线”的装订方法，孔间距为 6.5cm，承保单证一律在卷上侧统一装订，赔付卷一律在卷左侧统一装订，对于承保和理赔中需要附贴的单证，如保费收据、赔案收据和各种医疗费收据、修理费发票等一律粘贴在“机动车辆保险（单证）粘贴表”上，粘贴整齐、美观、方便利用。

（2）对于承保单证一律按编号排序整齐，每 50 份装订为一卷，赔付卷要填写卷内目录和备考表。装订完毕后打印自然流水号，以防卷内形式不一的单证、照片等重要原始材料遗失。对于卷内不规格的、形式不一的单证（如照片、锯齿发票等），除一律粘贴在统一规格的粘贴表上之外，还应加盖清晰的骑缝章，并在粘贴表的“并张单证”中注明粘贴张数。

### 3．卷内承保、理赔卷的外形尺寸

卷内承保、理赔卷的外形尺寸分别以承保副本和机动车辆保险（单证）粘贴表的大小为标准，卷皮可使用统一的“车险业务档案卷皮”加封，并装盒保存。

### 4．承保单证及赔付案卷卷皮上应列明的内容

承保卷皮上应列明的内容为：机构名称、险种、年度、保单起止号、保管期限；赔案卷皮应注明的内容为：机构名称、险种、赔案年度、赔案起止号、保管期限。

### 5．档案管理要求

业务原始材料应由具体经办人提供，按顺序排列整齐，然后移交档案管理人员。档案管理人员按上述要求统一建档。保管案卷应以保证卷内各种文件、单证的系统性、完整性和真实性为原则。当年结案的案卷归入所属业务年度，跨年度的赔案归入当年的理赔案卷。

### 6．业务档案的利用工作

业务档案的利用工作既要积极主动，又必须坚持严格的查阅制度。查阅时要填具调阅登记簿，由档案管理人员亲自调档案并协助查阅人查阅。

### 7．承保及理赔档案的销毁和注销

根据各个公司的规定，对于车险业务一般保管期限为三年，对于超过保存期限，经内勤人员和外勤人员共同认定确实失去保存价值的，要填具业务档案销毁登记清单，上报部门经理方可销毁。

# 本章小结

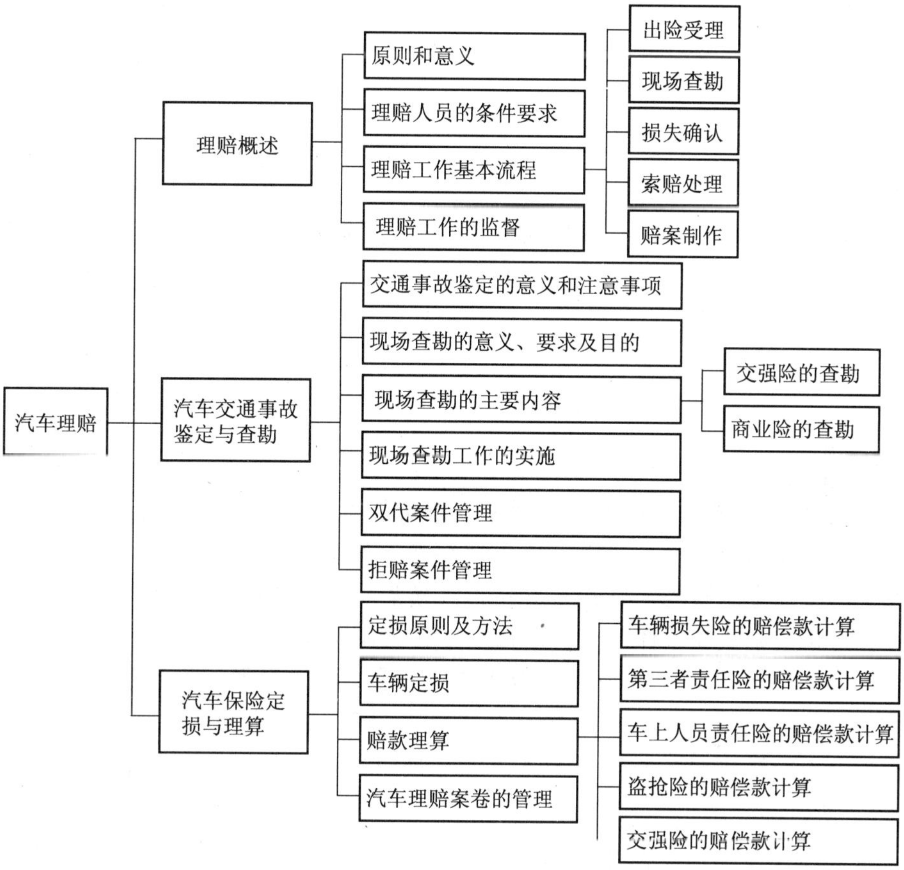


# 复习思考题

## 一、简述题

1. 汽车理赔工作人员有哪些条件要求？
2. 简述理赔的工作流程。
3. 现场查勘工作有哪些要求？
4. 简述现场查勘的主要内容。
5. 如何管理拒赔双代案件？
6. 车辆定损应该遵循哪些原则？
7. 简述汽车理赔案卷的管理。

## 二、计算题

1. 被保险机动车 A 发生交通事故，导致骑车人甲受伤。医药费 12 000 元，护理费 800 元，误工费 4 500 元，自行车损失 500 元。计算 A 车交强险赔款。

2. 被保险机动车 A 发生交通事故，导致行人甲、乙受伤。甲医疗费用 2 000 元，死亡伤残费用 5 000 元，乙抢救费用 6 000 元，死亡伤残费用 60 000 元。计算 A 车交强险赔款。

三、案例分析题

1．案情：

王某将其自用的车辆向当地保险公司投保了车损险和第三者责任险。在保险期限内，王某驾车在相邻某市的乡村公路上不甚将一骑车人撞死。王某害怕被当地群众报复，遂弃车逃亡。当天下午回到本市后，王某立即通过长途电话向案发地交警部门投案自首，主动坦白了肇事前后经过和逃离现场的动机。公安机关在立案后对王某仅作普通交通事故处理，并认定王某负事故的全部责任，对其与受害方的损害赔款进行了调查。事后，王某持有关证明向承保公司索赔，保险公司则以“肇事后逃逸”为由向其发出了拒赔通知书。

问题：

（1）什么是交通肇事逃逸？

（2）保险公司的答复是否正确？为什么？

2．案情：

张某 2012 年 8 月新购一辆某品牌轿车，市场价为 13 万元，并以此向保险公司投保了车损险，期限一年。2013 年 5 月张某在高速公路上驾车，因跟车过近，不慎撞上前面一辆集装箱货车，造成全车报废，张某当场死亡。张某的继承人持保险合同向保险公司提出索赔。保险公司认定事故属于保险责任；但双方在具体赔偿金额上未达成协议。原因在于该品牌轿车的价格已于 2013 年初在全国范围内进行了大幅度调整，新车价格由 2012 年的 13 万元降至 11.8 万元。张某家属要求按车损险保险金额 13 万元赔偿。保险公司则以被保险人不应获利为由，坚持调整后价值 11.8 万元计算赔偿。

问题：

（1）车辆全损应该如何计算理赔？

（2）保险公司的做法是否正确？为什么？

## 实训项目

**实训目的**

通过本次实训，要求能够掌握接受报案和现场查勘工作的基本要求和内容。

**实训要求**

通过实地走访保险公司，调查了解接受报案工作的基本程序与注意事项，并跟随业务人员出现场，观察并学习业务人员处理赔案的工作方法和步骤，进一步明确对车险理赔客服岗位的认识。

**实训步骤**

- 到保险公司实地调查或以模拟的方式接受客户报案的过程。
- 进行现场查勘，调查了解险情、出险原因等，采取必要的方式保存现场资料。
- 整理案卷，初步定损。
- 总结完成实训报告。

# 参考文献


[1] 吴定富．保险原理与实务[M]．北京：中国财政经济出版社，2005.

[2] 刘连生．财产保险[M]．北京：高等教育出版社，2003.

[3] 刘金章．保险学基础[M]．北京：高等教育出版社，2003.

[4] 倪嘉薇，吴霖生．汽车信贷与保险[M]．上海：上海大学出版社，2005.

[5] 王再祥，贾永轩．汽车消费信贷[M]．北京：机械工业出版社，2006.

[6] 王再祥．汽车金融[M]．北京：中国金融出版社，2004.

[7] 陈立辉．车险理赔面面谈——汽车保险 ABC[M]．北京：机械工业出版社，2005.

[8] 龙玉国，龙卫洋，胡波涌．汽车保险创新和发展[M]．上海：复旦大学出版社，2005.

[9] 贾海茂．机动车辆保险[M]．北京：中国金融出版社，2002.

[10] 贾海茂．机动车辆保险案例评析[M]．北京：中国金融出版社，2002.

[11] 梁军．汽车保险与理赔[M]．北京：人民交通出版社，2004.

[12] 张庆洪，何清堃．机动车辆保险[M]．北京：机械工业出版社，2006.

[13] 曾娟．机动车辆保险与理赔[M]．北京：电子工业出版社，2005.

[14] 赵新民．机动车辆保险与理赔实务[M]．北京：电子工业出版社，2005.

[15] 王灵犀，王伟．机动车辆保险与理赔实务[M]．北京：人民交通出版社，2004.

[16] 罗向明．车辆保险知识与案例[M]．广州：中山大学出版社，2004.

[17] 王云鹏，鹿应荣．车辆保险与理赔[M]．北京：机械工业出版社，2003.

[18] 祁翠琴．汽车保险与理赔[M]．北京：机械工业出版社，2002.

[19] 傅以诺．交通事故处理与车辆保险[M]．北京：北京理工大学出版社，2001.

[20] 李肆．中华人民共和国道路交通安全法释义[M]．北京：人民交通出版社，2003

[21] 中国银行业从业人员资格认证办公室．个人贷款[M]．北京：中国金融出版社，2013.

[22] 杨波．财产保险原理与实务[M]．南京：南京大学出版社，2010.

[23] 谢朝德，财产保险[M]．北京：中国人民大学出版社，2012.

[24] 唐文琳，秦砚之．“十二五”期间商业银行汽车消费信贷业务风险防范研究[J]．广西大学学报:哲学社会科学版，2011（2）：38-43.

[25] 白蓉，刘欣．多样化市场格局下的汽车消费信贷发展趋势[J]．中国信用卡，2013（8）：20-25.

[26] 陈万基，卢延清，吴敏慧．征信系统推动汽车消费信贷市场发展情况分析[J]．区域金融研究，2013（6）：28-32.